전면개정판

5급 공채 · 입법고시

정치학 기출문제
답안과 강평

강 평 교수진

김경래(국민대) / 김성수(한양대) / 박영득(충남대) / 배병인(국민대)

백종국(경상대) / 송석원(경희대) / 이선우(전북대) / 이홍종(국립부경대)

양승함(연세대) / 윤성석(전남대) / 한성민(한국외국어대) / 한정훈(서울대)

고시계사

머리말

　우리는 늘 정치현상을 접하고 있고, 정치에 관한 사고를 하기 때문에 정치학은 쉬운 학문이라는 생각이 많은 사람들의 생각 속에 자리 잡고 있다. 그러나 정치학은 막상 공부에 보면 생각 이상으로 깊으면서도 넓은 학문일 뿐만 아니라, 아무리 공부해도 잘 이해가 되지 않는 학문이기도 하다. 왜냐하면 정치학은 인류의 역사 속에서 몇 천 년을 두고 끊임없이 전개되어 온 정치적 투쟁과 올바른 정치를 위한 정치적 갈망과 정치적 사고의 집약이기 때문이다. 5급 공채(행정고등고시)에 정치학이 등장한지 오랜 시간이 지났음에도 불구하고, 많은 수험생들이 만족할 수 있는 교과서나 참고서가 나오지 않은 이유도 여기에 있다.

　정치학 공부에 있어 가장 중요한 것이 전체 흐름을 잘 정리하는 것이 중요하다. 문제에서 주어진 이론이나 개념을 정확히 표현하고 이를 현실상황에 어떻게 적용할지에 대한 끊임없는 고민을 해보는 것도 정치학의 수험공부에 큰 도움이 된다.

　이 교재는 2007년에 처음으로 도서출판 고시계사에 출간한 『5급 공채(행정고시) 기출해설과 예상논점-정치학』을 바탕으로 하여 매년 새롭게 업데이트하여 출간되고 있다.

　이번 전면개정판에도 많은 수험생들의 의견에 따라 연도별로 2023년도를 포함하여 5급 공채(행정고시) 기출문제의 『답안과 강평』을 바탕으로 입법고등고시 기출문제에 대한 『어드바이스』와 『답안구성예』를 부가하여 새롭게 구성하였다.

　지금까지의 출제되었던 기출문제의 분석은 모든 수험공부의 시작이자 종착점이다. 앞으로 출제경향의 분석이나 수험방향의 흐름을 파악하는데 있어서 기출문제의 분석은 수험생들에게는 절대적으로 유용한 수험공부의 기본패턴이다.

　이번 전면개정판에도 전면적으로 수험생들의 기대에 부응하기 위해 다음과 같은 내용을 담아 전면개정판을 출간하게 되었다.

　첫째로, 2023년부터 2005년도까지의 총 19년 간의 5급 공채(행정고등고시) 정치학 기출문제(필수/선택)와 입법고등고시 기출문제(2023년~2005년)를 기본으로 하여 구성하였다.

둘째로, 연도별 기출문제의 정제된 답안은 5급 공채(행정고등고시)시험에 우수한 성적으로 합격한 합격자분들 중에서 정치학 과목의 점수가 우수한 합격자분들이 실제시험에서의 실제답안처럼 작성하여 답안의 오류를 잡았다.

셋째로, 5급 공채(행정고등고시)의 정제된 기출문제의 답안에 전국 여러 대학의 주요 정치외교학과 출제위원급의 교수님들께서 직접 출제분석과 출제의도, 중요 논점, 모범답안의 답안작성 방법 등을 강평으로 첨부하여 수험생 여러분들이 스스로도 자가학습이 가능하도록 하였다.

넷째로, 입법고등고시 기출문제는 정치학 과목에서 좋은 점수를 받은 사무관님들께서, 각각의 설문마다 『Advice』와 『답안구성의 예』를 두어 답안의 중요 논점과 전체 답안 맥락의 파악 및 답안의 서술전개를 파악할 수 있게 하였다.

5급 공채(행정고등고시)와 입법고등고시 정치학의 최근의 출제문제들은 현실의 구체적 사례(사실)에 얼마나 정치학적 지식과 이론 등을 바탕으로 종합적이고 실체적으로 사고할 수 있는 해결능력을 가지고 있는지를 측정해 보는 방향으로 출제되고 있다.

수험생 여러분들은 본인이 가지고 있는 기존의 기본교재와 함께 이 교재를 가지고 수험공부를 진행한다면 정치학의 고득점에 한 걸음 더 다가설 수 있다고 확신한다.

각각의 기출문제의 답안마다 일일이 상세하게 강평을 해 주신 김경래 교수님(국민대학교), 김성수 교수님(한양대학교), 박영득 교수님(충남대학교), 배병인 교수님(국민대학교), 백종국 교수님(국립경상대학교), 송석원 교수님(경희대학교), 이선우 교수님(전북대학교), 이홍종 교수님(국립부경대학교), 양승함 교수님(연세대학교), 윤성석 교수님(전남대학교), 한성민 교수님(한국외국어대학교), 한정훈 교수님(서울대학교), 그리고 정제된 답안을 작성하여 주신 여러 사무관님들 및 이 교재의 구성에 좋은 정보를 제공해 주신 정치학의 여러 강사님들께도 진심으로 감사를 드린다.

부디 이 교재가 많은 수험생들에게 한 알의 밀알이 되었으면 바람이다.

2023년 9월

고시계 편집국

Contents

Contents

Contents

| **제1문** | 다음 글을 읽고 물음에 답하시오. (총 50점)

우리나라 국회는 소선거구 단순다수제와 정당명부식 비례대표제를 결합한 혼합형 선거제도로 구성한다. 전체 의원 정수는 300명이며 이 중 253명(지역구국회의원)은 소선거구 단순다수제로, 나머지 47명(비례대표국회의원)은 정당명부식 비례대표제로 선출한다. 정당 득표율에 따른 의석배분 방식을 간략히 설명하면 다음과 같다. 먼저 전체 의원 정수에 해당 정당의 득표율을 곱한 결과값을 구한다. 그리고 그 결과값에서 해당 정당의 지역구국회의원 당선자 수를 뺀 값의 1/2의 의석만을 그 정당에 배분한다.

(1) 소선거구 단순다수제가 비례대표제에 비해 거대정당에 유리하다는 뒤베르제(M. Duverger)의 논리를 서술하시오. (15점)

(2) 정당명부식 비례대표제의 유형 중 폐쇄형 정당명부식과 개방형 정당명부식을 설명하고 양자의 장단점을 서술하시오. (15점)

(3) 우리나라 국회를 구성하는 혼합형 선거제도와 독일 연방의회를 구성하는 혼합형 선거제도의 차이를 설명하고, 비례성을 기준으로 두 제도를 평가하시오. (20점)

Ⅰ. 서 론

Ⅱ. 소선거구 단순다수제가 비례대표제에 비해 거대정당에 유리한 이유: 뒤베르제의 논리를 중심으로
1. 소선거구 단순다수제와 비례대표제의 특징
2. 뒤베르제의 논리
(1) 기계적 증폭효과
(2) 심리적 증폭효과 - 사표방지심리와 전략적 투표

Ⅲ. 폐쇄형 정당명부식과 개방형 정당명부식 비례대표제의 내용과 장단점
1. 폐쇄형 정당명부식 비례대표제
(1) 폐쇄형 정당명부식 비례대표제의 특징
(2) 폐쇄형 정당명부식 비례대표제의 장점
(3) 폐쇄형 정당명부식 비례대표제의 단점
2. 개방형 정당명부식 비례대표제
(1) 개방형 정당명부식 비례대표제의 특징
(2) 개방형 정당명부식 비례대표제의 장점

(3) 개방형 정당명부식 비례대표제의 단점

Ⅳ. 우리나라와 독일의 혼합형 선거제도의 차이와 두 제도 평가: 비례성을 기준으로
1. 우리나라 국회의 혼합형 선거제도와 독일 연방 의회의 혼합형 선거제도 비교
(1) 연동율의 차이
(2) 지역구와 비례구의 크기
(3) 초과의석의 존재
(4) 봉쇄조항의 차이
2. 두 제도 평가: 비례성을 기준으로
(1) 연동율의 측면에서: 독일의 혼합형 선거제도
(2) 지역구와 비례구 크기 측면에서: 독일의 혼합형 선거제도
(3) 초과의석 측면에서: 우리나라의 혼합형 선거제도
(4) 봉쇄조항 측면에서: 우리나라의 혼합형 선거제도

Ⅴ. 결 론

Ⅰ. 서 론

2020년 이루어진 제21대 총선에서부터 도입된 준연동형 비례대표제는 도입된 취지와는 달리 거대 양당의 의석비율만을 확대시킴으로써 비판을 받았다. 정당제도와 선거제도는 서로 밀접한 관련을 가지고 작동하므로, 각 제도의 장단점을 분석하고 우리나라에 적합한 선거제도를 도입하는 것이 필요하다.

Ⅱ. 소선거구 단순다수제가 비례대표제에 비해 거대정당에 유리한 이유: 뒤베르제의 논리를 중심으로

1. 소선거구 단순다수제와 비례대표제의 특징

소선거구단순다수제란 한 선거구에서 가장 많은 표를 얻는 후보자가 당선(FirstPast The Post)되는 제도이다. 그리고 비례대표제란 정당의 득표수에 비례하여 당선인 수를 배정하는 선거방식이다. Duverger에 따르면 단순다수제는 양당제와 제도적으로 친화성이 있다. 그 근거는 다음과 같다.

2. 뒤베르제의 논리

(1) 기계적 증폭효과

단순다수제하에서는 거대정당이 득표 이상의 의석을 얻는 '증폭효과(amplifyingeffect)'가 나타난다. 한 선거구에서 다른 후보보다 한 표라도 많은 득표를 얻는 후보자만이 당선되기 때문에, 아무리 많은 득표를 하였다고 해도 최대득표를 얻지 못하는 이상 의석을 확보하지 못한다. 따라서 소수정당의 원내진입이 어렵게 되어 결과적으로 거대 정당에게 의석이 집중되는 기계적 증폭효과가 나타난다.

(2) 심리적 증폭효과 – 사표방지심리와 전략적 투표

유권자는 사표방지 심리를 가지므로 전략적으로 당선가능성이 높은 후보 중 차선의 후보를 선택하여 투표하는 행태를 보인다. 즉, 자신이 지지하는 후보가 당선가능성이 없는 소수정당의 후보일 경우, 차선의 거대정당 후보에게 투표함으로써 의사를 반영하고자 한다. 따라서 양당제가 형성된다.

Ⅲ. 폐쇄형 정당명부식과 개방형 정당명부식 비례대표제의 내용과 장단점

1. 폐쇄형 정당명부식 비례대표제

(1) 폐쇄형 정당명부식 비례대표제의 특징

폐쇄형 정당명부식 비례대표제란 정당이 사전에 소속 후보자의 명부상 순서를 확정하고, 선거 후 득표율만큼 의석을 받아 명부상 순서대로 당선시키는 선거제도이다. 유권자는 명부를 변경할 수 없고, 단지 정당에 대해서만 투표할 수 있을 뿐이다.

(2) 폐쇄형 정당명부식 비례대표제의 장점

첫째, 정당규율이 강해져 정당중심 정치가 가능하다. 후보자는 정당에서 정한 명부에 따라야 하므로, 명부상 선순위에 위치하기 위해 정당에 충성하게 된다. 따라서 정당 규율에 따른 정당중심 정치가 가능해진다.

둘째, 정당을 통한 후보자 사전 검증이 가능하다. 정당에서는 정강을 가장 잘 실천할 수 있는 역량이 있는 후보자를 선별하여 정당 명부에 올리게 된다. 그 과정에서 후보자의 정치 능력에 대한 검증이 가능하다. 이는 정치적 outsider 출현을 방지하게 된다.

셋째, 후보자 간 경쟁이 불필요하여 정당통일성을 제고할 수 있다. 후보자 간 득표 경쟁이 무의미하므로 정당의 득표율을 높이기 위한 협력이 가능해진다. 따라서 정당의 통일성과 화합을 도모할 수 있다.

(3) 폐쇄형 정당명부식 비례대표제의 단점

첫째, 후보자가 국민이 아닌 정당에 충성하게 된다. 국회의원은 국민을 대표하는 자임에도 불구하고 국민보다는 자신을 명부에 등록할 권한을 가진 정당에 더 충성하는 경향을 보인다.

둘째, 국민의 후보자에 대한 정보가 부족하다. 국민은 후보자 개개인에 대한 판단보다는 정당에 대해서만 투표하기 때문에, 그 소속 후보자에 대해서는 관심이 없는 경우가 많다. 따라서 국민에 의한 후보자 검증에 한계가 있다.

셋째, 후보자에 대한 유권자와 정당의 선호가 불일치하거나, 유권자의 후보자와 정당에 대한 지지가 불일치할 수 있다. 유권자가 지지하는 후보자가 정당 명부에서 후순위인 경우가 있을 수 있다. 또한 유권자가 특정 정당의 후보자는 지지하지만, 특정 정당은 지지하지 않는 경우가 있을 수 있다. 이러한 불일치가 나타나는 경우 해결 방안에 한계가 있다.

2. 개방형 정당명부식 비례대표제

(1) 개방형 정당명부식 비례대표제의 특징

개방형정당명부식 비례대표제란 정당 명부가 확정되지 않고 개방되어 있는 선거제도이다. 유권자들이 명부에 오른 후보자들에 직접 투표함으로써, 후보자들은 득표율이 높은 순서대로 정당득표율에 따른 의석만큼 당선된다.

(2) 개방형 정당명부식 비례대표제의 장점

첫째, 후보자로 하여금 유권자 친화적인 정책을 개발하도록 할 수 있다. 정당이 아닌 유권자에 의해 당선이 결정되기 때문에, 후보자들은 유권자의 목소리를 반영하려고 노력할 것이다. 또한 각 후보자는 자신의 경쟁력을 제고하기 위해 다양한 정책을 고안하고 제시할 것이다.

둘째, 유권자의 수요를 다양하게 반영할 수 있다. 정당은 지지하나 후보자를 지지하지 않는 경우, 후보자를 지지하나 소속 정당은 지지하지 않는 경우 발생하는 문제를 해결할 수 있다.

셋째, 유권자로 하여금 정치에 관한 관심을 제고할 수 있다. 유권자가 후보자 각각에 대한 정보 습득과 정책 비교를 통해 더 나은 선택을 하도록 할 수 있다. 이를 통해 유권자가 정치에 대한 관심을 가지도록 할 수 있다.

(3) 개방형 정당명부식 비례대표제의 단점

첫째, 현실적으로 유권자들이 후보자들에 대한 정보를 일일이 알기 힘들다. 유권자는 수많은 후보자에 대한 정보를 습득하는 데에 한계가 있고, 결국에는 불완전한 정보를 가지고 투표에 임하게 되어 역선택이 일어날 수 있다.

둘째, 정당의 후보자 검증 기능이 약화된다. 정당 차원에서 정치 능력이나 역량을 필터링할 수 없으므로, 정책 실행 능력이 검증되지 않은 후보자가 난립할 수 있다. 또한 능력보다는 후보자의 외적인 이미지 등으로 지지를 얻을 수 있다.

셋째, 후보자 간 과도한 경쟁으로 정당의 결속력이 약화될 수 있다. 한 정당 내 후보자 간 더 많은 표를 얻기 위해 상대를 깎아내리는 선거운동 방식을 취하거나 소모적인 논쟁을 일으킬 수 있다. 이는 정당의 결속력을 약화시킨다.

Ⅳ. 우리나라와 독일의 혼합형 선거제도의 차이와 두 제도 평가: 비례성을 기준으로
1. 우리나라 국회의 혼합형 선거제도와 독일 연방 의회의 혼합형 선거제도 비교
(1) 연동율의 차이
우리나라 국회의 준연동형 혼합대표제의 경우, 50%의 연동율을 적용한다. 그리고 21대 국회의 경우 30석 캡이 적용된다. 그에 반해 독일연방 의회의 경우 100% 연동율을 적용하고 있다.

(2) 지역구와 비례구의 크기
독일은 지역구와 비례구 의석수가 299석 : 299석으로 지역구와 비례구의 크기가 동일하다.
그에 반해 한국의 경우 253석 : 47석으로 6:1 수준이다.

(3) 초과의석의 존재
독일의 연방의회는 초과의석을 인정하나, 우리나라는 초과의석을 인정하지 않는다. 따라서 독일은 득표율과 의석율이 일치하지 않는 경우 보정의석을 통해 의석을 확대하지만, 우리나라는 그렇지 않다.

(4) 봉쇄조항의 차이
봉쇄조항이란 비례대표제에서 과도한 군소정당 난립을 막기 위해 일정 비율 이상 득표하지 못한 정당의 원내 진입을 막는 제도이다. 우리나라의 경우 지역구 의석수 5석 미만, 정당별 득표율 3% 미만 득표한 정당은 의석을 얻지 못한다. 반면 독일의 경우 지역구 의석수 3석 또는 정당별 득표율 5%의 봉쇄조항을 두고 있다.

2. 두 제도 평가: 비례성을 기준으로

(1) 연동율의 측면에서: 독일의 혼합형 선거제도

비례성이란 유권자들의 의사가 의석율로 잘 반영되는 것이다. 정당득표율과 의석점유율의 연동율이 높을수록 비례성이 높다. 과다대표나 과소대표가 발생하지 않고, 정당이 득표한 만큼 의석으로 반영되기 때문이다. 따라서 연동율의 측면에서는 우리나라의 혼합형 선거제도보다 독일연방 의회의 혼합형 선거제도가 더 비례성이 높다.

(2) 지역구와 비례구 크기 측면에서: 독일의 혼합형 선거제도

비례구 의석수가 클수록 비례성이 높다. 지역구의 의석수와 비례구의 의석수가 6:1의 비율로 구성되어 있는 우리나라 혼합형 선거제도보다, 각각 1:1의 비율로 구성된 독일의 혼합형 선거제도가 비례구의 의석수 비중이 더 크므로 비례성이 높다.

(3) 초과의석 측면에서: 우리나라의 혼합형 선거제도

지역구 의석수가 최종 의석수를 넘길 때 초과된 의석을 그대로 인정하는 초과의석은, 의석점유율이 정당득표율보다 높도록 하여 선거의 비례성을 훼손한다. 따라서 초과의석을 인정하는 독일에 비해 우리나라의 혼합형 선거제도가 비례성이 높다. 독일은 이러한 비례성 문제를 보완하기 위해 초과의석에 비례하여 총의석수를 증가시키는 보정의석을 도입하고 있다.

(4) 봉쇄조항 측면에서: 우리나라의 혼합형 선거제도

너무 높은 봉쇄기준은 기존 정당이 과다대표되는 결과를 초래하여 비례성을 낮춘다. 소수정당의 경우 지역구 의석수 요건보다 정당득표율 요건을 더 달성하기 쉽다는 점을 고려할 때, 지역구 의석수 5석 또는 정당득표율 3%의 봉쇄조항을 두고 있는 우리나라의 혼합형 선거제도가 지역구 의석수 3석 또는 정당득표율 5%의 봉쇄조항을 둔 독일의 혼합형 선거제도보다 더 완화되어 있다고 볼 수 있다. 따라서 우리나라의 혼합형 선거제도가 비례성이 높다.

V. 결 론

선거제도의 타당성을 논할 때, 국민의 의사를 얼마나 반영하느냐, 즉 비례성이 중요한 척도가 된다. 단순다수제와 비례대표제를 혼합한 혼합형 선거제도를 채택하고 있는 우리나라는 어떤 기준으로 평가하느냐에 따라 비례성에 대한 평가가 상이하다. 최근 도입된 준연동형 비례대표제는 비례성을 높일 목적으로 도입되었음에도 도입취지를 달성하지 못하였다고 비판을 받으므로, 타 제도와의 조응성을 고려하여 비례성을 높이기 위한 방안을 제고해야 할 것이다.

| 강 평 |

1. 2020년 4월 시행된 제21대 총선 결과에 따라 견고하게 구축된 양당체제와 위성정당의 출현을 극복하고자, 2023년 3월부터 논의되고 있는 선거제 개편안과 연관된 질문으로 보인다. 답안은 논리적으로 질문에서 요구되는 개념 설명은 적절히 이루어졌다. 다만 현재 선거제 개편안에 대한 논의와 연계한다면 더 좋은 답안이 될 것으로 보인다.

2. 첫째, 뒤베르제의 정당론에서 제시한 '원인과 작동원리'는 선거제도와 정당체제의 연관성을 설명하였지만, 라이커(W.H. Riker) 및 툴럭(G. Tullock) 등과 같은 합리적 선택 학자들을 중심으로 반론이 제기되고 있는 상황이다. 특히 유권자의 행태를 중심으로, 현대 사회는 사회 균열 구조가 다양화되어, 유권자의 투표 행태가 단순하게 작용되지 않으며, 정당의 표퓰리즘적 선거공약과 정치에 대한 방관 및 증오, 대립 등 현상은 유권자의 문화집단의 영향력을 강화하고 있다. 즉 유권자의 입장에서 보는 시각에 대한 설명이 필요해 보인다. 정치적 부족주의와 같이 문화집단의 영향력은 지역적 한계를 초월하기 때문에, 이를 제도적 문제로 해결하거나, 한정하는 것에 한계를 지적하면서, 뒤베르제의 법칙의 실효성에 대한 의문을 제기한다.

3. 둘째, 폐쇄형/개방형 정당명부식 비례대표제와 한국과 독일의 혼합형 선거제도의 차이 및 평가 등에 대한 문제는 유권자 친화적 정치적 환경 수준에 기초하여 논리적 답안을 제시할 필요가 있다. 특히, 비례성을 기준으로 한 한국과 독일의 혼합형 선거제도의 차이는 사표방지와 유권자의 의견 반영 수준에 근거한 '비례성'의 영역이다. 다만 답안은 비례성의 개념이 모호하여, 오류를 범하고 있다. 독일의 초과의석과 보정제도는 유권자의 지지율 반영과 득표율과 의석수 간 비례성에 의해 총의석수가 유동적이다. 즉 유권자의 지지율과의 비례한 독일 선거제도의 비례성은 높다고 할 수 있다. 따라서 비례성은 국민대표적 비례, 그리고 정당 득표율과 의석의 비례 등으로 구분할 필요가 있다. 제도적 접근에서 정당 득표율과 의석의 비례성을 제시할 수 있지만, 유권자 중심의 접근으로 본다면 국민 대표성에 대한 비율일 것이다. 그리고 독일의 경우 보정제도에 따라 정당 득표율과 의석 점유율 간의 높은 비례성을 나타나고 있지만, 의석수 증가에 대한 문제가 있다.

4. 따라서, 결론은 국민 대표성이라는 비례성을 어느 수준까지 한정할 것인가에 대한 논의를 중심으로 전개되어야 한다. 독일식 선거제도는 의석수 초과라는 한계가 있으므로, 이를 해소소하면서도, 대표성과 다양성이 제고될 수 있는 선거제도 개편이 고려되어야 한다는 제안을 제시할 필요가 있다.

| 제2문 | 민주주의는 최소주의적·절차적 차원에서 경쟁적 선거에 의해 지배자를 선택하는 체제로 정의할 수 있다. 민주주의 정치체제의 공고화는 이러한 조건을 충족하는 것은 물론, 제도적인 측면과 사회구성원 전반의 심리적인 기저까지 민주주의가 내재화되는 것을 말한다. 다음 물음에 답하시오. (총 25점)

(1) 민주주의에 대한 최소주의적·절차적 정의에서 핵심은 경쟁적 선거(contested election) 개념이다. 셰보르스키(A. Przeworski) 등은 경쟁적 선거의 조건으로 불확실성(uncertainty), 비가역성(irreversibility), 반복성(repeatability)의 세 가지를 제시하였다. 이에 대해 설명하시오. (15점)

(2) 린쯔(J. Linz)와 스테판(A. Stepan)이 주장한 민주주의 공고화를 위한 조건을 설명하시오. (10점)

Ⅰ. 서 론

Ⅱ. 셰보르스키(Prezeworski)의 경쟁적 선거의 조건
 1. 불확실성(Uncertainty)
 2. 비가역성(irreversibility)
 3. 반복성(repeatability)

Ⅲ. 린쯔(Linz)와 스테판(Stepan)이 주장한 민주주

의 공고화를 위한 조건
 1. 자유롭고 활성화된 시민사회
 2. 제도화된 정치사회
 3. 국가기제와 법의 지배
 4. 경제사회

Ⅳ. 결 론

답안작성

윤 0 0 / 2022년도 5급 공채 일반행정직 합격

Ⅰ. 서 론

　민주주의가 공고화되기 위해서는 최소주의적이고 절차적으로 경쟁적 선거가 확립되는 선거민주주의를 확립하는 것뿐만 아니라, 민주주의의 가치가 사회구성원에게 내재화되는 자유민주주의가 확립되어야 한다. Przeworski는 최소주의적·절차적 민주주의의 요건으로서 경쟁적 선거를 제시하였고, Linz와 Stepan은 실질적 민주주의 공고화의 조건 5가지를 제시하였다.

Ⅱ. 셰보르스키(Prezeworski)의 경쟁적 선거의 조건

1. 불확실성(Uncertainty)

　Prezeworski는 경쟁적 선거의 조건으로 '불확실성의 제도화'를 주장하였다. 이는 선거를 통해 정당간 정권교체 가능성이 있고, 중대정책의 변화 가능성이 있고, 군부가 통제되고, 시민문화가 형성되고, 민주적 정치 엘리트가 존재함을 의미한다. 이러한 요건이 안정적으로 운영됨으로써 구성원들에게 제도 사용의 유용성에 대한 믿음이 공유된 상태이다.

2. 비가역성(irreversibility)

　비가역성이란 한번 선거를 통해 결정된 것은 어떤 수단을 사용하더라도 돌이킬 수 없다는 것이다. 즉,

유권자인 국민이 선거로서 선택한 결과는 무조건적으로 복종하여야 함을 뜻한다. 경쟁적 선거가 확립되기 위해서는 선거의 권위가 확립되어 패자가 이를 거역할 가능성이 없도록 해야 함을 의미한다.

3. 반복성(repeatability)

반복성이란 선거라는 제도가 민주주의 체제 내에서 계속해서 반복적으로 이루어진다는 것이다. 따라서 이번 선거에서의 패자는 다음 선거를 기약하며 경쟁력을 갖추어야 한다. Przeworski는 이를 'the only game in town'이라고 칭하며, 선거와 같은 특정 제도체계 내에서 패자가 다시 제도를 통해 경쟁해야 함을 주장하였다.

Ⅲ. 린쯔(Linz)와 스테판(Stepan)이 주장한 민주주의 공고화를 위한 조건
1. 자유롭고 활성화된 시민사회

시민들의 정치적 자아정체성이 확립되고, 투입과 산출, 환류가 활발한 참여형 정치문화가 확립된 사회를 의미한다. 체계화되고 제도화된 시민단체 조직이 국가에게 원하는 바를 적극적으로 요구하는 등 활발하게 운영되는 사회이다.

2. 제도화된 정치사회

제도화된 정치사회란 개별 정당의 자율성과 적응성이 높고, 당내 민주주의가 확립되었으며 정당의 신뢰도가 높은 사회이다. 이를 위해서는 정당 내에서 파벌이나 보스 1인에 의해 정당이 폐쇄적으로 운영되기 보다는, 상향식으로 공천이 이루어짐으로써 투명성을 제고하고 국민으로부터 신뢰를 얻어야 한다. 또한 정당별로 경쟁력 있는 정책 개발과 정책 연구를 통해 적응력을 제고해야 한다.

3. 국가기제와 법의 지배

민주주의 공고화를 위해서는 능력 있는 국가체계 내에서 헌정주의가 확립되어야 한다. 즉, 법의 테두리가 명확하고, 헌법에 의해 국민의 권리와 의무가 제한되어야 한다. 이를 통해 권력자에 의해 국민의 기본권이 침해 받지 않고 법에 의해 보호되어야 한다.

4. 경제사회

경제사회란 정치·사회적으로 조절되고 공적 기능을 어느 정도 수행하는 시장의 존재를 의미한다. 시장의 가격 설정 원리에 따라 경제 주체들이 행동하고, 국가의 과도한 개입으로 인한 정부 실패를 방지하는 자율성이 인정되어야 한다. 또한 다양한 경제주체들의 다원성이 인정되어야 한다.

Ⅳ. 결 론

절차적, 최소주의적 민주주의가 확립되는 것만으로는 선거 민주주의만이 달성될 수 있을 뿐이고, 이는 언제든지 권위주의로 침식, 붕괴될 수 있다는 점에서 민주주의가 공고화되는 것이 중요하다. Linz와 Stepan의 논의를 기반으로 실질적 민주주의를 확립하고 이를 공고화시키기 위해 노력해야 한다.

1. 본 문항은 최소주의적/절차적 민주주의가 정의하는 '경쟁적 선거'는 민주주의를 확립하기 위한 제도이며, 민주주의를 공고화하기 위한 환경에 대한 설명을 요구하고 있다. 본 답안은 셰보르스키의 경쟁적 선거의 조건(불확실성, 비가역성, 반복성)에 대한 개념을 설명하였고, 린쯔와 스테판의 민주주의 공고화 조건 역시 잘 설명되었다. 다만 본 문항을 단편적으로 보지 않고, 전체 문항의 연관성을 고려하여 접근할 필요가 있다. 그러나 답안은 이를 충분히 설명하지 못하고 있는 한계가 있어 보인다.

2. 셰보르스키의 경쟁적 선거는 최소주의적/절차적 민주주의의 제도를 정의하고 있으며, 민주주의 제도를 지속적으로 유지하기 위해서는 민주주의 공고화를 위한 조건이 필요하다. 그러기 위해서는 그의 주장처럼 민주적 제도들을 강화하면서 그 제도들을 정치적으로 집단들의 요구를 대의제도의 틀 속에서 추친하는 효율적 국가 즉 국가의 역할이 중요하다. 그리고 민주주의 공고화는 린쯔와 스테판을 다음과 같은 조건을 제시한다. 첫째, 의견을 표출하고 행동하는 자유롭고 활성화된 시민사회가 활성화 되어야한다. 둘째, 선거의 결과에 따른 승패을 인정하며 패자는 다음기회를 준비하는 제도화가 되어야한다. 셋째, 자율성을 가진 정치사회가 존재 해야 한다. 넷째, 정부와 국가기구는 개인의 자유 결사적 삶을 보장하는 모두에게 적용되는 법에의한 통치에 따라야 한다. 다섯째, 새로운 민주정부를 운영하기 위기에 적합한 국가 관료시스템이 구축되어야한다. 마지막으로, 제도화된 경제사회가 존재해야한다. 이러한 환경이 조화롭게 이루질때 민주주의 공고화 될 수 있다고 주장한다. 좀 더 세부적으로 설명한다면, 최소주의에서 주장하는 경쟁적 선거는 인민에 의한 '승인'된 정부, 즉 승인이라는 한정적 개념을 의미한다.

3. 결국 경쟁적 선거는 최소주의가 작동하는 한정적 개념이며, 정치권력을 획득하기 위한 엘리트 간 경쟁의 제도화를 의미하기 때문에, '승인' 즉 국민 참여의 한계, 그리고 선거 과정에서 유권자의 수동적 행태 등을 의미하기 때문에 '인민에 의한 정부'가 될 수 없다. 결국 린쯔와 스테판이 제시된 민주주의 공고화를 위한 조건은 국민참여를 보장할 수 있는 환경을 의미하고, 이를 통해 '인민에 의한 정부'를 촉진하는, 민주주의 공고화를 조성하는 조건이다. 국가 특성을 고려해 볼 때, 현재 남미, 아프리카, 아시아 신생 민주국가의 공고화 과정연구에서 고려되는 정당의 제도화, 자본과 노동의 타협 그리고 지역적 특성을 나타내는 문화적이 부분에 대한 설명도 가능하다.

다음 글을 읽고 물음에 답하시오. (총 25점)

국제관계의 '남북 문제'는 세계가 '글로벌 북부'와 '글로벌 남부'로 분열되어, 부유한 국가들이 북반구에 집중되어 있고, 저발전 국가들이 남반구에 집중되어 나타나는 글로벌 불평등 현상을 가리킨다. 국제사회는 국제체제에서 나타나는 남북 문제를 완화하기 위해서 다양한 형태의 국제원조를 실시하고 있는데, 그것의 효과성에 대하여 서로 다른 의견이 존재한다.

(1) 국제 원조가 원조를 받는 국가의 정치적 측면과 경제적 측면에 미치는 긍정적 · 부정적 효과를 설명하시오. (15점)

(2) 월러스타인(I. Wallerstein)은 마르크스주의의 '구조'적 불평등 개념을 발전시켜 중심부−반주변부−주변부로 구성된 세계체제론을 제시하였다. 세계체제론과 월츠(K. Waltz)의 신현실주의를 '구조'의 측면에서 비교 · 설명하시오. (10점)

I. 서 론

II. 국제원조가 피원조국가의 정치적 측면과 경제적 측면에 미치는 긍정적·부정적 효과
  1. 국제원조의 의의
  2. 원조를 받는 국가의 정치적 측면에서의 효과
    (1) 긍정적 효과
    (2) 부정적 효과
  3. 원조를 받는 국가의 경제적 측면에서의 효과

    (1) 긍정적 효과
    (2) 부정적 효과

III. 월러스타인(Wallerstein)의 세계체제론과 월츠(Waltz)의 신현실주의 비교: 구조 측면에서
  1. 월러스타인의 세계체제론의 내용
  2. 월츠의 신현실주의의 내용
  3. 이론 간 비교: 구조적 측면에서

IV. 결 론

답안작성

윤 0 0 / 2022년도 5급 공채 일반행정직 합격

I. 서 론

세계화가 확산되며 국가 간 교류와 자유무역 역시 점점 활발해지고 있다. 선진국과 개발도상국 간 교류 역시 원조의 형태로서 나타나기도 하는 가운데, 이러한 선진국의 원조가 개발도상국의 경제적, 정치적 측면에서 긍정적 효과를 미치는 지에 대해 상반된 시각이 있다. 또한 세계화가 확산됨에 따라 전세계 인구 20%를 차지하는 북반구가 전세계 부의 80%를 차지한다는 남북문제가 대두되어, 개발도상국과 선진국이라고 규정지어지는 체제에 대해서도 Wallerstein 등의 논의를 살펴본다.

II. 국제원조가 피원조국가의 정치적 측면과 경제적 측면에 미치는 긍정적 · 부정적 효과
1. 국제원조의 의의

국제원조란 상대적으로 부유한 국가로부터 빈곤한 나라에게로 인적·물적 자원을 제공하는 것이다.

그 중 정부차원에서 진행하는 원조로서 ODA(OfficialDevelopment Assistance)는 개발도상국의 경제·사회 발전과 복지 증진 등을 주목적으로 하는 원조이다. 우리나라는 세계 최초로 원조를 받는 국가에서 원조의 주체가 된 나라이기도 하다.

2. 원조를 받는 국가의 정치적 측면에서의 효과

(1) 긍정적 효과

첫째, 민주주의 발전의 발판이 될 수 있다. Lipset의 근대화론에 따르면, 경제적으로 발전할수록 정치적으로도 민주주의가 발달할 수 있다. 원조를 통해 정치적 혼란을 잠재우고 민주주의로 도약할 수 있게 된다.

둘째, 선진국으로부터 선진 정치체제를 이식할 수 있다. 민주주의가 정착하기 위해 시행착오를 겪은 선진국의 경험을 전수받아, 민주주의로 이행하기 위해 바람직한 경로를 따를 수 있다. 단, 이러한 '이식된 민주주의'는 사상누각과 같이 급격하게 붕괴될 위험성 역시 존재한다.

셋째, 원조를 받는 국가를 세계체제로 편입시킴으로써 국가간 갈등의 가능성을 줄일 수 있다. 세계체제의 참여자로서 자원 확보를 위해 무력으로 대응하기보다는 대화를 통해 갈등을 해결하고, 공동의 문제에 협력할 수 있도록 유도할 수 있다.

(2) 부정적 효과

첫째, 원조가 기존 권위주의 정권의 강화에 이용될 수 있다. 즉, 권위주의 정권의 유지를 위한 물질적 기반을 제공하는 수단이 될 우려가 있다.

둘째, 원조를 받는 국가의 지도자들은 국민보다 원조국의 의견에 귀속될 우려가 있다. 국민들의 의견을 수렴할 유인이 없어지므로 민주주의가 후퇴할 수 있다. 이를 '원조의 저주'라고 한다.

셋째, 식민지배의 전단계화 될 수 있다. 정치적, 경제적 의존도가 높아질수록 원조국의 영향력이 점차 커져 종국적으로는 식민지화될 수 있다.

3. 원조를 받는 국가의 경제적 측면에서의 효과

(1) 긍정적 효과

첫째, 원조를 받는 국가의 경제 발전을 도모할 수 있다. 원조를 받는 국가의 사회기반시설 건립 각종 경제적 원조를 통해 경기를활성화할 수 있다.

둘째, 원조를 받는 국가가 보유한 자원을 활용할 수 있다. 자원이 있으나 기술이 없어 활용할 수 없었던 경우, 이를 개발하는 기술을 원조국으로부터 지원받음으로써 자원을 개발할 수 있게 된다.

셋째, 원조를 통해 경제가 발전함으로써국민 복지에 더 집중할 수 있다. 경제적 원조를 통해 자국국민의 빈곤율을 낮추고 경제적 여유가 생김으로써 복지정책을 시행할 수 있게 된다.

(2) 부정적 효과

첫째, 원조를 받는 국가가 필요로 하는 분야와 원조를 하는 국가가 원조하는 분야가 상이할 수 있다. 가령 원조를 받는 국가 입장에서는 특정 자원 개발을 우선으로 원하나, 원조하는 국가에게 그러한 기술이 존재하지 않거나 사회기반시설 건립을 우선순위로 도모할 수 있다. 이 경우 비대칭적 개발이 일어나 경제적 역효과가 나타날 수 있다.

둘째, 경제적 양극화가 심화될 수 있다. 원조가 상위 계층의 부를 축적시키는 방향으로 작용하여 빈부 격차가 심화될 수 있다.

셋째, 원조를 받는 국가의 실정에 맞지 않은 투자를 강요당할 수 있다. 원조를 하는 국가에서 과다공 급된 잉여자원을 처리하기 위해 원조라는 수단을 이용할 수 있다. 이 경우 원조를 받는 국가에서는 필요 하지 않은 투자를 감행해야 하는 경우가 있다.

Ⅲ. 월러스타인(Wallerstein)의 세계체제론과 왈츠(Waltz)의 신현실주의 비교: 구조 측면에서

1. 월러스타인의 세계체제론의 내용

Wallerstein에 따르면, 세계체제는 중심부와 반주변부, 주변부로 이루어져 있다. 중심부는 강대국이 해당되고, 주변부는 개발도상국이 해당된다. 반주변부는 중심부에 의해 착취당하며 주변부를 착취하는 구조에 위치한 국가이다. 중심부의 선택에 의해 주변부 및 반주변부가 결정되고, 강대국의 이익에 도움 되는 국가들을 대상으로 '초청에 의한 상승'이 일어난다. Wallerstein은 글로벌 불평등에서 기인한 남북 문제를 해결하기 위해서는 선진국과의 관계를 단절해야 한다고 주장하였다.

2. 왈츠의 신현실주의의 내용

Waltz에 따르면, 세계는 조직적 무정부 상태이다. 홉스적 무정부 상태 하에서 각 국가들은 자조(self-help)체제를 구축하고, 군비 경쟁으로 인해 안보 딜레마가 발생한다고 보았다. 또한 Waltz에 따르면 국 가들은 강한 국가에 대항하여 세력 균형을 추구하게 되고, 그 결과로 극성 중 양극체제가 가장 안정적이 라고 보았다.

3. 이론 간 비교: 구조적 측면에서

두 이론모두 구조를 중심으로 이론을 전개하였으나, 세계체제를 바라보는 시각이 상이하다. Wallerstein의 세계체제론의 경우 중심부-반주변부-주변부로 이루어지는 구조 하에서 중심부에 의한 착취가 일어난다고 보았다. 반면, Waltz의 신현실주의의 경우 무정부상태라는 구조 하에서 국가 간 세 력 균형의 결과로서 양극체제가 나타난다고 보았다.

제시문에 주어진 남북문제를 해결하기 위해서, 세계체제론은 선진국과의 관계 자체를 단절할 것을 제 시한다. 그러나 신현실주의의 경우 강대국인 선진국에 대항하기 위해 반대편에 편승하여 균형을 추구할 것을 제시하고 있다.

Ⅳ. 결 론

국제원조가 글로벌 불균형에 기인한 남북문제를 심화시키는지에 대해서는 상반된 시각이공존한다. 또한 세계체제의 구조를 바라보는 시각 역시 다양하고, 이에 따라 남북문제를 해결하는 처방 역시 상이 하게 나타난다.

┤ 강 평 ├

1. 전체적으로 잘 구성된 답안이며 논리전개가 잘 되어있다. 좀더 확장된 답안을 구성하기 위한 제안을 한다면, 국제원조는 단순히 ODA로 접근하기보다는 국제원조의 발전을 중심으로 설명을 전개할 필요가 있다. 특히 남북 문제를 해결하기 위한 UN의 의제인 빈곤퇴치를 위한 MDGs(2000), 지속가능한 개발의 SDCs(2015) 등의 목표와 현황을 보면, 재정적 지원뿐만 아니라, 인간개발, 환경, 일자리 개선, 대체에너지 개발, 사회환경조성 등을 목표하고 있고, 세부목표를 계획하고 있다. 현재 무엇보다 기후변화에 따른 환경에 대한 관심이 점점 높아가고 있다. SDGs에 따라 수원국 및 민간기업, 시민단체들은 개발도상국지원을 계획하고 실행하고 있으며, 기본적 국제윤리를 실현하고 있다.

2. 답안은 재정적 지원에 따라는 수혜국의 정치적 측면, 경제적 측면에서 긍정적/부정적 효과를 설명하고 있지만, 국제원조의 발달 과정과 변화에 따르는 과정에서의 효과를 설명할 필요가 있다. 단순히 국제원조의 필요성과 방안을 보여주는 것 보다는 국제원조에 따라 개발도상국의 글로벌가치사슬에 참여, 산업의 다각화, 민주주의 채택 등의 과정을 설명한다면 다양한 결과로 나타나는 현상에 대한 제시를 한다면 좋은 설명이 될 수 있다.

3. 월러스타인의 세계체제론과 월츠의 신현실주의(구조현실주의)를 비교한다면 구조에 대한 정의에 따라 구분될 수 있다. 세계체제론은 경제(기술)에 따라 구조가 형성되고, 그 구조의 개념은 위계적이고 착취의 개념으로 상정한다. 그렇기 때문에 구조는 고착되어 변동이 발생되지 않는다. 그러나 선진국의 입장에서 구조 속의 교류는 주변국을 가치사슬에 참여할 수 있는 기회를 제공하여 변화를 촉진 시킨다. 물론 한정적이라 볼 수도 있지만, 반주변부로 상승할 수 있는 기회도 있다. 반면, 월츠의 신현실주의는 국제체제의 구조를 강조하고 있으며, 국제체제는 능력 즉 힘의 분포에 따라 구성된다고 본다. 극성 즉 강대국의 수에 따라 국제체제가 결정되며, 국가들은 동질화의 명제에 따라 균형(양극화)를 선택한다고 보았다. 따라서 월츠의 구조는 국가의 선택이 가능하다는 구조가 열려있다. 그리고 월츠의 구조는 균형을 추구하기 때문에, 고정보다는 변화를 인정한다. 그러나 월츠는 거래비용이 높은 협력은 지속되기 어렵다고 보았다.

4. 따라서 세계체제론과 월츠의 신현실주의는 국제원조를 설명하기 위한 기본 이론으로 적절하게 활용될 수 있다. 방법론적으로 볼 때 두 이론의 단순비교보다는, 국제원조의 정의와 시각은 수혜국의 지속가능한 발전을 전제로 해야한다. 따라서 국제원조는 구조적 불평등 문제의 해결이라는 절대성과 균형을 이루기 위한 상대성의 과정을 고려하여 답안을 작성한다면 답안의 완성도를 확장시킬 수 있을것으로 보인다.

2023년 입법고등고시 기출문제와 어드바이스 및 답안구성 예

| 제1문 (40점) |

한 나라의 국회의원을 선출하는 방식은 다양하다. 국회의원 선거제도는 통상 양당제 또는 다당제의 정당제 유형에 영향을 미치며, 정부형태와 함께 한 나라의 정치와 민주주의의 질을 결정한다.

(1) 국회의원 선거제도를 정당제 유형 및 정부형태와 관련된 이론을 활용하여 설명하시오. (15점)

Advice

1. 해당 설문에서는 국회의원 선거제도와 정당제 유형에 관한 이론과 국회의원 선거제도와 정부형태에 관한 이론을 각각 묻는 것으로 보인다. 따라서 전자의 경우 Duverger의 법칙을, 후자의 경우 Lijphart의 다수제, 합의제 민주주의 논의를 전개하는 것이 바람직할 것이다. Duverger의 법칙은 소선거구 단순다수대표제는 양당체제로, 비례대표제는 다당체제와 친화성이 있다는 논의이다. 구체적 작동원리로서 기계적 증폭효과와 심리적 증폭효과가 발생함을 논리적으로 전개하여야 할 것이다.

2. Lijphart의 다수제, 합의제 민주주의에 대한 논의는 단순다수제는 승자독식을 기초로 하여 다수제 민주주의를, 비례대표제는 합의제 민주주의를 발생시킨다는 것을 의미한다. 구체적으로 다수제 민주주의에서는 단점정부가 나타날 확률이 높고, 대통령제와 소선거구 단순다수제가 친화성이 높다는 점을 논리적으로 서술하여야 할 것이다. 합의제 민주주의에서는 분점정부가 나타날 확률이 높고, 의원내각제 하에서 연립정부의 구성이 비례대표제와 친화성이 높다는 점을 논리적으로 서술하는 것이 바람직하다.

(2) 현행 우리나라 국회의원 선거제도를 설명하고, 3가지 측면(국회의원 정수, 지역구비례대표 비중, 비례대표 선거구 크기)에서 개선방안을 제시하시오. (25점)

Advice

1. 현행 우리나라 국회의원 선거제도를 설명하라는 설문은 제21대 총선부터 적용된 '준연동형 비례대표제'의 내용을 서술하라는 의도이다. 준연동형 비례대표제의 특징으로서 단순다수제를 채택하는 지역구와 비례대표제를 채택하는 전국구가 혼합된 혼합형 선거제도, 독일과 달리 50%의 연동율을 채택하는 점, 47석의 비례대표 의석수 중 30석의 캡이 적용된다는 점을 서술하는 것이 좋다.

2. 현행 우리나라 국회의원 선거제도의 문제점과 개선방안을 지적하기 위해서 국회의원 정수, 지역
구 비례대표 비중, 비례대표 선거구 크기 각각의 측면에서 문제점을 제시하는 것이 좋다. 먼저 국
회의원 정수의 경우 국회의원 1인당 국민 수가 과다하다는 점 등에 기인하여 국회의원 정수의 부
족을 지적하는 것이 타당할 것이다. 따라서 개선방안 역시 국회의원 총 정원수를 늘리는 것을 제
시하는 것이 좋다. 단, 현 300명의 국회의원 정수에서 인원을 증가하는 것이 국민적 공감대가 필
요하다는 점까지 보충해준다면 더 좋은 인상을 받을 수 있을 것이다.

3. 지역구와 비례대표 비중 측면에서는 비례대표 의석수 비중이 과소하다는 문제점을 지적하는 것
이 타당하다. 현행 선거제도의 경우 지역구 의석수와 비례대표 의석수가 253:47로 약 6:1의 비
중을 차지하고 있다. 선거제도의 비례성을 높이기 위해서는 독일과 같이 지역구 의석수와 비례대
표 의석수 비중을 1:1로 맞추는 등 비례대표 의석수 비중을 높여야 함을 서술하는 것이 타당하다.

4. 비례대표 선거구 크기에 관해서는 현행 선거제도 하에서 전국을 하나의 선거구로 하는 비례대표
체제의 문제점을 지적하는 것이 좋다. 가령 지역구민과의 연계성 문제, 전국적 인지도를 가진 인
물의 유리함 등을 지적할 수 있다. 지적된 문제점에 맞추어 개선방안을 서술함이 타당하다.

답안구성 예

I. 서 론

II. 국회의원 선거제도와 정당제 유형 및
   정부형태
   1. 국회의원 선거제도와 정당제 유형에
      관한 이론; Duverger의 법칙
   2. 국회의원 선거제도와 정부형태에 관
      한 이론; Lijphart의 민주주의 분류

III. 현행 우리나라 국회의원 선거제도의
    개선방안
    1. 현행 우리나라 국회의원 선거제도
       설명; 준연동형 비례대표제

2. 현행 국회의원 선거제도의 문제점
   (1) 국회의원 정수 부족
   (2) 비례대표 비중 부족
   (3) 비례대표 선거구 크기
3. 개선방안
   (1) 국회의원 정수 증가
   (2) 비례대표 비중 증가
   (3) 비례대표 선거구 크기

IV. 결 론

| 제2문(30점) |

미국 외교 정책의 이념은 크게 고립주의와 개입주의(국제주의)로 구분할 수 있다.

(1) 미국 외교 정책에서 고립주의적 외교 기조를 대표하는 독트린(doctrine)들을 설명 하시오.
   (10점)

1. 우선 미국 외교 정책의 이념으로써 고립주의와 개입주의에 대해 간략하게 서술하는 것이 필요하다. 고립주의는 자국이 관련되지 않은 사안에 대해서는 개입하지 않는다는 외교 기조를 의미하고, 개입주의는 패권국으로서 자국이 관련되지 않은 사안에 대해서도 세계 질서를 유지하기 위해 개입하고 중재하고자 하는 외교 기조를 말한다. 미국 외교 정책에서 고립주의적 외교 기조를 대표하는 독트린으로서 먼로 독트린과 닉슨 독트린을 서술하는 문제로 보인다.

2. 먼로 독트린은 유럽 열강과 아메리카 대륙간 관계에 관한 독트린으로써, 유럽 국가가 아메리카 대륙의 국가들을 식민지화하지 않을 것과 전쟁을 일으키지 않을 것을 내용으로 한다. 대신 미국 역시 유럽에서 일어나는 일에 대해서 개입하지 않겠다는 내용이다. 닉슨 독트린은 베트남 전쟁 등으로 반전 여론과 전쟁 피로가 누적된 미국이 아시아 지역에 대해 직접적, 군사적, 정치적 개입은 하지 않는다는 내용의 독트린이다. 이러한 먼로 독트린과 닉슨 독트린의 내용을 타당하게 서술한다면 좋은 점수를 받을 수 있을 것이다.

(2) 미국의 고립주의 형성에 영향을 미친 요인들을 설명하고 트럼프 정부 시기 미국의 고립주의 대두 배경과 특징을 설명하시오. (20점)

1. 미국의 고립주의 형성에 영향을 미친 요인으로는 미국 이전의 패권국인 영국의 사례를 들 수 있다. 영국이 세계의 패권국이던 시절에 영국은 '영광스러운 고립'을 천명하며, 영국 자신의 이해에 영향을 주는 경우를 제외하고 영국이 속박된 어떤 영원한 동맹도 없다는 의미에서 외교적으로 고립주의를 택한 바 있다. 그 외에도 미국은 고립주의를 통해 유럽과의 무역에서 우위를 차지하고, 국가 경쟁력을 확보하는 등 경제적 이익을 얻을 수 있었다는 점 등을 서술하는 것이 좋다.

2. 트럼프 정부 시기 미국의 고립주의가 대두된 배경으로는 G2로서 중국의 급부상과 코로나19의 발병 등을 들 수 있다. 중국의 영향력 확장은 미국으로 하여금 패권국으로서 지위를 위협하였으며, 그동안 패권국 지위에서 세계 질서 선도를 위해 공공재를 제공하는 과정에서 감내했던 막대한 손해 등을 재정비하고 단속하는 계기가 되었다. 게다가 코로나 19가 발발하면서 G0상태가 되는 등 혼란한 상태가 펼쳐지고, 패권국의 지위가 위태로울 뿐만 아니라 자국의 피해가 막심하게 되었다.

3. 이에 트럼프 대통령은 'America First'라는 미국 우선주의를 내세우고, 파리기후협약과 유네스코, WHO, TPP 등을 탈퇴하였다. 또한 동맹국을 대상으로 방위비 부담금을 증가시킬 것을 압박하거나, 자유무역협정 내용 수정을 요구하는 등의 행보를 보였다. 이러한 사례를 중심으로 보호무역주의와 미국우선주의적 행태를 보였다는 점을 논리적으로 서술하는 것이 필요하다.

| 제3문(30점) |

홉스(Thomas Hobbes)는 청교도혁명의 와중에서 혼란을 거듭하던 영국의 정치적 상황을 배경으로 정치적 권위와 복종에 대한 과학적 이론을 제시하였다. 로크(John Locke)는 홉스와 마찬가지로 근대 과학의 경험론적 방법에 의거하여 인간과 정치사회에 대한 탐구를 시도했다.

(1) 홉스와 로크의 자연 상태(state of nature)에 대한 인식의 차이가 사회계약(social contract)에 관한 두 사람의 견해 차이와 어떻게 연결되는지 설명하시오. (15점)

Advice

1. 홉스와 로크는 사회계약론자로서, 자연상태에 대한 인식에서 기인한 차이가 그 후의 사회계약 내용, 국가관의 차이를 만들었다. 먼저 홉스의 경우 자연상태를 '만인의 만인에 대한 투쟁상태'라고 보았다. 인간은 본래부터 악하기 때문에 서로 약탈하고 해치는 혼란한 상태를 상정하였다. 따라서 자신의 목숨을 보전하기 위해 사회계약을 체결하게 되었다. 이 때 리바이어던에게 자신의 모든 권리를 양도하는 계약을 체결한다. 절대군주에게 자신의 모든 권리를 양도하는 것이 자연상태에서의 죽음의 공포보다 낫다고 판단한 것이다.

2. 그에 반해 로크가 상정한 자연상태는 평등하고 자유로운 상태이다. 그러나 타인이 자신의 생명이나 재산을 빼앗아 갔을 때, 이를 판단하고 처벌할 재판관과 권력이 부재하다는 문제가 있었다. 따라서 개인의 사유재산과 생명을 보호할 수 있도록 사회계약을 체결하였다. 이 때 로크의 사회계약은 홉스와 달리 모든 권리를 양도한 것이 아닌, 단순 위탁, 신탁한 것에 불과하다. 따라서 저항권에 대해 언급하지 않은 홉스와 달리 로크의 사회계약론의 경우 저항권을 인정하였다. 자신들이 권력을 위탁한 자가 재산권 등 권리를 제대로 보호하지 않을 경우 언제든지 그를 끌어내릴 수 있다

는 차이가 있다. 이러한 홉스와 로크의 자연상태를 바라보는 상이한 시각과 그에 기인한 사회계약의 차이점을 중심으로 답안을 논리적으로 서술하는 것이 필요하다.

(2) 홉스와 로크의(1)과 같은 차이가 정부 역할에 관한 두 사람의 견해 차이와 어떻게 연결되는지 설명하시오. (15점)

Advice

1. 홉스는 리바이어던이라는 절대군주를 상정하여 그에게 모든 권리를 양도하는 사회계약을 상정하였다. 따라서 홉스가 상정한 국가는 절대군주가 통치하는 국가이다. 절대군주는 절대적인 권력을 행사하고, 인민들에게 두려운 존재가 됨으로써 질서를 유지하고 강력한 주권을 행사한다. 인민들은 절대군주에게 모든 권리를 양도하는 것이 자연상태에서의 죽음의 공포보다 낫기 때문에 사회계약을 체결한다.

2. 반면 로크는 제한정부론을 상정하였다. 국가는 재산권을 보존하고 질서를 유지하는 최소한의 역할만을 이행한다. 따라서 군주 역시 법에 의해 제한된 권력을 행사하게 된다. 또한 로크는 저항권을 인정하므로, 인민들은 혁명을 통해 군주를 끌어내릴 수 있다.

3. 사회계약론과 관련한 문제에서는 홉스, 로크, 루소 각각의 학자별로 자연상태를 바라보는 관점, 인간을 바라보는 관점, 이에 따라 체결된 사회계약의 내용, 국가관 등을 정리하여 이해하는 것이 중요하다. 그리고 답안에 이를 체계적이고 논리적으로 서술한다면 좋은 인상을 받을 수 있을 것이다.

답안구성 예

I. 서 론

II. 홉스와 로크의 자연상태와 사회계약에대한 견해 차이
  1. 홉스의 자연상태와 사회계약에 대한 인식
  2. 로크의 자연상태와 사회계약에 대한 인식

III. 정부 역할에 대한 홉스와 로크의견해 차이
  1. 홉스의 국가관: 절대군주론
  2. 로크의 국가관: 제한정부론

IV. 결 론

| 제1문 | 다음 글을 읽고 물음에 답하시오. (총 50점, 선택 총 25점)

매스미디어의 발전은 정치커뮤니케이션의 역할과 비중을 증대시켰다. 정보통신기술의 발전으로 최근 등장한 웹 기반의 '뉴 미디어(유튜브, SNS, 온라인 커뮤니티 등)'는 기존의 매스미디어만큼 중요한 정치커뮤니케이션 매체가 되었다. '뉴 미디어'가 확산하면서 정치커뮤니케이션 생태계는 재편 과정을 겪고 있고 정치지형의 변화도 빠르게 진행되고 있다. '뉴 미디어' 이용의 증대는 여론 및 정치성향에 큰 영향을 미치고 있을 뿐만 아니라 정당정치의 발전과 쇠퇴에도 영향을 미치고 있다.

(1) 기존 매스미디어와 '뉴 미디어'의 정치커뮤니케이션 특징을 비교하여 논하시오. (10점)

(2) '뉴 미디어'의 확산이 여론과 정치성향의 양극화에 미치는 영향을 논하시오. (20점)

(3) '뉴 미디어'의 활성화가 정당의 발전과 쇠퇴에 각각 어떠한 영향을 미치는지 논하시오. (20점)

I. 서 론

II. 기존 매스미디어와 뉴 미디어의 정치커뮤니케이션의 특징
1. 뉴 미디어의 의미
2. 뉴 미디어의 정치커뮤니케이션의 특징
  (1) 쌍방향성을 지닌 뉴미디어
  (2) 정치참여 주체의 확대
  (3) 선택적 노출과 취사선택 가능한 미디어

III. 뉴 미디어의 확산과 정치적 양극화의 문제
1. 민주주의와 정치적 양극화
2. 뉴 미디어와 정치적 양극화의 문제
  (1) 뉴 미디어가 정치적 양극화를 완화한다는 견해
    가. 시간적·장소적 제한의 완화와 정치참여
    나. 정보획득의 비용 감소
    다. 사이버 공론장의 형성
    라. 익명성과 수평적 의사소통
  (2) 뉴 미디어가 정치적 양극화를 강화한다는 견해
    가. 선택적 노출의 강화
    나. 가짜뉴스와 정보의 질 문제
    다. 고립된(enclaved) 공론자의 문제
    라. 익명성과 무책임한 정치참여

IV. 뉴 미디어의 확산과 정당의 발전과 쇠퇴
1. 뉴 미디어와 정당의 발전
  (1) 당내 민주주의의 가능성
  (2) 전자정당과 시민사회의 소통
  (3) 낮아진 진입 문턱과 신생정당의 등장
2. 뉴 미디어와 정당의 쇠퇴
  (1) 인물중심 정당
  (2) 정당 패싱(passing) 현상
  (3) 선거운동의 고비용적 구조와 기성정당의 카르텔화

V. 결 론

Ⅰ. 서 론

　2022년 대선기간 동안 후보자들은 이전까지 볼 수 없었던 새로운 형태의 선거운동을 보여주었다. 국민의 힘의 후보였던 윤석열 후보는 SNS를 통한 '한 줄 공약'을 제시하여 이목을 끌었으며, 더불어민주당의 이재명 후보는 유튜브 숏츠(Shorts)를 이용하여 탈모약 공약을 제시하였다. 이러한 새로운 선거운동 전략은 기존의 매스미디어와는 다른 '뉴 미디어'에 기초하고 있는바, 기존 매스미디어와의 비교를 통하여 '뉴 미디어'의 특징을 알아보고, 이러한 '뉴 미디어'의 확산이 여론의 형성 및 정당에 어떠한 영향을 미치는지 살펴볼 필요가 있을 것이다.

Ⅱ. 기존 매스미디어와 뉴 미디어의 정치커뮤니케이션의 특징

1. 뉴 미디어의 의미

　기존의 매스미디어가 신문, TV, 라디오 등 전통적인 커뮤니케이션 도구를 통한 것이라면 '뉴 미디어'란 급속히 발달한 정보통신기술을 기반으로 한 미디어를 의미한다. 이러한 '뉴 미디어'로는 방송 분야의 디지털 위성방송이, 통신 분야의 인터넷과 이동통신이, 출판 분야에는 전자신문과 E-Book 등이 제시될 수 있다.

2. 뉴 미디어의 정치커뮤니케이션의 특징

(1) 쌍방향성을 지닌 뉴미디어

　기존의 매스미디어와 구별되는 뉴 미디어의 가장 큰 특징은 '쌍방향성'이다. 라디오나 TV 등 기존의 미디어는 정보의 공급자와 수요자를 분명히 구분하였다. 즉, 정보가 일방적으로 수신자에게 보내지는 것이다. 그러나 오늘날 SNS나 유튜브 등 뉴 미디어에서는 커뮤니케이션이 쌍방향적으로 이루어진다. 아주 단순한 형태로서 댓글로 자신의 의견을 제시할 수 있으며, 실시간 채팅을 통하여 동시에 다양한 사람들과 정치적 쟁점에 대한 의견을 나눌 수 있게 되었다.

(2) 정치참여 주체의 확대

　뉴 미디어의 또 다른 특징은 정치참여의 주체를 일반 시민까지 확장하였다는 것이다. 기존의 매스미디어의 경우, 메시지의 생산에 큰 비용이 들어갔다. 따라서, 정치인이나 언론인 등 일부 엘리트만이 정치적 메시지를 형성하고 이를 전달할 수 있었다. 그러나 뉴 미디어의 경우, 적은 비용으로 누구든지 메시지를 생성하여 이를 전달할 수 있다. 따라서 누구든지 메시지 공급자가 될 수 있는 것이다. 이는 미디어를 통한 정치참여의 주체를 정치인이나 언론 등 일부 계층으로부터 일반시민으로 확장하는 결과를 낳았다. 그러므로 미디어를 통한 정치공간에서 정치적 메시지의 다양성이 나타날 수 있게 된 것이다.

(3) 선택적 노출과 취사선택 가능한 미디어

뉴 미디어는 정치적 정보에 대하여 취사선택이 용이한 특성을 지닌다. 물론, 기존의 매스미디어 역시 이러한 측면을 지니고 있다. 가령, 보수적인 정치적 견해를 지니는 사람은 조선일보나 동아일보를 받아서 보는 것을 예로 들 수 있다. 그러나 뉴 미디어의 경우 이러한 정보의 취사선택 혹은 선택적 노출이 더 강하게 나타날 수 있다. 빅데이터를 기반으로 한 AI가 상용화됨에 따라 프로그램이 직접 이용자가 관심을 가질만한 정보를 추천하게 되면서 선택적 노출이 더욱 강화되는 것이다.

Ⅲ. 뉴 미디어의 확산과 정치적 양극화의 문제

1. 민주주의와 정치적 양극화

바람직한 민주주의는 단순히 다수결의 원리를 실현함으로써 달성될 수 없을 것이다. 민주주의의 중요한 원리는 나와 다른 의견이 존재할 수 있다는 가능성을 받아들이고, 상대방의 의견을 경청하고 나의 의견을 이성적으로 제시하는 등 숙의의 과정을 통해 하나의 합의를 이루는 것이다. 그러나 양극화는 이러한 사회적 합의의 가능성을 저해하여 공론장과 사회 안정에 위협을 가한다. 정치적인 양극화가 심각한 경우, 건설적인 공론장은 사라지고 정치영역은 상대진영에 대한 원색적인 비난과 비방으로 점철될 수 있다. 이는 결국 정치적 문제에 대한 합의를 요원하게 하며 정치적 교착상태를 심화·지속시켜 엄청난 사회적 비용을 발생시킬 수 있다. 따라서 정치적 양극화를 완화하는 것은 민주주의에서 중요한 과제 중 하나일 것이다. 그러므로 뉴 미디어가 정치적 양극화에 미치는 영향을 살펴볼 필요가 있다.

2. 뉴 미디어와 정치적 양극화의 문제

(1) 뉴 미디어가 정치적 양극화를 완화한다는 견해

가. 시간적·장소적 제한의 완화와 정치참여

정치참여 자체는 자신의 주장을 논리적으로 이야기하여 상대방을 설득하는 능력, 다양한 정치적 견해가 존재한다는 사실에 대한 수용, 정치적 주체로서의 시민의식의 함양 등 다양한 학습효과를 지닐 수 있다. 그러므로 정치에 대한 참여 그 자체가 이성적이고 합리적인 시민으로 성장시키는 교육을 수행하는 것이다. 따라서 뉴 미디어가 기존에 시간적 제약이나 장소적 제약이 심하여 정치참여가 어려웠던 시민들에게 보다 쉬운 정치참여의 통로를 열어준다면 정치적 무관심에 빠지거나 진영논리에 갇혀있던 시민들을 건설적인 토론장으로 나오도록 할 수 있으며, 이는 성숙한 시민의식의 함양을 통해 정치적 양극화의 해소에 기여할 수 있을 것이다.

나. 정보획득의 비용 감소

정보를 획득하는 것에도 탐색비용, 정보 선별비용 등 다양한 비용이 발생한다. 이러한 점을 지적한 다운스(Downs)는 합리적 무지(Rational ignorance)라는 개념을 제시하였다. 개인은 오히려 정보의 획득으로부터 발생하는 비용을 고려하여 합리적으로 '무지'(ignorance)를 선택할 수 있다는 것이다. 만약 뉴 미디어를 통한 정치적 커뮤니케이션이 정보의 습득 비용을 의미있는 수준으로 낮추어 준다면, 정치쟁점에 대하여 상대진영이 이야기하는 주장과 근거에 대하여 합리적으로 무지하던 사람들이 그에 대한 정보 역시 습득할 수 있게 될 것이다. 이러한 경우 상대진영의 주장과 그에 대한 논리를 접하면서 상대진영에 대한 이해가 높아지고 이는 정치적 양극화의 완화에 기여할 수 있을 것이다.

다. 사이버 공론장의 형성

하버마스(Habermas)는 공론장(public sphere)를 기반으로 한 시민들의 자발적이고 합리적인 정치 참여가 숙의 민주주의에 중요한 요소라고 지적하였다. 뉴 미디어의 발전은 사이버 공론장을 형성하여 이러한 숙의 민주주의에 기여할 수 있고, 이는 궁극적으로 정치적 양극화를 완화할 수 있을 것이다. 특히 사이버 공론장은 기존의 공론장이 지닌 시간적·장소적 제약으로부터 자유로워 더욱 높은 개방성이 보장된 공론장의 구조를 확보할 수 있을 것이다. 높은 개방성을 지닌 공론장은 다양한 스펙트럼의 정치적 견해들을 수용할 수 있으며, 이는 곧 정치적 견해의 다양성을 받아들이고 상대방에 대한 관용적 태도를 함양하도록 하여 정치적 양극화를 완화할 수 있을 것이다.

라. 익명성과 수평적 의사소통

뉴 미디어를 통한 커뮤니케이션은 익명성을 기반으로 이루어질 수 있다. 이러한 익명성은 공론장에서의 수평적 의사소통을 가능하게 하여 공론장 밖에서 나타나는 권력 구조가 공론장 안으로 들어오지 못하도록 방어하는 기능을 수행할 수 있을 것이다. 공론장 내에서 수평적 의사소통이 가능한 동등성의 조건이 충족된다면, 발언자의 권위나 자신이 속한 진영논리에 구애받지 않고 합리적이고 이성적으로 정치 쟁점에 대하여 토의를 할 수 있고, 이는 정치문제에 대한 합의의 가능성을 제고하여 정치적 양극화를 완화하는 것에 기여할 수 있을 것이다.

(2) 뉴 미디어가 정치적 양극화를 강화한다는 견해

가. 선택적 노출의 강화

뉴 미디어의 확산은 오히려 정치적 양극화를 강화할 수 있다. 이는 특히 뉴 미디어의 특징인 '선택적 노출'에 기초하고 있다. 트위터의 팔로잉 기능의 경우, 자신과 정치적 견해 비슷한 사람들간의 팔로잉을 촉진시켜 정치적으로 유사한 게시물에 대한 노출을 증가시킨다. 유튜브의 알고리즘 역시 자신이 선택한 영상과 유사한 영상을 추천하여 편향적인 정치적 정보를 접하도록 유도한다. 이러한 선택적 노출의 강화는 기존의 정치적 견해를 강화하는 기능을 수행하고, 상대진영에 대한 정치적 주장이나 근거에 대한 접근성을 낮춤으로써 정치적 양극화를 더욱 심화시킬 수 있는 것이다.

나. 가짜뉴스와 정보의 질 문제

뉴 미디어의 또 다른 특징은 누구든지 정보를 생산할 수 있다는 점이다. 이러한 특징은 정보의 양의 측면에서는 긍정적인 기능을 수행할 수 있으나, 정보의 질의 측면에서는 양질의 정보를 담보할 수 없다는 한계를 지닌다. 유튜브나 카카오톡 등을 통한 가짜뉴스는 상대진영에 대한 근거 없는 비난을 확산시킬 수 있으며, 이는 정치적 양극화를 더욱 심화시키는 기능을 할 수 있다. 특히, 가짜뉴스의 공급자는 이를 공급하여 금전적 이익을 취할 수 있고, 이러한 가짜뉴스에 대한 마땅한 통제수단이 부재하는 오늘날 가짜뉴스의 확산과 이로 인한 왜곡된 정치적 시각의 형성은 민주주의에 대한 가장 위협적인 해악이라고 할 수 있다.

다. 고립된(enclaved) 공론자의 문제

하버마스가 강조한 공론장의 중요한 조건은 '개방성'이다. 이러한 개방성이 확보되지 않은 공론장은 건설적인 토의가 이루어질 수 없으며, 편향된 방향으로 정치적 견해를 강화하는 역할을 수행할 수 있다. 푸트남(putnam)이 제시한 사회자본(Social Capital)의 개념을 통해 보면, 유사한 정치적 견해를 지닌 사람들 간의 '결속적 사회자본'은 상당히 강하게 나타나는 반면, 다른 정치적 견해를 지닌 집단과의 '교량적 사회자본'은 낮은 상황이라 볼 수 있다. 이러한 고립된 공론장 현상은 뉴 미디어를 통한 정치참여에서도 발견할 수 있다. 일부 커뮤니티의 경우 '인증절차'를 통하여 일정한 성별이나 연령만이 참여 가능하며, 자신과 다른 정치적 견해를 지닌 커뮤니티에 대한 원색적인 비난 등 '게시글 테러'를 하기도 한다. 이러한 모습은 사이버 공론장이 과연 개방성이 확보된 공론장인지에 대한 의문을 제기한다.

라. 익명성과 무책임한 정치참여

익명성이라는 뉴 미디어의 특징이 사이버 공론장에서 수평적인 의사소통이 가능하도록 하는 장점을 지니지만 반대로 이러한 익명성은 무책임한 정치참여를 발생시킬 수 있다는 한계를 지닌다. 정치쟁점에 대한 건설적인 토의에 책임감을 가지고 참여하기보다는 자신과 유사한 정치적 견해를 지닌 사람들을 무조건적으로 옹호하고 다른 견해를 지닌 사람들에게는 그들의 견해를 들어보지도 않고 원색적인 비난을 가하는 것이다.

또한 익명성은 조작(manipulation)의 문제를 안고 있다. 댓글조작이나 조회수의 조작 및 국민청원에 대한 동의수의 조작 등 익명성을 악용하는 사례들이 종종 언론에 보도된다. 이러한 조작은 상대진영을 논리적으로 설득하기 보다 조작을 통하여 다수의 폭정을 행사하도록 유인을 제공할 수 있어 정치쟁점에 대한 건설적인 토의를 저해하여 정치적 양극화를 심화시킬 가능성이 있다.

Ⅳ. 뉴 미디어의 확산과 정당의 발전과 쇠퇴
1. 뉴 미디어와 정당의 발전
(1) 당내 민주주의의 가능성

뉴 미디어의 확산은 당내 민주주의를 확보할 수 있도록 하여 정당의 발전에 기여할 수 있다. 정당 내부의 의사결정은 온라인 프로세스와 디지털 컨텐츠 등 뉴미디어를 통해 이루어질 수 있다. 이른바 전자정당(E-Party)이라는 뉴미디어 기반의 정당에서는 당원의 충원과 교육, 권리 행사, 당비 납부, 당원 간 교류 등이 온라인을 통해서 이루어진다. 이와 같은 정당의 운영은 아래로부터의 소통(bottom-up communication)을 촉진하여 당내 민주주의에 긍정적인 영향을 미칠 수 있을 것이다. 실제로 독일의 사민당은 당원네트워크와 사이버지구당 및 온라인 전당대회 등을 실시하여 당내 민주주의 확보에 일정한 성과를 보여주었다.

(2) 전자정당과 시민사회의 소통

내부적인 측면뿐 아니라 외부와의 소통의 측면에서도 뉴 미디어는 정당의 발전에 기여할 수 있다. 정당은 뉴 미디어를 기반으로 시민들과의 일상적이고도 전면적인 소통을 추구할 수 있는 것이다. 정당 홈페이지를 통한 정책정보의 제공, 여론조사, 정책의 수렴과 홍보, 민원처리 등 시민사회와의 전면적인 소통을 할 수 있으며, 이는 시민들로 하여금 정당의 필요성을 인식하게 하고 정당정치의 효능감을 느끼도록 할 것이다. 실제로 국민의 힘의 경우, 20대 대통령 후보 경선에 있어서 본경선의 선출방식으로 선거인단와 여론조사 결과를 각각 50%씩 반영하였다. 이러한 현상에 대하여 키(V. O. Key)가 이야기한 조직으로서의 정당이 약화된 결과라는 지적이 있으나, 이러한 모습 역시 새로운 정치환경에 적응하려는 정당의 발전과정의 일환이라고 볼 수 있을 것이다.

(3) 낮아진 진입 문턱과 신생정당의 등장

로버트 달(R. Dahl)은 민주주의의 운영에 있어서 정당의 기능을 강조하였고, 특히 정당 간 실질적인 경쟁이 중요하다고 역설하였다. 그러나 오늘날 정당은 포괄정당(catch-all party)의 형태를 보이며 정책적인 차별성을 잃어가고 있다. 이러한 문제점을 타파하기 위하여는 새로운 정당의 등장이 요구된다. 과거 창당을 위한 당원의 모집, 정당 조직의 형성 등에 막대한 비용과 시간이 소요되었다. 그러나 오늘날 뉴 미디어를 기반으로 한다면 창당을 위한 시간과 비용의 제한은 상당히 완화될 수 있을 것이다. 실제로 2014년 온라인을 기반으로 한 포데모스(Podesmos)가 스페인에서 창당되었고 2015년 총선에서 69석을 얻어내는 결과를 보여주었다. 우리나라 역시 2002년의 개혁국민정당의 경우, 당명과 강령의 결정에서부터 당원 가입과 지도부 선출까지 창당의 과정의 대부분이 온라인을 기반으로 이루어진 바 있다. 이와 같이, 뉴 미디어의 발전은 신생 정당의 출현을 촉진하여 경쟁적인 정당생태계를 조성하는 기여할 수 있을 것이다.

2. 뉴 미디어와 정당의 쇠퇴
(1) 인물중심 정당

뉴 미디어가 발전하면서 정당과 시민과의 공적 연계보다는 정치엘리트와 지지자들 간의 사적 연계가 더욱 두드러지고 있다. 우리나라의 경우 이른바 '팬덤(fandom) 정치'의 문제로 이러한 현상이 발견되고 있다. 정치적인 비전이나 이념을 기반으로 한 정당보다는 소위 '스타 정치인'을 중심으로 한 인물중심적 정당이 형성될 가능성이 큰 것이다. 특히 오늘날 뉴 미디어 환경에서 후보자의 이미지를 중심으로 한 선거전략이 더욱 효과적이기 때문에 인물중심적 정당의 출현은 더욱 가속화된다. 이러한 경우 정당의 제도화 수준이 낮아지며 인물을 중심으로 이합집산이 나타날 가능성이 높아 뉴 미디어가 정당의 쇠퇴를 부추기는 측면이 있다고 할 것이다.

(2) 정당 패싱(passing) 현상

정당의 중요한 기능은 여론을 수렴하고 이를 기반으로 정제된 정책대안을 제시하는 것이다. 즉, 공적인 공간에서 이성적이고 합리적인 정책논의가 이루어지기 위하여는 이러한 정제된 정책대안의 제시가 필수적으로 요구된다. 하지만 뉴 미디어는 정당을 우회하여 곧바로 정책결정자와 일반 시민들을 연계하여 소위 정당 패싱(passing) 현상을 발생시킨다. 문재인 정부가 시행한 청와대 국민청원제도는 정당의 매개 없이 정부와 시민사회를 연결하는 대표적인 사례라 할 수 있다.

뉴 미디어는 수동적인 청중(audience)을 네트워크를 기반으로 연결되어 정보와 지식으로 무장한 공중(public)으로 전환시켰다. 그리고 이러한 공중은 뉴 미디어가 제공하는 다양한 통로를 이용하여 직접 정치에 참여하는 것을 선호한다. 다시 말해, 뉴 미디어의 등장은 시민사회가 정치적 중개조직 없이 자발적으로 결집하고 행동할 수 있는 도구를 갖추게 되었다는 것을 의미하는 것이다. 이러한 현상에 대하여 일각에서는 정당 없는 정치가 실현 가능할 것이라는 급진적인 주장이 제기되기도 한다.

(3) 선거운동의 고비용적 구조와 기성정당의 카르텔화

뉴 미디어가 정당으로 하여금 미디어 자원을 총체적으로 동원하도록 하여 선거운동이 지니는 고비용 구조를 오히려 강화하였다는 주장이 제기된다. 이러한 선거운동의 자본집약적 특성은 카츠와 마이어(Katz and Mair)가 제시한 카르텔정당(Cartel Party)현상을 더욱 촉진하여 신생정당의 출현을 더욱 어렵게 할 수 있다. 선거운동에 막대한 자금이 들어갈수록 국고보조금에 의존하는 기존의 정당과 신생정당 간 경쟁은 더욱 불공평해지기 때문이다. 우리나라의 경우 국고보조금의 규모는 꾸준히 증가하고 있는 추세인 바, 이러한 국고보조금 제도와 뉴 미디어를 통한 선거운동의 고비용화 현상은 기성 정당들에 대한 재정적 특혜를 통해 신진 세력의 진입을 봉쇄하고 기성 정당체제가 고착되도록 유인하고 있다. 이와 같은 기성 정당체제의 유지는 정당 간 건전한 경쟁을 저해하여 정당의 발전에 걸림돌이 된다고 할 것이다.

V. 결 론

지금까지 '뉴 미디어'의 특징을 알아보고, 이러한 '뉴 미디어'의 확산이 여론의 형성 및 정당에 어떠한 영향을 미치는지 살펴보았다. '뉴 미디어' 현상은 부정할 수 없는 새로운 정치 현실이 되었다. '뉴 미디어'의 확산은 여론의 양극화를 심화시킬 수도 있고, 오히려 사이버 공론장이라는 새로운 공적 공간을 창출하여 사회적 합의를 촉진하기도 한다. 정당과 관련하여 '뉴 미디어'는 정당을 패싱(passing)하도록 유인하는 한편 정당과 시민사회 간 연계를 더욱 강화하기도 한다. 따라서 이러한 '뉴 미디어'의 다양한 영향을 고려하여, '뉴 미디어'가 민주주의에 기여할 수 있는 방안을 모색할 필요가 있을 것이다.

| 강 평 |

1. 최근 기존의 매스미디어를 대체할 수 있는 유투브, 트위터 등의 새로운 미디어가 등장하고 있다. 뉴미디어의 확산에 따라서 새로운 여론 형성의 흐름이 나타나고 있고, 또한 이 같은 변화와 함께 정보제공자, 여론을 통한 사회적 갈등의 대변자의 역할을 해왔던 정당의 성격에 대한 변화도 급격한 속도로 진행되고 있다. 답안은 일방향성, 일방적 노출을 특징으로 하는 뉴스, 방송과 같은 전통적인 매스미디어와 양방향성, 취사선택적 노출이라는 뉴미디어의 정치커뮤니케이션 특징에 대해서 간략하지만 필수적인 내용을 적절하게 서술하고 있다.

2. 그러나, 답안에서 설명하고 있는 뉴미디어의 확산의 효과에 대한 서술은 비판할 지점이 많다. 가장 큰 문제점은 지나치게 도식적으로 뉴미디어의 확산이 정치양극화에 미치는 영향을 긍정적, 부정적 효과로 양분해서 서술하고 있다는 점이다. 뉴미디어의 확산이 정치양극화의 강화에 도움이 될 수 있다는 답안의 요지는 논리적으로 구성되어 있고, 기존 학계의 견해들을 종합한다고 할 수 있지만 뉴미디어의 확산이 정치양극화의 완화에 도움이 된다는 설명은 논리적으로 문제가 많다. 답안의 논리는 뉴미디어가 정보비용을 줄여주고, 새로운 공론장을 형성할 수 있다는 측면에서 양극화 완화에 도움이 될 것이라고 주장한다. 그러나 정보비용의 완화, 새로운 공론장 출현이라는 뉴미디어의 긍정적 효과에 대해서는 동의할 수 있으나 이후 공론장의 형성이 어떻게 양극화의 완화에 도움이 될 수 있는 점에 대한 구체적인 설명이 부재하다. 오히려 답안에서 후술하고 있는 것처럼 뉴미디어를 통한 공론장은 본인들 스스로의 견해를 강화하는 제한된 공론장의 역할을 하고 있다. 타인에 대한 이해의 폭을 넓히기 보다는 오히려 타인과 타 정치세력에 대한 배제의 역할을 하고 있다. 답안의 경우 지나치게 도식적으로 문제를 접근하려 했기에 오히려 논리의 허점을 드러나게 한 경우라고 할 수 있다. 또한, 최근 정치적 양극화의 특징 중 하나인 정서적 양극화 (Affective Polarization)에 대한 설명이 없다는 점도 문제이다.

3. 답안은 정치양극화(Political Polarization)가 긍정적·부정적 효과가 상존한다는 측면을 간과하고 있고 지나치게 정치양극화의 부정적인 측면을 강조해서 뉴미디어가 양극화를 완화시킬지 아니면 강화시킬지에만 주목하고 있다. 한편으로 정치양극화는 정책·이념 중심의 정당 경쟁 양상을 반영해서, 유권자들의 명확한 정치적 선택을 유도하는 장점이 있다. 물론, 최근에는 정치양극화의 부정적인 측면이 강조되고 있는 것이 사실이다. 특히, 문제가 되는 지점은 상대 진영에 대한 정서적 배제와 상대 진영에 의한 정치적 결정에 대한 무한불신을 가져오는 정서적 양극화이고, 저자도 언급하고 있는 것처럼 뉴미디어는 정서적 양극화를 강화하는 주요한 기제로 작동하고 있다. 양극화의 두 가지 측면을 언급하고 정서적 양극화에 대해서 설명했다면 훨씬 설득력 있는 답안이 되었을 것이다.

4. 마지막으로 뉴미디어의 발전이 정당의 발전에 미치는 효과에 대해서는 전반적으로 적절하게 서술되어 있다고 평가한다.

답안에서 설명하는 것처럼 뉴미디어의 발전은 정당의 발전과 쇠퇴 모두 영향을 줄 가능성이 있다. 한편으로는 쉬운 참여를 보장해서 당내민주주의를 활성화하고 답안에서 제시된 스페인의 포데모스 현상이 상징하는 것처럼 시민사회의 새로운 요구를 받아들일 수 있는 새로운 정당의 출현을 촉진한다. 반면, 뉴미디어가 정당정치의 쇠퇴를 가져올 수 있는 측면도 있다. 답안에서 언급한 것처럼 '팬덤현상'으로 상징되는 정당보다는 인물중심의 경쟁구도, 정당의 존재가치를 약화시키는 엘리트와 대중간의 직접 소통이 뉴미디어가 정당정치의 약화를 가져오는 특징을 보여준다. 그러나, 마지막 지점인 '선거운동의 고비용구조' 측면은 논리적 허점이 보인다. 이는 답안이 언급했었던 뉴미디어를 통한 새로운 정당 출현 가능성의 사례 (스페인의 포데모스)와도 모순되며 뉴미디어를 통한 선거전략이 기본적으로 선거비용을 줄일 수 있는 하나의 방안으로 설명된다는 점에서 왜 뉴미디어가 고비용 선거경쟁을 가져올 수 있는지에 대한 구체적인 설명이 필요할 것으로 보인다.

개인적으로는 이 부분은 삭제하는 편이 논리적 완결성이 높다고 평가한다. 오히려, 인물중심의 경쟁구도와 연관지어 '트럼프 현상'으로 상징되는 뉴미디어와 포퓰리스트 정치인의 관련성을 언급하며 이와 같은 현상이 어떻게 정당정치를 약화시키는지를 보여주는 편이 더욱 설득력을 보여줄 수 있었을 것으로 판단한다.

| **제2문** | 립셋(Seymour M. Lipset)과 로칸(Stein Rokkan)은 '사회 균열'(social cleavage) 개념을 통해 유럽 정당체제의 형성과 변화를 역사적·거시적 관점에서 설명하였다. 다음 물음에 답하시오. (총 30점, 선택 총 15점)

(1) 립셋과 로칸의 '사회 균열' 개념을 설명하고 그에 기초한 정당과 유권자 간 관계의 형성 및 변화에 대해 논하시오. (10점)

(2) 립셋과 로칸은 20세기 초반에 형성된 유럽 정당체제가 변함없이 유지되고 있다는 '동결명제'(freezing hypothesis)를 제시하였다. 이에 대한 다양한 반론에 대해 논하시오. (20점)

Ⅰ. 서 론

Ⅱ. 립셋과 로칸의 사회 균열과 정당의 체계
  1. 립셋과 로칸의 사회 균열의 개념
  2. 사회 균열이 정당 정치로 전환되기 위한 4가지 장벽

Ⅲ. 립셋과 로칸의 동결명제와 이에 대한 반론
  1. 동결명제의 의미
  2. 동결명제에 대한 반론
  (1) 일방적인 인과관계의 문제: 사회 균열 이론에 대한 비판

(2) 새로운 균열의 등장: 사회 균열 이론 내부에서의 비판
  가. 잉글하트(Inglehart)의 탈물질주의적 가치관
  나. 키셸트(Kitschelt)의 군위주의와 자유지상주의의 갈등
(3) 후발 민주주의 국가에 대한 적용가능성: 현실설명력의 비판

Ⅳ. 결 론

답안작성

정 ○ ○ / 2021년도 5급 공채 일반행정직 합격

Ⅰ. 서 론

정당이 민주주의 정치과정 어디에서나 역할을 하고 있다는 점은 정당이 민주주의에서 중요한 조직임을 보여준다. 심지어 독재나 전체주의 국가에서도 정당을 이용한 정통성의 확보 과정이 발견된다. 따라서 이러한 정당의 형성 및 변화는 민주주의 연구의 중요 부분을 차지한다고 할 수 있다. 그러므로, 정당에 대한 기본적인 분석틀은 제시한 립셋과 로칸(Lipset & Rokkan)의 사회 균열 이론을 알아보고, 그 이론의 현실적 한계와 이론적 한계를 살펴볼 필요가 있을 것이다.

Ⅱ. 립셋과 로칸의 사회 균열과 정당의 체계
1. 립셋과 로칸의 사회 균열의 개념

시모어 마틴 립셋(Seymour Martin Lipset)과 스테인 로칸(Stein Rokkan)은 사회구조적 관계에서 발

생하는 갈등과 논쟁의 축을 사회 균열(Social cleavage)이라고 정의하였다. 그들은 국민혁명과 산업혁명이라는 두 가지 혁명적인 사건이 정당 체제를 규정하는 4가지 기본적인 갈등의 축을 형성하였다고 주장한다. 이를 구체적으로 살펴보면 다음과 같다.

먼저 국민혁명은 '중앙 vs 지방'과 '세속정부 vs 교회'라는 사회 균열을 형성하였다. 절대왕정은 부상하는 신흥자본계층과 몰락하는 봉건귀족계층 간 힘의 균형에서 나타난 과도기적 정치체제이다. 절대군주와 신흥자본계층은 외부에 대하여 하나로서 통일된 국민국가를 형성하는 것에 이해관계가 일치하였고, 그 결과 국민국가의 형성이 이루어졌다. 이러한 국민혁명의 과정은 필연적으로 봉건영주를 기반으로 한 지방세력의 저항을 수반하게 되는데 이러한 갈등이 바로 '중앙 vs 지방'의 갈등이다. 아울러 이러한 국민국가의 형성은 교황을 중심으로 한 중세적 교회질서로부터의 이탈을 의미하는 바, 이러한 이탈이 곧 '세속정부 vs 교회'라는 균열을 형성하였다.

다음으로 산업혁명은 '도시 vs 농촌' 그리고 '자본 vs 노동'의 사회 균열을 형성하였다. 사업혁명으로 인하여 도시에서는 신흥자본계층이 발생하였고 이들은 토지를 기반으로 한 전통적 귀족과 권력다툼을 하게 되었다. 특히, 영국에서 나타난 곡물법(Corn Law) 논쟁은 리카도-바이너 모형이 잘 보여주듯이 1차 산업과 2차 산업간 경제적 배분을 둘러싼 갈등이었다. 산업혁명은 도시와 농촌 간 대립뿐 아니라 도시 내부에서의 노동과 자본의 대립 역시 불러왔다. 이러한 노동과 자본의 대립은 사회주의 사상의 태동에 영향을 주었다.

이와 같이, 립셋과 로칸은 국민혁명과 산업혁명에 의한 4가지 사회 균열로서 '중앙 vs 지방', '세속정부 vs 교회', '도시 vs 농촌' 그리고 '자본 vs 노동'의 사회 균열을 제시하였고, 이러한 균열을 따라 유럽의 정당 체제가 형성되었다고 주장한 것이다.

2. 사회 균열이 정당 정치로 전환되기 위한 4가지 장벽

립셋과 로칸이 4가지 사회 균열을 제시하였지만, 이러한 균열 구조가 기계적으로 정당정치로 전환된다고 주장한 것은 아니다. 균열 구조가 정당정치로 전환되기 위하여는 일정한 정치적 환경이 갖추어져야 하는바, 그들은 4가지 장벽을 제시하여 이를 이론화하였다. 이러한 장벽에는 정치적 반대에 대한 용인의 정도를 의미하는 '정당화의 장벽'과, 참정권과 관련된 '통합의 장벽'과, 대의기구에 대한 접근성과 관련된 '대표성의 장벽'과, 다수 세력에 대한 제도적 견제와 관련된 '다수결의 장벽'이 있다. 따라서 이러한 4가지 장벽을 넘어야만 사회적 균열구조가 정당정치로 전환될 수 있는 것이다.

Ⅲ. 립셋과 로칸의 동결명제와 이에 대한 반론

1. 동결명제의 의미

동결명제(freezing hypothesis)란 경험적으로 1960년대 서구 유럽의 정당 체제가 1920년대의 균열 구조를 그대로 유지하고 있다는 내용의 명제로서, 정당 체제의 안정성을 강조하는 이론이다. 하지만 이러한 동결명제는 1980년대 이후 나타나는 급격한 정당 약화 현상을 설명하기 어려운 한계를 지니는바, 동결명제에 대한 현실적·이론적 비판을 살펴볼 필요가 있을 것이다.

2. 동결명제에 대한 반론

(1) 일방적인 인과관계의 문제: 사회 균열 이론에 대한 비판

동결명제는 기본적으로 사회 균열을 독립변수로, 정당 체제를 종속변수로 설정하며 사회 균열이 안정적인 경우 그에 따라 정당 체제도 안정적이라는 사실을 전제로 하고 있다. 그러나 정당 체제를 단순히 사회 균열에 대한 종속변수로 한정하는 것이 적절한지 의문을 제기할 수 있을 것이다. 이와 관련하여, 어윈(Urwin)은 정당이 독립변수로서 사회에 미칠 수 있는 영향력을 적절히 고려할 필요가 있다고 지적하였다.

(2) 새로운 균열의 등장: 사회 균열 이론 내부에서의 비판

가. 잉글하트(Inglehart)의 탈물질주의적 가치관

잉글하트는 경제적 풍요와 평화의 시기에는 물질적 배분을 둘러싼 갈등보다는 환경, 여성의 권리, 인권, 핵에 대한 반대 등 삶의 질과 관련된 가치를 추구하는 경향이 나타나 전통적인 계급균열이 한층 완화된다고 주장한다. 즉, 탈물질주의적(post-materialist) 가치관의 등장이 새로운 사회 균열을 형성하였다는 것이다. 이러한 주장에 대한 근거로서 그는 녹색당과 같은 신생정당의 출연을 제시하고 있다. 다시 말해, 기존의 균열구조를 횡단하는 새로운 균열축으로서 '물질주의 vs 탈물질주의'의 갈등구조가 형성되었다는 것이다. 하지만 위 주장에 대하여 탈물질주의적 가치관이 사회적 이슈의 제기 수준을 넘어 구조적인 균열로 확립되었는지 의문스럽다는 시각도 존재한다.

나. 키셀트(Kitschelt)의 권위주와 자유지상주의 갈등

키셀트는 '권위주의 vs 자유지상주의'(authoritarian vs libertarian)라는 사회적 삶의 통치구조에 대한 갈등이 전통적인 균열 못지않게 중요한 균열로서 등장하였다고 주장한다. 권위주의는 사회적·도덕적·정치적 권위에 의하여 통치되는 질서 있는 삶의 양식을 선호하는 반면 자유주의는 개인적 자유를 강조하며 사회문화적 차이에 대한 관용과 존중을 중요한 가치로 간주한다. 키셀트는 1980년대 이후 유럽 정당 체계가 이러한 사회적 삶의 양식에 관한 갈등에 따라서 재정렬되는 양상을 보인다고 주장하는 것이다.

(3) 후발 민주주의 국가에 대한 적용가능성: 현실설명력의 비판

립셋과 로칸의 이론이 비록 유럽정당체제를 대상으로 한 것이지만 그것이 후발 민주주의국가에도 적실성을 가질 수 있는지를 살펴보는 것 역시 이론의 범용성과 비교정치의 관점에서 의미가 있을 것이다. 후발 민주주의 국가에도 위 이론이 적용될 수 있는지에 관하여 회의적인 견해가 제기된다. 후발 민주주의 국가의 경우 낮은 정당의 제도화 수준과 정권에 의한 인위적인 정당의 형성이라는 특성이 강하게 나타나 계급적 사회 균열의 발달이 미약했고, 정당 체제와 사회 균열 간 일관적인 관계도 나타나지 않는다는 것이다.

후발 민주주의 국가에 해당하는 우리나라의 경우, 이승만 정권의 토지개혁과 식민지의 영향으로 인하여 농촌과 도시라는 갈등이 미약하게 나타났다. 또한, 산업혁명에 해당할 수 있는 박정희 정권하에서도 반공 이데올로기, 억압적 권위주의 등 다양한 요인으로 인하여 계급적 갈등이 강하게 발생하지 못하였다. 오히려 우리나라에서는 지역주의라는 균열이 강하게 작용하여 이를 기초로 정당 체제가 정렬되고 20대 대선 등 오늘날까지 강한 영향을 미친 것으로 판단된다.

Ⅳ. 결론

지금까지 립셋과 로칸의 사회 균열 이론과 동결명제를 살펴보고, 그에 대한 다양한 비판을 알아보았다. 다양한 비판에도 불구하고 그들이 제시한 분석의 틀은 상당히 유용하다. 그러므로 이러한 분석의 틀을 기반으로 우리나라에 고유한 사회 균열을 발견하고 그에 기반한 정당의 배열을 연구할 수 있을 것이다. 그러한 경우 우리나라 정당 체제에 대한 적실성 있는 분석이 이루어질 수 있을 것이며 이러한 정당 연구는 대한민국의 민주주의 현실에 대하여 적절한 진단을 가능하게 하여 민주주의 발전에 기여할 수 있을 것이다.

| 강 평 |

1. 립셋과 로칸 (Lipset and Rokkan)은 오늘의 서유럽의 정당체계를 설명하는 가장 중요한 이론 중의 하나인 사회균열론을 제시한다. 사회균열이란 역사적 경험을 통해 시민들을 상충되는 이해관계에 속한 정치적 그룹으로 나누는 대표적인 갈등선이고 이후 서유럽의 정당체계과 유권자들의 투표행태는 이러한 균열의 축을 중심으로 형성된다.

2. 답안은 사회균열론에서 제시하고 있는 국가혁명과 산업혁명의 경험이 4가지의 기본적인 균열구조를 형성하고 있다는 점은 적절히 제시하고 있다.
   국가혁명의 경험은 중심-주변, 국가-교회의 균열구조를 산업혁명의 경험은 자본-노동, 토지-산업의 균열구조를 형성한다. 다만, 이후 상술한 4가지 균열구조의 배열이 유럽에서 상이한 정당경쟁구조를 가져올 수 있다는 점을 구체적인 사례를 들어서 설명하지 않은 점은 문제가 있다. 예를 들어, 국가-교회의 균열구조가 남아 있었던 독일의 경우 기독교민주당(기민당)이 주요한 보수주의 정당이 되는 반면, 이러한 균열구조가 남아 있지 않은 많은 유럽국가에서는 세속주의적 보수주의 정당이 출현한다. 또한, 중심-주변의 균열구조와 국가-교회의 균열구조가 동시에 있었던 벨기에의 경우에는 왈룬 (Walloon)과 플란더르 (Flander)라고 하는 서로 다른 언어권에 따라서 지역을 대표하는 2개의 기민당이 출현하는 모습을 보인다.
   답안이 제시하는 4가지 장벽은 본 문항의 요구하는 답안의 요지와는 직접적인 관련이 없기 때문에 삭제해도 무방하다고 생각한다.

3. 립셋과 로칸은 1960년대 서유럽의 정당체제가 2가지 주요혁명을 통해 형성된 장기지속적 균열 구조를 반영하며 이는 왜 1960년대 정당체제가 안정적일 수 있는지를 설명한다. 그러나, 이러한 동결명제에 대해서는 최근 들어서 다양한 비판들이 존재한다. 답안은 동결명제에 대한 3가지의 비판점을 제시한다.

4. 이 비판점들의 일부는 (2번째와 3번째 비판점) 적절하나 일부의 비판점들은 그 설명이 완전하지 않고 논리의 문제가 있다. 답안에서 제시하고 있는 첫 번째 비판점과 관련해서 개선점을 제시한다면 사회균열론의 핵심은 사회균열이 안정적이라는 것이 아니라(균열 자체는 안정적인 것이고 쉽게 변하기 어렵다는 점을 기본적으로 가정한다) 4가지의 균열구조가 어떻게 조합되고 배열되는지에 따라서, 유럽의 정당체제가 형성된다는 것이다. 물론, 정당체제를 독립변수로 사용하는 연구들도 존재하며, 이에 대한 방법론적 비판은 적절하지만 답안의 논리가 어떻게 동결명제에 대한 비판으로 이어질 수 있는지에 대해서는 논리적 설명이 부족하다.

5. 2번째와 3번째 비판점은 대체로 적절하다고 생각된다. 특히, 새로운 갈등의 구조(탈물질주의, 환경주의) 균열로 발전될 가능성에 대한 언급과 한국을 비롯한 신생민주주의 국가들에서 사회균열론적 설명의 적실성을 언급한 부분은 동결명제 비판에 있어서 필수적으로 포함되어야할 지점이라고 생각한다.

다음 글을 읽고 물음에 답하시오. (총 20점, 선택 총 10점)

1980년대 이후 민주주의와 평화의 관계를 연구한 학자들은 '민주주의 국가 간에는 전쟁을 하지 않는다'고 주장하고 있다. 이는 민주국가들 사이에 영구 평화가 가능하다는 독일 철학자 칸트(Immanuel Kant)의 명제에 바탕을 둔 것이다. 도일(Michael Doyle)과 러셋(Bruce Russett) 등은 민주주의 국가들끼리는 전쟁을 하지 않는다는 가설을 경험적으로 입증하기도 하였다.

(1) 민주국가 간 전쟁 발생이 적은 이유를 제도적 모델과 문화·규범적 모델로 구분해 설명하시오. (10점)

(2) 민주평화론에 대한 비판적 시각을 이론과 사례를 들어 설명하시오. (10점)

Ⅰ. 서 론

Ⅱ. 민주평화론의 제도적 모델과 규범적 모델
  1. 민주평화론의 주장과 변수의 설정
  2. 규범적 모델
  3. 제도적 모델

Ⅲ. 민주평화론에 대한 비판적 시각
  1. 자의적인 변수의 설정
  2. 규범적 모델에 대한 비판
  3. 제도적 모델에 대한 비판

Ⅳ. 결 론

답안작성   정 0 0 / 2021년도 5급 공채 일반행정직 합격

Ⅰ. 서 론

케네스 왈츠(Kenneth Neal Waltz)는 국내정치적 요소를 통하여 국제정치를 설명하려는 시도를 환원주의(reductionism)라고 비판하였다. 그러나 브루스 러셋(Bruce Russett)은 무정부상태라는 국제적 압력은 특정 정치체제에서 효과적인 영향력을 발휘할 수 없으며, 그 경우 국내정치적 요소가 국제정치를 설명하는 중요한 변수가 될 수 있다고 반론하였다. 이러한 왈츠에 대한 비판에 기초하여 러셋 등은 민주평화론을 주장한바, 이에 관하여 자세히 알아볼 것이다.

Ⅱ. 민주평화론의 제도적 모델과 규범적 모델

1. 민주평화론의 주장과 변수의 설정

민주평화론은 민주주의와 전쟁이라는 두 가지 변수를 설정한다. 여기서 전쟁이란 2개 이상의 국가에서 벌어지는 무력충돌로서 1000명 이상의 전사자가 발생한 것으로서 정의된다. 민주주의에 관하여 학자마다 개념 정의가 다르나, 일반적으로 보편적 선거권, 경쟁적 정당, 기본권 보장제도 등이 갖추어진

정치체제를 의미한다. 민주평화론은 이러한 두 변수를 기반으로 민주주의 국가끼리는 전쟁을 하지 않는다는 다소 파격적인 주장을 담고 있다. 다만, 여기서 주의해야할 점은 민주주의 국가 간 전쟁이 나타나지 않는다는 것이지 민주주의 국가가 전쟁을 하지 않는다는 것이 아니라는 점이다. 즉, 민주주의 국가역시 비민주주의 국가와 전쟁을 할 수 있다는 사실이 위 주장에 함축되어 있다.

2. 규범적 모델

민주평화론의 규범적 모델은 민주주의 국가가 독특한 정치적 규범을 지니기 때문에 전쟁 발생 가능성이 상당히 낮다고 주장한다. 민주주의 국가의 경우, 기본권보장 제도 등이 발달하면서 인권에 대한 존중과 신념이 강하게 자리 잡았다. 이러한 인권에 대한 규범이 인권파괴적인 전쟁 자체를 반대하게 만든다는 것이다.

한편, 민주주의 국가는 갈등의 해결을 위한 대화와 타협의 문화가 발달하였다. 따라서 외교적인 분쟁이 발생한 경우, 무력을 통한 수단보다는 상대와의 대화와 타협을 갈등 해소의 수단으로 활용하면서 전쟁의 가능성을 낮추는 것이다. 하지만 이러한 규범적 모델은 민주주의 국가와 권위주의 국가 간 전쟁에 대하여 설명하기 어렵다는 점에서 한계를 지닌다.

3. 제도적 모델

민주평화론의 제도적 모델은 다음과 같은 3가지 근거를 제시하고 있다. 첫째, 평화주의적 여론이 전쟁을 억제한다는 것이다. 민주주의 정치체제에서 여론은 정책 결정에 있어서 중요한 고려사항이다. 국민의 입장에서 전쟁이 발생하면 참전, 세금을 통한 전쟁비용의 조달 등 상당한 위험과 비용이 수반된다. 따라서 일반적으로 전쟁에 대하여 평화적인 여론이 형성되는 바, 이러한 평화적 여론은 전쟁결정에 있어 강하게 작용하여 전쟁 발생을 억제한다.

둘째, 권력분립 제도가 전쟁 발생을 억제한다. 민주주의 정치체제에는 다양한 정치적 행위자가 존재하며, 이들은 각각 비토 포인트(veto point)로서 기능할 수 있다. 삼권분립 제도, 여당 내의 반대의견, 야당에 의한 공격, 언론 등 다양한 비토 포인트를 넘어야 비소로 선전포고가 가능한 것이다. 따라서 권력분립구조와 다양한 정치적 행위자의 존재가 민주주의 국가의 전쟁 가능성을 낮추는 것이다.

셋째, 공개된 의사결정의 구조가 전쟁의 가능성을 낮춘다. 민주주의 국가는 정책 결정 과정을 투명하게 공개하므로 기습공격에 대한 두려움을 유발하지 않아 외교적인 협상의 여지가 상당히 커진다. 즉, 의사결정의 투명성이 전쟁의 발생을 억제하는 것이다. 아울러 피어론(Fearon)이 지적한 바와 같이, 민주주의 국가의 경우 상당한 청중비용(audience cost)이 존재한다. 그러므로 '정보의 문제'가 완화되어 상대방의 결의를 과소평가하지 않는바, 민주주의 국가가 보내는 신호의 신뢰성을 높여 외교교섭의 가능성을 키우고 전쟁 발발을 억제한다.

Ⅲ. 민주평화론에 대한 비판적 시각

1. 자의적인 변수의 설정

민주평화론이 설정한 변수에 대하여 비판할 수 있다. 전쟁을 1000명 이상의 전사자가 발생한 무력충돌이라고 정의하는바, 1000명이라는 기준이 자의적이라고 지적할 수 있을 것이다. 2차 세계대전 당시 폴란드는 미국과 영국을 상대로 선전포고를 하였으나 무력충돌로는 이어지지 않았다. 이는 위 기준에 따르면 전쟁으로 볼 수 없는바, 과연 이러한 전쟁의 정의가 타당한지 의문을 제기할 수 있는 것이다.

또한, 민주주의 국가에 대한 정의가 불분명하며, 그에 대한 인식이 역시 모호할 수 있다. 완전한 민주주의부터 권위주의까지 민주의의의 문제는 '정도의 문제'이므로 과연 어디까지를 민주주의라 할 수 있는지 불분명한 것이다. 아울러 그에 대한 인식도 모호할 수 있다. 미국인들은 세계대전 이전에는 독일을 민주국가로 인식하였으나, 세계대전의 경험은 그들로 하여금 독일은 비민주국가라고 인식하도록 만들었다. 또한, 베네수엘라 영토분쟁 당시 미국과 영국은 서로를 민주주의 국가로 인식하지 않았으나, 다른 국가들의 입장에서 이들은 민주주의 국가의 표본이었다.

2. 규범적 모델에 대한 비판

민주국가가 인권을 중시하며, 이러한 가치를 외재화하는지 의문이 제기된다. 실제로 영국, 프랑스의 경우 식민지 제국주의의 선두주자였다. 이러한 점을 고려할 때, 민주주의 국가가 보편적 인권을 중시한다는 주장은 다소 설득력이 부족한 주장일 것이다. 또한, 대표적인 민주주의 국가인 미국 역시 냉전 시기에 라틴아메리카의 민주 정부를 전복하기 위하여 개입한 바 있고, 심지어 독재정권을 대신 수립한 사례도 있다. 아옌데 정부를 무너뜨리고 세워진 피노체트 정부가 대표적인 사례일 것이다.

3. 제도적 모델에 대한 비판

먼저, 평화적인 여론의 전쟁 억제기능이 미미할 수 있다. 민족주의적 열망이 전쟁에 대한 비용을 감수하도록 하여 호전적인 여론을 형성할 수 있으며, 미국의 경우 대량살상무기가 있다는 허위 선전을 기반으로 이라크전쟁에 대한 찬성 여론을 형성한 적도 있다. 또한, 미국은 상당한 군사력과 모병제가 결합하여, 평화적 여론이 형성될 유인이 적다는 지적도 존재한다. 따라서 민주주의 국가에서 평화주의적 여론의 기능은 한정적이라 할 수 있다.

둘째, 민주주의 정치체제의 비토 포인트들이 적절히 작동하지 못할 수 있다. 참전과 파견의 결정은 강한 정치성의 띤 통치행위이므로 사법적 통제가 어렵다. 또한, 야당 역시 정치적 역풍을 고려하여 강력히 반전의견을 주장하지 않을 수 있으며, 여대야소의 정국에서 정부에 대한 국회의 유효한 통제를 기대하기 어려울 것이다. 따라서 권력분립 구조와 다양한 정치행위자의 존재가 전쟁 발발을 억제하는 것에 한계가 있다.

셋째, 민주국가도 기습공격이 가능하며, 민주국가가 보내는 신호가 혼란스러운 경우가 있다. 민주국가 역시 비밀리에 전쟁을 계획하고 수행할 수 있다. 이스라엘, 프랑스, 영국은 동맹국인 미국조차 모르게 이집트를 침공하여 수에즈 사건을 일으킨 바 있으며, 최근 미국 정부가 수행하는 '드론 암살' 역시 민주국가의 기습공격의 가능성을 보여준다. 또한, 신호발송과 관련하여 민주국가에서는 정부, 야당, 언론 등 다양한 행위자로부터 다양한 메시지가 발송되므로 어떤 신호가 신뢰성을 지니는지 알기 어렵다는 비판이 제기될 수 있다.

Ⅳ. 결 론

지금까지 민주평화론의 두 가지 모델의 내용과 그에 대한 비판을 살펴보았다. 민주평화론은 두 가지 변수를 통하여 파격적인 주장을 제시한다는 점에서 상당히 매력적인 이론이다. 그러나 앞서 살핀 것과 같이 다양한 한계도 지니는바, 이러한 한계를 고려하여 민주평화론의 주장을 비판적으로 수용한다면, 민주평화론은 전쟁과 국제정치에 대한 이해를 돕는 좋은 분석의 틀이라 할 수 있을 것이다.

1. 도일(Doyle)과 러셋(Russet)은 칸트(Kant)의 영구평화론을 발전시켜서 민주주의 국가들 사이에는 전쟁을 하지 않는다는 민주평화론을 제시한다. 민주평화론은 단순히 이론적인 측면에서만 의미있는 이론이 아니라 경험적인 측면에서도 국제정치 분야의 가장 강건한(robust) 경험적인 발견 중 하나를 제시하고 있다. 답안은 이 민주평화론에 대한 기본적인 정의와 이 이론이 설명하는 두 가지 모델을 적절하게 설명하고 있다.

2. 다만, 답안에서는 민주평화론이 '파격적인' 주장이라고 하는데 이러한 주장은 답안작성자가 구체적인 근거를 들지 않고 있고, 다양한 비판점에도 불구하고 민주평화론의 경험적인 발견에 대해서는 학계에서 광범위하게 받아들이고 있다는 점을 볼 때, 그 근거가 상당히 부족하다. 기본적으로 사회과학적 글에서 '파격'과 같은 단어는 명확한 근거가 없는 경우에는 사용을 하지 않는 편이 좋다.

3. 민주평화론의 제도적 모델과 문화, 규범적 모델에 대한 답안의 설명은 대체로 적절하다고 생각한다. 다만, 제도적 모델과 문화, 규범적 모델에 대한 이론적 설명을 하면서 경험적 모델, 특히 민주주의와 전쟁이라고 하는 변수의 측정에 대한 언급을 하는 편은 논리 구성상 수정하거나 이후 민주평화론에 대한 경험적 비판 부분에서 함께 언급하는 편이 논리 구성상 좋다고 생각한다.

4. 아마도 이후 민주평화론에 대한 경험적 비판을 고려하고 이 부분에 대해서 언급하는 것으로 생각되는데 이후 설명하겠지만 이 두 가지 변수의 측정에 대한 비판은 가능하지만 변수의 측정 부분은 민주평화론 비판에 대한 핵심 부분은 아니다.

5. 민주평화론은 국제정치 분야에서 가장 많은 논쟁이 되고 있는 이론중 하나이고, 이에 대해서는 이론에 대한 비판과 경험적 발견에 대한 비판이 모두 존재한다. 대체로 답안에서 설명하고 있는 민주평화론에 대한 이론적인 비판은 적절하나 최근의 민주평화론 비판에 대한 모든 부분을 소개하고 있지는 않고 경험적 측면에서 민주평화론에 대한 비판은 측정문제에 한정해서 비판하고 있다.

6. 최근 학계에서 민주평화론에 대한 주요한 경험적 이론적 비판 중 하나는 민주평화론이 자본주의적 평화론의 효과를 간과했다는 측면이다. 이 비판의 요지는 대부분의 민주주의 국가들이 자본주의 경제체제를 채택하고 있고, 민주주의/자본주의 국가들이 평화에 대한 요구가 높

은 이유는 전쟁을 통해 시장의 자유로운 교환 활동이 제약된다는 것이다. 즉, 민주평화론의 경험적 발견은 자본주의 효과 때문이라는 것이다. 이외에도, 민주평화론에 대한 주요 비판중 하나는 영토평화론(Territorial Peace Theory)을 제시할 수 있다. 영토평화론은 민주주의가 평화를 가져오는 것이 아니라 국가들 사이의 영토 분쟁 해결이 민주주의와 평화를 동시에 가져온다는 이론적·경험적 증거를 제시한다. 민주평화론에 대한 최근의 경험적·이론적 비판을 동시에 언급했었다면 더욱 좋은 답안이 될 수 있었을 것이라고 평가한다.

2022년도 입법고등고시 기출문제와 어드바이스 및 답안구성 예

| 제1문 (40점) |

대의제 민주주의의 가장 중요한 과제는 정치권력을 위임받은 정치인들이 유권자들의 이익을 대변하지 않고 자신들의 사적 이익을 추구하는 행위를 방지하는 것이다.

(1) 정치인들이 유권자들의 이익보다는 사적 이익을 추구하는 것이 가능한 이유를 설명하시오. (20점)

Advice

1. 정치인들이 사적 이익을 추구할 수 있는 원인에 대하여 요구하는 문제이다. 정치인 역시 합리적 개인으로서 자신의 사적 이익을 추구한다는 주장은 합리적 선택이론에 기반하고 있다. 따라서 합리적 선택이론에 대한 설명으로 출발하는 것도 하나의 방법일 것이다. 이러한 관점에서 보면 정치인들은 편익과 비용을 고려하여 행동하는 합리적 주체이다. 따라서 사익 추구에 대한 편익은 증가하고, 사익추구의 비용은 감소하는 이유를 서술한다면 논리적인 답안이 될 수 있을 것이다.

2. 특히, 선거구와 투표제도(단순다수제와 소선거구제), 통치구조(제왕적 대통령과 승자독식구조), 정치문화(타협이 어려운 정치문화), 정당의 제도화(낮은 정당의 제도화 수준) 등 정치영역의 제분야를 고려하여 서술한다면 풍부한 답안이 될 수 있을 것이다.

(2) 이러한 문제를 해결하기 위해 정당이 수행하는 역할들을 설명하시오. (20점)

Advice

정치인의 사익추구를 해결할 수 있는 정당의 역할을 요구하는 문제이다. 이 문제를 해결함에 있어 다양한 방법이 존재할 수 있으나, 정당의 기능에 대한 키(V. O. Key)의 분류를 통해 문제를 해결할 수 있을 것이다. 가령, 정치적 무관심과 회고적 투표의 어려움에 대한 해결방안으로서 유권자 속의 정당의 활성화를 통한 정치에 대한 참여의 촉진과 정치적 효능감의 향상을 제시할 수 있을 것이다.

| 제2문 (30점) |

유권자의 합리성을 강조한 투표행태에 대한 이론 중에 피오리나(Morris P. Fiorina) 등의 회고적 투표(retrospective voting)와 쿨킨스키와 웨스트(James H. Kuklinski and Darrell M. West) 등의 전망적 투표(prospective voting)가 있다.

(1) 위에서 언급한 이론들의 핵심적 내용을 설명하시오. (10점)

Advice

투표행태에 관한 이론들 중 유권자가 합리적인 개인임을 전제로 하는 두 이론에 대한 문제이다. 따라서 정당일체감 이론 등 전통적인 이론과 대비되는 합리적 선택이론의 관점에 대하여 서술하는 것이 필요하다. 이후 유권자가 과거의 정부 업적에 대한 평가를 기반으로 투표를 한다는 회고적 투표이론과 유권자가 각 후보자가 당선된 경우 자신이 누릴 효용을 기반으로 투표한다는 전망적 투표이론에 관하여 주요 내용을 서술할 수 있을 것이다. 주의할 점은 피오리나의 회고적 투표이론이 전망적 투표의 입장을 다소 포함하므로 두 이론의 공통점 보다는 차이점을 부각하면서 서술하는 것이 중요하다.

(2) 두 이론이 설명하는 합리적 투표 행위가 현실에서 일어나지 않을 경우, 그 원인을 회고적 투표 이론과 전망적 투표 이론의 한계를 활용하여 설명하시오. (20점)

Advice

먼저, 두 이론이 기반하고 있는 합리적 개인에 대한 가정을 비판할 수 있을 것이다. 유권자의 인식의 장막(perceptual screen)이나 기존의 평가와 생각을 유지하려는 방향으로 동기화된(motivated) 심리적 특성 등이 서술될 수 있을 것이다. 다음으로 개인의 합리성을 가정하더라도 위 이론이 지니는 한계점이 있을 것이다. 회고적 투표의 경우, 현직자의 불출마, 정당의 낮은 제도화수준, 분점정부 혹은 연합정부, 국가경제구조의 세계화 수준 등 전 정권에 대한 불분명한 책임성의 문제가 제기된다. 또한 지역주의 역시 회고적 투표가 이루어지지 않는 이유가 될 수 있을 것이다.

마지막으로, 전망적 투표에 관하여 자신의 명확한 선호를 알지 못하는 유권자, 합리적 무지와 정보의 문제, 포괄정당화와 정책의 구별성 약화, 지역주의 등을 원인으로 제시할 수 있을 것이다.

답안구성 예

Ⅰ. 서 론

Ⅱ. 회고적 투표와 전망적 투표의 핵심적 내용
  1. 유권자의 합리성을 강조한 투표행태 이론
  2. 회고적 투표이론
  3. 전망적 투표이론

Ⅲ. 합리적 투표 행위가 현실에서 나타나기 어려운 원인
  1. 유권자의 합리성에 대한 의문
  2. 유권자의 합리성에도 불구하고 합리적 투표가 어려운 이유
   (1) 회고적 투표의 한계
   (2) 전망적 투표의 한계

Ⅳ. 결 론

| 제3문 (30점) |

허즈(John Herz)는 20세기 안보 개념과 관련하여 중요한 공헌을 한 학자로 '안보 딜레마(Security Dilemma)' 개념을 소개하였다. 이를 통해 허즈는 국제질서의 취약성과 불안정성을 주장하였고, 안보 딜레마를 극복하는 것이 국제안보 확립의 핵심임을 강조하였다.

(1) 허즈가 소개한 안보 딜레마의 개념을 현실주의와 자유주의의 시각에서 설명하시오. (20점)

Advice

1. 안보 딜레마에 대한 현실주의와 자유주의의 관점에 관한 문제이다. 먼저, 안보 딜레마 개념에 대해서 간략하게 설명할 필요가 있다.

2. 이후, 현실주의와 자유주의가 보이는 국제정치의 무정부상태, 국제행위자, 국가의 목표, 협력의 가능성과 제도의 역할 등에 대한 견해의 차이점을 중심으로 안보 딜레마에 관하여 서술할 수 있을 것이다. 현실주의 내에서도 공격적 현실주의, 방어적 현실주의 등 다양한 관점이 존재하고, 자유주의 역시 이상주의부터 신자유주의까지 넓은 스펙트럼이 존재한다. 그러므로, 각 입장 내에서도 다양한 관점을 풍부히 서술해준다면 좋은 답안이 될 수 있을 것이다.

(2) 현실주의 시각에 따르면 안보 딜레마로 인해 안보 분야에서의 협력은 달성하기도 어렵고 달성하더라도 지속하기 어렵다. 이는 무정부 상태 하에서 안보협력을 저해하는 두 가지 장애물이 있기 때문인데, 이 장애물에 대해 설명하시오. (10점)

현실주의 시각에 따르면 안보협력은 약속이행의 문제와 상대적 이익의 문제로 인하여 실현되기 어렵다. 그러므로 이 두 가지 문제를 목차화하여 답안을 서술한다면 체계적인 답안이 될 수 있을 것이다. 특히 약속이행의 문제와 관련하여, 현실주의가 바라보는 무정부상태의 특성을 부각시켜 약속이행을 강제할 상위 권위체가 없다는 사실을 서술할 수 있을 것이다. 다음으로 상대적 이익의 문제에 관하여는 그리코의 상대적 이익 가설을 중심으로 서술할 수 있을 것이다.

답안구성 예

Ⅰ. **서 론**

Ⅱ. **현실주의와 자유주의의 관점에서 본 안보 딜레마의 의미**
1. 안보 딜레마의 의미
2. 현실주의에서 본 안보 딜레마
3. 자유주의에서 본 안보 딜레마

Ⅲ. **무정부 상태 하 안보협력을 저해하는 두 가지 장애물**
1. 약속이행의 문제
2. 상대적 이익의 문제

Ⅳ. **결 론**

| 제1문 | 다음 글을 읽고 물음에 답하시오. (총 50점, 선택 총 25점)

의회 운영방식에는 크게 본회의 중심주의와 상임위원회 중심주의가 있다. 본회의 중심주의를 채택하고 있는 국가에서는 의원 전원이 모인 본회의에서 토론과 심의를 거친 후 의회의 의사결정이 이루어진다. 한편 상임위원회 중심주의를 채택하고 있는 국가에서는 전문성을 갖춘 일부 의원들이 분야별로 상임위원회를 구성하여 사안에 대한 의사결정을 일차적으로 내린 후, 의안을 본회의에 상정함으로써 의회의 의사결정이 이루어진다.

(1) 본회의 중심주의와 비교해 볼 때 상임위원회 중심주의가 갖는 장점과 단점을 논하시오. (10점)

(2) 의회의 고유 기능 중 하나는 행정부 견제이다. 행정부 견제에 보다 효과적인 의회 운영방식을 예를 들어 설명하시오. (20점)

(3) 상임위원회 중심주의를 채택하는 경우 발생할 수 있는 문제 중 하나는 본회의 선호와 상임위원회 선호 간의 일치 여부이다. 이러한 측면에 초점을 맞춘 세 가지 이론을 설명하고, 그 차이를 논하시오. (20점)

Ⅰ. **서 론**

Ⅱ **상임위원회 중심주의의 장단점**
 1. 장 점
 2. 단 점

Ⅲ. **행정부 견제에 효과적인 의회운영방식: 상임위 중심주의**
 1. 상임위 중심주의의 강력한 행정부 견제기능
 2. 강력한 행정부 견제기능을 수행하는 상임위 중심주의의 예시: 미국

 3. 한국의 경우

Ⅳ. **본회의 선호와 상임위 선호 간 일치여부에 관한 이론**
 1. 상임위 기능에 대한 세가지 이론: 이익분배이론, 정보확산이론, 정당이익이론
 2. 본회의 선호와 상임위 선호 간 일치여부에 대한 이론간 차이

Ⅴ. **결 론**

Ⅰ. 서 론

의회는 국민의 선출된 대표로서 대표, 심의, 입법, 행정부 견제 등 다양한 기능을 수행한다. 한국은 상임위원회 중심주의를 추구하고 있으나 낮은 의원자율성, 경합장형 의회, 정당기능의 부실, 정부와 여당이 결합하여 정파적 성격을 띄는 등 의회의 기능을 충실히 수행하지 못하고 있다는 비판에 직면하고 있다. 따라서 본회의 중심주의와 상임위원회 중심주의의 장단점, 행정부 견제 효과성, 본회의 선호와의 일치여부 등 비교를 통해 상임위원회 중심주의를 추구하는 한국의 의회기능 강화방향성을 명확히 설정하여야 할 시점이다.

Ⅱ. 상임위원회 중심주의의 장단점

1. 장 점

상임위 중심주의의 장점으로는 먼저 높은 의원전문성을 들 수 있다. 입법기능을 수행함에 있어 해당 분야의 경력, 전문성을 갖춘 상임위원들이 모인 상임위원회가 중심이 되어 전문적, 심층적 논의를 바탕으로 실질적인 입법을 수행하며, 상임위 중심주의의 대표국가인 미국은 입법전문성 강화 차원에서 최다선의원이 상임위원장을 맡게 되는 '고참제도(seniority system)'를 통해 의원들이 특정 상임위원회에 장기 봉직을 유도하는 제도적 인센티브를 제공하고 있다. 이는 영국과 같은 본회의 중심주의에서 의원전문성의 한계로 인해 내각의 행정입법 위주로 의제관리, 법안제출 등이 이루어지는 것과 대비된다.

또한 사회의 다양한 요구를 수용하여 신속하게 입법으로 전환시키는 '일하는 의회'라는 장점이 있다. Polsby는 의회유형을 의회의 변형능력을 기준으로 '전환형 의회(transformative legislature)'와 '경합장형 의회(legislature as arena)'로 구분하였는데, 이 중 전환형 의회란 사회적 요구를 법률로 전환하기 위한 독자적인 능력을 갖춘 의회를 말한다. 상임위원회 중심주의는 의회가 의원전문성, 자율성을 바탕으로 상임위의 법률안 심의과정에서 교차투표, 이념적 전환 등을 통한 높은 변형능력을 기반으로 하는 '전환형 의회'로서, 사회적 요구를 보다 신속하게 입법으로 전환시키는 투입 및 입법기능이 우수하다. 이는 영국과 같은 본회의 중심주의가 정치체제 내의 상호작용과 토론을 위한 공식적인 무대로서 기능할 뿐 행정부와 독자적으로 사회적 요구를 입법으로 전환시키는 능력이 부족한 '경합장형 의회'의 특징을 지녔으며, 본회의가 법률안 심의권을 가짐에 따라 법률안 통과에 비교적 오랜 시간이 걸리는 점과 대비된다.

2. 단 점

한편 상임위원회 중심주의의 단점으로는 먼저 '주인-대리인관계'에서 발생하는 '대리인 문제(agency problem)'가 있다. 의원은 국민의 선출된 대표로서 국민들을 대신하여 입법, 심의, 행정부 견제 등을 수행하는 '주인-대리인관계' 하의 대리인에 해당한다. 이 때 상임위원회 중심주의 하 위원들의 높은 전문성과 자율성 등을 고려할 때 상임위원이 자신의 이익을 우선시하여 이익집단의 로비에 취약하거나 포획(capture)됨으로써 도덕적 해이나 역선택을 범하고, 궁극적으로는 국민의 이익에 반하는 결과를 낳는 '대리인 손실(agency loss)'이 발생할 가능성이 있으며 이는 본회의표결이 형식적으로 진행되는 경우 더욱 통제하기 어렵다. 반면 본회의 중심주의는 비교적 의원자율성과 전문성이 낮으며, 본회의에서 경합장형 법률안 심의, 표결 등이 이루어진다는 점에서 대리인이 적극적으로 자신의 이익만을 추구하기 어려워 비교적 대리인 손실이 발생할 가능성이 적다.

또한 의회정치와 정당정치의 밀접한 연관성을 고려할 때 상임위 중심주의가 책임정당정치를 약화시킬 수 있다는 단점도 존재한다. 상임위 중심주의 하에서는 정당의 당론이나 정당지도자의 의견보다는 의원 개개인의 전문성, 역량이 보다 강조된다는 점에서, 의원들이 '수탁인(trustee)'으로서 의정생활을 수행하므로 정당을 중심으로 정책을 제시하고 정책수행의 결과를 통해 국민들에게 심판을 받는 책임정당정치가 약화될 가능성이 있다. 이는 본회의 중심주의에서 의원들이 '정당병정(party soldier)'으로서 정당의 당론과 정책공약 실현을 통해 책임성을 확보하고자 하여 책임정당정치가 강화될 가능성이 있다는 점과 대비된다.

Ⅲ. 행정부 견제에 효과적인 의회운영방식: 상임위 중심주의
1. 상임위 중심주의의 강력한 행정부 견제기능

행정부 견제에 보다 효과적인 의회 운영방식은 상임위 중심주의이다. 미국과 같은 상임위 중심주의 하에서는 의회의 법률안 제출·심의·결정의 입법주도권, 국정조사 및 감사, 강력한 재정견제 등을 통해 적극적인 행정부 견제기능을 수행할 수 있다. 이는 영국과 같은 본회의 중심주의에서 행정입법이 주를 이루고 의회는 공식적인 정치적 경합의 장에 불과한 미약한 입법주도권, 인사청문특별위원회 등 행정부를 견제하는 의회조직의 부재 등의 특징을 띤다는 점에서 상임위 중심주의에 비해 행정부 견제기능이 비교적 약하다.

2. 강력한 행정부 견제기능을 수행하는 상임위 중심주의의 예시: 미국

먼저 미국의회는 강력한 국정감사권을 통해 효과적으로 행정부를 통제한다. 미국의 최고감사기관인 '회계감사원(GAO)'은 의회 소속으로, 행정부와는 독립적인 지위를 보장받으며 연방정부에 대한 전문적인 회계·재무감사, 정책성과감사 등을 수행한다.

또한 미국 의회는 예산안 심의, 예산법률주의 등을 통한 강력한 재정견제기능을 수행한다. 미국은 예산법률주의를 채택하고 있는데 행정부는 법률이 아닌 예산안을 편성하여 의회에 제출하고, 의회는 정부예산안을 심의하고 이를 바탕으로 예산법률을 만든다. 이때 의회예산처(CBO)와 예산위원회를 기반으로 8개월에 걸쳐 전문적인 예산안심의를 거치며, 예산법률주의를 채택함에 따라 의회가 정부예산안에 대한 제한없는 감액과 증액이 가능하여 의회의 강력한 재정권한이 보장되고 있다.

마지막으로 미국의회는 독점적인 입법권을 통해 행정부의 정책수행에 대한 견제를 수행한다. 미국 헌법 제1조 1절에 의거하여 의회는 입법을 독점하며 행정입법을 허용하지 않는다. 따라서 정부 정책의 원활한 수행을 위해서는 행정부의 수반인 대통령의 의회 설득을 통해 입법에의 협조를 구하여야 한다는 점에서 행정입법을 통한 정부의 독단적인 정책추구를 효과적으로 견제할 수 있으며, Neustadt는 이를 '설득의 리더십'이라고 표현한 바 있다.

3. 한국의 경우

상임위 중심주의가 본회의 중심주의에 비해 강력한 행정부 견제를 수행함에도 불구하고, 한국은 미국과 동일한 상임위 중심주의를 채택하고 있음에도 의회권한 및 조직운영 등의 차이로 인해 미국에 비해 행정부 견제기능이 미약하다는 점에서 비교의 의의가 있다.

먼저 의회의 감사기능이 미약하다. 한국 감사원은 헌법상 대통령 소속의 독립기관으로 규정되어 있으나 사실상 행정기관으로 운영되고 있으며, 대통령이 강력한 통제력을 미치는 정치문화상 감사원이 실질적으로는 대통령의 영향력에서 자유롭기 어려움을 고려할 때 미국에 비해 의회의 감사기능이 비교적 미약하다고 볼 수 있다. 또한 재정견제기능과 관련하여 우리나라의 경우 국회의 정부예산 심의기간은 3개월에 불과하고, 헌법 제57조에서 "국회는 정부의 동의없이 정부가 제출한 지출예산 각항의 금액을 증가하거나 새 비목을 설치할 수 없다."고 규정하여 매년 국회의 예산안 수정비율이 1%를 하회하는 등 의회의 재정견제기능이 비교적 미약하다. 더불어 입법권과 관련하여 행정입법을 강력하게 규제하는 미국과 달리 헌법 제52조에서 "국회의원과 정부는 법률안을 제출할 수 있다."고 규정하며, 의회입법의 경우에도 대통령령, 부령 등을 통한 위임입법이 활발하게 이루어지고 있다는 점에서 국회의 독점적인 입법권이 보장되지 않아 의회의 행정부 견제가 비교적 미약하다.

IV. 본회의 선호와 상임위 선호 간 일치여부에 관한 이론

상임위원회 위원은 해당 상임위의 구성원임과 동시에 지역구의 대표이면서, 본회의를 구성하는 의원이자, 정당의 구성원이라는 중첩적 지위를 지닌다. 이익분배이론, 정보확산이론, 정당이익이론은 상임위원회의 기능 및 본회의와의 선호 일치에 대해 차이를 보이는데 이는 상임위원회가 누구를 중점적으로 대표하는지에 대한 차이에 기인한다.

1. 상임위 기능에 대한 세가지 이론: 이익분배이론, 정보확산이론, 정당이익이론

이익분배이론에 따르면 의회 내 각각의 상임위원회 소속 의원들은 각 지역구의 이익을 대변한다. 상임위원회 활동은 의원들의 재선을 위한 도구로서, 의원들은 재선을 위해 지역구의 경제적 이익을 불러오는 활동을 추구하는 동질적 선호를 지닌다. 이때 일련의 이익분배적인 법안을 둘러싸고 상임위원회가 호혜성을 바탕으로 서로의 법안에 대한 지지를 약속하면서 거래와 흥정(log rolling)이 반복되고, 상임위원회 소속의원들이 지역구 수혜사업(pork barreling)을 통해 지속적으로 재선이 되는 양상을 보인다.

정보확산이론은 의회 내 상임위원회의 본연의 기능을 강조하는데, 상임위원회제도의 취지는 분업화와 전문화를 통해 정확한 정보 및 자료를 수집하여 본회의에 제공함으로써 본회의가 올바른 결정을 내릴 수 있도록 하는 것이다. 따라서 이익분배이론과 달리 상임위원회가 동질적 선호도를 가진 의원들에 의해 구성되어 있다고 보지 않으며, 상임위원회의 자율성보다는 본회의 귀속성을 강조한다.

정당이익이론은 의원들의 상임위원회 활동은 소속정당의 이익을 위한 활동으로, 의원들은 상임위원회 활동을 통해 소속정당이 추진하는 정책이 입법적으로 성공할 수 있도록 정당에 대한 충성심을 보여야 한다. 즉 의원의 상임위원회 활동은 그들의 소속정당에 의해 크게 영향을 받게 된다.

2. 본회의 선호와 상임위 선호 간 일치여부에 대한 이론간 차이

이익분배이론은 상임위의 선호와 본회의 선호 간 큰 차이를 보일 수 있다고 주장한다. 이익분배이론에 따르면 의회 내의 상임위원회는 의회 밖의 지역구나 이익집단 등의 이익을 배타적으로 반영하는 대리인으로서 기능한다. 따라서 각 상임위원회의 선호는 지역구의 이익을 대변하는 방식으로 구성되어 있어서 상임위원회는 본회의의 전국적 선호와는 큰 차이를 보일 수 있는 것이다.

한편 정보확산이론은 상임위의 선호와 본회의의 선호가 큰 차이를 보이지 않는다고 주장한다. 정책의 전문성을 기하기 위해 탄생한 것이 상임위원회제도이므로 상임위원회라는 대리인에 대한 주체는 의회 전체가 된다. 따라서 각 상임위원회는 본회의의 선호분포와 유사한 수준으로 의원들을 구성하며, 결과적으로 상임위원회의 선호는 본회의 선호와 유사하게 된다.

정당이익이론은 정보확산이론과 같이 본회의와 상임위의 선호가 유사하다고 보나 그 이유는 상이하다. 정당이익이론은 상임위원회제도를 정당프로그램의 일환으로 보아 상임위원회라는 대리인의 주체는 정당이라고 주장한다. 이는 상임위원회의 의원배정이 정당 지도부나 의원총회의 동의 없이는 불가능하기 때문에 중앙집권화된 기구로서 정당의 영향력을 강조하는 것이다. 따라서 정당이익이론에 따르면 상임위원회 위원들은 각 정당을 대표하는 자로서 상임위원회의 선호와 본회의의 선호는 큰 차이를 보이지 않는다.

V. 결 론

의회는 국민에 의해 선출된 민주적 정당성을 가지는 대표로서 대의민주주의 발전에의 중요한 요소이다. 상임위원회 중심주의는 대리인 손실, 책임정당정치 저하 가능성 등의 단점이 존재하나, 우수한 전문성, 일하는 의회, 신속성, 강한 행정부 견제 등의 장점을 고려할 때 의회 기능을 강화시킬 수 있는 의회 운영방식이라고 생각된다.

한국은 미국과 같은 상임위 중심주의로 운영되고 있으나 낮은 전문성, 상임위원회 의원들의 짧은 임기, 의회의 감사·입법·재정견제 관련 권한 미약 등으로 인해 상임위 중심주의의 순기능을 온전히 다하지 못하고 있는 실정이다. 한편 본회의 선호와의 일치여부와 관련하여 상임위원회 의원들은 '쪽지예산'등의 포크배럴 행태를 보이면서도, 강한 정당기율 하 각 정당의 대리인으로서 정당의 영향력에서 자유롭게 전문성을 발휘하고 있지 못하고 있다. 따라서 국회기능 강화를 통한 민주주의 발전을 위해서는 강한 정당기율, 낮은 전문성 문제 등을 극복하여 상임위 중심주의를 더욱 고도화할 필요가 있다.

| 강 평 |

1. 제1문의 설문 (1)은 의회 운영방식(본회의 중심주의와 상임위 중심주의)에 대한 기본적인 지식을 묻고 있고, 설문 (2)는 각 운영방식의 특성을 고려했을 때 행정부 견제라는 의회의 기능을 원활히 수행하는데 어떤 운영방식이 나은지를 논증할 것을 요구하고 있다.
   즉 제1문의 설문 (1)과 설문 (2)는 상호 연관된 문제라 할 수 있으며, 설문 (2)에서 특정 운영방식이 행정부 견제 기능 강화에 기여할 것이라는 주장의 논거는 설문 (1)에서 상세히 설명되어 있어야 할 것이다.

2. 제1문의 설문 (3)은 본회의의 정책적 선호와 상임위의 정책적 선호의 일치/불일치 문제를 설명하는 세 이론(이익분배이론, 정보확산이론, 정당이익이론)에 대한 지식을 묻는 문제로서 각 이론의 주장과 논리를 잘 설명하기만 한다면 좋은 답안으로 평가할 수 있을 것이다. 설문 (3)에서 답안은 본회의의 선호와 상임위의 선호 일치 여부를 설명하는 세 이론에 대해 적절히 설명하고 있어 별도로 평할 내용은 없고, 설문 (1)과 설문 (2)에 대해서는 논의할만한 부분들을 지적하고자 한다.

3. 답안은 설문 (1)에서 상임위 중심주의의 장단점을 본회의 중심주의의 장단점과 비교하여 적절히 서술하였다고 평가될 수 있다.
   설문 (2)를 살펴보면, 답안은 상임위 중심주의를 행정부 견제에 더욱 효과적인 운영방식으로 지목하고 있는데 그 이유로 의회의 입법주도권, 강력한 재정통제력(예산안법률주의 등), 국정조사 및 감사권을 들고 있다. 상임위 중심주의 국가로서 강력한 행정부 견제기능을 수행하는 사례로 미국을 들고 있으며, 그에 대비하여 본회의 중심주의를 채택하는 영국을 비교하며 상임위 중심주의의 행정부 견제 능력에서의 우월성을 논증하고 있다.

4. 그러나 미국이 영국에 비해 상대적으로 행정부에 대한 견제가 강한 것이 상임위 중심주의를 채택하고 있기 때문인지, 아니면 입법부와 행정부를 기관대립형으로 구성한 대통령제이기 때문인지는 답안에서 명쾌히 분석되지 않고 있다.

5. 미국의 의회가 입법 과정 전반을 주도하고, 행정부에 대한 감사와 조사를 핵심 기능으로서 수행하며, 재정에 대한 강한 통제력을 갖는 것은 미국이 입법권과 행정권을 명확히 분리하고 상호 견제와 균형의 원리 아래 두고 있는 대통령 중심제를 채택하고 있기 때문에 의회에 그러한 역할과 권한을 부여한 것이지 상임위 중심주의를 채택하고 있기 때문이라고 보기 어렵다. 무엇보다, 의회 중심제 국가로서 '입법부-행정부' 관계가 완전히 다르게 설정되어 있는

영국과의 비교를 통해 상임위 중심주의의 행정부 견제기능 상의 장점을 설명하고 있는 것은 다소 아쉽다.

6. 답안이 한국 의회가 상임위 중심주의를 채택하고 있음에도 불구하고 행정부에 대한 견제력이 약한 이유를 잘 서술한 내용과 같은 맥락에서 미국과 영국 의회의 행정부 견제력 측면의 차이는 의회의 운영방식 때문에 나타나는 차이라기보다는 '입법부−행정부' 관계의 설계 양상이 상이하기 때문에 나타나는 차이라고 보는 것이 적절하다.

7. 한국은 대통령 중심제 국가이지만 의회중심제적 속성이 다수 포함된 '입법부−행정부' 관계를 설정하고 있기 때문에 같은 상임위 중심주의를 채택하고 있음에도 불구하고 미국에 비해 행정부 견제력이 약한 것이다. 오히려 답안이 (1)에서 강조했던 위원회 중심의 높은 수준의 전문성 축적에서 행정부를 강력하게 견제할 수 있는 능력이 강화된다는 점을 중심으로 서술하는 것이 더 적절했을 것이다.

| 제2문 | 다음 글을 읽고 물음에 답하시오. (총 30점, 선택 총 15점)

오늘날 우리사회에서 빈번히 나타나는 정치제도에 대한 불신과 거역, 제도와 절차를 무시하는 길거리 정치의 확산은 과잉민주주의의 문제를 보이고 있는 것인가? 대의민주주의 모델을 전제로 한다면 현재의 상황은 분명 과잉민주주의의 모습을 보이고 있다. 그렇지만 참여민주주의를 기준으로 본다면 정책결정과정에 시민의 목소리를 제대로 수렴하지 않는 현재의 상황은 오히려 과소민주주의로 해석될 수 있다.

(1) 대의민주주의와 비교해 볼 때 참여민주주의의 장점과 단점을 논하시오. (20점)

(2) SNS 등 정보통신기술의 발전이 정치참여의 방식과 의미에 미친 영향에 대해 논하시오. (10점)

Ⅰ. 서 론

Ⅱ. 참여민주주의의 개념, 특징, 장단점
  1. 개념 및 등장배경
  2. 특 징
    (1) 강한 민주주의
    (2) 참여과정 중시
    (3) 다양한 참여제도
  3. 참여민주주의의 장단점

    (1) 장 점
    (2) 단 점
Ⅲ. 정보통신기술발전의 정치적 영향력
  1. 정치참여 방식의 다양화
  2. 정치참여에의 영향
    (1) 긍정적 영향력
    (2) 부정적 영향력
Ⅳ. 결 론

답안작성
최 0 0 / 2020년도 5급 공채 일반행정직 합격

Ⅰ. 서 론

대의민주주의의 대안으로서 참여민주주의는 정보통신기술의 발달로 그 가능성이 더욱 촉진되고 있으며 이는 2017년 탄핵에서의 '촛불정치', '광화문정치' 등으로 현실화되고 있다. 이때 제도권 정치에서 벗어나 시민들이 정치에 직접 참여하는 현상이 민주주의 발전에 있어 바람직한지에 대해 견해가 대립하고 있어, 참여의 확대와 관련하여 참여민주주의의 장단점 및 정보통신기술 발달의 영향력을 분석하여 민주주의 발전방향을 정립하여야 할 시점이다.

Ⅱ. 참여민주주의의 개념, 특징, 장단점
1. 개념 및 등장배경

참여민주주의란 시민들이 공직자 선출의 투표뿐만 아니라 다양한 형태로 의사결정자에게 압력을 행사하거나 직접적인 방법으로 정책과 입법에 정치적 영향력을 행사하는 형태의 민주주의를 말한다. 이는 대의민주주의 하 시민의 정치참여가 투표에 한정되어 있어 엘리트중심의 정치로 인해 대표, 심의 등의 한계를 보임을 지적하며 이를 극복하기 위해 등장하였다. 대표적 참여민주주의자 벤자민 바버(Benjamin Barber)는 "시민없는 민주주의 없다."라고 역설한 바 있다.

2. 특 징

(1) 강한 민주주의

참여민주주의는 '공적 시민'이 직접 공공영역에 참여하여 공공선을 실현하는 '강한 민주주의'를 추구한다. 대의민주주의는 엘리트와 대중을 분리하고 개인들을 '사적 개인'으로 보아 공공영역으로부터 소외시킨 '약한 민주주의'로서, 사적 개인이라는 얕은 정의로는 현대사회의 여러 사회적 갈등을 해결하는 데 한계를 보인다. 이에 벤자민 바버(Benjamin Barber)는 개인들을 공적 문제에 대해 지속적인 관심과 식견을 가지고 공공선을 실현하기 위해 공적 이성을 바탕으로 활동하는 '공적 시민'으로 정의하여, 공적 영역에서 시민의 적극적이고 실질적인 참여를 통해 사회문제를 해결하고 공공선을 실현할 수 있다고 강조하였다.

(2) 참여과정 중시

또한 참여민주주의는 참여의 결과보다 참여과정 그 자체를 중시한다는 특징이 있다. 참여를 통해 시민이 주권자로서의 역할과 의무 수행에 대한 주권의식을 함양하고 이를 행사할 수 있기 때문이다. 즉 '공적 시민'으로서 시민적 역량은 그저 주어지는 것이 아니라 참여를 통해서 길러진다는 점에서 참여의 교육적 기능이 강조되는 것이다. 이와 관련하여 케롤 페이트만(Carole Pateman)은 누적된 참여경험이 장기적으로 공적시민을 성숙시키고, 민주적 결정의 수용성과 정당성을 높인다고 하여 '공적 이성의 민주주의 학교로서 참여'를 중시하였다.

(3) 다양한 참여제도

참여민주주의는 주민발안, 주민투표 등 시민들이 직접 참여할 수 있는 다양한 시민참여제도의 보장을 강조한다. 예를 들어 스위스는 '란츠게마인데'를 통해 1년에 한번씩 주민들이 광장에 모여 중대사를 거수를 통해 직접 결정하는 제도를 보장하고 있으며, EU는 EU회원국 시민 중 100만명 이상의 서명을 모으면 직접 EU 집행위원회에 관련 입법을 제안할 수 있는 '시민발안제'를 시행하여 시민들의 실질적인 정치참여를 가능하게 한다.

3. 참여민주주의의 장단점

(1) 장 점

참여민주주의의 장점으로는 먼저 대표성의 제고가 가능하다는 점이 있다. 대의민주주의에서 대리인

인 정치엘리트만 실질적으로 정치에 참여하는 '약한 민주주의'와 달리 참여민주주의는 주인인 시민들이 다양한 방법을 통해 직접적으로 정치에 참여하여 주권을 행사하는 '강한 민주주의'를 추구한다. 따라서 대의민주주의에 비해 다양한 시민들이 참여하여 직접적인 정치적 영향력을 행사함으로써 시민이 원하는 방향으로 정치적 결정이 이루어질 수 있다는 점에서 대표성이 제고된다.

또한 공공선을 실현할 수 있다는 장점도 있다. 참여민주주의 하에서는 시민들은 '공적 이성'을 가진 존재이기 때문에 이러한 '공적 시민'들이 공공 문제에 대해 지속적인 관심과 식견을 가지고 참여한다면 대의민주주의에서의 정치적 결정보다 높은 수준의 공공선을 실현할 수 있을 것이다. 주민발안, 주민투표 등 다양한 참여민주주의 제도를 운영하고 있는 미국 캘리포니아주의 경우 세금 인상이 요구되는 공공지출 증가정책에 대해 시민들이 찬성하여 시행된 사례가 다수 존재한다는 점에서 정책의 필요성에 대한 이해도가 높다면 시민 개인의 이익을 희생하여 공공선을 증진할 수 있음이 방증된다.

마지막으로 참여민주주의는 민주적 결정의 수용성과 정당성을 강화시킬 수 있다. 이는 벤자민 바버 (Benjamin Barber)와 케롤 페이트만(Carole Pateman)이 강조한 참여의 교육적 성격에 따를 때, 참여 그 자체로 민주적 결정과정에 대한 이해가 증진되고 지적·도덕적 성장 등 시민적 역량이 향상되기 때문이다. 또한 시민이 정치적 결정에 실질적으로 참여하여 주권을 행사한 결과이기 때문에 대의민주주의에서의 정치엘리트의 결정에 비해 수용이 보다 수월하다. 공론조사 방식을 활용한 '신고리5, 6호기공론화위원회'에 참여한 공론화위원들의 경우 정치적 의사의 변경을 경험한 비율은 40%에 불과하나, 최종적 결정에 대한 수용의지를 밝힌 비율은 98%에 이른다는 점에서, 정치적 결정의 내용에 관계 없이 정치참여 자체로 결정에의 수용성과 정당성이 제고될 수 있음을 알 수 있다.

(2) 단 점

한편 시민들간 사회경제적 자원이 불균등하게 분포되어 있음을 고려할 때, 참여민주주의에 따라 오히려 대표성이 저하될 수 있다는 단점이 있다. 참여민주주의의 실현을 위해 다양한 시민참여 제도 등을 마련한다 하더라도 현실적으로 참여는 시간적·경제적으로 여유 있는 소수의 상위 계층에 의해 주도되어 오히려 대의민주주의에 비해 고소득 고학력 편중이 심화될 수 있다. 예를 들어 '신고리5, 6호기공론화위원회'의 경우 공론화위원의 60% 이상이 대졸자, 월소득 500만원 이상의 중산층이었다는 점은 소수의 상위 계층을 제외하고는 3일 동안 진행되는 공론조사에의 참여가 현실적으로 어려웠음을 보여주어 참여민주주의의 대표성 한계가 드러났다.

또한 참여민주주의로 인해 '사익추구의 정치'가 심화될 수 있다. 현실적으로 참여민주주의적 수단은 공동체의 이익보다는 개인들이 사익을 추구하거나 사적 권력을 가진 이익집단의 특수이익 실현 수단으로 작용할 가능성을 간과하기 어렵다. 즉 참여민주주의로 인한 공공선 증진의 전제가 '공적 시민'이라는 점에서, 시민들이 공공선을 추구하는 '공적 시민'이 아니라 사익추구적 성향을 띄는 '사적 시민'인 경우 참여민주주의는 사익 실현의 도구에 불과하게 된다.

한편 참여민주주의는 낮은 시민의식 성숙성으로 인한 중우정치의 위험성 역시 존재한다. 시민들은 정치엘리트에 비해 정치 경험에서의 전문성이 낮으며, 정보의 제약 등으로 인해 제한된 합리성만을 가진다. 이때 시민의식이 충분히 성숙되지 않은 공동체에서 참여민주주의를 시행하게 된다면 시민들이 올바른 판단력을 상실한 채 소수의 정치가 또는 다수의 대중이 주장하는대로 선동되는 선동정치 내지 중우정치화 되어 민주주의 발전을 저해시킬 수 있다.

Ⅲ. 정보통신기술발전의 정치적 영향력

1. 정치참여 방식의 다양화

정보통신기술의 발달은 다양한 제도적·비제도적 정치참여의 방식을 제공한다. 기존 대의민주주의 하 정치적 대표자에 대한 물리적 투표로 한정되어 있던 시민의 정치참여는 정보통신기술의 발전에 의해 제도적으로는 블록체인 기술을 활용한 전자투표, 온라인 홈페이지를 활용한 전자청원 등으로 다양화된다. 또한 비제도적으로는 기존의 길거리정치와 더불어 SNS를 통한 의견교류, 조직화 등 가상공간에서의 정치적 상호작용이 가능해진다.

2. 정치참여에의 영향

(1) 긍정적 영향력

정보통신기술의 발달로 인해 우선 정치참여의 범위가 확대되어 대표성이 제고될 수 있다는 순기능이 있다. SNS 등 정보통신기술의 발전은 정치참여에의 시간·비용을 획기적으로 절약시켜 시간적·경제적 자원의 불균등을 극복하게 하며, 전자투표 등을 활용하여 물리적 시공간의 한계를 해소함에 따라 장애인 등 기존의 정치참여 취약계층의 참여를 가능하게 한다. 이는 정보통신기술 발달이 기존의 엘리트 위주로 상층편향된 민주주의의 참여 범위를 전 계층으로 확대시키는 매개체가 됨을 의미한다.

또한 SNS를 통한 공론의 장(public sphere)을 마련함으로써 민주주의의 심의성 제고가 가능하다. SNS는 정치정보의 제공 및 공유, 정치적 의사를 상호교류할 수 있는 공론장으로서 기능하게 되며, 이때 시민들은 공론장에 자발적으로 참여하여 자유롭게 토론함으로서 쌍방향적 소통을 통해 Habermas가 강조하는 '의사소통적 합리성'을 구현할 수 있게 된다. 즉 평등, 자유, 이성을 바탕으로 사이버 공론장에 참여하는 다양한 주체 간 정치적 문제에 대해 공적 심의가 이루어질 수 있다는 점에서 기존 대의민주주의 하 심의성 한계를 극복할 수 있다.

(2) 부정적 영향력

한편 정보통신기술의 발달로 인한 '디지털 디바이드(digital divide)'의 심화는 오히려 정치참여에 제약을 가하여 대표성을 저해할 수 있다. 시민들의 정보통신기술 이용의 접근·활용역량은 학력, 소득, 지역 등에 따른 차이가 존재하며, 2019년 조사 결과에 따르면 노년층과 저소득층의 디지털 기술 활용역량은 20대 대학생 기준 60% 수준에 불과하다는 점에서 이를 알 수 있다. 이렇듯 사회계층별 정보통신기술 접근·활용역량의 차이를 고려할 때 정보통신기술의 발전은 기술활용에 능한 계층을 과다대표하고 기술취약계층을 과소대표하게 되어 대표성 저하로 인한 정치적 결정의 정당성을 저해시킬 수 있다.

또한 SNS 등의 사이버 공론장에서의 심의성 한계가 문제된다. 유튜브 등의 1인 미디어가 활성화됨에 따라 '가짜 뉴스'와 같은 검증되지 않은 정보의 범람 및 급속한 확산, 시민들의 정보에 대한 비판적 해석 능력인 리터러시의 미성숙은 위르겐 하바마스(Jürgen Habermas)가 제시한 의사소통적 합리성 중 '공적 이성'의 달성을 어렵게 한다. 또한 사이버 공간에서는 개인의 취사선택이 용이하다는 특성상 '끼리끼리문화'가 심화되며, 이는 상이한 견해 간 대화와 합의보다는 그 차이를 증폭시켜 공동체를 파편화하는 '사이버 발칸화'를 야기할 가능성이 있다. 이러한 특징을 고려할 때 SNS 등이 성숙한 심의를 통해 사회적 갈등 해결을 촉구하는 사이버 공론장으로 기능하기 보다는, 오히려 미성숙한 토론으로 갈등을 심화시키는 '사이버 콜로세움'으로 기능할 수 있다.

Ⅳ. 결 론

민주주의란 '인민의, 인민에 의한, 인민을 위한' 정치체제이다. 시민의 실질적인 정치참여를 강조하는 참여민주주의는 대표성 제고, 공공선 실현, 민주적 결정의 정당성 제고 차원에서 대의민주주의의 엘리트주의적 한계를 극복하는 대안으로서 유용하며, 정보통신기술의 발달은 제도적·비제도적 정치참여의 다양화를 통해 이러한 참여민주주의의 실현가능성을 더욱 증폭시켰다.

그러나 벤자민 바버(Benjamin Barber)가 "기술의 발전이 민주주의의 성공을 담보하는 것은 아니다." 라고 한 것과 같이, 정보통신기술의 발달 및 참여민주주의는 오히려 디지털 디바이드에 따른 대표성 저하, 심의성 저하, 중우정치화 등의 부정적 영향을 야기할 가능성 역시 존재한다. 결국 참여민주주의를 통한 민주주의 발전을 위해서는 시민의식의 성숙이 반드시 전제되어야 하며, 참여의 양이 아닌 참여의 질을 제고하기 위한 방안을 모색하여야 할 것이다.

| 강 평 |

1. 제2문의 설문 (1)은 참여민주주의를 대의민주주의와 비교하여 평가하는 문제이고, 설문 (2)는 소셜미디어 등 정보통신기술의 발전이 정치참여에 어떤 영향을 미쳤는지를 논하는 문제다.
    (1) 설문 (1)에서 참여민주주의의 장단점을 논의하기 위해서는 대의민주주의의 한계를 적절히 지적하고 참여민주주의가 제시하는 비전과 그 한계에 대한 정확한 이해가 필요하다.
    (2) 설문 (2)는 최근의 정보통신기술이 가져온 커뮤니케이션 측면의 변화양상을 이해하고 이러한 변화를 정치참여의 측면에서 논의해야 할 것이다.

2. 답안은 설문 (1)에 대하여 참여민주주의의 등장 배경을 설명하면서 대의민주주의의 한계를 지적하고 있다. 답안은 대의민주주의에서 시민의 참여는 투표에 한정되어 있으며 그로 인해 대표(representation)와 심의(deliberation)에서의 한계를 지닌다고 평하고 있다. 이러한 평가에 이어서 참여민주주의의 장점으로 시민의 직접 참여를 통한 대표성의 강화, 공공선 실현, 정치적 결정의 수용성과 정당성 강화를 꼽고 있다. 답안은 참여민주주의의 장단점을 잘 열거하고는 있지만 문제에서 요구하는 대의민주주의와 비교적 관점에서 장단점을 논하는 부분에서는 부족함이 엿보인다.

3. 답안은 대의민주주의의 단점을 시민의 참여가 투표에 국한된다는 점 외에는 충분히 지적하고 있지 않다. 대의민주주의가 공공선을 실현하는데 있어 왜 한계를 보이는지, 정치적 결정의 수용성과 정당성이 왜 낮을 수밖에 없는지 설명하지 않았고, 따라서 답안이 제시하는 참여민주주의의 장점이 '대의민주주의와 비교해보았을 때' 장점이라는 것이 충분히 논증되지 않았다. 마찬가지로, 대의민주주의가 여러 문제에도 불구하고 가지고 있는 장점들이 서술되지 않음으로 인하여 답안이 서술하고 있는 참여민주주의의 단점 또한 충분히 비교적 관점에서 서술되지 않은 점도 아쉬운 부분이다.

4. 설문 (2)에 대해서 답안은 정보통신기술의 긍정적 영향으로 참여의 확대로 인한 대표성 제고, 공론장 형성을 통한 심의성 제고를 들고 있다. 인터넷과 소셜미디어가 시민들이 정치정보를 획득하고 공유하며, 각자의 의견을 나눌 수 있는 공간을 제공하고 있다는 점은 잘 짚어주었지만, 인터넷과 소셜미디어의 어떠한 측면이 하버마스의 공론장 이론에서 강조하는 의사소통 합리성을 구현하는데 기여할 것인지 설명하지 않고 있는 부분은 지적할만하다.

5. 전반적으로 우수한 답안이지만, 논의를 전개함에 있어 보다 분석적인 논술 구조를 택했다면 더 좋은 답안이 되었을 것이다. 예컨대, 대의민주주의와 참여민주주의를 비교하면서 각각의

장점과 단점을 단순 나열하는 방식으로 서술하기 보다는, 대표성, 공공선 실현 등 각각의 부분에 대하여 대의민주주의와 참여민주주의를 유기적으로 비교 서술하는 방식으로 쓰는 것이 답안의 주장을 더욱 명료하게 하는데 도움이 될 것이다.

| 제3문 | 자유주의와 현실주의는 국제관계의 주요쟁점인 국가이익, 협력, 전쟁과 평화등의 문제에 대해 다른 입장을 보인다. 다음 물음에 답하시오. (총 20점, 선택 총 10점)

(1) 전쟁과 평화의 문제에 대한 자유주의와 현실주의의 입장을 비교하여 논하시오. (10점)

(2) 코로나19 팬데믹에 대해 다양한 대응책이 모색되고 있다. 자유주의와 현실주의의 시각에서 코로나19 위기 대응책을 비교하여 논하시오. (10점)

Ⅰ. 서 론

Ⅱ. 전쟁과 평화에 대한 자유주의, 현실주의의 입장
  1. 자유주의의 입장
  2. 현실주의의 입장

Ⅲ. 코로나 19에 대한 대응책 비교
  1. 자유주의: 다자주의 협력 촉구
  2. 현실주의: 패권국의 역할 강조

Ⅳ. 결 론

답안작성

최 ○ ○ / 2020년도 5급 공채 일반행정직 합격

Ⅰ. 서 론

2019년 시작된 코로나19로 인한 전세계적 팬데믹(pandemic) 현상이 여전히 진정되지 않고 있으며 이는 반세계화, 아시안 혐오, 국가통제력 강화에 따른 민주주의 후퇴 등의 부작용을 낳았다. 따라서 국제관계에 대한 자유주의와 현실주의의 입장을 비교하여 코로나19 위기에 대한 보다 효과적인 대응책을 모색하여야 할 필요성이 있다.

Ⅱ. 전쟁과 평화에 대한 자유주의, 현실주의의 입장

1. 자유주의의 입장

자유주의는 전쟁은 필연적인 것이 아니며, 상호협력을 통한 국제적 평화가 가능하다는 입장이다. 자유주의의 국가관은 '다중심성 가정'에 따라 국가 외에도 이익집단, 초국적 기업, 국제기구 등 다양한 행위자에 주목하고, 국가는 다양한 이해관계를 가진 집단으로 이루어진 주체로서 추구하는 목적이 다양하며, '절대적 이득'에 초점을 맞춘다고 본다. 한편 자유주의는 국제관계를 존 로크(John Locke)적 무정부 상태로 보는데 이는 협력에의 집행력이 부재한 상태로 이해함을 말한다. 따라서 평화는 상호협력이 국가, 초국적기업, 국제기구 등 다양한 행위자에게 절대적 이득을 가져오고, 제도 등을 통해 국제적 협력에의 집행력을 확보하는 경우 이루어질 수 있다. 이와 관련하여 민주평화론은 민주주의의 제도적·규범적 제약으로 인해 민주국가간 전쟁이 발생하지 않는다고 주장하며, 신자유주의적 제도주의는 제도가 기대의 안정화를 통해 불확실성을 감소시키거나 미래의 그림자(shadow of future)를 제공하여 무한반복 게임화함으로써 협력을 유도할 수 있다고 본다.

2. 현실주의의 입장

한편 현실주의는 국제관계에서 전쟁은 필연적인 것이며, 영구적인 평화는 불가능한 것으로 본다. 자유주의의 다중심성 가정과 달리 현실주의의 국가관은 국가중심성, 국가동질성, 국가합리성을 가정하는데, 즉 국가는 국제관계의 단일한 행위자로서, 국가 내부적 이해관계의 충돌이 발생하지 않고 통일된 목표를 추구하며, '상대적 이익'을 고려하여 이익극대화를 추구하는 주체인 것이다. 한편 현실주의적 국제관계는 토머스 홉스(Thomas Hobbes)적 무정부상태로서, 국가들은 생존이라는 일차적 목표를 위해 군사력 증대를 통한 자조(self-help)체계를 구축하는데 이때 국가간 상호불신으로 인한 안보딜레마가 발생하게 된다. 이와 관련하여 현실주의 하 평화의 조건으로서 케네스 왈츠(Kenneth N.Waltz) 등의 방어적 현실주의자들은 동맹을 통한 세력균형을 강조하였으며, 패권안정이론은 국제질서·국제제도가 패권국의 존재에 의존한다고 보아 패권국의 역할을 강조하였다.

Ⅲ. 코로나 19에 대한 대응책 비교

1. 자유주의: 다자주의 협력 촉구

자유주의적 시각에서는 코로나19의 팬데믹 현상은 어느 한 국가의 노력만으로는 극복하기 어려운 문제라는 점에서 다자주의적 국제협력이 필요하다. '백신 민족주의'와 같은 국수주의, 민족주의적 접근으로는 코로나19에 대해 효과적으로 대응할 수 없으며, 국제적 협력에 따른 코로나19의 종식이 궁극적으로 모두에게 절대적 이익이 됨을 인식하여야 한다. 따라서 국제사회가 연대와 협력의 가치에 기반하여 백신 및 치료제의 보편적이고 공평한 보급·지원을 위해 노력하여야 하며, 우리나라가 백신의 균등 공급을 추구하는 WHO의 '코벡스 퍼실리티 프로젝트'에 1천만달러를 제공한 것은 다자주의 협력을 통한 문제 해결 추구로 볼 수 있다.

2. 현실주의: 패권국의 역할 강조

현실주의적 시각에서는 현재의 미국의 패권체제 하 코로나19의 효과적 대응을 위해서는 패권국으로서 미국의 역할이 가장 중요하다. 패권안정이론에서 강조한 바와 같이 미국은 국가 간 협력을 적극적으로 유도해야 하며, '자비로운 패권국'으로서 공공재를 공급함으로써 팬데믹 상황을 적극적으로 타개하기 위해 노력해야 한다. 화이자, 모더나 등의 백신 생산국으로서 백신이 부유한 국가에만 편중되지 않고 전세계적으로 공평하게 공급될 수 있도록 경제적, 의료적 지원을 제공하는 방안을 예로 들 수 있다. 한편 미국이 세계의 지도국가로서 정확한 정보를 제공하고 모범을 보이는 것이 효과적으로 혼란을 잠재울 수 있는 방안임을 고려할 때, 트럼프 전 대통령의 '코로나19는 실재하지 않으며, 감기에 불과할 뿐 치명적이지 않다' 등의 거짓 정보 확산 및 백신무용론 등은 오히려 혼란을 가중시킨다는 점에서 지양하여야 한다.

Ⅳ. 결 론

코로나19로 인한 팬데믹 상황임을 고려할 때 패권국인 미국의 대응에의 의존만으로는 효과적으로 코로나19 위기를 해결하기 어렵다. 따라서 자유주의적 관점에서 다자주의적 협력이 궁극적으로는 모두에게 절대적 이득을 가져온다는 것을 인식하여 상생적 협력의 모색이 필요하며, 우리나라는 세계적으로 높은 평가를 받은 한국의 K-방역 노하우 공유, 백신의 공평한 확보에의 기여 등을 통해 다자주의 협력에 적극적으로 참여하는 것이 코로나19 종식에 바람직할 것이다.

┤ 강 평 ├

1. 제3문은 국제정치 영역의 문제로, 국제정치를 이해하는 대표적인 두 이론적 시각인 현실주의와 자유주의의 전쟁과 평화에 대한 입장과 각각의 시각에 입각한 코로나19 위기에 대한 대응책을 비교하는 문제다.

2. 제3문의 설문 (1)은 전쟁과 평화에 관한 자유주의와 현실주의의 입장을 비교하여 서술하는 문제다.
   답안은 자유주의와 현실주의의 입장에 대해 기본적인 내용들을 서술하고 있으나 자유주의를 서술한 부분에서는 개념들을 단순 나열하고 있을 뿐 체계적으로 연결된 서술을 하지 못하고 있다. 다중심성 가정, 국가 이해관계의 다양성, 절대적 이익의 추구 등이 전쟁 및 평화와 어떤 관계가 있는지 설명하는 것이 아니라 각각의 개념을 단순 열거하고 있다. 그리고 민주평화론과 신제도주의적 자유주의를 언급한 부분도 앞서 서술된 내용과 체계적인 관련성을 보이지 않고 서술되어 있다. 자유주의의 국가관과 국제관계에 대한 가정들이 상호 호혜성을 기반으로 한 국제평화에 어떻게 연결되는지 논리적으로 서술해야 할 필요가 있다.

3. 제3문의 설문 (2)는 각각의 이론적 시각에서 어떠한 코로나19 대응책이 나타날 수 있는지 비교하여 서술하는 문제다.
   자유주의적 관점에서 코로나19 대응책을 논한 부분에서 답안은 국수주의, 민족주의적 접근으로는 대응할 수 없고 협력을 통한 코로나19 종식이 모두에게 절대적 이익이 됨을 인식해야 한다는 다소 당위적 주장을 하고 있는데, 주장의 타당성을 떠나 문제가 요구하는 답안과는 거리가 멀다. 자유주의적 시각에 따라, 즉 자유주의가 전제하고 있는 국가와 국제사회의 특성이 어떠한 방식의 코로나19의 국제적 해결책을 만들어낼 것인지를 논술하는 것이 더 적절했을 것이다.

4. 현실주의에 기반한 코로나19 대응책을 논한 부분에도 유사한 문제가 발견된다. 답안은 미국이 패권국가로서 역할을 수행해야 한다는 당위를 주장하고 있다. 국가는 자국의 이익을 최우선 한다는 현실주의에서 가장 핵심적 전제에 비추어볼 때 미국이 적극적 역할을 해야 할 합리적 이유가 무엇인지 논증하는 것이 필요하다.

5. 답안은 미국이 백신을 전세계에 고르게 공급하고 정확한 정보를 제공하며, 모범을 보여야 한다고 주장하고 있으나 현실주의적 관점에 입각해 볼 때, 미국이 왜 막대한 재원과 노력이라는 비용을 들여 전세계의 코로나19 해결을 위해 나설만한 유인이 무엇인지는 설명하고 있지 않다. 즉 미국이 코로나19 문제를 해결하기 위해 매우 큰 역할을 수행함으로써 무엇을 얻을 수 있을 것인지에 대하여 논증하고, 국익 실현의 관점에서 미국이 패권국가로서 적극적인 역할을 수행할 것이라는 방식으로 서술되는 것이 더욱 적합할 것이다.

2021년도 입법고등고시 기출문제와 어드바이스 및 답안구성 예

| 제1문 (40점) |

최근 정치학에서 '민주주의의 질(quality of democracy)'을 평가할 수 있는지 그리고 어떤 민주주의가 좋은 민주주의(good democracy)인지에 대한 논의가 활발하다. 이와 관련하여 다음 질문에 답하시오.

(1) 슘페터(J. Schumpeter)가 제시한 '최소주의적 민주주의(minimalist democracy)'의 의미와 한계에 대해 서술하시오. (10점)

Advice

1. 슘페터의 최소주의적 민주주의는 '선거민주주의'라고도 정리할 수 있다. 최소주의적 민주주의의 의의로는 '통치자의 자의적 지배로부터 시민들을 보호하기 위해 경쟁적 선거를 통해 선출된 정치지도자에게 정치적 결정권을 부여하는 민주주의'임을 서술하여야 할 것이다. 핵심으로서 엘리트 중심적 민주주의, 경쟁적 선거, 절차적 평등 등을 논해주는 것이 좋다.

2. 한편 최소주의적 민주주의의 한계는 비교개념인 '최대강령적 민주주의'의 장점을 활용하여 서술하면 수월하다. 즉 절차적 평등을 넘어 결과적 평등, 정치적 영역을 넘어 사회경제적 영역까지 인민의 자기지배 실현 등에는 최소주의적 민주주의가 한계를 가짐을 논해준다.

(2) '민주주의의 질' 개념의 등장 배경을 설명하고, 그 개념에 포함된 구체적인 평가 기준은 무엇인지 서술하시오. (15점)

Advice

1. 민주주의의 질이란 '보다 나은 민주주의'를 창출하고 지속하기 위해 민주적 품질을 체계적으로 분석하고자 하는 개념이다. 이는 기존의 '민주주의 공고화'가 민주주의의 생존과 안정화에 초점을 맞춘 것에서 더 나아가 질적으로 높은 수준의 민주주의를 추구하기 위해 부각되고 있다.

2. 민주주의는 '권위주의-선거민주주의-자유민주주의-시민민주주의'로 나아갈수록 질적으로 심화되는데, 구체적 평가기준으로는 경쟁적 선거의 확립, 시민적 자유의 실질적 보장, 법의 지배, 시민의 정치적 요구에 대한 높은 반응성 등을 제시할 수 있을 것이다.

(3) 기존 민주주의의 한계를 보완하기 위해 '민주주의 혁신(democratic innovations)' 개념이 제시되고 있다. 이를 최근 한국의 사례를 들어 설명하시오. (15점)

Advice

기존의 대의민주주의의 한계를 보완하기 위한 '민주주의 혁신'의 개념으로서 대안적 민주주의를 묻고 있다. 민주주의 혁신 설명에 앞서 기존 민주주의의 한계를 먼저 제시할 필요가 있으며, 그러한 문제점에 대응하여 대안적 민주주의로서 참여민주주의, 전자민주주의, 심의민주주의 등의 모델 중 적절한 것을 선택하여 민주주의 혁신을 논해주는 것이 좋다. 예를 들어 기존 대의민주주의의 한계로서 심의성, 대표성 등을 제시한 경우 이를 보완하기 위한 민주주의 혁신으로서 위르겐 하버마스(Jürgen Habermas) 등의 심의민주주의를 활용하여 서술할 수 있으며, 그 사례로는 신고리원전공론조사위원회 등을 제시할 수 있을 것이다.

답안구성 예

Ⅰ. 서 론

Ⅱ 최소주의적 민주주의의 의미와 한계
　1. 최소주의적 민주주의의 의미
　2. 최소주의적 민주주의의 한계

Ⅲ '민주주의의 질' 등장배경 및 평가기준
　1. '민주주의의 질' 개념 및 등장배경

　2. 평가기준

Ⅳ. 민주주의 혁신의 사례
　1. 기존 민주주의의 한계 및 민주주의
　　혁신
　2. 한국의 민주주의 혁신사례 : 신고리
　　원전공론조사

Ⅴ. 결 론

| 제2문 (40점) |

2021년 2월 미얀마에서 군부 쿠데타에 항의하는 평화적 시위가 시작되었으나, 미얀마 군부의 무차별적 진압으로 많은 사망자가 발생하고 있다. 이 사태의 해결을 위해 유엔 등 국제사회가 개입해야 한다는 목소리가 커져왔다. 특히, 2005년 유엔 세계정상회의에서 합의된 '보호책임(Responsibility to Protect)' 원칙을 적용하여 이 사태를 해결하자는 주장이 제기되고 있다. 이와 관련하여 다음 질문에 답하시오.

(1) 보호책임 원칙의 내용과 1990년대에 이 원칙이 논의된 시대적 배경을 서술하시오. (10점)

Advice

보호책임원칙(이하 R2P)의 내용 및 배경을 묻는 문제이다. R2P는 '국가가 반인도범죄 등으로부터 자국민을 보호하지 못할 경우 국가주권을 무시하고 국제사회가 개입할 수 있다는 원칙'으로 ICISS 보고서에 따르면 정당한 권위, 최후의 비례적 수단, 합리적 전망 등을 비롯한 4가지 전제조건 충족시에만 제한적으로 발동되는 것이 바람직한 점 등을 서술하여야 할 것이다. R2P의 배경으로는 90년대 발칸반도의 인종청소 사건 및 1994년 르완다에서의 부족간 학살 사건 등 국가주권의 원칙으로 인한 기존의 평화유지활동(PKO)의 제약을 극복하기 위해 등장했음을 논해준다.

(2) 미얀마에 대한 인도주의적 개입을 주장하는 견해의 근거를 도덕적 관점과 법률적 관점에서
각각 서술하시오. (15점)

Advice

본격적인 견해서술에 앞서 미얀마 상황에 대한 간략한 설명을 제시하는 것이 좋다. 도덕적 관점에
서 미얀마에 대한 인도주의적 개입을 요구하는 근거로는 국제공동체의 공유된 가치를 수호하기 위
함이며, 인간안보의 중요성 및 임마누엘 칸트(Immanuel Kant)의 사해동포주의(cosmopolitan)나
존 롤즈(John Rawls)의 만민(people)개념을 활용하여 서술할 수 있을 것이다. 한편 법적인 관점으
로는 UN헌장의 내용 등을 활용하여 R2P는 미얀마 사태가 R2P의 법적인 요건들을 충족하고 있음
을 설명해주는 것이 좋다.

(3) 보호책임 원칙을 국제사회에 적용할 경우, 주권 원칙을 근간으로 하는 근대 국제정치질서
에 어떤 변화가 나타날 것인지 논하시오. (15점)

Advice

R2P의 국제사회 적용은 인류의 불가침적 문제에 대해 국제기구 및 국제사회의 역할이 커짐을 의미
하는 것으로 해석된다. 이는 자유주의적 관점에서 R2P에 따른 국가주권 및 국내문제 불간섭원칙에
대한 국제정치질서의 약화, 국제기구역할의 강화 등의 변화가 예상되며, 구성주의적 관점에서는 국
가간 인권 등에 대한 간주관적 인식의 형성 등의 변화를 서술해 줄 수 있을 것이다.

```
┌─ 답안구성 예 ──────────────────────────────────

    Ⅰ. 서 론                         2. 법률적 관점

    Ⅱ. 보호책임원칙의 내용 및 등장배경    Ⅳ. 보호책임원칙과 국제정치질서의 변화
                                        1. 자유주의적 관점
    Ⅲ. 미얀마에 대한 인도주의적 개입의 근거   2. 구성주의적 관점
        1. 도덕적 관점                  Ⅴ. 결 론
```

| 제3문 (20점) |

정치현상의 인과관계를 밝히기 위해 질적(정성적) 연구방법이 자주 활용된다.
이와 관련하여 다음 질문에 답하시오.

(1) 혼합체계 연구방법은 독립–종속 변수 간의 인과관계를 분석하는 과정에서 일치법과 차이
법을 동시에 적용하는 방법이다. 하나의 추론논리만을 적용하는 연구방법에 비해 두 형태의
추론논리를 동시에 적용하는 혼합체계 연구방법이 갖는 장점이 무엇인지 설명하시오. (5점)

일치법, 차이법, 혼합체계 연구방법 모두 비교연구의 방법이라는 공통점이 있으나, 혼합체계 연구방법은 일치법과 차이법을 동시에 사용하는 방법이다. 이는 최대유사체계분석이 실제 연구에서 '유사성의 극대화를 통한 상이성의 극소화'를 보이는 것에 한계를 가지는 점과, 최대상이체계분석이 종속변수의 양상이 사례간 상이하게 나타나는 경우 사용에 한계가 있다는 점을 일치법과 차이법 모두를 사용함으로써 보완할수 있으며, 다양한 사례간 폭넓은 비교를 가능케 하여 사례선정상의 유연성이 높다는 것을 서술해주면 좋다.

(2) 혼합체계 연구방법을 이용하여 아래 〈표〉에서 제시된 3개 국가의 사회복지 수준에 영향을 미치는 독립변수를 찾고, 그 과정을 기술하시오. (15점)

〈표〉 3개국의 사회복지 수준과 영향 요인

	A국가	B국가	C국가
Y(사회복지 수준)	높음	낮음	낮음
X1(정권의 성격)	보수정권	진보정권	보수정권
X2(정부형태)	의원내각제	대통령제	의원내각제
X3(노조 조직률)	높음	낮음	낮음
X4(1인당 평균소득)	높음	높음	낮음
X5(경제체제의 성격)	자유시장경제	자유시장경제	조정시장경제
X6(권력분포)	집중화	집중화	집중화

혼합체계 연구방법은 어떤 현상이 나타난 두개 이상의 사례가 하나의 변수만을 공통점으로 가지는 반면, 현상이 나타나지 않은 두개 이상의 사례에서는 그 변수가 발생하지 않았을 경우 해당 변수를 현상의 원인 혹은 결과로 간주하는 분석방법이다. 이를 통해 〈표〉를 분석해보면 종속변수인 사회복지수준(Y)이 낮은 B국가와 C국가는 노조조직률(X3)이 낮다는 공통점이 존재하며, 이는 사회복지수준이 높은 A국가에서는 높은 노조조직률을 보인다는 점에서 BC국과의 차이가 있으므로 사회복지수준에 영향을 미치는 독립변수는 노조조직률임을 기술하여 준다.

답안구성 예

Ⅰ. 서 론

Ⅱ. 혼합체계 연구방법의 개념 및 장점

Ⅲ 〈표〉의 분석: 혼합체계 연구방법을 활용하여

    1. 사회복지수준에의 독립변수
    2. 독립변수 도출과정

| **제1문** | 다음 글을 읽고 물음에 답하시오. (총 50점, 선택 총 25점)

일반적으로 대통령제(presidentialism)는 유권자가 정부 수반인 대통령을 직접 선거로 선출하고, 별도의 직접 선거로 선출된 의원들이 의회를 구성하여 행정부를 견제하는 정치 체제이다. 전형적인 의원내각제(parliamentarism)는 직접 선거로 선출된 의원들로 구성된 의회에서 다수당이 정부 수반인 수상과 내각을 선출하여 국정을 운영하는 체제이다.

대통령제 및 의원내각제와 구분되는 제3의 정부형태인 준대통령제(semipresidentialism)는 직접 선거로 선출된 대통령과 의회에 책임을 지는 수상 및 내각이 공존하는 체제라고 할 수 있다.

---

(1) 대통령제와 의원내각제에서 정부 수반을 임기 중에 해임할 수 있는 방법이 무엇인지 각각 서술하고, 해임 사유의 차이점에 대하여 설명하시오. (10점)

(2) 의원내각제에서는 정부 수반이 의회를 해산하고 조기 총선을 실시할 수 있는 권한을 갖고 있다. 의회 해산권을 정당화하는 논리적 근거를 제시하시오. (20점)

(3) 준대통령제를 '대통령은 외치(外治)를 책임지고, 수상은 내치(內治)를 책임지는 분권형 대통령제'로 해석하여 이원집정제라고 부르기도 한다. 대표적인 준대통령제 국가 중 하나인 프랑스의 사례를 활용하여 이와 같은 해석이 갖는 한계를 논하시오. (20점)

Ⅰ. 서론

Ⅱ. **정부수반 해임방식 – 대통령제와 의원내각제의 비교**
1. 대통령제의 정부수반 해임방식
2. 의원내각제의 정부수반 해임방식
3. 해임사유의 차이점 – 직무수행에 있어 중대한 위법사유 존재 여부

Ⅲ. **의원내각제의 의회해산권 정당화 근거**
1. 의회해산권의 의의
2. 의회해산권 정당화 근거
    (1) 견제와 균형 기능 – 의회중심주의의 완화 및 정국 안정성 도모

(2) 국민투표의 기능 – 정부 및 의회 정당성 확보

Ⅳ. **이원집정제의 한계 – 프랑스의 사례를 중심으로**
1. 이원집정제의 의의
2. 이원집정제의 한계 – 프랑스 사례를 중심으로
    (1) 다수정부 하의 권력집중 문제 – 대통령 중심주의
    (2) 동거정부 하의 권력집중 문제 – 수상 중심주의
    (3) 동거정부 하의 정치적 교착 상태

Ⅴ. 결론

Ⅰ. 서 론

한국 대통령은 제왕적 대통령이라 불릴 정도로 권력이 집중되어 있다. 대통령에 집중된 권력을 분산하기 위해 개헌을 통한 통치구조 변화 논의가 지속되고 있는 상황에서 대안으로서 의원내각제와 이원집정제가 대두되고 있다. 이에 따라 대통령 탄핵과 내각불신임, 의회 해산권을 통해 대통령제와 의원내각제의 견제와 균형 원리를 확인해보고, 프랑스 사례를 통해 이원집정부제의 원리와 한계를 살펴봄으로써 견제와 균형이 제대로 이루어질 수 있는 통치 구조가 무엇인지 알아보고자 한다.

Ⅱ. 정부수반 해임방식 – 대통령제와 의원내각제의 비교

1. 대통령제의 정부수반 해임방식

대통령제란 국민이 직접 선출한 대통령이 행정부의 수반이 되어 정해진 임기 동안 정책을 수행하는 제도이다. 따라서 민주적 정당성을 가진 대통령과 대통령을 수반으로 하는 행정부는 국민에 대하여 직접적인 책임을 지고, 행정부·입법부·사법부로 나뉘는 엄격한 권력 분립 하에서 견제와 균형(check and balance)의 원리에 따라 정부를 운영하게 된다.

대통령제의 중요한 특징은 대통령의 임기 보장인데, 이는 국가 정책의 지속성과 강력한 행정 수행 기능을 한다. 즉, 헌법에 적시된 바에 따라 특별한 사유가 없는 경우에는 대통령은 해임되지 않으며, 탄핵에 의해서만 해임이 가능하다. 대한민국의 경우, 대한민국 헌법 제65조에서 대통령을 탄핵의 대상으로 규정하고 있으며, 직무집행에 있어서 헌법이나 법률을 위배한 때 국회의 탄핵 소추를 받아야 한다고 규정되어 있다. 소추 이후 헌법재판소 재판관 6명 이상의 인용이 있는 경우 대통령은 탄핵 된다.

2. 의원내각제의 정부수반 해임방식

의원내각제는 의회의 다수당이 행정부 내각을 구성하는 의회 중심의 일원적 지도 체제를 의미한다. 의회의 신임을 통해 내각이 구성되고, 내각은 의회에 대한 책임을 지기 때문에 의회와 행정부간 긴밀한 관계가 형성된다. 의원내각제는 나라마다 다양한 형태로 분화되어 있는데, 내각과 정부 수반이 국민에 대해 직접 민주적 정당성을 받지 않기 때문에 의회가 내각에 대한 '내각 불신임권'을 통해 정부 수반을 해임할 수 있다는 공통된 특징을 가진다.

대통령에 대한 임기가 고정된 대통령제와 달리, 의원내각제에서는 언제든 내각에 대한 불신임을 결의할 수 있다. 이에 대해 내각은 불신임안을 수용하여 내각 총사퇴를 하거나, 반발의 뜻으로 의회 해산권을 발휘할 수 있다. 의회가 해산되면 총선이 다시 실시되어 새로운 의회가 형성된다.

3. 해임사유의 차이점 – 직무수행에 있어 중대한 위법사유 존재 여부

대통령제의 경우 탄핵의 근거로 직무수행에 있어 중대한 헌법위반, 법률 위반을 둔다. 직무 수행의 범위 및 헌법 등 법률 위반 사유의 존재 여부, 위반의 '중대성' 등 탄핵 요건에 대해 철저한 법적 검토를 한

후, 대법원 또는 헌법재판소에서 탄핵을 결정한다.

반면, 의원내각제의 경우 여당 내의 갈등, 사회적 이슈로 인한 민심 악화 등 법률 위반 여부와 관계 없이 정치적 이슈에 의해서도 내각 불신임안을 결의할 수 있다. 또한, 연립 정부의 경우 연정에 참여하는 정당들의 합의에 의해서도 내각 불신임을 결정할 수 있다.

Ⅲ. 의원내각제의 의회해산권 정당화 근거

1. 의회해산권의 의의

의원내각제 하의 의회해산권은, 의회 해산을 요구하고 조기 총선을 행할 수 있는 행정부의 권리이다. 이는 대개 의회가 내각에 대해 불신임을 결의한 경우 이에 대한 반발로 행해지거나, 의회의 내각 불신임 결의가 없어도 내각이 직접 국민에게 호소하는 방식으로 활용될 수 있다.

2. 의회해산권 정당화 근거

(1) 견제와 균형 기능 – 의회중심주의의 완화 및 정국 안정성 도모

의원내각제는 의회와 행정부가 권력을 분리하여 상호 견제를 하기보다 양자가 매우 밀접하게 연결되어 있다. 선거를 통해 민주적 정당성을 가진 의회가 내각 수상을 선출함으로써 행정부도 간접적으로는 정당성을 가지게 된다. 그럼에도 불구하고, 내각 불신임권으로 인해 행정부 자체의 존립 여부가 의회의 결정에 의해 좌지우지 된다는 점에서 의회가 국정 정반을 장악하는 의회중심주의적 성격을 보이게 된다.

이러한 상황에서 의회 해산권은, 의회의 부당한 내각 불신임권 결의 혹은 의회의 잦은 교착 상황에 대해 정치적 책임을 묻게 하는 견제 기능을 한다. 의회 해산 이후 새롭게 선거를 하는 과정에서 유권자는 의회와 행정부를 심판하게 된다. 의회가 옳다면 새로운 선거 이후에도 기존의 의원들이 신분을 유지하겠지만, 의회가 옳지 않은 경우, 기존 의원들은 신분을 잃을 가능성이 커진다. 따라서 이러한 위험을 감수하고 싶지 않은 의회 입장에서 행정부가 가진 의회해산권은 강력한 보호, 견제 수단이 되는 것이다.

이에 더해, 행정부의 정책 결정에 있어서 의회의 강한 반대가 예상되는 경우에도 의회 해산권이 활용된다. 행정부가 국민들에게 자신들의 결정을 수용할 수 있는 다수의석의 확보를 호소하는 것으로, 의회와 행정부의 교착상태를 해결하고 정국 안정을 위해 활용되기도 한다.

이러한 일련의 기능으로 인해 의회는 내각불신임을 남용하기 어려워지고, 보다 책임감 있는 정치를 보여주고자 노력하게 된다. 또한 행정부와의 관계가 심한 대립으로 치닫지 않도록 노력하게 됨으로써 의회 중심주의가 완화된다.

(2) 국민투표의 기능 – 정부 및 의회 정당성 확보

의회 해산 이후에 새로운 선거가 치러지는 과정에서 유권자는 국가의 중대한 정치적 사안의 결정에 참여할 수 있게 된다. 정부 수반이 중요한 정책을 추진하는데 의회의 강한 반대가 있는 경우, 정부 수반은 의회 해산을 통해 국민의 뜻을 확인하고자 한다. 이는 의회의 선출에 따라 간접적으로 정당성을 확보하게 되는 행정부가 우회적이지만 국민의 의견을 묻고 결과에 책임을 지게 되는 것이므로 의원내각제

하에서 행정부의 민주적 정당성을 보완해줄 수 있다. 의회 해산 이후 새로운 의회가 기존의 의회와 비슷하게 구성되는 경우, 기존 의회의 정당성을 강화시킨다는 점에서도 유의미하다.

무엇보다도, 중대한 사안에 있어서 재선거를 통해 국민들의 뜻을 대표하는 의회와 내각이 구성될 것이므로 국민들의 의견을 시의적절하게 정책에 반영할 수 있다. 임기가 고정된 대통령제하에서 국민의 의견이 의회나 행정부에 제대로 반영되지 않는 경우 쉽게 정권을 교체할 수 없는 것에 반해 의원내각제는 의회 해산을 통해 언제든 국민의 의견을 반영하는 의회와 내각을 유지할 수 있게 된다.

IV. 이원집정제의 한계 - 프랑스의 사례를 중심으로

1. 이원집정제의 의의

이원집정제는 대통령 중심제와 의원내각제가 혼합된 통치구조로, 크게 대통령 중심 이원집정제와 내각 중심 이원집정제로 나뉜다. 현재는 러시아, 프랑스, 오스트리아 등이 활용하고 있으며, 이를 활용하는 나라의 역사적, 사회 문화적 특징에 따라 다양한 형태로 나타난다.

대통령 중심 이원집정부제란 원칙적으로는 대통령 중심제를 운영하면서, 의원내각제적 요소를 가미해 행정부 내각과 수상을 도입하여 이들에게 대통령의 권한을 일부 분담하는 제도이다. 대표적으로 프랑스가 행하고 있는 모습으로, 대통령은 최고통치권자로서 외치를 책임지고, 수상은 내각과 함께 일반 통치권자로 내치를 책임져 이원적인 권력 구조를 가진다.

내각 중심 이원집정부제는 의원내각제를 중심으로 운영하면서, 내각 수상의 권력을 일부 대통령에게 부여하는 형태이다. 대표적인 국가로 그리스, 오스트리아가 있다. 일반적인 의원내각제하에서 대통령이 형식적, 의례적 권한만을 갖는 것과 달리, 내각 중심 이원집정제의 대통령은 의회 해산권을 가지는 등 상당 수준의 실권을 행사한다.

2. 이원집정제의 한계 - 프랑스 사례를 중심으로

대통령제의 대안으로 자주 인용되는 프랑스의 이원집정제는 수상과 대통령의 권력 분산과 협치 가능성을 그 근거로 하고 있다. 프랑스는 제5공화국에서 이원 집정부제를 활용하였는데, 드골은 제3·4공화국에서 의회가 점하고 있던 민주적 정당성을 이원화하기 위해 대통령 직선제를 도입하였다. 또한, 대통령이 입법에 있어서 상당한 영향력을 행하도록 권력을 위임했으며, 직접적인 대외안보를 책임지도록 하였다. 국가 원수인 대통령은 정부 수반인 수상을 임명하며, 수상은 국회의원이 아닌 비정치인을 임명할 수도 있다. 수상은 주로 경제·사회 등 국내 정책을 책임지도록 하였는데, 대통령 역시 수상을 임명하는 권한을 가진 자로서 대선 공약에 있어서 사회적·경제적 이슈를 제시하는 등 내치에 대한 책임에서도 자유롭지만은 않다.

(1) 다수정부 하의 권력집중 문제 - 대통령 중심주의

다수정부 하에서 이원집정제는 오히려 강력한 대통령 중심제의 모습을 보이게 된다. 다수정부 시기의 프랑스는 수상이 대통령의 비서실장으로 보일 정도로 대통령 중심적인 정치 결정이 이루어졌다. 대통령은 의회 다수파의 지지를 받으며 정책을 시행할 수 있게 되는데, 드골 대통령의 경우 헌법에 보장된 긴급조치권, 의회해산권, 국민투표 부의권 등을 적극적으로 활용하여 정당정치 및 의회와 행정부의 균형과 견제를 초월하는 행태를 보였다.

수상의 신임을 대통령이 결정한다는 점 역시 대통령이 비상입법권을 통해 내각을 장악할 수 있도록 한다. 미테랑 대통령은 수상의 신임을 정책 사안에 연계시킴으로써 내치에 대한 영역에 과도한 영향력을 행사하였다. 더욱이, 다수정부 하에서는 집권당이 의회 과반수 의석을 차지하게 되면 의회가 대통령과 내각을 견제하기 위해 내각 불신임을 상정하더라도 결의되지 않을 수 있다. 이로 인해, 다수정부 하에서 내각과 수상, 대통령으로 이루어진 행정부는 의회의 견제 없이 국정을 주도할 수 있게 된다.

(2) 동거정부 하의 권력집중 문제 - 수상 중심주의

대통령과 수상의 정파가 일치하지 않는 동거정부 하에서는 대통령의 통제력이 낮아진다. 그러나 이 경우에도 견제와 균형이 이루어지기보다 수상이 정부를 장악하고 의회를 중심으로 정책 결정이 이루어지게 된다. 즉, 내각책임제적 요소가 강화된다.

가장 먼저, 동거정부 하에서 대통령은 내각 구성 및 정책 결정에 있어서 영향력을 미치기 어렵게 된다. 장관 임명이 모두 수상의 제청을 거치기 때문이다. 따라서 대통령이 주재하는 국무회의보다 수상이 주재하는 내각회의가 더욱 강화되고, 주요 정책이 내각회의에서 결정된다.

더욱이, 동거 정부 하에서는 대통령이 가지고 있는 권한을 수상이 장악하게 되는 경우도 존재한다. 대통령이 헌법상 외교권과 국방권을 담당하더라도, 동거정부 하에서는 외무장관과 국방장관을 상정하는데 수상의 의견만이 반영될 가능성이 크다. 또한, 수상이 대통령과 함께 외교 무대에 활동하는 방식으로 대통령의 외교권을 장악하기도 한다. 시라크 대통령 시절의 동거정부 기간에 조스팽 수상이 각종 정상회담에 대통령과 함께 참여한 것이 대표적인 모습이다.

(3) 동거정부 하의 정치적 교착 상태

동거정부 하에서는 대통령이 정부에 영향력을 미치기 어려워진다. 이러한 상황에서 대통령은 정치적인 영향력을 행사하기 위해 정부의 법률안에 서명을 거부(veto)하는 등 헌법상 권리를 최대한 활용하고자 한다. 이에 따라 상당 기간 정부정책 결정이 미뤄지는 등 교착상태가 발생할 수 있다. 실제로 미테랑 대통령의 경우 세 차례에 걸쳐 정부의 법률안을 거부하였다. 한편, 프랑스에서는 일어나지 않았지만, 의회 해산권을 활용하여 직접적으로 대통령이 의회에 대하여 주도권 경쟁을 시도할 수도 있다.

V. 결 론

대통령제의 대안으로 제시되는 의원내각제 역시 내각 불신임권과 의회해산권을 통해 정부와 의회간 견제와 균형이 발생할 수 있다. 그러나 분점정부 상황에서의 잦은 교착상태로 인한 정국 혼란을 야기할 수 있다는 점에서 이원집정부제가 그 대안으로 등장한다. 그러나 이원집정부제 역시 정치 상황에 따라 대통령 혹은 수상 어느 한쪽으로 권력이 집중될 수 있다는 한계가 존재한다. 즉, 어떠한 정부형태이든 권력의 집중이 발생할 수 있는 것이다. 이를 고려할 때, 최대한 제도적 노력을 통해 권력집중을 해결하고자 하고, 개헌을 통한 통치구조 변화는 정말 부득이한 경우에 행하는 것이 바람직하다고 보인다.

┤ 강 평 ├

1. 이 질문은 대통령제와 의원내각제, 준대통령제의 제도적 차이점과 연관된 세 개의 문항으로 구성되어 있다. 첫 번째 질문이 대통령제와 의원내각제의 차이를 이해하고 있는지를 묻고 있다면, 두 번째와 세 번째 질문은 각각 의원내각제하에서 정부 수반에 부여하는 의회 해산권의 논리적 근거와 준대통령제를 분권형 대통령제로 해석하는 논리에 대한 평가를 묻고 있다. 기본적인 지식의 확인에서 출발하여 논리적 쟁점과 본인의 평가를 제시하는 방식으로 문항이 구성된 것이다. 답안은 전체적으로 질문의 의도를 충실히 반영하여 작성되었다. 다만, 지식을 확인하는 첫 번째 문항 이외에 두 번째, 세 번째 문항에 대한 답안에 대해서는 다음의 몇 가지를 지적하고자 한다.

2. 의회 해산권의 논리적 근거에 대한 답안에서 견제와 균형 기능을 의회 중심주의의 완화와 등치시키고 있는데 이는 추상 수준의 차이를 간과한 논리적 비약이다. 의회 중심주의는 의원내각제의 본질적 속성으로서 의회 해산권에 의해 완화되거나 반대로 내각 불신임권에 의해 강화된다고 볼 수 없다. 대통령제에서 의회가 탄핵권을 갖는다고 해서 대통령 중심주의가 완화되지 않는 것과 마찬가지이다. 의회 중심주의라는 기본적 속성에 기반하여 내각의 잦은 교체와 정국 교착 등을 방지하기 위한 제도적 보완 장치로 서술하는 것이 타당하다.

3. 준대통령제의 분권적 해석에 대한 평가에 대해서는 답안이 질문의 의도와 다소 어긋나 있는 것으로 보인다. 질문은 준대통령제를 내치와 외치의 구분에 따른 분권형으로 해석하는 것에 대한 평가를 묻고 있는데, 답안은 준대통령제에서 각각 대통령(행정부)과 수상(의회)에게 권력이 집중되거나 동거 정부 등의 형태로 교착상태에 빠질 가능성을 제시하는 방향으로 작성되어 있다. 그런데, 답안이 제시한 내용은 이른바 대통령제의 분점정부 상태에서도 나타나는 것으로서 준대통령제에 고유한 것이라고 할 수 없다. 질문의 의도에 보다 충실하기 위해서는 프랑스의 경우 대통령이 국내법과 사실상 동일한 효력을 갖는 훈령을 통해 내치에 개입할 수 있는 권한이 보장되어 있다는 점을 지적하는 것이 타당하다. 준대통령제의 분권적 성격은 정치 상황이 아니라 제도적으로 보장된 권한의 종류와 성격에 달려있다는 점이 부각되었다면 더 나은 답안이 되었을 것이다.

4. 마지막으로 프랑스에서 대통령이 의회해산권을 발동한 적이 없다는 언술은 사실에 위배된다. 1988년 프랑스 미테랑 대통령은 정치적 교착상태를 해소하기 위해 의회를 해산한 바 있다. 답안의 전체 맥락에서 중요한 부분이 아니라 할지라도, 사실에 반하는 사소한 서술로 답안의 신뢰성이 떨어질 수 있다는 점은 늘 유념해야 한다.

| **제2문** | 다음은 A국 대통령실 기자회견의 일부이다. 다음 글을 읽고 물음에 답하시오. (총 30
점, 선택 총 15점)

출입기자: 교토의정서에 대한 A국의 입장은 무엇입니까?
대변인: 교토의정서가 서명되기는 했지만, 상원에서 비준되지 않았습니다.
그리고 우리나라 대통령의 입장도 분명합니다. 대통령은 교토의정서를 지지하지 않습니다.
그 조약은 개발도상국의 책임을 면제해주고 있습니다. 더욱이 우리나라의 경제적 이익에도
부합하지 않습니다.

(1) 집단행동의 문제(collective action problem)의 시각에서 기후위기의 국제정치적 성격을 서술
하고, 기후위기에 대응하기 위한 국제협력이 어려운 이유를 논하시오. (20점)

(2) 기후위기 등 새로운 국제이슈에 대응하기 위해서 기존의 안보(security) 개념이 확장되고 있
다. 확장된 안보 개념의 유용성과 한계를 논하시오. (10점)

Ⅰ. 서 론

Ⅱ. 기후위기에 대한 국제협력적 대응이 어려운 이유
  1. 기후위기의 국제정치적 성격 – 집단행동의
    문제시각에서
    (1) 집단행동의 문제(collective action
      problem)의 의의
    (2) 기후위기의 성격 – 부정적 외부효과 및 국
      제정치적 이슈
  2. 기후위기에 대한 국제협력이 어려운 이유
    (1) 집단구성원의 수 및 다양성 문제
    (2) 책임 소재의 불분명성과 피해의 불균등성

Ⅲ. 확장된 안보개념의 유용성과 한계

  1. 새로운 안보개념의 등장: 포괄적 안보
    (1) 기존의 안보개념
    (2) 포괄적 안보개념의 등장
  2. 유용성
    (1) 초국가적 논의 가능 – 국제적 협력 도모
    (2) 변화하는 환경에 적용 가능
  3. 한 계
    (1) 잠재적·간접적 위협 – 차순위 안보전략 가
      능성
    (2) 개념의 모호성 – 현실 정책 반영 문제, 안
      보 간 우선순위, 가치갈등 문제

Ⅳ. 결 론

Ⅰ. 서 론

1972년 스톡홀롬에서 개최된 UN 환경회의 이후 꾸준히 기후위기가 논의되었으나 해결을 위한 실천은 부족한 상황이다. 기후위기는 각국의 안보, 전 세계 인류의 생존과도 연관되어 있으므로 매우 중요한바, 기후위기에 대한 국제협력이 일어나지 않는 원인을 살펴보고, 포괄적 안보의 입장에서 방향성을 확인하고자 한다.

Ⅱ. 기후위기에 대한 국제협력적 대응이 어려운 이유

1. 기후위기의 국제정치적 성격 – 집단행동의 문제시각에서

(1) 집단행동의 문제(collective action problem)의 의의

집단행동의 문제란 ManCur Olson에 따르면, 합리성을 가진 개별 주체들이 행동한 결과가 집단 전체에게 합리적이지 못한 딜레마적인 상황을 말한다. 즉, 부분최적화가 전체최적화로 이어지지 않는다는 것으로, Garrett Hardin이 주장한 '공유지의 비극'과 같은 상황이 일어나는 것을 뜻한다.

합리적인 주체는 어떠한 행동을 할 때 자신의 비용을 최소화하고, 얻을 수 있는 이익을 극대화한다. 이에 따라, '비배재성'을 가지고 있어 모두가 아무런 비용 없이 접근할 수 있지만 '경합성'을 가지고 있어 고갈 가능한 자원, 즉 '공유재(common goods)'에 대해 모든 주체가 최대한 활용하고자 하는 무임승차 심리가 발생하므로 자원은 과소생산되어 사회 전체에 최적화되는 수준으로 유지될 수 없다. 이렇게 발생하는 피해는 사회 전체에 영향을 끼치는 '부정적 외부효과'로 나타난다.

(2) 기후위기의 성격 – 부정적 외부효과 및 국제정치적 이슈

국제 관계에서 '기후'는 하나의 공유재에 해당한다. 지구라는 물리적인 공간을 공유하는 이상, 기후는 어떤 국가도 영향을 무시할 수 없는 비배재성을 가진다. 온실가스 배출권의 기준에서 본다면 온실가스 역시 어떤 국가가 배출할 경우 다른 국가가 배출할 양이 줄어들므로 경합성을 가진다고 볼 수 있다. 더욱이, 기후 및 환경은 인류의 생존과 밀접한 관련이 있다는 점에서 '필수재'로서 안보와 밀접한 관련이 있다. 예컨대, 지구 온난화로 인해 해수면이 상승할 경우 저지대의 섬나라 주민들은 생존의 위협을 느낀다.

이러한 관점에서 '기후위기'는 공공재인 기후의 유지에 대해 집단적 행동 딜레마가 발생하여 나타난 '부정적 외부효과(Negative external effect)'에 해당한다. 개별 주체의 행동에 따라 타인에게 의도와 상관없이 부정적인 영향을 주더라도 어떠한 비용도 지불하지 않는 상태인 것이다.

또한, 안보와 밀접한 관련이 있고, 관련 이해관계가 첨예하게 대립하고 있다는 점에서 국제정치적 성격을 가진다. 기후위기를 해결하기 위한 국제적 규제들이 무역 및 기술개발 원조와 연결되고 있으며 기후위기에 대한 책임 공방에 있어 선진국과 개발도상국 간의 치열한 공방이 이루어지고 있다.

따라서 기후위기를 해결하기 위해서는 국제정치적 관점에서 각 국가 및 다국적 기업, 인간 개인의 범주까지 다양한 차원에서 접근해야 한다. 이와 함께, 외부효과를 해결하기 위한 외부효과의 '내재화'가 필요하다. 이는 크게 ① 사적 소유권의 부여 ② 국제 정부의 성격을 가진 패권적 주체의 제공 ③ 국제 공동체의 자율적 합의와 질서 수립 세 가지 방법으로 제시된다.

기후위기의 경우, 하나의 패권적 국가가 전담하기 어려울뿐더러, 필수재적이고 안보에 직접적인 영향을 미친다는 점에서 특정 국가나 주체가 전담하는 것은 독과점을 유발하므로 바람직하지 않다. 사적 소유권 역시 마찬가지의 입장에서 부적절하며, 자원이나 환경과 같이 지리적 요소가 없어 관할권의 분할이 애매하기 때문에 불가능하다. 따라서 E.Ostrom이 주장한 바와 같이 신뢰에 기반한 협력적 네트워크를 통해 해결해야 한다. 즉, 국가들의 자발적 협력을 통해 만들어진 자율적 합의와 질서만이 해결 방안으로 제시되고 있지만, 현재는 국제협력이 제대로 이루어지고 있지 않은 상황이다.

2. 기후위기에 대한 국제협력이 어려운 이유

(1) 집단구성원의 수 및 다양성 문제

기후위기에 관련되는 구성원들은 세계 모든 국가들 및 다국적 기업들, 많게는 인간 개개인까지 포함될 수 있다. 주체의 다양성은 개인과 국가·시민단체 어떤 차원에서 기후위기를 논해야 하는지 애매하게 만들고, 각 주체 간의 입장 차이로 협력이 어려워진다. 특히 국가와 환경단체 간의 입장 차이가 크다. 국가들이 지구 온난화 방지를 위해 교토의정서를 채택하였고, 그 안에는 '신축성제도', '청정개발체제'와 같이 이산화탄소 감축 실적에 대해 유연성을 부과하는 제도가 존재하였으나, 그린피스와 같은 환경단체들은 이에 대해 비판적인 태도를 보였다.

그럼에도 불구하고, 기후와 관련된 국제협력에서 가장 중요한 주체는 국가들이다. 각 국가는 자국의 법과 제도를 통해 개인의 협조 및 협력을 유도할 수 있고, 국가들이 주도하는 국제기구의 규범, 조약들이 다국적 기업 및 다양한 국제정치 주체들에게 영향을 미칠 수 있기 때문이다. 전 세계는 비독립 국가 포함 250여국, UN에 등록된 국가는 193개국으로 그 수가 매우 많으며 그에 따른 이해관계도 매우 복잡하므로 자발적인 협력과 조정이 어렵다. 더욱이 미국이 교토의정서 비준을 하지 않은 것과 같이, 리더십을 발휘해야 하는 강대국들이 자신들의 이해관계에 따라 행동하기 때문에 나머지 국가들도 협력에 대해 회의를 품게 되며 이는 협력적 거버넌스에 가장 중요한 요소인 '신뢰'를 깨뜨리게 된다.

(2) 책임 소재의 불분명성과 피해의 불균등성

기후위기에 대한 국제협력이 어려운 또 다른 이유는 기후 변화에 영향을 미치는 요인이 매우 포괄적이고 다양하여 측정하기 어렵고, 이에 따라 책임 소재를 판단하기 어렵다는 것이다. 1994년에 기후변화협약이 발효된 이후, 기존의 환경문제를 야기한 '선진국'과 그렇지 않은 '개발도상국' 들을 나누어 온실가스 배출 기준을 차등 배분하였는데, 선진국과 개발도상국을 나누는 기준이 모호하여 현재는 많은 선진국들이 감축 의무를 지지 않겠다고 선언한 상태이다. 개발도상국에도 자발적으로 온실가스 감축에 참여하도록 압력이 발생하자 많은 개발도상국들 역시 반발하는 등 협력을 유지하기에 어려움이 있었다.

이러한 문제는 결국 몇몇 국가들은 지리적 차이로 인해 기후 변화로 인한 직접적인 피해를 국소적으로 받거나, 거의 받지 않고 있어서 발생하고 있는 것으로 보인다. 지구 온난화로 인한 해수면 상승으로 인해 직접적인 피해를 받는 군소 도시 연합의 경우 사활을 걸고 문제를 해결하고자 하지만, 다른 국가들은 직접적이고 치명적인 피해를 받지 않아 자국의 정치, 경제적 이해관계에만 몰두하게 되는 것이다.

III. 확장된 안보개념의 유용성과 한계

1. 새로운 안보개념의 등장: 포괄적 안보

(1) 기존의 안보개념

안보(security)란 '위협으로부터 자유로운 상태'를 의미한다. 기존의 안보는 인간 또는 국가가 물리적 위협으로부터 벗어나 안전해지는 것을 의미하였는데, 이때의 물리적 위협은 전쟁과 같은 군사 분야를 중심으로 논의되었다.

(2) 포괄적 안보개념의 등장

포괄적 안보(comprehensive security)는 기존의 정치적·군사적 안보뿐만 아니라 경제, 환경, 자원, 인권 등 다양한 비군사적 요소를 포함하는 안보 개념이다. 1989년 냉전 종결 이후 안보 환경이 변화하며 대두된 것 크게 인간 안보, 국가안보, 비전통안보, 생태안보로 나뉜다. 실제 상황에서는 여러 유형의 안보가 혼합될 수 있으며, 기후위기 역시 하나의 안보 문제로 포함될 수 있다.

2. 유용성

(1) 초국가적 논의 가능 – 국제적 협력 도모

포괄적 안보는 기존 안보 개념에 비해 국제적 협력을 이끌어내는데 더욱 용이하다. 각 국가가 서로 위협의 원인이 되는 기존의 안보 개념과 달리 포괄적 안보는 환경, 자원과 같은 다양한 위협요소를 국가들이 공통으로 공유하게 된다. 이는 군사적 동맹과 같이 일시적이고 불안정한 협력이 아닌 인류 전체의 차원에서 함께 직면한 문제를 해결하기 위한 자발적이고 공고한 협력을 도모하도록 한다. 질병의 경우에도 포괄적 안보의 대상이 되는데, WHO를 필두로 다양한 국가와 비영리단체 및 개인들이 협력하여 소아마비를 퇴치한 사례가 있다.

(2) 변화하는 환경에 적용 가능

현대 사회는 뉴노멀(Newnormal) 사회로, El-Erion에 따르면 저금리, 저성장, 저물가, 저고용의 특징을 지닌 새로운 상태이다. 제4차산업 혁명의 등장과 고령화 저출산 등 다양한 원인으로 인해 다양한 문제가 발생하고 있다. 도처에 위험이 발생하고 있는 U.Beck이 말한 '위험사회(risky society)'가 등장한 것이다. 포괄적 안보는 기술 발전 등 환경 변화로 인한 경제적, 사회적 문제를 안보 관점에서 고려함으로써 보다 기민하게 대응하도록 만든다.

3. 한 계

(1) 잠재적·간접적 위협 - 차순위 안보전략 가능성

포괄적 안보개념을 활용하는 경우, 기존의 명확하고 직접적인 전통적 안보에 비해 간접적이고 눈에 띄지 않는 잠재적인 위협요소들 역시 안보대상으로 판단하게 된다. 따라서 기존의 전통적 안보나 개별 국가들의 이익에 비해 소홀하게 여겨질 수 있다. 기후위기 역시 포괄적 안보 입장에서는 안보에 위협이 되는 존재이지만, 여전히 국가 간 전쟁 상황보다 긴급하게 다뤄지지 않는다. 결국, 결정적인 순간 각 국가들은 전통적 안보를 우선시할 것이다.

(2) 개념의 모호성 - 현실 정책 반영 문제, 안보 간 우선순위, 가치갈등 문제

포괄적 안보개념에 따르면 지나치게 포괄적인 주제까지 안보대상이 될 수 있어 학문적 연구 및 현실 정책에 반영되기 어렵다. 예컨대, '생태안보'와 비전통안보에 속한 '환경안보'의 구별 방식이 모호하다. 실제 현상에서는 다양한 안보가 혼합되어 존재하므로 무엇에 집중해야 하는지, 무엇이 본질적인 문제인지 파악하는 과정에서 혼란과 갈등이 일어날 수 있다. 또한, 안보 간 경쟁이나 마찰이 발생할 수도 있다. 인간 안보를 위해 난민 수용을 하는 경우, 국내의 경제적, 사회적 영향력에 따라 경제안보, 치안 등과 마찰이 발생한다.

Ⅳ. 결 론

최근, 포괄적 안보개념의 등장으로 기후위기 역시 각국에 중요한 안보위기로 인식되고 있고, 미국, 호주의 대형 산불, 동아시아의 폭우 등 기후위기에 따른 피해가 점차 다양한 국가들에 발생하고 있는 만큼 기존보다 획기적인 협력이 발생할 수 있을 것으로 보인다. 하지만 여전히 국제적 협력을 위해서는 각국의 신뢰가 중요한 요소인바, 이를 증진 시킬 수 있는 방법이 촉구된다.

| 강평 |

1. 이 질문은 기후위기와 관련된 두 개의 문항으로 구성되어 있다. 첫 번째 문항이 기후위기에 대한 국제협력이 어려운 이유를 묻고 있다면, 두 번째 문항은 기후위기를 포함한 안보 개념의 확장에 대한 평가를 묻고 있다. 〈제1문〉과 마찬가지로 지식의 확인에서 출발하여 본인의 의견을 묻는 방식으로 질문이 구성되어 있는 것이다.

2. 답안과 관련하여 우선 지적할 사항은 전체적으로 논리적 일관성과 응집성이 떨어진다는 점이다. 공유재(common goods), 공공재(public goods), 부정적 외부효과 등 기후 문제를 이해하는데 필수적인 여러 개념이 제시되어 있지만, 전체적으로 파편적이고 단편적 지식과 혼재되어 서술의 일관성과 엄밀성이 떨어진다는 느낌을 강하게 주고 있다. 가장 중요한 이유는 기후 문제에 대해 공유재(common goods) 개념과 공공재(public goods) 개념을 혼용하고 있기 때문으로 보인다. 양자의 차이는 경합성의 존재 여부인데, 공유재의 경우 재화의 고갈에 따른 소비의 한계가 문제라면 공공재는 재화의 공급 부족이 핵심 문제로 제기된다. 기후 문제의 성격을 무엇으로 규정할 것인가는 각자의 판단에 달렸지만, 기후를 공유재로 규정하면서 경합성의 예로 다소 엉뚱하게 탄소배출권 문제를 제시한 것을 볼 때 공공재 문제로 접근하는 것이 보다 더 적절했을 것으로 생각된다. 탄소배출권을 경합성의 예로 제시하는 것은 한정된 재화의 소비와 관련된 경합성을 규제의 적용과정에서 나타나는 경합성 문제로 대체하는 것이기 때문이다.

3. 기후 문제의 성격에 대한 서술과 국제협력의 어려움에 대한 서술이 논리적으로 일관되게 연결되어있지 않다는 점이다. 기후 문제를 포함한 집단행동 문제에 대해서는 일반적으로 (1) 사적 소유권 (2) 패권적 리더십 (3) 자발적 협력 등이 제시되고 있는데, 답안은 이 세 가지 해법을 제시하고 있으면서도 국제협력의 어려움을 서술할 때는 행위자의 수, 피해의 불균등성 등 이와는 전혀 다른 차원에서 문제를 다루고 있다. 집단행동 문제의 일반적 해법에서 출발하여 국제정치에서 그 해법이 구현되기 어려운 이유와 사례를 제시하는 방식으로 구성했다면 전체적으로 답안의 논리적 일관성과 설득력이 제고되었을 것으로 생각된다.

4. 마지막으로 포괄안보 개념에 대한 답안 역시 필요한 사항이 대부분 제시되어 있지만, 논리적 연관성을 충분히 담보하고 있지 못하다는 아쉬움이 남는다. 예컨대, 안보 개념의 확장이 국제협력의 가능성을 증대시킨다는 점에서 유용하다고 제시하면서도 가치 갈등이나 우선순위 문제로 인해 협력이 쉽지 않다는 한계를 지적하는 것은 다소 논리적 충돌로 보인다. 답안을 평가함에 있어 필요한 사항이 제시되어 있는지 못지않게 전체적인 논리적 일관성이 담보되는지도 중요한 고려 사항임을 유념할 필요가 있다.

| 제3문 | 우리나라는 2012년 공직선거법 개정을 통하여 사전투표제를 도입하는 등 다양한 투표방식을 모색하고 있다. 다음 물음에 답하시오. (총 20점, 선택 총 10점)

(1) 합리적 선택이론(rational choice theory)의 시각에서 사전투표제의 기대효과를 논하시오. (10점)

(2) 공직선거에 인터넷투표(Internet voting)를 도입할 때 예상되는 헌법적 쟁점에 대하여 논하시오. (10점)

Ⅰ. 서 론 – 사전투표제의 의의를 중심으로

Ⅱ. 사전투표제의 기대효과: 합리적 선택이론의 관점에서
　1. 합리적 선택이론의 관점
　2. 사전투표제의 기대효과: 투표 비용 감소로 인한 투표율 증대

Ⅲ. 공직선거 인터넷투표 도입에 관한 헌법적 쟁점
　1. 참정권 확대 가능성 – 정치적 참여의 평등
　2. 직접선거, 비밀선거 원칙 문제

Ⅳ. 결 론

답안작성　　　　　　　　　　　　　　　　　박 ○ ○ / 2019년도 5급 공채 일반행정직 합격

Ⅰ. 서 론 – 사전투표제의 의의를 중심으로

사전투표제는 선거인이 실제 투표 기간 이전의 사전투표 기간 동안 전국에 마련된 사전투표소에서 미리 투표할 수 있는 제도이다. 우리나라의 경우 2012년 「공직선거법」을 개정한 뒤 2014년 6·4 지방선거에서 전국단위 사전투표를 처음으로 실시하였는데, 최근 19대 대선에서는 사전투표율이 총투표율의 1/3 정도를 차지하는 만큼 활용도가 높아지고 있다.

Ⅱ. 사전투표제의 기대효과: 합리적 선택이론의 관점에서

1. 합리적 선택이론의 관점

합리적 선택이론가들은 개인의 선택이 합리성을 기반으로 하여 자신의 이익을 극대화하고 비용을 최소화하는 방식으로 이루어진다고 본다. A.Downs는 투표에 따라 발생하는 이익과 투표를 하는데 발생하는 비용을 비교하여, 이익이 더 클 때 투표를 한다고 본다. 즉, 'R=PB−C〉0'인 경우 투표가 진행된다. 이때 R은 투표를 통해 얻을 수 있는 최종 보상(Reward)이고, P는 개인의 투표가 선거 결과에 영향을 미칠 확률, B는 얻을 수 있는 이익(Benefit), C는 투표 시 발생하는 비용(Cost)을 의미한다. 이러한 관점에서 투표는 정당에 대한 애착심과 충성심의 표현이라는 습관적이거나 사회화된 행동이라기보다는 개인의 합리적 이기심을 원인으로 발생하는 것이다.

2. 사전투표제의 기대효과: 투표 비용 감소로 인한 투표율 증대

합리적 선택 이론의 관점에서 사전투표제는 투표에 따른 '비용(Cost)'을 획기적으로 줄여주는 역할을 한다. 공식적 투표 기간에 투표를 하는 것은 전국의 많은 사람들이 특정 날짜에 투표를 하게 되므로 교통체증 등 개인에게 상당한 비용을 부과한다. 특히 업무적인 이유나 여러 사정으로 당일에 투표하는 것이 불가능하거나, 막대한 비용을 수반하는 경우가 존재한다.

발생하는 비용뿐만 아니라, 투표를 통해 포기해야 하는 이익들, 예컨대 여유롭게 쉬거나 가족과 함께 보낼 수 있는 시간을 포기하는 것 역시 '기회비용'으로 포함되어 투표를 하지 않는 경우도 존재한다. 더욱이 자신의 주소가 있는 관할 구역에서 투표를 해야 했기 때문에 다른 지역에서 거주하고 있는 사람들이 본적지로 돌아오는데 많은 비용이 든다.

투표일 당일 투표하기 어려운 부득이한 유권자들을 위해 존재했던 기존의 부재자 투표는 부재자 신고를 한 유권자에 한해 투표용지를 발송하여 투표하고 이를 다시 발송하는 상대적으로 복잡한 절차를 거쳤기 때문에 투표 행위에 따른 개인의 비용이 클 수밖에 없었다.

이에 반해 사전투표제도는 자신이 원하는 사전 투표일에 투표가 가능하며, 공식적인 신분증을 가지고 있다면 주소지와 상관없이 복잡한 절차를 거치지 않고도 전국 어디에서나 투표할 수 있다. 이는 앞서 살펴본 투표에 따른 비용들을 획기적으로 줄여주는 역할을 한다. 따라서 합리적 선택 이론의 관점에서 사전투표제는 투표 비용을 줄여 투표율을 높이는 역할을 할 것이다.

Ⅲ. 공직선거 인터넷투표 도입에 관한 헌법적 쟁점
1. 참정권 확대 가능성 – 정치적 참여의 평등

인터넷투표 도입을 찬성하는 입장은 공직선거에 인터넷투표를 도입하는 경우, 실질적인 정치적 참여의 평등을 보장한다고 주장한다. 사전투표제를 확대하고 투표소의 접근성을 높이더라도 거동이 어렵거나, 여러 가지 이유로 인해 투표에 참여하지 못하는 사회적 약자들이 존재할 수 있다. 또한, 일반 시민들 역시 일시적으로 병원에 입원하는 등 여러 사정으로 인해 투표 자체에 접근할 수 없을 때가 존재한다. 더욱이, 해외 거주인들의 경우 해외 사전투표소가 제한적인 공간에 운영되어 접근성에 있어서 불평등 문제가 불거진 바 있다. 인터넷투표는 언제 어디서든 쉽게 투표할 수 있도록 만들어 이러한 문제를 해결해준다.

그러나 반대로, 오히려 개인 간, 집단 간 '디지털 격차(digital divide)'가 존재하는 한 오히려 정치적 참여에 있어서 불평등해진다는 문제가 발생한다는 반론이 제기되고 있다. 디지털, 인터넷에 대한 교육을 받고 이를 활용하는데 능통한 젊은 세대와 달리 인터넷 활용이 어려운 세대가 존재하기 때문에 세대, 경제 사회적 계층, 직업의 차이에 따라 투표율에 현저한 차이가 생길 것이라는 우려가 제기되고 있다.

2. 직접선거, 비밀선거 원칙 문제

인터넷투표 도입을 반대하는 주요 논거에 있어서 특히 중요하게 논의되는 것은 비밀 선거의 원칙과 직접 선거의 원칙이다. 비밀투표(secret vote)의 원칙은 유권자가 어느 후보자 혹은 어느 정당을 선택했는지 알 수 없도록 하는 원칙이다. 이는 유권자들의 선택이 공개됨으로써 발생할 수 있는 불이익을 방지함으로써 자유롭게 선거를 하도록 돕고, 선거의 공정성을 보장하는 중요한 원칙이다. 인터넷투표는 해킹에 노출될 우려가 있고, 선거인단의 감시가 부재한 시공간에서 투표가 이루어질 수 있어 유권자의 의사표시가 전통적인 투표방식에 비해 노출될 우려가 매우 크다.

더욱이, 실제 투표자와 개인 정보의 매칭 기술이 제대로 작동하지 않는 경우, 자신의 대표자는 자신이 직접 뽑아야 한다는 직접 선거의 원칙 역시 훼손될 가능성이 존재한다. 이는 유권자 매수에 더욱 취약한 환경을 만들어 선거의 공정성을 저해하고 자유 선거의 원칙 역시 훼손시킬 수 있다.

이에, 최근 여러 분야에서 사용되고 있는 '블록체인(block chain)' 기술을 인터넷투표에 도입한다면 비밀 선거, 직접 선거의 원칙을 보호하면서도 인터넷투표를 행할 수 있다는 반론이 존재한다. 블록체인 기술은 관리 대상 데이터를 '블록'이라는 소규모 데이터에 저장하여 공유하므로 누구라도 임의로 수정할 수 없고, 누구나 변경 결과를 열람할 수 있다. 따라서 해킹으로 인한 비밀 선거원칙 훼손을 방지할 수 있다고 본다. 에스토니아의 경우에도 블록체인을 기반으로 한 전자투표를 진행하고 있다.

Ⅳ. 결 론

투표율의 제고는 민주주의 사회에서 중요한 이슈이다. 사전투표 도입은 투표율 증가에 다소 긍정적인 영향을 준 것으로 보이며, 상대적으로 시간 등 자원이 부족한 집단이 투표에 접근하기 용이하게 만들어 실질적 참정권을 확대한 것으로 보인다. 같은 맥락에서 인터넷투표의 도입 역시 논의되고 있으나, 중요한 헌법적 쟁점들이 존재하는바 신중하게 도입 여부를 논의해야 할 것이다.

강평

1. 이 질문은 사전투표제의 기대효과를 합리적 선택이론의 관점에서 논하는 첫 번째 문항과 인
   터넷투표 도입 시 예상되는 헌법적 쟁점을 묻는 두 번째 문항으로 구성되어 있다. 전체적으
   로 답안작성자의 주장과 논증을 요구하기보다는 기본적인 지식과 의견을 묻는 방식으로 문
   항이 구성되어 있다.

2. 답안은 전체적으로 질문의 의도에 충실하게 작성되어 있다. 예컨대, 사전투표제의 기대효과
   를 A. Downs의 논의에서 출발하여 논한 것은 질문의 의도를 정확히 이해한 것이다. 개인의
   투표 비용 절감 효과를 논하면서 논리적인 서술보다는 단편적인 사례의 나열에 의존하고 있
   다는 점이 다소 아쉽기는 하지만, 질문의 성격으로 볼 때 불가피한 것으로 이해된다.

3. 두 번째 문항에 대한 답안 역시 질문의 의도를 충실히 반영하여 작성되어 있다. 다만, 질문이
   헌법적 쟁점을 묻고 있으므로 답안도 헌법 조항 또는 정신과의 관련 속에서 서술되었으면 하
   는 아쉬움은 남는다. 답안이 제시한 두 가지 쟁점 중 직접선거, 비밀선거 원칙 문제는 간접적
   으로나마 헌법과의 관련성을 논하고 있지만, 정치적 참여의 평등 문제는 헌법적 쟁점이라기
   보다는 일반적인 정치적, 민주적 쟁점으로 제시되어 있다. 헌법적 쟁점이라는 질문의 의도에
   보다 충실했어야 한다는 아쉬움이 남는다.

4. 마지막으로 인터넷 투표와 관련하여 블록체인 기술을 서술하고 있는데, 인터넷 투표에 블록
   체인 기술을 활용하는 사례가 있다는 점을 적시하고 있을 뿐 그 의의나 한계에 대한 논의가
   빠져 있다. 역시 질문의 성격 때문에 불가피한 것이긴 하지만, 답안에서 사례를 제시할 경우
   그것이 단편적인 서술에 그치지 않고 답안의 전체 맥락과 긴밀히 연동되어야 한다는 점은 유
   념할 필요가 있다.

2020년도 입법고등고시 기출문제와 어드바이스 및 답안구성 예

| 제1문 (40점) |

정치문화에 대한 주요 연구자 중 알몬드(Gabriel Almond)와 버바(Sidney Verba)는 시민문화 (civic culture)를 강조하였고, 잉글하트(Ronald Inglehart)는 탈물질주의 가치관을 강조하였다. 이와 관련하여 다음 질문에 답하시오.

(1) 알몬드와 버바의 시민문화에 대해 설명하고, 알몬드와 버바 이후로 시민문화에 더하여 정치적 신뢰가 강조된 이유를 설명하시오. (10점)

Advice

알몬드와 버바(G.Almond&S.Verba)는 근대 정치문화 개념의 선구자로 볼 수 있다. 이들은 정치문화가 민주주의의 핵심 요건이라고 보며, 민주주의 체제의 안정을 위해서 '시민문화'가 필요하다고 본다. 정치문화는 향리형·신민형·참여형 정치문화로 나누어지며 시민문화는 이중 가장 발전된 형태인 참여형 정치문화의 핵심 요소로, 적극적 정치참여, 감성보다 이성에 따른 정치적 행동, 정치적 학습을 통해 정치적 결정을 내리는 문화를 의미한다. 정치적 신뢰는 시민참여가 정책 결정에 반영된다는 믿음, 직접적 반영이 어렵더라도 결과적으로 적극적 시민 참여가 민주적 결정을 가져올 것이라는 믿음으로 참여를 증대시킨다는 점에서 중시되고 있다. 특히 푸트남(R. Putnam) 등이 강조한 '사회자본' 측면에서 신뢰는 시민참여 및 규범에 대한 학습 등에 있어서 시민문화를 형성하는 중요한 요인이 된다.

(2) 잉글하트가 말하는 탈물질주의 가치관이 서구 민주주의 국가의 정치참여에 어떠한 변화를 가져왔는지 설명하시오. (10점)

Advice

잉글하트(Inglehart)가 제시한 탈물질주의 가치관은 풍요 사회(affluent society)인 현대 사회에서 새로운 균열을 가져옴으로써 새로운 사회운동을 일으킨다. 이는 '희소성 가설'과 '사회화 가설'로 뒷받침된다. 탈물질주의 가치관은 물질주의적인 산업화와 이에 따른 계급 균열에서 벗어나 '삶의 질'이라는 비물질적인 가치를 추구한다. 이러한 가치는 기존의 정당 중심 정치, 물질주의 사회운동(계급투쟁)으로 충족되기 어렵기 때문에 서구 사회에서 탈물질적인 사회운동인 '신사회운동'이라는 새로운 정치참여 방법을 등장시켰다. 이러한 설명과 함께 신사회 운동의 대표적인 예시들을 서술해주면 좋다.

(3) 시민문화와 탈물질주의 가치관이 신생 민주주의 국가의 정치발전에 어떠한 영향을 미쳤는지 설명하시오. (20점)

Advice

1. Diamond, Lipset등의 연구에 따르면 1980년대 이후 민주화를 겪은 신생 민주주의 국가에 있어서 정치 문화는 민주주의 공고화가 이루어지는데 중요한 역할을 한다. 이때 시민 문화의 존재 역시 민주주의 공고화에 큰 영향을 미친다. 대표적으로 한국의 시민문화 증대는 1987년 민주화 운동을 일으켰으며 형식적 민주주의에서 실질적 민주주의로의 변화를 가져왔다.

2. 탈물질주의적 가치관 역시 신생 민주주의 국가의 국민에게 삶의 질에 대한 관심을 불러일으킴으로써 새로운 정치적 수요를 증대시켰다. 이는 인간 존엄, 실질적 평등과 같은 민주주의의 중요 가치들을 요구하게 만들고, 보다 적극적인 정치참여를 하는 등 시민문화의 형성에 이바지한다. 이에 따라 신생 민주주의 국가들이 실질적 민주주의를 위해 정부와 타협하거나 개혁을 요구하도록 만들었다는 점에서 민주주의 공고화에 이바지한다. 반면, 이와 같은 과정에서 시민들의 요구를 부정하고 회피하는 정부가 권위주의적인 모습을 보이는 등 부작용도 발생하고 있다. 각각에 대해 알고 있는 사례를 첨가하면 좋을 것이다.

┌─ **답안구성 예** ─────────────────────────

Ⅰ. 서 론

Ⅱ. 시민문화와 정치적 신뢰의 중요성
   1. 시민문화의 의의: 알몬드–버바
   2. 정치적 신뢰와 시민문화

Ⅲ. 탈물질주의 가치관과 정치참여: 서구 민주주의 국가를 중심으로

   1. 탈물질주의 가치관: 잉글하트의 개념
   2. 서구 민주주의 국가의 정치참여 변화

Ⅳ. 시민문화와 탈물질주의 가치관이 신생 민주주의 국가 정치발전에 미친 영향
   1. 시민문화의 영향
   2. 탈물질주의의 영향

Ⅴ. 결 론

────────────────────────────────────

| 제2문 (30점) |

국가에 따라 의회는 단원제나 양원제로 구성된다. 이와 관련하여 다음 질문에 답하시오.

(1) 단원제와 양원제의 차이점을 비교하시오. (5점)

Advice
단원제는 국회가 하나의 합의체로만 구성되어있는 것이며 양원제는 서로 다른 독립적인 두 개의 합의체로 구성되어있는 의회 형태를 의미한다. 대개 양원제는 인위적으로 만들어지기보다 고유의 역사를 통해 형성된 경우가 대부분이다. 지역 대표성을 가지는 하원과 함께 이해관계의 다양성을 추

구할 수 있는 상원이 분리된다는 점, 두 번의 심의를 거치므로 정책 결정의 안정성이 나타난다는 점 (결정 지연도 나타남), 상원과 하원 간의 견제를 통한 '균형과 견제' 실현 등 양원제의 특징 위주로 단원제와 비교를 하면 좋다.

(2) 대체로 단방국가(unitary state)에서는 단원제가, 연방국가(federal state)에서는 양원제가 채택된다. 그 이유를 설명하시오. (10점)

Advice

레입하트(Lijphart)에 따르면 단원제는 다수제 모델, 양원제는 합의제 모델과 상관성이 크기 때문에 양원제는 다원적 사회에서, 단원제는 동질적인 사회에서 나타난다. 현실에서도 대개 단방 국가보다 연방 국가에 있어서 양원제가 나타나는 현상을 발견할 수 있는데, 이는 여러 주가 모인 연방 국가의 경우 정치, 경제, 종교, 인종 등 다양한 갈등이 발생할 수 있어 소수자를 보호하고 각각의 이해관계를 대표하는 상원을 구성하게 되는 것이다. 반면 단방국가의 경우 중앙집권적이고 상대적으로 단순한 사회 구성을 가지고 있기 때문에 단방제라는 효율적인 의회 구성을 선택해도 민주적으로 큰 무리가 없어 이를 선택하게 된다.

(3) 한국에서 양원제를 도입할 필요성에 대한 찬반의 견해를 각각 설명하고, 자신의 견해를 밝히시오. (15점)

Advice

1. 한국의 경우는 단방국가임에도 불구하고 지역갈등, 이념 갈등 및 북한과의 관련성 등 더 나아가 경제적 불평등의 심화로 인해 사회 균열이 복잡하기 때문에 연방제를 통한 민주성 및 대표성 제고가 논의된다. 크게는 통일 준비 과정에서 '북한과의 연방제' 도입 논의, 그리고 '지방자치 활성화' 차원에서 양원제 도입을 논의하게 된다. 특히 북한과 연방제를 실시할 경우 다양한 문화적, 경제적 차이를 가져오게 되고, 상대적 소수자가 발생할 가능성이 크기 때문에 소수자 보호와 중립적 시각을 견지하고자 하는 상원의 존재가 필요할 것으로 보인다. 마찬가지로 심각한 지역 격차(수도권-비수도권)에 따른 사회적 갈등이 커지는 가운데 보다 강화된 대표성 추구 및 지역갈등 방지를 위해 상원의 필요성이 제기된다.

2. 반면, 정부 교착상태의 심화, 중복된 기능으로 인한 의안처리 지연 및 국가예산지출 증대, 양원 갈등시 책임소재 불분명, 투표가 아닌 다른 방식으로 상원을 구성하는 과정에서 민주적 대표성의 왜곡이 발생할 수 있다는 점에서 양원제 도입을 반대한다.

답안구성 예

Ⅰ. 서 론

Ⅱ. 단원제와 양원제의 차이점

Ⅲ. 단방국가와 단원제, 연방국가와 양원제의 관계성
   1. 단방국가와 단원제

2. 연방국가와 양원제

Ⅳ. 한국의 양원제 도입 필요성
   1. 찬성론
   2. 반대론

Ⅴ. 결 론

| 제3문 (30점) |

국제연합(UN)은 1994년에 발간한 『인간개발보고서』를 통해서 '인간안보(Human Security)' 개념을 천명하였다. 이와 관련하여 다음 질문에 답하시오.

(1) 인간안보의 등장배경을 설명하고, 인간안보를 전통적인 안보 개념과 비교하시오. (15점)

Advice

'인간 안보'의 직접적인 등장 배경으로는 '탈냉전'에 따른 국제사회 안보 환경 변화가 있다. 탈냉전 이후 거대 국가 간 전쟁보다는 내란에 의한 무력 분쟁이 90%를 차지하는 만큼 국가보단 일반 시민을 대상으로 한 인권, 생명 등 '인간 안보' 개념이 중시되게 만들었다. 한편 세계화로 인한 '비국가 행위자'들의 증대 및 이로 인한 테러, 빈곤, 기아 등의 문제 역시 인간 안보에 대한 관심을 가져왔다. 탈냉전과 세계화는 비군사적 요소를 포함하는 '포괄적 안보'로 안보 개념을 확장하였으며, '인간 안보' 역시 '국가'의 영토나 주권보다 '인간'의 복지나 안전 문제에 더 초점을 맞춘다는 차원에서 포괄적 안보에 속한다.

(2) 코로나19 바이러스 확산으로 인해 인간안보 위기가 심화되고 있다. 이와 관련하여 국제기구의 역할과 한계를 논하시오. (15점)

Advice

1. 인간 안보에 있어서 국제 기구는 범세계적 관심을 일으키고 세계적 문제해결을 위한 협력적 거버넌스(글로벌 거버넌스)를 구축하는 중요 역할을 한다. UN 산하의 'WHO'와 같은 국제기구가 대표적이다. 문제 역시 COVID-19을 언급하고 있는바, 최근 중국의 입장을 대변하고 관련 정보를 은폐했다는 의혹을 받고 있는 WHO를 비판하는 시각에서 만들어진 문제로 보인다. 국제기구는 대부분 재정적 자립도가 매우 낮다. 각 국가로부터 재정적 지원을 받기 때문에, 특정 국가에 편중된 결정을 할 수 있다는 점이 가장 큰 한계점일 것이다. 이는 조직 자체는 물론이고, 조직의 수장 역시 특정 국가의 지지를 받을 수 있다는 점에서 한계를 가진다.

2. 이 외에도 다양한 이해관계를 가진 국가들이 모이기 때문에 결정을 내리는 데 오랜 시간과 막대한 비용이 들 수 있고, 책임 공동화 문제, 의제 설정의 어려움, 선진국의 실행 거부 문제 등의 한계가 있다. 각각의 경우에 대한 사례 역시 첨가하면 좋을 것이다.

답안구성 예

Ⅰ. 서 론

Ⅱ. 인간안보의 의의
　1. 인간안보의 등장 배경: 탈냉전과 세계화
　2. 인간안보의 개념: 전통적 안보 개념과의 비교

Ⅲ. 인간안보를 위한 국제기구의 역할 및 한계
　1. 국제기구의 역할
　2. 한계점

Ⅳ. 결 론

| **제1문** | 현대 민주주의 사회에서 이익집단이 정치과정에 미치는 영향력은 매우 크다. 다음 물음에 답하시오. (총 50점, 선택 총 25점)

(1) 이익집단과 정당의 유사점과 차이점을 비교하시오. (10점)

(2) 이익집단을 설명하는 주요 모델에는 다원주의와 조합주의 모델이 있다. 두 모델의 특징과 한계점을 각각 기술하시오. (30점)

(3) 다원주의와 조합주의 모델을 대표하는 국가를 각각 제시하고, 그 국가가 해당 모델을 대표하는 이유를 설명하시오. (10점)

I. 서 론

II. 이익집단과 정당의 유사성과 차이점

III. 다원주의와 조합주의 모델의 특징과 한계점
  1. 다원주의의 특징과 한계점
  2. 조합주의의 특징과 한계점

IV. 다원주의와 조합주의를 대표하는 국가
  1. 다원주의를 대표하는 미국의 이익집단 정치
  2. 사회 조합주의를 대표하는 스웨덴의 노·사·정 관계

V. 결 론

답안작성 박00 / 2018년도 5급 공채 일반행정직 합격

I. 서 론

자본주의가 고도화되고 직능의 분화가 진행되면서 사회의 이익 균열은 날이 갈수록 파편화되고 있다. 전통적으로 이익을 대표하고 집약하고 표출하는 역할을 담당하던 정당은 선거에 이기기 위해 포괄정당 또는 선거전문가 정당으로 변모하면서 사회의 파편화된 이익을 모두 담아내지 못하고 있다는 평가를 받는다. 이런 상황에서 정부와 사회를 잇는 연결고리(linkage)로서 이익집단의 역할이 주목받고 있다. 우선 이익집단이 정당과 어떤 점에서 유사하고 차이가 있는지 살펴보고, 이익집단정치의 대표적인 모델을 살펴보겠다. 그리고 각 모델을 대표하는 국가로 미국과 스웨덴을 소개하고 한국적 함의를 제시하도록 하겠다.

Ⅱ. 이익집단과 정당의 유사성과 차이점

이익집단과 정당은 둘 다 자본주의 사회의 복잡한 이익 균열(cleavage)을 표출하기 위해 탄생했으며, 정부와 사회 간 연결고리(linkage)로 기능한다는 점에서 유사하다.

정당과 이익집단은 산업혁명으로 이익이 분화되고 시민혁명으로 민주주의가 태동하던 시기에 집합적 이익을 효과적으로 표출하여 정부정책에 영향력을 행사하기 위해 조직되었다. 또한, 자유민주주의 사회 일수록 정당과 이익집단은 정부와 사회 간 커뮤니케이션을 매개하는 중요한 통로로 기능한다.

이처럼 기원과 기능의 차원에서 이익집단과 정당은 유사하다.

하지만, 이익집단과 정당은 추구하는 목적, 이념적 특징, 그리고 조직적 특징에서 차이점을 보인다. 이익집단과 정당은 추구하는 목적이 다르다. 정당은 선거를 통해 스스로 정부가 되어 권력을 행사하고 자 한다.

반면, 이익집단은 정부 밖에서 정책에 영향을 미치고자 한다.

또한, 이익집단과 정당은 이념적 특징이 다르다. 정당은 선거에 이기기 위해 비교적 광범위한 의제를 추구한다. 따라서 정당의 이념적 특징은 폭넓은 이익을 대변할 수 있다는 것이다. 하지만 이익집단은 보다 구분되고 분명한 주장을 표출한다. 따라서 이익집단의 이념은 그 구성원의 이익, 열망, 가치관에 정확히 부합한다는 것이 특징이다.

마지막으로 이익집단과 정당은 조직적 특징이 다르다. 정당은 선거에 대비하여 전국적이고 체계적인 조직을 운영한다. 정당에 따라 약간의 차이가 있을 수 있지만, 대체로 지구조직–광역조직–중앙조직으로 이어지는 계층적인 조직구조를 유지한다. 하지만 이익집단의 조직은 그 목적에 따라 천차만별이며, 후술할 이익집단의 모델에 따라 수많은 집단이 독립적으로 운영될 수도 있고 엄격한 계층제적 구조 속에 포함되어 있을 수도 있다.

Ⅲ. 다원주의와 조합주의 모델의 특징과 한계점

1. 다원주의의 특징과 한계점

자유주의 전통이 확립된 영미계의 경험에 토대를 둔 다원주의는 자유민주주의 국가에서 이익집단의 형성과 유지 그리고 역할을 설명하는 대표적인 이론이라 할 수 있다. 다원주의의 핵심은 현실에서 정치 권력이 폭넓고 균등하게 분산되어 있다는 것이다. 폴스비(Polsby)에 따르면, 정치 권력의 자원과 기회는 매우 다양하므로 이익대표체계로부터 소외되는 집단은 거의 없으며 이익집단들의 '정치적 영향력의 평준화'(political leveling)가 일어나게 된다. 또한, 한 집단의 영향력이 과도하게 커지면 이에 대항하는 세력의 출현을 부추기므로 '대략적인 세력균형'(rough balance of power)이 유지된다.

다원주의의 구체적인 특징으로는 첫째, '비어 있는 석판'으로서 국가와 '공정한 중재자'로서 정부를 상정한다는 것이다. 국가가 '비어 있는 석판'이라는 것은 집단 간 자유로운 경쟁을 통해 누구나 그 석판에 글씨를 쓸 수 있다는 것을 비유적으로 표현한 말이다.

다원주의에서 정부는 많은 집단 중 하나로 여겨지며, 정부의 역할은 공정한 게임의 규칙을 제정하고 유지하는 것이다. 정부는 어디에도 편향(bias)되어 있지 않으며 수많은 집단의 목소리를 기꺼이 귀 기울일 자세가 되어있다.

둘째, 사회에서 경쟁하는 이익집단은 그 수가 다양하며 서열화되지 않고 경쟁적인 관계에 있다. 사회의 이익이 분화될수록 이를 대변하는 집단이 자발적으로 결성되며, 이들은 독자적인 목소리를 낸다. 또한, 분야마다 경쟁하는 집단이 있으므로 모든 분야를 독점적으로 대표하는 집단은 없다. 즉, 어떤 단일한 엘리트도 정부의 전체 영역을 지배하지 못하며, 상이한 이익집단들이 정책의 각 영역에서 주도권을 행사한다.

셋째, 정책결정은 수많은 이익집단이 공평하게 참여하는 가운데 복잡한 흥정과 상호작용을 거쳐 이루어진다. 로버트 달(R. Dahl)은 이를 다두정 혹은 다두정치라고 개념화했다. 다두정이란 개별집단이 자신의 이익을 위해 자유롭게 경쟁하며, 지배적인 이익은 존재하지 않고, 강자든 약자든 모든 집단의 이익이 정책에 반영될 수 있으며, 사회는 힘의 균형을 유지한다는 것을 의미한다.

초기 다원주의는 이처럼 이익집단 정치에 대해 매우 낙관적인 견해를 갖고 있었다. 하지만 이런 다원주의의 견해는 많은 비판을 받았으며, 특히 엘리트주의의 지적을 통해 그 한계가 드러났다. 엘리트주의에 따르면, 다원주의는 권력이 가지는 여러 가지 모습을 폭넓게 고려하지 못하고 1차원적 권력에만 한정하여 분석한다는 한계가 있다. 즉, 의사결정 과정에서 표면적으로 드러나는 1차원적 권력뿐만 아니라, 의제설정과 사고통제에 관여하는 2·3차원적 권력까지 분석을 확대하면 권력이 동등하게 분포하고 있지 않다는 것이 드러난다는 것이다. 실제로 밀스(C. Mills)의 연구에 의해 다원주의의 대표국가인 미국에서 산업·군·정부가 결합된 파워 엘리트 집단이 존재하며 이들은 '상호분리된 권력중심'(seperate power center)가 아니라 '상호 결합된 엘리트'(interlocking power elite)를 형성하고 있다는 것이 밝혀졌다. 사회에는 정치 권력에 접근할 수 있는 자원과 기회가 동등하지 않게 분포하고 있으며 이러한 자원의 불균등성으로 인해 소수 엘리트 집단의 영향력이 다른 집단을 지배하는 경향이 나타난다. 로위(T. Lowi)는 이러한 환경 속에서 집단 간 공정한 협상과 조정은 이루어지기 어렵다는 것을 강조한다.

2. 조합주의의 특징과 한계점

독일, 스웨덴, 오스트리아 등 유럽 국가의 정치·경제적 경험에 토대를 둔 조합주의는 국가의 역할과 이익집단의 자율성 정도에 따라 여러 가지 종류로 나타날 수 있으나, 주로 행정부와 정상조직 간 협의를 통해 국가정책이 결정되는 체제를 일컫는다. 조합주의는 다원주의와 대조적인 차원에서 분명하게 이해될 수 있다. 다원주의와 달리 조합주의는 이익집단 간 자유로운 경쟁이 오히려 공공선에 해가 된다고 본다. 따라서 공공선을 위해 정부와 이익집단이 하나의 유기체로 '조합'되어 각자의 기능을 다 하여야 한다는 것이 조합주의의 핵심이다.

슈미터(Schmitter)에 따르면 조합주의는 국가에 의해서 용인된 '제한된 수'의 '비 경쟁적' 요소 집단들이, 각 요소 집단 내 조직들의 요구와 리더십을 위해 주어진 '독점적 권한'을 가지고 행하는, 이익 조정 체계이다. 이를 구체적으로 살펴보면, 조합주의에서 이익집단은 분야별로 조직되어 있으며 그 조직은 위계적이고 집단 간 서열이 존재한다. 각 분야의 최정상 조직인 '정상조직'(peak association)은 정부로부터 용인 또는 허가를 받고 정책 결정 과정에 '특권적이고 제도화된 접근'(privileged and institutionalized access)을 할 수 있다. 정상조직은 정부와 사회 사이에서 연결고리 역할을 한다.

조합주의가 제대로 작동하기 위해서는 이익집단의 전국적 통합이 이루어져야 하고 정상조직의 영향력이 지배적이어야 하며 하부조직이 상부조직의 결정에 순응해야 한다. 특히, 노동조합의 조직화 정도가 중요한 변수이다. 노동조합의 조직화 정도가 높아 노조 지도자의 영향력이 크고 전국의 노동조합의 이익을 집약적으로 표출할 수 있을 때 조합주의는 제대로 작동할 수 있다.

하지만 조합주의는 여러 가지 측면에서 비판을 받아왔다. 첫 번째 비판은 대의 민주주의에 위협이 된다는 것이다. 대의 민주주의는 국민의 대표 기관인 의회가 정부 정책에 대해 책임성(accountability)을 확보하는 것을 핵심으로 한다. 하지만 조합주의에서는 소수 이익집단이 정부의 정책을 사실상 결정하는데, 이들은 의회로부터 어떠한 통제나 감시를 받지 않는다. 통제되지 않는 이익집단의 영향력이 비대해지는 경우, 정부는 이익집단에 포획되어 이들의 요구에 저항하지 못할 수도 있다.

두 번째 비판은 소외된 이익집단의 접근을 원천적으로 차단한다는 것이다. 조합주의는 정부와 기업, 그리고 노동을 세 축으로 하는 삼자주의(tripartism)의 형태를 띠기 때문에 기업 또는 노동 조직에 의해 대표되지 않은 이익은 소외된다. 조합주의에서 기업집단과 노동조합의 정상조직은 특권을 누리지만 소비자 집단, 환경보호단체, 또는 다양한 촉진적 집단은 정부로의 접근을 차단당한다. 따라서 정부에게 '허가'받지 못한 이익집단이 설 자리가 없다는 문제가 발생한다.

세 번째 비판은 정상조직 간 타협이 구성원의 이익에 배치될 수 있다는 것이다. 국가정책결정 과정에 특권적인 접근기회를 부여 받은 자들은 국가와 가까워질수록 그 구성원들과는 멀어지게 된다. 조직의 회원들이 정상조직의 지도자를 통제할 수 있는 제도가 없는 상황에서 국가정책결정을 위한 타협은 위에서부터 아래로 향하는 '강요된 타협'일 수 있다. 이런 시각에서 조합주의의 '협의에 의한 정부' (government by consultation)는 사회를 통제하기 위한 하나의 속임수에 불과할 수 있다.

Ⅳ. 다원주의와 조합주의를 대표하는 국가

1. 다원주의를 대표하는 미국의 이익집단 정치

미국에서 관찰되는 이익집단의 패턴은 다원주의 모델에 가장 부합한다. 토크빌(Tocqueville)은 "다른 어느 나라에서도 미국처럼 다원주의의 원칙이 성공적으로 사용되거나 적용된 적이 없다(In no country in the world has the principle of association been more successfully used, or applied to a greater multitude of objects, than in America)."라고 말했다. 미국에서 이익집단이 성행하는 요인으로는 고도로 발달한 자본주의, 직능의 분화, 다양한 인종, 지방분권주의, 유사한 두 정당이 번갈아 집권하는 양당체계 등을 꼽을 수 있다.

그러나 미국의 다원주의는 시장경제와 자유민주주의를 옹호하는 협소한 이념적 경계안에서만 경쟁을 허용한다. 미국의 이익집단 정치는 분명히 경쟁적이지만 그 결과는 자주 '결정하지 않는 결정' (a decision not to decide)으로 귀결된다. 권력의 분산은 현상유지를 통해 상위 계급의 이익을 견고히 하고, 개혁 시도를 무마한다. 총기에 대한 규제를 강화하려는 시도가 번번이 좌절되고, 보건 의료 개혁이 직면하는 반대 목소리에서 이런 현상을 발견할 수 있다.

2. 사회 조합주의를 대표하는 스웨덴의 노·사·정 관계

스웨덴은 1938년에 체결된 살쮀바덴(Saltsjoebad) 협약 이후 원활한 노·사 간 협상을 통해 성장의 효율성과 분배의 형평성을 모두 달성했다는 평가를 받는다. 살쮀바덴 협약은 기업집단과 노동조합으로부터 각기 3명씩 파견되는 대표들로 구성된 노동시장위원회를 통해 거시적인 노사협상을 다루도록 했으며, 노동쟁의 절차를 제도화는 대신 직장폐쇄와 파업의 실행을 어렵게 만들었다. 조정권한이 대폭 확대된 노동시장위원회는 많은 갈등을 정부의 중재나 사법적 절차로 다루어지기 전에 자율적 협상으로 해결하였다.

하지만, 스웨덴의 사회 조합주의 체제는 1980년 이후 신자유주의의 외풍을 맞아 위기에 처하게 되었다. 세계 경제가 위축되고 경쟁은 심화되는 한편 신자유주의의 목소리가 커지는 가운데, 국가의 경제정책은 복지예산의 팽창 억제, 민간 기업의 수익성 제고, 시장규제 완화를 추구할 수밖에 없었다.

중앙단체교섭은 기업 단위 노조들의 역할과 권한을 축소시켜 풀뿌리 노동자들의 불만이 표출되었고, 비공인 와일드캣 파업이 발생하였다. 신자유주의를 대체할 대안을 제시하지 못한 노동계의 지도자들은 점차 지도력을 상실하였고, 스웨덴의 조합주의는 쇠퇴의 길을 걷게 되었다.

V. 결 론

정당을 보완하여 대의 민주주의의 위기를 극복할 수단으로 이익집단 정치가 주목받고 있다. 하지만, 이익집단 정치는 모델에 따라 다른 모습으로 현실에 나타날 수 있으며, 각각 장단점을 가지고 있다. 다원주의를 대표하는 미국의 사례나 조합주의를 대표하는 스웨덴의 사례에서 볼 수 있듯이 완벽한 모델은 없으며 변화하는 국제 환경과 국내정치 상황에 따라 유연하게 적용할 필요가 있다. 한국은 강력한 권위주의 국가의 잔재로 인해 이익집단이 미국처럼 활발하고 다양하게 구성되어 있지 않다. 한편, 과거 노·사·정 위원회의 실패와 노동조합의 연례화 된 파업에서 볼 수 있듯이 조합주의 또한 성공적으로 정착하지 못했다고 할 수 있다. 다음 총선 이후 지금의 다당체계가 유지될지도 미지수이다. 국가정책에 대한 국민의 기대와 요구는 나날이 증가하고 있는데 이를 효과적으로 정책에 반영할 체계가 아직 완성되지 않았다고 할 수 있다. 이런 시점에서 앞으로 우리나라가 나아가야 할 정치 모델은 무엇인지 깊이 고민하고 공론을 형성할 필요가 있다.

김 경 래 / 국민대학교 교양학부(정치학) 교수

1. 이 문제는 기본적으로 이익집단에 대한 물음으로 답안은 이익집단과 정당 그리고 이익집단을 설명하는 모델로 다원주의와 조합주의에 대해 문제에 맞게 논리적으로 서술되었다.
   이러한 논리성에도 불구하고 아쉬운 점은 민주주의라는 원칙, 논리를 보다 강조하면서 답안을 작성했다면 제시된 문제의 의도에 맞으면서도 답안 전체가 좀 더 논리적 일관성을 보여주었을 것으로 생각된다. 결론에 제시되었듯이 이익집단이 민주주의의 위기를 극복하기 위한 대안으로 주목받고 있다는 지적처럼 민주주의의 원칙, 의의를 바탕으로 답안이 전개된다면 논리적 연결성이 보완될 것으로 생각된다. 이러한 차원에서 아래의 내용을 제시하고자 한다.

2. 서론에서 오늘날 사회에 존재하는 다양한 이해와 그로 인한 갈등 해결을 위한 정당의 한계로 이익집단이 주목받고 있다는 점을 제시하고 있다. 이와 관련해 민주주의라는 원칙에서 이익집단의 출현을 좀 더 구체적으로 제시하고 오늘날 대의민주주의 제도하에서 이익집단과 정당의 유사점, 차이점 그리고 그 모델을 제시하겠다는 점을 언급한다면 이후 논리적 연결성에 도움이 될 수 있을 것으로 생각된다.

3. 이익집단과 정당의 유사성·차이점을 설명함에 있어 기원·기능에 있어 유사성 그리고 목적·이념·조직적 차원에서의 차이점을 명확하게 구분하여 답안을 작성하고 있다는 점에서 일목요연한 설명이라고 생각된다. 단 부차적인 측면이 있지만, 답안에 이익집단이 자신의 이해를 관철하는 구체적 방법 예를 들어 로비 등과 같은 것이 제시된다면 정당과의 차이점이 좀 더 명확하게 제시될 것으로 생각된다.

4. 이익집단을 설명하는 모델의 하나로 다원주의를 설명함에 있어 사상적 기원인 메디슨(J. Madision)과 초기 다원주의 이론가인 벤틀리(A. Bentley)와 트루만(H. Truman)을 언급할 필요가 있다. 이는 무엇보다 민주주의하에서 다원주의가 기본적으로 추구하는 바를 제시할 수 있기 때문이다. 인간 사회에서 자신의 이해를 관철하고자 하는 파벌과 같은 욕망을 제한하기보다는 견제와 균형을 통해 그 영향력을 조정할 필요가 있다는 메디슨의 논의 그리고 이를 받아들여 사회적 분화과정이 기능의 분화를 일으키고 이는 또한 다양한 이익집단을 발생시키지만, 이익집단 회원들의 중복현상으로 특정집단의 요구가 과도하게 관철되지 못하고 균형과 혼란 속에서 새로운 균형이 창출될 것으로 보는 벤틀리와 트루만의 논의를 통해 다원주의의 기본적 논의가 좀 더명확하게 답안에 나타날 것으로 생각된다. 또한 달(R. Dahl)의 논의에 있어 경험적 사례라 할 수 있는 뉴헤이븐(New Haven)시에서의 공공정책 결정 과정 – 공직 후보자 지명, 도시재개발, 교육정책 – 을 서술함으로써 다원주의를 좀 더 명확하게 민주주의와 연관 지어 설명할 수 있을 것으로 생각된다.

5. 다원주의의 한계를 설명하는 데 있어 앞에서 언급한 이론적 논의들에도 불구하고 현실에서 나타난 논의들을 좀 더 구체적으로 언급할 필요가 있다고 생각된다. 이러한 차원에서 답안에 제시된 밀스(C. Mills)의 논의와 더불어 샤트슈나이더(Schattschneider)의 기업지배 가설을 제시한다면 내용적으로 좀 더 풍부해지면서도 민주주의에서의 한계가 좀 더 명확하게 제시될 수 있다고 생각된다. 또한 샤트슈나이더가 제기한 비판의 핵심인 기업과 같이 잘 조직화한 특수 이익은 공공 이익의 부각을 막기 위해 자신들의 자원을 활용, 갈등을 조작할 수 있다는 점을 제시함으로써 ① 답안에서 제시된 2, 3차원적 권력 ② 로위(T. Lowi)의 논의 즉 정부의 역할이 효과적으로 조직화된 이익집단의 이익추구 통로에 지나지 않음으로 인해 공정한 협상, 조정이 이루어지기 힘들다는 내용과 연결되어 논리적 연결성에도 도움이 될 것으로 생각된다.

6. 조합주의의 한계점과 관련해 책임성의 문제를 좀 더 구체적으로 제시할 필요가 있다. 답안에서 대의민주주의하에서 의회가 정부 정책에 대해 책임성을 확보하는 것을 핵심으로 하지만 조합주의는 의회의 감시·통제를 받지 않는다는 점에서 문제점이 있다는 점을 지적하고 있다. 더불어 조합주의로 인해 민주주의의 기본적인 원칙 중 하나인 시민의 주권이 어떻게 노동조합 또는 사용자 단체 등에 위임되었는지에 대한 문제를 함께 언급할 필요가 있다고 생각된다. 또한 두 번째 비판의 내용은 결국 조직화된 거대한 이익의 과잉대표 문제와 연결되는 것으로 이 또한 민주주의의 원리와 맞지 않는 측면이 있을 수 있음을 지적할 필요가 있다.

7. 이러한 논의들을 바탕으로 결론에서 제시된 내용을 민주주의의 원칙이라는 점에서 제시한다면 논리적인 연결성이 보완될 것으로 생각된다.

| 제2문 | 다음 글을 읽고 물음에 답하시오. (총 30점, 선택 총 15점)

1970년대 중반부터 시작된 '제3의 민주화 물결'로 다수의 권위주의 체제가 경쟁적 선거제도를 도입하여 민주주의 체제로 이행했다. 그 과정에서 권위주의 국가의 비율은 확연히 감소하여 전 세계 국가 중 20% 정도에 이르렀다. 2000년대 중반 이후 권위주의 체제의 약 70%가 입법부 선출을 위한 선거를 치렀으며, 약 80%는 행정부의 수장을 뽑는 선거를 시행하였다.

더 나아가 권위주의 체제의 약 75%에서 한 개 이상의 정당이 선거에 참여하는 것을 허용하는 혼합형 체제(hybrid regime)가 등장하였다.

이러한 혼합형 체제는 민주주의로 이행하는 과도기 현상이라고 여겨졌다. 하지만 혼합형 체제가 상당 기간 안정적으로 유지되거나, 오히려 권위주의적 속성이 강화되고 있다. 어떤 학자들은 이러한 현상을 경쟁적 선거제도와 권위주의가 결합된 '경쟁적 권위주의(competitive authoritarianism)' 혹은 '민주적 권위주의(democratic authoritarianism)'라고 정의한다.

---

(1) 경쟁적 권위주의의 등장과 유지 현상을 고려하여, 기존의 민주주의 이행 이론을 비판하시오. (10점)

(2) 혼합형 체제가 선거 및 정당 같은 민주적 정치제도를 도입함으로써 권위주의를 유지 또는 강화할 수 있는 이유를 설명하시오. (20점)

Ⅰ. 서 론

Ⅱ. 기존의 민주주의 이행 이론 비판

Ⅲ. 민주적 정치제도 도입을 통한 권위주의 속성의 유지 · 강화

1. 선거를 통해 권위주의 정권의 정당성 확보
2. 정권교체를 통해 권위주의 체제의 생존력 유지

Ⅳ. 결 론

답안작성   박 ○ ○ / 2018년도 5급 공채 일반행정직 합격

Ⅰ. 서 론

　권위주의 체제는 정치권력의 독점을 통해 대중들을 정치로부터 배제하고 시민의 자유를 억압하는 체제를 일컫는다. 하지만 오늘날 권위주의 체제는 상당한 범위의 경제적·종교적·문화적 자유를 허용하고 있으며, 심지어 어떤 권위주의 체제는 민주주의와 유사한 제도를 채택하기도 한다. 기존의 민주주의 이행 이론으로는 이런 '경쟁적 권위주의' 또는 '혼합형 체제'의 등장을 설명하기 어렵다. 먼저, 권위주의 체제가 민주주의 체제로 변화하는 단선적 과정만을 연구한 기존의 민주주의 이행 이론을 비판하고, 혼합형 체제가 민주적 제도를 통해 그 권위주의적 속성을 유지·강화할 수 있는 요인을 분석하도록 하겠다.

Ⅱ. 기존의 민주주의 이행 이론 비판

민주주의의 이행을 설명하는 기존의 이론은 권위주의 체제의 불안정성을 강조하고 한 체제가 민주주의로 이행되는 요건과 과정을 설명하는 것에 집중하였다. 대표적인 이론으로 립셋의 근대화론을 꼽을 수 있다. 립셋에 의하면 산업화로 인한 경제성장이 민주주의를 촉진한다. 경제발전은 잘 교육된 중산층을 성장시키고 민주적 가치가 존중되고 정치 참여가 증대될 수 있는 토대를 마련한다. 부유한 국가에서 사회적 갈등은 제도화된 수단을 통해 해소되고 민주적인 절차를 거쳐 통합된다. 쉐보르스키와 리몽기는 경제발전의 수준과 민주주의 체제 성립 사이의 밀접한 상관관계를 보여주는 연구를 통해 이 가설이 경험적 타당성을 지닌다고 주장했다. 이 연구에 따르면 부유한 경제를 가진 국가에서 민주주의가 더욱 안정적이며, 1인당 국민소득이 약 6천 달러의 문턱을 넘어설 때, 민주주의는 역전되기 어렵다. 이외에도, 정통성 위기 이론에 따르면, 경제 위기, 카리스마 리더의 사망 등으로 권위주의 체제의 정통성이 붕괴하면 민주화의 압박을 받을 수 있다. 실제로 1970년대 후반 이후 많은 수의 국가들이 권위주의 체제에서 민주체제로 이행되었고, 헌팅턴(S. Huntington)은 이를 민주주의의 '제3의 물결'이라 표현했다. 과거의 물결과 달리 이번 물결은 권위주의 체제로의 반동이 일어나지 않았으며, 다른 권위주의 국가들도 곧 민주주의 체제로 이행할 것이라고 기대되었다.

하지만 이런 기대와 달리 중국과 러시아를 비롯한 일부 국가들은 산업화가 이루어 지고, 민주적 제도를 일부분 수용했음에도 오히려 권위주의적 속성이 강해지고 있다.

이처럼 '경쟁적 권위주의' 또는 '민주적 권위주의' 국가의 등장은 기존의 민주주의 이행 이론의 한계를 보여준다. 경제변수를 비롯한 여러 가지 요인으로 권위주의 체제가 붕괴하면 민주주의 체제가 수립된다는 기존 이론의 단선적 설명으로는 혼합형 체제의 권위주의적 속성이 오랜 기간 지속하는 이유를 설명할 수 없다.

Ⅲ. 민주적 정치제도 도입을 통한 권위주의 속성의 유지·강화

1. 선거를 통해 권위주의 정권의 정당성 확보

혼합형 체제에서 선거는 '국민의 대표자(representative agent)'를 뽑는 것이 아니라 '사인화된 통치자'(personal ruler)를 옹립하는 의례적 기능을 수행한다. 현 정권을 교체할만한 대항마가 존재하지 않기 때문에 혼합형 체제의 선거는 승자가 사실상 사전에 정해져 있다고 할 수 있다. 헌팅턴은 이러한 현상을 '교체 없는 민주주의와 변경 없는 경쟁'이라고 묘사했다. 혼합형 체제에서 선거는 공정하지도 않고 자유롭지도 않지만 적어도 심각한 부정은 존재하지 않으므로, 선거를 통해 당선된 지도자는 대중의 신임을 받은 것으로 여겨진다. 유권자들은 '위대한 지도자'를 선출한 뒤에 관중석으로 물러나 열렬한 지지를 보내는 것에 만족할 뿐이며, 당선된 지도자는 선거를 통해 획득한 정당성을 바탕으로 견제받지 않는 권력을 휘두른다. 실제로 푸틴은 2004년 대선에서 71%의 득표율로 재선에 성공하였고, 2008년 대선에서는 그의 후계자 메드베데프가 70% 득표율로 당선되었다. 푸틴은 2012년 대선에서 3선에 도전하여 63.3%의 득표율로 당선되어 지금까지 집권하고 있다. 러시아는 대외적으로 민주주의를 표방하고 이원집정제의 권력구조를 운영하고 있지만, 푸틴이 집권한 이후 언론통제, 시위탄압, 반푸틴 인사 숙청 등 권위주의적인 모습을 보여왔다. 이런 푸틴 정권의 비민주성을 비판하는 여론은 존재하나 푸틴에 대항할 만한 야권 세력이 지지부진한 실정이다.

2. 정권교체를 통해 권위주의 체제의 생존력 유지

혼합형 체제에서는 권위주의적 속성을 유지하면서도 민주적 제도에 따른 정권 교체가 발생할 수 있다. 집권 세력이 여러 파벌로 구성되어 있고, 선거제도, 임기제, 정년제, 권력 분립 등의 제도가 제대로 작동하는 경우, 정권을 잡은 파벌은 언제든 교체될 수 있다는 위기의식을 갖고 책임감 있게 행동하게 된다. 한 정권의 정책이 실패할 경우 다음에 집권하는 파벌은 직전 정권과 거리를 두고 새로운 기대 속에서 국정 운영의 동력을 얻을 수 있다. 현재 중국은 중국공산당만 집권하는 일당제 독재국가이다. 하지만 엄격한 임기제와 정년제, 책임정치로 일당독재임에도 일인 독재로 흐르지 않고 마오쩌둥, 덩샤오핑, 장쩌민, 후진타오, 시진핑으로 이어지는 정권 교체가 이루어졌다.

이것은 중국이 각 세력이 균형을 이루고 있는 집단지도체제이기 때문에 가능한 현상이다. 예를 들어, 정치국 상무위원이 되기 위해서는 당내 투표를 통해 선출되어야 하는데 이 과정에서 견제와 균형이 작동할 여지가 있다. 민주화의 압력에도 불구하고 중국공산당이 큰 문제없이 통치를 안정적으로 이어가고 있는 것은 이런 내부 통제 시스템이 어느 정도 성공적이었으며, 한 권위주의 정권이 실패할 경우 이를 대체할 새로운 권위주의 정권이 준비되어 있기 때문이다.

IV. 결 론

민주주의 이행 이론이 처음 연구되었을 때와 비교하여 세계적으로 민주체제를 채택한 국가의 수가 급증한 것은 사실이다. 하지만 이것이 역사가 민주주의로 종결된다는 것을 의미하지는 않는다. 민주체제를 시도했다가 다시 권위주의 체제로 복귀한 사례가 있을 뿐만 아니라, 민주적 제도를 이용하여 권위주의적 속성을 유지·강화하고 있는 혼합형 체제도 민주주의 체제 못지않게 안정적으로 생존하고 있다. 따라서 정치체제를 단선적으로 바라보는 시각에서 벗어나 다방면으로 검토하는 열린 사고가 필요하다고 할 수 있다.

┤ 강평 ├

1. 이 문제는 권위주의 체제가 경쟁적 선거제도 등을 도입 민주주의 체제로 이행했음에도 불구하고 권위주의 속성이 강화되고 있는 러시아와 같은 나라의 상황에 대해 기존의 민주주의 이행 논의가 설명하지 못하는 권위주의의 진화에 관한 문제이다.

   답안은 문제의 내용에 맞게 기존의 이행논의에 대한 비판 그리고 경쟁적 선거와 같은 민주적 정치제도를 도입했음에도 기존의 권위주의가 지속적으로 유지 또는 강화되는 원인에 대해 적절하게 서술하고 있다. 그럼에도 몇 가지 내용적인 면에서 첨부된다면 좀 더 내용적인 면과 논리적인 연결성에 있어 보완될 것으로 생각된다.

2. 민주주의 이행과 관련해 다양한 논의들 예를 들어 구조중심적 접근, 행위중심적 접근 그리고 제도적 접근들이 있다. 이러한 논의 중 답안에 제시된 내용은 구조중심적 접근에 가깝다고 할 수 있다. 이 접근이 대표적인 민주화 이행 논의라는 점에서 비판의 대상이 될 수 있다. 그러나 왜 이 논의를 중심으로 비판을 제시하는지 그 이유가 구체적으로 제시될 필요가 있다. 왜냐하면 민주주의 이행 논의 중에서도 오도넬의 지적처럼 근대화가 꼭 민주주의로 연결되지 않는다는 견해도 있기 때문이다. 이에 뒤에서 제기하겠지만 러시아와 같은 자원이 풍부한 나라들은 자원 수출을 통한 경제적 성과로 경쟁적 선거제도와 같은 민주주의로 이행에도 불구하고 여전히 권위주의 체제가 유지되고 있다는 점에서 비판의 대상이 될 수 있음을 언급할 수 있을 것 같다.

3. 답안에서 제시된 것처럼 기존의 논의 특히 근대화론의 경우 민주주의로의 이행을 단선적으로 설명하고 있다는 점에서 비판을 지적할 수 있다. 그러나 이러한 지적이 갖는 적실성에도 불구하고 이 논의들은 기본적으로 일정한 구조 혹은 전제 조건들이 충족되어야 한다는 점에 대한 비판이 제시되어야 할 것 같다. 즉 기존의 논의들에서 나타나는 일정한 공통점은 사회의 경제적 조건과 발전, 시민사회의 발전, 계급구조의 분화, 대내외의 정치경제적 관계 등 일정한 조건이 성숙하여야 민주주의로 이행이 가능하다는 점에 대한 비판이다. 이 논의들에 대한 비판점은 바로 이 논의들이 기본적으로 서구의 경험에 근거하고 있어 민주주의로 이행을 위한 전제조건들이 민주주의의 결과물인 경우도 많다는 점에 있다. 다른 한편 경제발전이 민주주의를 위한 전제 조건이라면 대한민국의 사례에서 볼 수 있듯이 권위주의 정권이 경제발전에 효율적이기 때문에 근대화가 되기 전까지 민주주의를 미룰 수 있다는 논의로 악용될 수 있다는 점을 지적할 필요가 있다.

4. 권위주의 정권의 유지·강화와 관련해 또 다른 원인으로 경제성과와 포퓰리즘적 정책을 제기할 수 있다. 즉 러시아와 중앙아시아 국가들의 경우 경쟁적 선거를 시행하지만, 이들 권위주의 정부들은 풍부한 자원을 바탕으로 하는 경제적 성과를 기반으로 선거를 통해 자신들의 권위주의 체제에 대한 정당성을 유지할 수 있다는 점이다.

그리고 퇴폐적이고 개인주의적이며 물질주의적인 서구문명과 달리 러시아의 전통·가치를 강조하면서 과거의 영광을 되찾자는 포퓰리즘적 정책을 통해 자신의 정통성을 선거를 통해 지속적으로 유지할 수 있다는 점 또한 함께 언급할 필요가 있다.

5. 권위주의 속성의 유지·강화와 관련해 답안에서는 크게 두 가지 차원으로 제시되고 있다. '선거를 통한 권위주의 정권의 정당성 확보' 그리고 '정권 교체를 통해 권위주의 체제의 생존력 유지'로 구분하여 설명하고 있는데 좀 더 명확한 이해를 위해서는 '선거를 통해 권위주의 정권의 정당성 확보'를 푸틴의 예를 통해 '개인의 대중적 인기와 카리스마'에 초점을 맞추는 것도 하나의 방법이라고 생각된다. '정권교체를 통해 권위주의 체제의 생존력 유지'보다는 '혼합형 체제의 구조'라는 측면에서 구조적 측면에 초점을 두는 답안작성이 더 명확하고 논리적인 전개를 위한 방법이 될 수 있다.

| 제3문 | 다음과 같은 21세기 외교의 새로운 추세와 관련하여 물음에 답하시오. (총 20점, 선택 총 10점)

국제정치질서의 변화와 함께 외교의 주체, 대상, 내용 또한 변화하고 있다. 국가이외 다양한 행위자들이 참여하는 글로벌 거버넌스 시대에 도시가 새로운 국제정치 행위자로 부상하고 있다. 단순한 도시 간의 교류를 넘어서, 도시의 이익을 추구하기 위해 다양한 행위자와 연계하는 도시외교가 확산되고 있는 것이다. 외교의 내용 측면에서 안보, 정치, 통상을 주제로 하는 전통외교와 함께 문화, 스포츠 등을 주제로 삼는 공공외교가 확산되고 있다. 국가이익을 창출하는 데 경성권력뿐만 아니라 연성권력의 중요성이 높아지고 있는 것이다.

(1) 도시외교의 특징과 장단점을 기술하시오. (10점)

(2) 공공외교의 개념과 사례에 대해 설명하고, 그 의의를 제시하시오. (10점)

> Ⅰ. 도시외교의 특징과 장단점   Ⅱ. 공공외교의 개념, 사례 및 의의

답안작성
박 ○ ○ / 2018년도 5급 공채 일반행정직 합격

Ⅰ. 도시외교의 특징과 장단점

자유주의 진영이 강조하는 글로벌 거버넌스는 국제정치를 국가 간의 행위로 보는 전통적인 시각에서 벗어나 다층적인 교류의 장으로 바라보고 있다. 세계화와 분권화는 외교의 주체와 내용의 범위를 넓히는 계기가 되었다. 주체의 측면에서는 중앙정부뿐만 아니라 지방정부와 민간도 외교의 행위자로 부상하였고, 내용적 측면에서는 안보, 경제 등의 주제뿐만 아니라 환경, 문화, 스포츠 등의 다채로운 주제가 논의되고 있다.

이로 인해 외교의 개념도 정부 간 외교를 뜻하는 전통외교, 민간부문 간 외교를 뜻하는 민간외교, 그리고 정부와 민간 간 외교를 뜻하는 공공외교로 세분화하였다.

분권화와 도시화로 인해 중앙정부의 독점성이 약화하면서 도시외교라는 새로운 외교 방안이 주목받게 되었다. 지방정부의 국제교류 협력은 주로 자매결연(sisterhood relationship)으로 이루어진다. 자매결연은 '한 정부가 다른 지방정부에 대해 상호 공동의 관심사에 대한 긴밀한 협력을 약속하고, 행정·경제·문화·인력 등 다양한 분야에서의 친선과 공동발전을 도모해 나가는 교류협력의 약속을 맺는 것'을 말한다. 자매결연을 통해 행정교류, 인적교류뿐만 아니라 문화·예술·관광·스포츠교류와 청소년·민간단체·학술교류 그리고 기업·경제통상·상징사업·보건의료 교류 등이 이루어질 수 있다.

이처럼 도시외교는 지방정부 간 외교라는 점에서 정부 간 외교의 한 형태이지만 그 내용은 공공외교

또는 민간외교에서 다루는 영역을 다루고 있다. 도시외교가 안보, 경제 등의 주제를 다룰 수 없는 것은 지방정부는 다른 나라의 지방정부와 군사 동맹을 맺는다거나, FTA 협상을 할 수 있는 권한이 없기 때문이다. 지방정부의 권한 문제는 도시외교의 명백한 한계로 지적 된다. 지방정부는 '조약'체결권이 없으며 지방 사무에 해당하는 사안에 대해서만 권한을 가지므로, 권한 밖의 약속을 하거나 요구를 하여 외교적 결례를 범하는 등의 문제가 발생할 수 있다.

또한, 지방정부는 중앙정부보다 상대적으로 외교적 전문성이 낮은 것이 한계로 지적되기도 한다.

이런 한계에도 도시외교가 주목을 받는 것은 기업 진출, 인프라 건설, 통합 경제권 구축, 대학 간 교류 등을 통해 글로벌 거버넌스 시대에서 시민의 권익 증진에 실질적인 도움을 줄 수 있기 때문이다. 도시외교는 다양한 주제와 주체와의 협력이 가능하므로 확장성이 크고 국제 정세의 영향도 상대적으로 덜 받는다고 할 수 있다. 예를 들어, 한·일 관계는 워낙 부침이 심한데, 과거사문제로 양국의 관계가 소원하더라도 부산과 후쿠오카의 도시 간 교류는 얼마든지 이루어질 수 있다. 또한, 도시외교를 통해 다양한 외교행위자를 발굴하여 다양한 시민계층의 욕구를 충족시킬 수 있다. 이처럼 도시외교는 다양한 주제와 주체를 통해 상호교류의 채널을 다변화하고 우호적인 분위기를 형성하여 연성 권력을 증진할 수 있다는 장점이 있다.

Ⅱ. 공공외교의 개념, 사례 및 의의

공공외교는 다른 사회의 민간부문을 대상으로 하는 외교를 의미한다. 폴 샤프(Paul Sharp)의 정의에 따르면 공공외교란, '국민의 이익을 증진하고 가치를 높이기 위하여 다른 국가의 국민과 직접적인 관계를 맺는 과정'이다. 공공외교는 자국의 이미지를 개선하여 타국의 여론을 호의적으로 조작하고, 더 나아가 국가 간 외교에서도 협상력을 높이는 것을 목표로 한다. 공공외교의 사례로는 프랑스의 언어·문화 교육원인 '알리앙스 프랑세즈'를 들 수 있다. 프랑스는 '알리앙스 프랑세즈'를 통해 세계 곳곳에 프랑스어를 보급하고 프랑스 문화를 알리는 데 주력해왔다. 한국의 사례로는 공적원조(ODA)수혜국에서 수여국으로 바뀐 것을 꼽을 수 있다. 과거의 어려움을 딛고 이제 국제사회에 인도적 지원을 하는 한국의 모습은 긍정적인 이미지를 형성하는 데 이바지하고 있다.

이처럼 공공외교는 강제력보다는 매력을 통해, 명령이 아니라 상대방이 자발적으로 이끌리게 함으로써 스스로가 바라는 것을 획득할 수 있다는 점에서 하드파워에 소프트파워가 결합된 스마트 파워의 중요성이 대두되는 오늘날 주요한 외교적 수단으로 인정받고 있다. 한국적인 의의를 살펴보자면, 우리나라는 경제성장과 민주화를 동시에 달성한 국가로서 많은 개도국이 성장 모델로 연구하고 있으며, 우리의 개발 경험을 전수받기를 희망하고 있다. 또한, 침략의 역사가 없는 평화애호국이며, 근면하고 정직한 국민성을 갖고 있다. 마지막으로, 세계적인 한류 열풍을 통해 문화강국으로 발돋움하고 있다. 이런 강점을 살려 글로벌 시대에서 공공외교의 새 지평을 열어나간다면 경성 권력과 연성 권력의 균형 있는 확대를 통해 국력 신장을 이룰 수 있을 것이다.

┤ 강 평 ├

1. 국제정치의 변화 속에서 외교주체의 변화와 그로 인한 국가와 국가의 관계를 중심으로 한 전통적 외교 이외의 새로운 외교에 대한 물음으로 전반적으로 답안은 문제에 맞게 서술되어 있다. 단지 아래의 내용이 보완된다면 좀 더 논리적이며 내용 면에서 풍부한 답안이 될 것으로 생각된다.

2. 도시외교의 특징과 장단점 서술에 있어 무엇보다 도시외교가 등장하게 된 배경을 제시할 필요가 있다. 이는 무엇보다 문제에 맞는 논리적 서술을 위해 중요한 출발이라고 생각된다. 답안에는 이와 관련해 명확하게 도시외교의 등장배경에 대해 서술하고 있다. 그러나 그 원인으로 중앙정부의 독점성 약화에 초점을 두고 있다. 이 언급이 잘못된 것은 아니지만 그렇다고 전통적인 외교의 의미가 없어지는 것은 아니므로 세계화·민주화·정보화의 확산에 따른 이슈의 다양화, 참여주체의 확대 또한 언급함으로써 등장 배경에 대한 설명을 보완할 필요가 있다고 생각된다.

3. 도시외교의 특징으로 자매결연에 대해 언급하고 있다. 도시외교의 가장 핵심적 요소가 바로 자매결연의 형태로 나타나고 있다는 점에서 특징으로 언급할 수 있다. 단지 자매결연을 맺기 이전 일반적으로 우호협력을 먼저 맺는 점을 고려해 우호협력 또한 언급할 필요가 있다. 이는 무엇보다 자매결연을 맺기 위해 도시 간에 신뢰가 바탕이 되어야 하기 때문이라는 점을 강조하기 위해 필요하다.

4. 도시외교의 한계와 관련해 외교적 전문성이 낮은 부분에 대한 언급에 있어 좀더 구체적인 내용이 첨가될 필요가 있다. 즉 국제교류에 대한 장기적 비전, 전략을 갖추는 데 있어 전문성의 부족으로 인해 교류 대상 및 교류 형태에 있어 다양성으로 연결되지 못하고 단기적 이벤트성 교류에 그칠 수 있다는 점을 제시함으로써 도시외교의 한계를 좀 더 명확하게 제시할 수 있다.

5. 도시외교의 장점을 서술함에 있어 지역경제의 활성화와 지역 주민의 복리 증진을 구체적 방안이라는 점 또한 제시할 필요가 있다.

6. 공공외교의 개념을 서술함에 있어 그 주체를 먼저 명확하게 제시할 필요가 있다고 생각된다. 기본적으로 정부의 주도로 진행되는 것이지만 세계화, 정보화 등으로 인해 다양한 주체들의 자발적 참여를 통해 외국인들에게 자국의 이해, 신뢰 증진의 필요성이 제기되는 상황에서 국민 개개인, NGO, 기업, 지방자치단체, 각급 정부기간 등 다양한 수준의 행위자들이 포

함된다는 점을 제시할 필요가 있다. 이를 통해 무엇보다 공공외교의 의미를 좀 더 명확하게 제시할 수 있다고 생각된다.

7. 상대방에게 자국에 대해 매력을 갖게 하는 소프트 파워 개념을 공공외교와 결합해 설명함으로써 답안에서 제시된 개념, 사례 및 의의를 좀 더 명확하게 제시하는 방법이라고 생각된다.

2019년도 입법고등고시 기출문제와 어드바이스 및 답안구성 예

| 제1문 (40점) |

우리나라 헌정사에서 정당정치가 겪어 온 교착과 파행을 지적하면서 대의민주정치의 근간인 정당정치를 새롭게 해야 한다는 주장이 제시되고 있다. 이와 관련하여 다음 질문에 답하시오.

(1) 우리나라 정당정치의 문제점을 서술한 후, 새로운 정당정치의 비전을 제시하시오. (20점)

Advice

1. 정당정치의 문제점에 대해 논의하기 위해서는 정당의 역할이 무엇인지 생각해 보아야 한다. 이익집약, 민주주의 정치체계 유지, 정치적 의제 설정, 시민의 정치참여와 정치사회화, 정치 엘리트의 교육과 충원 등 다양한 역할을 한다.

2. 이와 관련하여 한국 정당정치의 문제점에 대해 고전적으로 언급되는 정당의 제도화 부족, 유권자와의 소통 및 참여 부족 문제, 정치적 의제 선정 능력 부족 등의 문제와 함께 본인이 생각할 때 문제가 되는 점을 적시한다. 이때 앞서 생각한 정당의 역할과 비교하여 부족한 부분을 짚는 것이 논점을 잡는데 편할 것이다.

3. 새로운 정당정치로서 원내정당론과 대중정당론 논의를 활용하여도 좋고, 개인이 앞서 살핀 문제점들에 대해 각각의 대응방안을 적시하거나 이를 포괄하는 비전을 제시할 수 있다.

(2) 정당정치의 비전 실현과 개혁을 위한 정치문화, 선거제도, 의회제도 차원에서의 논쟁과 제언을 서술하시오. (20점)

Advice

1. 정치문화, 선거제도, 의회제도는 정당정치가 처한 문화적·제도적 환경이다. 정당정치 역시 각 국가의 환경에 따라 달라질 필요가 있다. 한국의 정치 환경을 분석하고, 제1문 (1)의 어드바이스에서 언급한 본인만의 비전을 구축하기 위해 방안을 마련하여 적시한다.

2. 한국의 정치문화는 다수결주의와 강력한 대통령제로 인해 승자독식, 보스주의 문화가 있다. 이를 해결하기 위해 타협의 문화로 변화해야 하며, 이는 당내민주주의 강화, 유권자들의 정당 내 결정 참여 증대, 선거 및 권력구조 개편을 통해 달성할 수 있다. 즉, 선거제도와 의회제도는 정치문화와 깊은 관계가 있기 때문에 어느 한쪽에만 치우쳐서는 안된다. 선거제도와 의회제도에 대해 논의할 때는 현실에서 활용되는 제도들을 구체적으로 활용할수록 좋다.

Ⅰ. 서 론

Ⅱ. 우리나라 정당정치의 문제점
  1. 정당 제도화 부족
  2. 유권자와의 소통 부재
  3. 정치적 의제 선정 능력 부족

Ⅲ. 새로운 정당정치 비전

Ⅳ. 정당정치 비전 실현과 개혁 방안
  1. 정치 문화 차원
  2. 선거제도 차원
  3. 의회제도 차원

Ⅴ. 결 론

| 제2문 (30점) |

1974년 이래 수십 개의 국가들이 권위주의와 전체주의를 포기하고 민주주의 체제를 선택하였다. 그러나 최근 들어 일부 국가들이 과거로 회귀하고 있으며, 일부 선진국들도 민주주의의 위기를 겪고 있다. 이와 관련하여 다음 질문에 답하시오.

(1) 민주주의 체제와 권위주의 체제의 특징을 비교하여 설명하시오. (15점)

Advice

민주주의와 권위주의의 구분은 매우 중요한 주제이다. 동일한 스펙트럼 상에서 유사성과 차이점을 가지고 있기 때문에 민주주의의 특징과 대비되는 권위주의의 특징을 논의하는 것이 중요하다. 예컨대, 권력의 주체, 통치집단의 변화 가능성, 투표의 의미 등 비슷한 기준에서 차이를 확인하는 것이 좋다.

(2) 왜 민주주의가 자주 위기에 직면하거나 실패하는지를 선진국과 개발도상국을 비교하여 설명하시오. (15점)

Advice

1. 민주주의의 회귀와 관련하여 근대화 이론, 신근대화 이론 및 이에 대응되는 권위주의 이론을 활용할 수 있다.

2. 개발도상국이 선진국에 비해 민주주의의 위기를 겪는 이유로 경제적 원인을 들 수 있다. 쉐보르스키(A. Prezeworski)의 경험적 연구에 따르면 1인당 국민 총소득이 6055$ 이상인 경우 민주주의에서 역행하여 권위주의로 회귀하지 않는다고 한다. 개발도상국이 적절한 정도의 경제발달을 하지 않았기 때문으로 볼 수 있다. 또한 오도넬(O'Donnell), 거센크론(Gerschenkron)에 다르면 점진적으로 산업혁명을 거쳐 경제발전을 한 선진국과 달리, 개발도상국은 급진적인 발전을 이루는 과정에서 자본 축적과 집약이 필요하고 이를 위해 국가 자원을 동원하는 과정에서 권위주의 정부가 발생할 가능성이 높다. 이 외에 헌팅턴(S. Huntington)등 민주주의 공고화 관련 이론을 활용할 수 있다.

Ⅰ. 서 론

Ⅱ. 민주주의 체제와 권위주의 체제
  1. 민주주의 체제의 특징
  2. 권위주의 체제의 특징

Ⅲ. 민주주의가 위기의 원인: 선진국과 개발도상국의 비교 차원에서

1. 선진국
2. 개발도상국
  (1) 급격한 자본집약의 필요
  (2) 민주주의 공고화 조건 부족

Ⅳ. 결 론

| 제3문 (30점) |

국제정치의 현상을 설명하는 다양한 이론들이 존재한다. 이와 관련하여 다음 질문에 답하시오.

(1) 현실주의, 자유주의, 구성주의, 그리고 비판이론에 관하여 설명하시오. (15점)

Advice

현실주의, 자유주의, 구성주의는 국제정치학에서 가장 기본적인 국제정치현상을 바라보는 시각이다. 따라서 각 관점의 세부적 이론뿐만 아니라 이들이 공통적으로 가지고 있는 특성을 거시적으로 알고 있어야 한다. 국제정치의 주체, 세계 평화 및 협력 가능성, 국익의 의미 등을 기준으로 다른 점을 확인한다. 비판이론의 경우, 구조조의를 기반으로 중심부 국가들의 주변부 국가에 대한 착취를 특징으로 한다. 이들은 세계화와 자유무역이 착취의 수단이라고 보며, 주변부 국가들이 자유무역주의에서 벗어나야 한다고 본다.

(2) 위의 이론들 중 두 가지 이상을 활용하여 북핵 문제를 포함한 다양한 남북관계 문제를 해결하기 위한 방안을 논하시오. (15점)

Advice

1. 동북아시아, 한반도 문제, 북핵과 관련하여서는 현실주의와 구성주의 관점이 주로 분석기준으로 활용된다. 현실주의 관점에서 북한과의 영구적 평화는 어려울 수 있으며, 북핵과 관련하여 안보딜레마로 인한 군비경쟁이 나타날 수 있다. 반면 구성주의 관점에서는 같은 핵보유 국가임에도 영국에 대한 관점과 북한에 대한 관점이 달라진다는 점에서 국제정치관계 및 국가 정체성이 맥락과 인식을 통해 형성된다는 것을 알 수 있다.

2. 자유주의의 입장에서는 북한의 시장개방과 자유무역을 통해 북한 문제 해결을 도모할 수 있을 것이다.

| **제1문** | 정치발전과 관련하여, 립셋(Seymour Martin Lipset) 등이 제시한 경제발전이 민주화를 촉진한다는 주장은 상당히 설득력 있는 이론으로 받아들여져 왔다. 다음 물음에 답하시오. (총 30점, 선택 총 15점)

(1) 위에서 언급한 '경제발전과 민주화의 관계'에 관한 이론의 핵심 논리를 설명하시오. (10점)

(2) 위에서 언급한 이론의 한계를 경험적 사례를 들어 설명하고, 경쟁적인 이론들을 제시하시오. (20점)

Ⅰ. 서 론

Ⅱ. 경제발전이 민주주의를 촉진한다는 주장
  1. 근대화 이론
  2. 신근대화 이론

Ⅲ. 경제발전이 민주화를 촉진한다는 주장의 한계와 경쟁적 이론들

  1. 경제발전이 민주화를 촉진한다는 주장의 한계: 경험적 반례의 존재
  2. 경쟁적 이론: 경제발전이 민주화를 저해한다는 주장들
    (1) 오도넬의 관료적 권위주의
    (2) 거센크론의 견해

Ⅴ. 결 론

답안작성   최 0 0 / 2017년도 5급 공채 일반행정직 합격

Ⅰ. 서 론

경제발전이 민주화를 가져오는지, 민주화가 경제발전을 가져오는지 선후 관계 논의는 정치경제학자들에게 큰 논쟁거리였다. 한국의 경우, 경제발전이 민주주의를 가져온 대표적인 사례에 해당하지만, 중국의 경우 그렇지 않다는 점에서 과연 경제발전이 민주주의를 가져오는 것이 맞는지 그 관계를 살펴볼 필요성이 있다.

Ⅱ. 경제발전이 민주주의를 촉진한다는 주장

1. 근대화 이론

립셋(S. Lipset) 등이 제시한 경제발전이 민주주의를 촉진한다는 주장은 '근대화이론'으로 총칭될 수 있다. 근대화 이론은 도시화, 교육수준 증가, 소득증대에 따라 민주화가 발달하게 된다고 주장하였다.

경제발전을 위해서는 산업화가 필요하고, 산업화는 도시화를 가져온다. 도시에 밀집된 노동자들은 자신들의 임금을 보호하고 임금을 보다 인상하기 위해, 즉 자신들의 권리를 주장하는 과정에서 민주주의를 이끌어낼 수 있다. 산업가들 역시 도시에 모이게 되면서 정치적 의사결정권을 갖기 위해 민주화를 주장한다. 실제 서유럽의 민주주의는 부르주아가 자신의 소유권 및 참정권을 국가로부터 보호하는 과정에서 태동 되었다.

경제발전은 교육수준의 증가를 가져오는데, 이때 교육에서 민주주의와 다원주의에 대한 교육을 받게 되고, 토론 문화를 습득함으로써 민주주의로 이행할 가능성이 높아진다. 또한, 부의 증대는 타인에게 관용을 베풀 수 있는 '여유'를 가져오기 때문에 민주화에 기여한다고 본다.

2. 신근대화 이론

신근대화 이론은 근대화이론처럼 직접적인 인과관계를 논의하지는 않지만, 경제발전이 민주주의를 유지하고 민주화 경로를 지속하는데 기여한다고 주장한다. 쉐보르스키(A. Preworski)는 실증분석을 통해 민주화된 나라의 1인당 국민총소득(GNP)가 6,055\$ 이상인 경우 권위주의로 다시 되돌아가지 않는다는 것을 발견했다.

Ⅲ. 경제발전이 민주화를 촉진한다는 주장의 한계와 경쟁적 이론들
1. 경제발전이 민주화를 촉진한다는 주장의 한계: 경험적 반례의 존재

근대화 이론과 달리 실제 현실에서는 경제발전이 있더라도 민주주의로 이어지지 않는 경우들이 존재한다. 대표적으로 중국, 싱가폴, 중동국가들이 있으며 남미 국가들 역시 오히려 경제발전을 통해 권위주의가 강화되기도 하였다.

2. 경쟁적 이론: 경제발전이 민주화를 저해한다는 주장들
(1) 오도넬의 관료적 권위주의

오도넬(O'Donnell)은 중남미 국가의 경험적 사례들을 토대로 경제발전이 민주주의보다는 권위주의를 양산한다고 주장하였다. 수입대체 산업화를 하고 있던 중남미 국가들은 진정한 경제 발전을 위해 수출지향적 산업으로 산업화를 이뤄야 했다. 즉, 고도 기술을 양산하고 전문가들을 배출해야 하는 상황에서 중앙정부의 집중적인 투자가 필요했고, 이러한 투자를 진행하기 위해서는 권위주의적인 관료들이 국민들의 저항을 무릅쓰고 정책을 변경해야 했던 것이다.

(2) 거센크론의 견해

거센크론(A. Gerschenkron) 역시 비슷한 맥락에서, 후발국가들의 급속한 경제성장을 위해서는 국가 개입이 필수적이기 때문에 권위주의가 양산된다고 본다. 산업화를 위해서 국가 내의 경제적 자원을 집중적으로 동원해야 하는데, 이는 국민들의 소유권과 재산을 보호하고자 하는 민주주의하에서는 매우 어려운 일이기 때문이다. 선진국들의 경우 산업화가 점진적으로 이루어졌기 때문에 산업화와 함께 민주주의가 발전했지만, 후발국가들의 경우 선진국과의 격차를 줄이고 빠르게 산업화를 이루는 과정에서 민주주의가 발전하기 어렵다.

V. 결 론

한국 역시 경제발전이 민주주의를 가져왔다는 근거로 사용되지만, 한국의 경제발전 초기에는 산업화를 위해 권위주의적인 정부가 존재했다는 것 역시 사실이다. 후발국가들이 경제발전을 위해 권위주의가 활용되는 것이 경험적으로 존재하지만, 경제발전 이후 민주화로 나아갈 것인지, 권위주의를 유지할 것인지 그 차이에 대한 분석이 필요해 보인다.

┤ 강 평 ├

 문제의 전반적인 논의 포인트를 이해하고 있는 수험자는 무난한 답안을 기술하였으나, 답안 작성에서 일부 핵심적인 내용이 빠져있어 보완이 필요하다.

1. 구 도(Structure)

 본론에 비해 서론과 결론에서 충분한 문제제기와 정리가 미흡하다. '성장과 민주주의' 인과성 논제는 사회과학의 오랜 주제이자 앞으로도 끊임없이 논쟁이 이어질 인기 있는 주제이다. 특히 한국에서 위 인과성은 과거이자 현재진행형이다. 서론에서 이 주제에 관한 학계의 논의의 역사를 간략히 소개하되, 결론에서는 앞으로 신흥 민주화국가에 어떠한 함의를 지니는지에 관한 본인의 의견이 첨부되면 더 좋았다.

2. 내 용(Contents)

(1) 근대화이론의 선구자 립셋은 산업화와 도시화로 인해 비약적으로 증가한 중간계급이 민주주의 신장의 핵심적인 역할을 수행한다고 주장한다. 그런데 답안은 노동자와 산업가 그룹만 언급하고 있어 의아하다. 또한 도이취의 '사회적 동원화' 혹은 알몬드와 버바의 Civic Culture 등을 포함한 근대화논자들의 주장이 더 보충되어야 한다. 신근대화론을 첨가한 점은 신선했으나, 이는 장기적인 관점에서 민주주의로의 전환 포인트를 시사해 준다. 한국과 타이완의 사례는 언급은 금상첨화이다.

(2) 오도넬과 거셴크론의 주장을 소개하기 이전에 간략하게 "립셋류의 단선적 선형모델이 제3세계에는 적실한 가?"에 관한 학계의 논쟁이 간략하게 소개되어야 한다. 대부분 외생적 산업화과정을 겪은 후발 산업국가에서는 각국의 독특한 내적 모순이나 정치과정 등의 요인으로 인해 위 순수이론이 실제화 되기 어렵기 때문이다. 오도넬은 남미의 경우에 산업화가 일정 수준에 도달한(서구의 경험상 민주화로 갈 수 있는)국가군에서 오히려 권위주의가 강화되는 반근대화 현상을 주목하였다. BA는 수입대체화 2기인 경제심화를 완수하기 위해 외국기업, 국내산업 그리고 기술 관료사이의 3각 체제(trio)를 의미한다.

(3) 바라건대 한국사례로 결론을 맺었으면 답안이 더 깔끔하게 정리되지 않았을까? 한국의 빠른 성장과 더딘 민주화 궤적을 설명하기 위해 그간 오도넬류 이론이 많이 원용되었지만, 장기적으로 신근대화론이 적실하다. 그리고 중동의 민주화 향방이나 향후 중국과 북한에서의 전망은 최상이다.

| **제2문** | 유권자의 투표 행태에 관한 이론에는 사회학적 이론(sociological theory)과 합리적 선택이론(rational choice theory) 등이 있다. 다음 물음에 답하시오. (총 30점, 선택 총 15점)

(1) 유권자의 투표 행태에 관한 위 이론들의 핵심 내용과 차이점을 설명하시오. (10점)

(2) 위 이론들을 적용하여 한국의 지역주의 투표 행태를 설명하시오. (20점)

I. 서 론

II. 유권자 투표행태 이론
  1. 사회학적 이론
  2. 합리적 선택이론

III. 한국의 지역주의 투표행태 분석
  1. 사회학적 이론
  2. 합리적 선택이론

IV. 결 론

답안작성

최 ○ ○ / 2017년도 5급 공채 일반행정직 합격

I. 서 론

투표는 대의민주주의하에서 국민의 '대표'들에게 권력의 정당성을 주는 중요한 정치적 요소이다. 한국의 경우 이러한 대표 선정에 있어서 비합리적인 행태인 지역주의 투표행위가 만연하여 이를 개선해야 한다는 주장이 있다. 지역주의 투표행위에 대해 사회학적 이론과 합리적 선택이론을 통해 분석함으로써 지역주의 투표 행태를 진단하고 해소방안을 모색해본다.

II. 유권자 투표행태 이론

1. 사회학적 이론

사회학적 이론은 개인의 합리성이 아닌 사회적인 조건에 의해 투표 행태가 나타난다고 본다. 가족, 성별, 소득 수준, 거주지역 등 개인이 속한 집단, 계층에 따라 어떤 정당을 지지할지 결정하게 되는 것이다. 특히, 자신이 속한 집단이 지지하는 정당에 대한 맹목적인 충성심과 같은 마음 역시 투표에 영향을 미친다. 투표는 자신들을 대표하는 대표기관을 뽑는다기보다는 자신이 속한 '팀'이 승리하는 것을 목표로 한다. 따라서 자신이 지지하는 정당의 후보가 당선 가능성이 적어도 소신껏 투표함으로써 기꺼이 '응원'하고자 한다.

사회학적 이론은 유권자가 어떤 후보자를 선택할 것인지에 대한 분석을 가능하게 하지만, 합리적 선택이론과 달리 투표행위 자체를 할 것인지 말 것인지에 대한 분석은 어렵다는 한계가 있다. 또한, 본인이 속한 집단이 중첩되어 있는 경우 어떤 집단을 근거로 투표할지 판단하기 어렵다.

118 정치학 기출문제 – 답안과 강평

2. 합리적 선택이론

사회학적 이론과 달리 합리적 선택이론가들은 개인의 행위는 합리성을 바탕으로 행해지며, 투표행위 역시 합리적인 선택의 결과로 판단한다. 다운스(A. Downs)는 투표행위에 있어서 합리적 선택을 주장하며, 투표 행위시 발생하는 이익이 비용보다 크면 자신이 원하는 후보자에 대한 투표가 이루어진다고 판단하였다. 비용이 더 큰 경우에는 투표를 하지 않는다.

'V=PB−C〉0'인 경우 투표가 이루어 진다는 것인데, 이때 V는 투표 가치(Value), P는 자신이 선택한 후보의 당선 가능성(Probability), B는 이익(Benefit), C는 비용(Cost)이다. 이때 비용에는 실제 투표를 하러 갈 때 발생하는 비용은 물론, 후보들에 대해 정보를 수집하고 분석하는데 드는 비용도 포함된다. 이와 같은 원형의 수식은 어떤 정당을 선택할 것인지에 대해 명확히 판단할 수 없지만, 비용을 기회비용적 측면에서 볼 때, 다른 정당 선택 시 발생하는 효용을 C에 넣어 판단할 수 있다. 또한, 우변에 +D를 추가하여 주권행사 및 정치적 의견 표현으로 인한 효용, 결과를 기다리는 흥미 등을 추가하여 다양한 분석을 할 수 있다. 다만, 과연 해당 후보가 당선될 경우 얻는 이익이 구체적으로 무엇이며 계산 가능한 것인지의 한계가 존재한다.

Ⅲ. 한국의 지역주의 투표행태 분석

1. 사회학적 이론

사회학적 이론에 따르면 한국의 지역주의 투표행태는 자신이 속한 지역에 대한 충성심 내지 소속감에 의해 투표하는 것으로 이해될 수 있다. 본인이 태어난 원적지는 물론이고, 자신이 현재 살고 있는 거주지에 대해 애착이 생긴 경우 그 지역을 대표하는 정당과 정치인을 지지한다. 이에 따르면 한국의 지역주의 투표행위는 합리적인 선택이 아닌 감정에 따르는 선택이므로 정당과 정치인의 능력, 자질과 관계 없이 투표할 수 있게 된다는 점에서 우려가 따른다.

사회학적 이론에 따를 때, 지역주의 투표의 원인 자체는 설명될 수 있지만, 과연 개인들이 지역만을 자신들이 속한 준거집단으로 파악하는지가 문제가 될 수 있다. 이는 정치인들이 개인들을 동원하기 위해 사회적 균열을 새로이 만들어 낸 것으로 파악될 수 있는데, 1987년 민주화 이전에는 반공−민주 세력으로 사회균열이 존재하다가, 민주화 이후 더 이상 반공 논리를 사용할 수 없게 된 정치인들이 지역 대결 구도를 조장했다고 보는 견해이다. 이는 사회학적 이론에 따라 자신의 준거집단으로 판단하는 집단을 정치인들이 동원을 통해 변화시킬 수 있는 것으로 해석될 수 있을 것이다. 마찬가지로, 정치인들의 선택에 따라 지역주의 투표 행태 역시 다른 집단간 경쟁 구도로 변화함으로써 해소될 수 있어 보인다.

2. 합리적 선택이론

합리적 선택이론에 따르면 개인이 지역주의 투표를 할 때의 효용이 비용보다 크기 때문에 지역주의 투표가 이루어진다. 합리적 선택이론에서의 비용(C)에 있어서 유권자들이 정당이나 후보자의 정책 등 다른 정보를 수집하고 분석하는 비용보다 지역에 따라서 투표를 할 때의 비용이 적기 때문에 지역주의 투표 행위를 하는 것으로 분석될 여지도 있다.

이와 달리, 유권자들이 기존의 계급 정당보다 지역정당을 지지하는 것이 자신에게 이익을 가져다 줄 것으로 판단하여 지역주의적 투표행위를 보인다는 설명도 가능하다. 한국의 경우 북한과의 휴전이라는 특수한 상황과 함께, 정치 이념의 스펙트럼이 넓지 않기 때문에 특정 이념을 가진 정당보다 자신과 연고가 있는 지역정당이 자신에게 더 많은 이익을 줄 것이라고 판단한것으로 볼 수 있다.

두 해석 모두 지역주의 투표행위가 '지역에 대한 충성심'이 아닌 개인의 합리성에 따라 자신에게 이익이 되기 때문에 행해지는 것으로 본다. 이에 따르면, 정당과 정치인의 능력, 정책에 대한 정보를 보다 유권자에게 편리하게 제공하는 방법으로 지역주의 투표행위를 완화할 수 있을 것이다. 또한, 지역 정당을 대체하여 유권자들에게 더 큰 이익으로 다가올 정당이 존재하는 경우 지역주의 투표행위가 해소될 것으로 보인다.

Ⅳ. 결 론

사회학적 이론에 따르면, 우리나라 투표 행태의 가장 큰 특성인 지역주의 투표행위가 비합리적인 것임을 진단하면서 동시에 정치인들에 의해 해소될 수 있다는 것을 알 수 있다. 합리적 선택이론에 따를 경우에도 정치인과 정당들이 유권자의 이익을 위해 노력할 경우 지역주의 투표행위가 해소될 수 있어 보이는바, 정치인들의 역할이 중요하다는 것을 알 수 있다.

본 문제는 한국의 고질병인 지역주의 투표 현상에 대한 2개의 다른 분석틀을 비교하여, 첫째
는 설명력이 더 높은 이론을 찾고 아울러 지역주의 선거의 해소방안을 간접적으로 묻고 있다.

1. 구 도(Structure)

서론에서 1971년 7대 대선부터 17대 대선까지 그리고 이 기간에 실시된 총선에서의 지역주
의 투표현상에 대해 간략하게 설명되어야 문제의 본질에 더 용이하게 도달할 수 있다. 소위 문
제의식(Problematique)이 미흡하면 이론적 대안과 개선방향을 찾기가 더 어려워진다. 결론에
서 정당체제 개혁이나 영호남 화합, 그리고 민주시민의식 고양 등의 변수보다 '정치인의 주도
적인 역할'을 지역주의 투표 해소의 첫 걸음으로 설정한 것은, 본론부분에서 충분한 논의가 부
족했기 때문으로 채점될 수 있게 보인다.

2. 내 용(Contents)

(1) 투표행위에 관한 사회학적 이론과 합리적 선택 이론은 서로 상반되는 명제를 담고 있다.
사회학 이론은 투표자의 사회적 배경을 그리고 합리적 모델은 개인의 자율적인 선택을 투
표행위의 원인으로 지목하고 있다. 각 모델의 특이성을 세밀하게 비교 설명하는 것이 중
요하다. 그러나 수험자는 답안에서 2개의 모델에 관한 일반적인 설명으로 그치고 있는 점
이 옥에 티이다. 만일 사회학적 이론을 답할 때 해외 및 국내 학자들을 인용했으면 훨씬
답안의 미시적인 미비점이 보충되었을 것이다. 또한 합리적 모델 답안에서 Downs의 전
망적 투표만을 소개하고 있고, 회고적 투표는 빠져있다. 국내 학자들의 소개도 첨가되면
백점이다.

(2) 양 이론을 원용하여 한국의 지역주의 투표를 어떻게 설명할 수 있을까? 사회학적 이론의
변수인 지역과 사회심리학적 요인(지역의식) 등이 대선과 총선에서 지역몰표현상을 야기
한 사례는 차고 넘친다. 또한 민주화 과정에서 역설적으로 지역할거주의체제가 구축되어
지역주의가 고착되어가는 현상에 대해 다양한 사례를 구체적으로 기술해야 한다. 합리적
선택이론 부분도 일반적인 설명에 그치고 있다. 답안에서 각 모델의 단점 지적에 상대적
으로 더 많은 답안을 기술한 점은 이해하기 힘들다. 본 질문은 각 모델을 지역주의 투표현
상에 대비시켜서 한국의 민주화과정(1971년~2017년)에서의 지역주의 투표현상을 수험
자들이 더욱 적나라하게 분석하는가를 보는 것이다.

2018

(3) 각 모델의 장단점은 서로 상대적이다. 따라서 각 이론들의 장단점을 상호 융합하는 방안은 한국의 고질병 해소의 단초가 아닐까? 결론에서 관련 학자들의 단골 메뉴인 정당개혁이나 시민의식 고취 대신에 정치인의 역할을 주장한 점은 다소 색다르다. 이외에도 자신의 독특한 해소방안을 결론에서 제시하는 자세는 채점자에게 신선함을 선물할 수 있다.

┃제3문┃ 영국의 브렉시트(Brexit)와 미국의 트럼프(Donald Trump) 대통령 등장에 따른 국제
정치경제 질서의 급격한 변화가 자유주의 국제질서를 위협하고 있다는 주장이 있
다. 다음 물음에 답하시오. (총 20점, 선택 총 10점)

(1) 자유주의 국제질서의 핵심적 내용을 기술하시오. (10점)

(2) 브렉시트와 트럼프 대통령의 등장이 자유주의 국제질서의 위기를 초래하고 있다는 주장의
논리를 설명하시오. (10점)

Ⅰ. **서 론: 자유주의 국제질서를 중심으로**

Ⅱ. **자유주의 국제질서의 위기: 브렉시트와 트럼프 대통령**

1. 영국의 브렉시트
2. 트럼프 대통령의 등장: 보호주의

Ⅲ. **결 론**

답안작성

최 ○ ○ / 2017년도 5급 공채 일반행정직 합격

Ⅰ. 서 론: 자유주의 국제질서를 중심으로

자유주의는 개인의 합리성에 대한 신뢰와 존중을 기반으로 한다. 개인의 합리적인 선택이 모인 결과
로서 시장은 애덤 스미스(A. Smith)가 말한 '보이지 않는 손'(Invisible hands)을 통해 사회적으로도 합
리적인 결과를 만들어 낸다. 따라서 국가는 시장에 대한 개입을 최소화 해야하며 이는 국제적으로 발생
하는 무역과 관련해서도 동일한 입장이다.

자유주의는 국가 간 발생하는 자유주의 무역이 전 세계적인 효율을 가져온다고 본다. 리카르도(D.
Ricardo)는 국가마다 비교우위를 가지는 생산품이 다르기 때문에, 각자 비교우위를 가지는 재화를 무역
을 통해 교환한다면 전 세계적으로 효용을 극대화할 수 있다고 보았다. 즉, 국가간 관세를 철폐하고, 세
계 시장이 통합될수록 모두의 이익이 극대화 된다.

절대왕정 시대 중상주의의 교역과 달리 근대의 자유주의 국제질서는 관세철폐와 자유무역을 주창하
며 현대까지 이어졌다. 그러나 교역에 있어서 불이익을 받는 국가들이 발생해 형평성 논란이 제기되고
있다. 또한, 강대국들 역시 정치적 이슈에 따라 무역요건을 강화하거나, 경제협상을 맺는 등 국제경제가
순수하게 경제적 논리로만 작동하지 않기 때문에 자유주의 국제질서가 주장하는 자유무역의 한계가 존
재하며, 최근 영국의 브렉시트와 트럼프 대통령의 보호무역주의가 이를 보여준다.

Ⅱ. 자유주의 국제질서의 위기: 브렉시트와 트럼프 대통령

1. 영국의 브렉시트

유럽연합(EU, European Union)은 28개 유럽 국가들 사이의 경제, 정치적 연합체이다. 유럽연합 내의 국가들 간에는 관세를 철폐하며, 대부분의 유럽연합에 속한 국가는 유로(Euro)라는 공통화폐를 사용한다. 2016년 영국은 영국이 유럽연합에 대해 부담하는 비용이 막대하다는 의견 하에 국민투표를 통해 유럽연합에서 탈퇴하는 방안을 결정하였고, 이것이 영국을 의미하는 'Britain'과 탈퇴를 의미하는 'exit'를 결합한 '브렉시트'(Brexit)이다.

영국의 브렉시트는 자유주의 국제질서를 주도하던 영국이 자유주의 국제질서를 표방하는 유럽연합에서 빠져나온다는 점에서 큰 파장을 불러일으켰다. 그 행위 자체가 그동안의 자유무역이 결국 진정한 '자유'가 아닌 '선진국 본인들의 이익'에 따라서만 유지된다는 자유주의 국제질서에 대한 모순을 증명하는 것으로 비춰질 수 있기 때문이다.

하지만, 영국의 입장에서는 오히려 유럽연합이라는 경제적 자유시장(free market)을 유지하는데 발생하는 비용, 즉 킨들버거(Kindleberger)가 말한 공공재로서의 '자유무역'을 유지하는 비용을 영국이 부담한다는 것이 오히려 영국의 '자유'에 반한다는 주장을 할 수 있다.

2. 트럼프 대통령의 등장: 보호주의

트럼프 대통령은 미국에 대한 강력한 보호주의를 취한다. 트럼프는 대선 공약 자체에서도 강력한 보호주의를 취할 것을 명시했으며, 실제 자신을 지지한 이익집단들의 이익 보호에 앞장서고 있다. 제조업 분야에 대한 보호를 위해 관세를 부과하고, 세이프 가드(긴급 수입 제한조치)를 활용했다.

트럼프의 보호주의 역시 영국의 브렉시트와 마찬가지로 자유주의 국제질서를 천명하던 선진국들이 자국의 이익을 위해서는 자유주의 국제질서를 파괴하는 행위를 한다는 것이다. 이 역시 결국 자유주의 국제질서가 모든 국가에 이롭다는 주장이 선진국만을 위한 것이었음을 반증하는 모습으로 보여진다.

브렉시트와 다른 모습이 있다면 영국의 경우 자유주의 국제질서를 유지하는 비용이 영국에게 집중적으로 부담된 것이 가시적이었다면, 국제무역에 있어서 미국이 질서 유지를 위해 지불하고 있는 비용이 가시적이지 않다는 것이다. 따라서 미국의 행태에 대해 자유주의 국제질서를 채택한 많은 국가들이 비판하고 있으며 이는 다른 국가들 역시 자국의 이익과 산업보호를 위해 보호주의를 채택할 수 있다는 근거를 만들어주고 있다는 점에서 자유주의 국제질서에 큰 위기를 가져왔다.

Ⅲ. 결 론

트럼프는 세계의 안전을 위해 설치된 미군기지들의 유지비용 등 미국이 이미 자유주의 국제질서 및 국제평화를 위해 사용하는 비용이 막대하다고 주장하고 있다. 하지만 보호주의 조치 자체는 그렇게 많은 비용을 활용해서 보호하고자 한 '자유주의 국제질서'를 훼손시키는 행위이므로 보다 신중한 접근이 필요해 보인다. 영국의 브렉시트 역시 주도적인 국가의 이탈로 인해 다른 국가들이 동요에 빠질 수 있고, 유럽 내 자유무역질서가 해체될 수 있다는 점에서 향후 사태 수습이 중요할 것으로 보인다.

정치학 과목에서 한 문제는 국제관계에 배정되는 관례에 따라 본 문제는 21세기 국제체제의 특징과 변화에 주목하고 있다. 특히 영국과 미국처럼 강대국들이 자유주의 국제질서를 해치는 행위에 대한 총체적인 이해를 요구한다.

1. 구 도(Structure)

서론을 생략하고 곧 바로 본론으로 직행한 점은 시간부족으로 해석하는 채점자의 관용이 요구된다. 21세기 국제체제의 특징을 개괄적으로 피력하고, 자유주의 질서에 관한 남북관계의 갈등을 간략하게 소개하면 좋을 것이다. 결론에서 브랙시트와 트럼프주의의 함의를 총정리한 점은 매우 적절했다. 다만 한국이나 기타 후진국의 입장 첨언은 미래질서에 관한 시사점을 제공해 준다.

2. 내 용(Contents)

(1) 자유주의 국제질서를 스미스와 리카르도의 경제원리을 들어 원론적으로 설명하는데 그치고 있다. 그러나 국제정치경제학자인 케오인과 나이의 상호의존성(Interdependence) 개념으로 자유주의 질서의 행위자, 규범, 제도, 레짐 그리고 여러 행위를 설명하면 보다 총체적인 내용과 현상을 부언할 수 있다. 그리고 2차대전 이후 브레튼우즈 체계의 생성과 변화, 그리고 WTO와 EU와 NAFTA같은 지역경제체제의 공존 등으로 구성된 자유주의 질서를 설명하고, 한편으로 남북관계의 갈등이 지속적으로 심화되어가는 지를 첨언하면 좋을 것이다.

(2) 영국의 브랙시트와 트럼프주의의 역기능을 상호 비교하기보다는 양자의 문제점과 딜레마를 더욱 세밀하게 설명하는 자세가 필요하게 보인다. 브랙시트를 '자유와 이익'으로만 분류하여 설명하는 것이 적실한가? 오히려 영국이 EU에서 탈퇴할 수밖에 없게 만든 정쟁이나 국내적 사정 혹은 다른 국가(독일)와의 상대적 이익(Relative Gains)의 문제점 등을 더 명확하게 밝히는 답안작성 전술이 더 나을 것이다. 트럼프의 미국우선주의는 영국사례보다 더 심각하게 자유주의 국제질서를 위태롭게 만들고 있는지 학자, 미디어, 재계와 국제인식공동체의 우려가 지대한 실정이다. 트럼프의 신보호주의가 과연 패권안정이론에서 상정하고 있는 자애로운 패권국(Benign Hegemon)을 포기한 자국중심주의로의 회귀인지를 더 세밀하게 따져보아야 한다. 이는 안정자로서의 미국패권의 하락과 포기를 의미하고 자유주의 국제질서는 심하게 요동칠 것이다.

(3) 미국과 중국간의 G2대결의 파장은 어느 정도로 자유주의 국제질서를 위협할 것인가? 이 불안한 국제질서에서 한국의 생존과 성장을 위한 외교적 대응은 무엇일까? 이런 후속적인 의문을 결론부분에서 첨가된다면 최상위 답안이다.

| 제4문 | 비교정치연구에는 최대유사체계(most similar systems)와 최대상이체계(most different systems) 연구방법이 자주 사용된다. 다음 제시문을 읽고 물음에 답하시오. (총 20점, 선택 총 10점)

학자 甲은 근대 국가 형성 과정에서 민주주의로 이행한 A, B, C, D 국가가 언어, 인종, 종교 등에 있어서 매우 상이한 특성을 갖고 있음에도 불구하고, 강력한 부르주아 계급이 성장했다는 공통점을 발견했다. 이와 같은 발견을 토대로 甲은 강력한 부르주아 계급의 성장이 민주주의 등장의 주요한 원인이라고 결론지었다.

---

(1) 위에서 언급한 최대유사체계와 최대상이체계 연구방법의 핵심 논리를 비교하시오. (10점)

(2) 위 제시문에서 甲이 채택한 연구방법과 채택 이유를 설명하고, 그 연구방법이 가지는 한계를 논하시오. (10점)

Ⅰ. 서 론

Ⅱ. 최대유사체계와 최대상이체계 비교
 1. 최대유사체계 분석방식
 2. 최대상이체계 분석방식

Ⅲ. 사례의 분석
 1. 甲의 분석방식과 채택 이유: 최대상이체계
 2. 최대상이체계의 한계점

Ⅳ. 결 론

답안작성   최 0 0 / 2017년도 5급 공채 일반행정직 합격

Ⅰ. 서 론

비교 정치에 있어서 가장 중요한 것은 어떤 요인이 특정 사회현상(결과)를 가져 왔는지 밝혀내는 것이다. 그러나, 역사상 존재하는 정치적 사례는 통계적 인과를 논하기에는 매우 적고 그 시기와 지역상 특수성이 존재하기 때문에 쉐보르스키(A. Preworski)와 헨리튜니(H. Tune)가 제안한 최대유사체계와 최대상이체계를 통해 비교 분석하는 것이 가장 단순한 방식으로 오늘날에도 여전히 사용되고 있는바, 그 유용성과 한계에 대해 살펴본다.

Ⅱ. 최대유사체계와 최대상이체계 비교
1. 최대유사체계 분석방식

최대유사체계 방식은 모든 것이 유사한 상황에서 다른 요인에 의해서 다른 결과를 만들어 낸다면, 다른 요인이 다른 결과를 가져오는 원인으로 보는 것이다. 이는 아리스토텔레스(Aristotle)의 '상이법'과

같은 맥락으로, 가장 적절한 비교사례들로 가능한 서로 닮은 사례들을 활용함으로써 설명요인을 최소화한다.

지역국가들이 유사한 속성을 가지고 있기 때문에, 차이 요인을 발견하기 쉽다는 점에서 지역 연구(area studies)에 자주 활용된다. 예컨대, 중남미 지역국가들은 대부분 산업구조나 언어, 종교, 사회계급 구조가 유사한데, 이들 중 하나의 특수한 차이점이 다른 결과를 가져온다면 그 요인을 원인으로 보는 것이다.

2. 최대상이체계 분석방식

최대상이체계는 모든 것이 다른 상황에서 같은 요인을 공유한 것이 같은 결과를 만들어 낸다면, '공유한 요인'이 '같은 결과를 창출한 원인'이 될 수 있다는 분석방식이다. 최대유사체계의 한계를 보완하기 위해 나타난 것으로, 아리스토텔레스의 '일치법'과 같은 논리이다.

최대 유사체계는 독립변인의 도출 분석 수준을 '국가'단위로만 고정하고, 보편성과 일반성을 갖기 어렵다는 한계를 가지는데, 최대상이체계는 국가 뿐만 아니라 모든 나라의 조직 및 개인적 차원에서 분석 가능하다. 최대 유사체계와 같이 독립변인과 종속변인간 공통적인 양상을 추적함으로써 인과관계를 밝히고자 하는 것이지만, 설명변인을 상정하는 논리와 사례선택의 논리가 다른 것이다. 예컨대, 사례들을 분석하는데 있어 부르주아와 농업의 상업화 유형, 계급으로서의 농민, 농민의 혁명적 잠재력과 같은 개인 차원의 지표를 활용할 수 있게 된다.

Ⅲ. 사례의 분석
1. 甲의 분석방식과 채택 이유: 최대상이체계

제시문에서 甲은 "근대 국가형성과정에서 민주주의로 이행했다."는 동일한 결과를 가진 A, B, C, D국이 각기 다른 특성을 가지고 있지만, "강력한 부르주아 계급이 성장했다."는 공통점을 통해 '강력한 부르주아 계급의 성장(독립변수)'가 '근대국가 형성 과정에서 민주주의의 이행(종속변수)'을 가져온다고 주장하고 있다. 서로 다른 특징을 가진 사례들에 대해 공통의 요인을 갖고 있으며, 해당 공통요인이 공통의 결과를 가져왔다고 주장하고 있기 때문에, 최대상이체계를 활용하고 있다는 것을 알 수 있다.

해당 분석방법을 채택한 이유는, 언어·인종·종교 등에 있어서 매우 상이한 특성을 가진 각 국가들이 서로 공유하는 속성이 아닌 국가내부의 '사회적 구조'에서 갖는 동질성을 통해 인과관계가 설명되기 때문이다. 즉, 다른 지역에 속할 가능성이 높은 국가들에 있어서, 국가 내부의 '부르주아 계급성장'이라는 요소를 원인으로 파악하기 위해 최대유사체계가 아닌 최대상이체계를 활용했을 것이다.

2. 최대상이체계의 한계점

최대상이체계 역시 최대유사체계와 마찬가지로 사례가 적다는 문제가 발생한다. 더욱이 종속변수, 즉 결과의 모습이 사례 간 서로 다른 경우에는 사용할 수 없다는 점에서 분석 대상의 폭이 줄어든다. 또한 연구자의 주관적 판단과 자의성 문제도 피할 수 없다.

이와 함께, 최대유사체계와 달리 국가내부 속성을 규정하는 외부적 요인이나 지역적인 차원의 요인들이 상대적으로 경시될 수 있다는 점도 한계가 된다.

Ⅳ. 결 론

최대상이체계와 최대유사체계 모두 일정한 한계를 가지고 있지만, 서로 보완할 수 있다는 점에서 양자를 적절히 혼합하여 사용할 수 있을 것이다. 정치 사례는 역사가 한정적인 만큼 사례가 적을 수밖에 없다는 점을 감안하고 분석 방식의 한계를 받아들이며 분석의 의미를 찾아야 할 것이다.

방법론에 관한 수험자의 이해도가 매우 높게 반영된 답안이다. 비교정치연구의 대표적인 방법론에 관한 해박한 이해를 바탕으로 답안의 구도와 내용에서 조직적인 효율성을 지닌 수작이다.

1. 구 도(Structure)

서론에서 사회과학 연구의 특징을 명확하게 정리하고 있으며, 본론부분의 내용에 대한 선험적인 기대를 갖게 한다. 본론은 우수한 조직적 및 체계적 이해도와 방법론적 역량을 보여주고 있으며, 결론에서 앞에서의 논의가 체계적으로 잘 정돈되어 있다.

2. 내 용(Contents)

(1) 최대유사 vs 최대상이체계 비교에 관한 방법론적 이해가 아리스토텔레스의 시각을 빌려 효과적으로 설명되고 있다. 다만 각 방법론의 구체적인 사례의 인용을 첨가했으면 더 나은 답안이 되었을 것이다. 예를 들어 첫 번째 질문인 '경제성장과 민주주의 인과성' 주제로 본 문제를 보면 남미국가에 대한 연구는 최대유사체계 분석에 가깝지만, 한국과 타이완, 그리고 칠레와 브라질 그리고 스페인 등의 비교연구는 최대상이체계 분석에 해당 될 것이다.

(2) 사례의 분석에 관한 질문에 정확한 답안을 기술하고 있다. 최대상이체계의 한계에 관한 답안에서 간략하게 정리했지만 다양한 한계점을 적시하고 있다.

(3) 사례의 희소성을 극복하는 사회과학의 방법론은 무엇일까? 빅데이터의 구축 등 기발한 방안을 결론부분에 첨가하는 전략도 필요하게 보인다.

2018년도 입법고등고시 기출문제와 어드바이스 및 답안구성 예

| 제1문 (40점) |

모스카(Gaetano Mosca), 파레토(Vilfredo Pareto), 미헬스(Robert Michels) 등 엘리트 이론가들은 다수를 위한 합법적이고 민주적인 사회에서도 '소수자 지배의 이론'은 여전히 유효하다고 주장한다.

(1) 소수의 엘리트가 다수의 대중을 지배한다는 엘리트 이론의 주장과 그 논리를 설명하시오. (10점)

Advice

민주주의에 대응하는 반대 논의로서 '엘리트 이론' 역시 민주주의와 다른 부분을 부각시켜 서술하면 좋다. 제시문에 주어진 이론가들은 가능하다면 직접적으로 인용하는 것도 좋은 방식이다. 통치구조에 있어서 권력 작동 방식을 설명해 주면서, 엘리트 이론의 주요 특징인 엘리트의 탁월성을 서술해준다. 반면, 수동적 존재로서의 대중·시민을 비교 서술해주면 좋은 인상을 줄 수 있을 것이다.

(2) 정보사회 혹은 디지털 네트워크 사회의 특성을 설명하고 이에 근거해 엘리트 이론의 주장을 반박하시오. (30점)

Advice

디지털 네트워크 사회의 도래는 전자민주주의 논의를 이끌면서 민주주의의 또 다른 분야를 개척했다. 기술적 진보로 참여민주주의 방식이 다양화되었고, 정보공유를 통한 숙의민주주의와 시민역량 강화가 가능해졌다. 이는 반대로 민주주의와 대응되는 엘리트 이론의 한계를 가져오게 되었다. 지식기반 권력 창출, 수평적 네트워크를 통한 정보공유, 주체 간 연결성 및 쌍방향 커뮤니케이션 등 디지털 네트워크 사회의 특성들을 토대로 앞서 논의한 엘리트 이론의 주장을 비판한다.

Ⅰ. 서 론

Ⅱ. 엘리트 이론의 주장과 그 논리

　1. 권력의 집중

　2. 엘리트의 탁월성: 정보 등 자원의 집
　　 중, 도덕적 탁월성

　3. 수동적 존재로서의 시민

Ⅲ. 디지털 네트워크 사회의 특성

Ⅳ. 디지털 네트워크 사회에서 엘리트 이
　 론의 한계

　1. 권력의 분산

　2. 정보의 확장: 숙의 민주주의 가능성

　3. 시민의 적극적 참여

Ⅴ. 결 론

| 제2문 (30점) |

'벼랑 끝 전술(Brinkmanship)'의 개념 및 특징과 벼랑 끝 전술의 활용에 있어 고려해야 할 사항에 대하여 설명하시오. 벼랑 끝 전술의 사례를 간략히 제시하고, 최근 북·미관계의 변화에 있어서 한국의 역할에 대한 함의를 벼랑 끝 전술의 시각에서 서술하시오.

Advice

1. 북한 문제 및 외교정책을 알아야 풀 수 있는 문제이다. '벼랑끝 전술'은 강제(compellence)의 일환으로, 위협을 통해 상대방에게서 자신이 원하는 바를 얻는 전략이다. 이는 외교 관계에 있어서 '비겁자게임(chicken game)'에 처한 것으로 볼 수 있으며, 북한은 사활을 걸고 비합리적으로 '자신의 손을 묶는 전략'(tying my hands)을 통해 합리적인 국가들을 위협하는 것이다.

2. 북한은 대한민국과의 관계, 대미외교에서 열세에 놓일 때 핵무기개발, 장거리 미사일 발사를 통해 미국과 한국을 위협하였다. 자국민의 안전을 일 순위로 두는 민주주의 국가에서 이러한 북한의 전략은 어느 정도의 실효성을 가지고 있다. 특히 벼랑끝 전술은 미국과 북한 관계처럼 강대국과 약소국 사이에서 약소국이 효과적으로 사용할 수 있는 전략이다.

3. 최근 트럼프 정부의 등장은 북한의 벼랑끝 전술을 무력하게 만들고 있다. 이러한 상황에서 한국이 벼랑끝 전술의 대상으로 옮겨질 수 있다. 또한, 북미 관계가 악화될 수 있는 상황에서 한국은 극단적인 상황을 피하도록 중재자, 조정자 역할을 해야 할 것이다. 즉, '한반도 운전자론'을 중심으로 사슴사냥게임으로의 전환, 다자주의 등을 논의할 수 있다.

Ⅰ. 서 론

Ⅱ. 벼랑 끝 전술의 의의와 사례

　1. 벼랑 끝 전술의 개념과 특징

　2. 벼랑 끝 전술의 사례

Ⅲ. 북미 관계 변화에 있어서 한국의 역
　 할: 벼랑 끝 전술의 시각에서

Ⅳ. 결 론

그레이엄 앨리슨(Graham Allison)은 고대 그리스 역사학자 투키디데스(Thucydides)가 지은 저서 『펠로폰네소스 전쟁사』를 참고하여 '투키디데스 함정(Thucydides Trap)'이라는 용어를 만들었다. 그는 지난 500년 간 패권도전국이 기존 패권국을 대체하려는 시도가 16회 있었고, 그 가운데 패권도전국과 기존 패권국이 '투기디데스 함정'에 빠져 전쟁을 치른 것이 12회였다고 주장한다.

(1) '투키디데스 함정'의 의미를 설명하시오. (10점)

Advice

'투키디데스 함정'은 국제정치학의 출발로 언급되는 투키디데스의 『펠로폰네소스 전쟁사』에서 묘사된 아테네와 스파르타의 전쟁을 현대적으로 분석한 용어이다. 현대 국제정치학자 앨리슨(Graham. T. Allison)의 최근 저작 『예정된 전쟁』에서 언급되었다. 신흥 강대국(아테네)의 부흥으로 인한 기존 강대국(스파르타)의 두려움에 의해 예방전쟁이 일어나는 것을 묘사하므로, 현실주의의 세력전이이론과도 연결된다.

(2) 패권경쟁 중인 미국과 중국이 '투키디데스 함정'에 **빠**지지 않을 가능성의 근거들을 제시하시오. (20점)

Advice

1. 현대 국제정치에서 기존 패권국이라고 볼 수 있는 미국과, 신흥 패권도전국으로 볼 수 있는 중국 간의 관계에서 전쟁이 일어나지 않을 가능성을 확인해야 한다. 앨리슨의 저작에 소개된 내용(투키디데스 함정을 피한 4가지 역사적 사례)을 모르는 상태에서는 일반론적 접근만을 할 수 있을 것이다. 현실주의 입장에선 모겐소(H. Morgenthau)에 따르면 개인 차원에서 국가 지도자들이 정확한 판단을 할 수 있어야 한다. 또한 핵억지를 통한 전쟁방지도 논의할수 있다.

2. 구성주의 측면에서 과거 영국–미국 패권 이전이 평화적으로 이루어졌던 사례를 활용할 수 있을 것이다. 제도적으로 동일한 국제기구에 속함으로써 결속력을 높일 수 있으며, 경제적 의존도를 높임으로써 전쟁 가능성을 줄이는 코헤인(R. Keohane)과 나이(J. Nye)의 '상호의존론'과 같은 자유주의적 시각을 활용할 수 있을 것이다.

답안구성 예

I. 서 론

II. 투키디데스 함정의 의미

III. 미국과 중국의 상황 분석: 투키디데스 함정에 빠지지 않을 가능성

1. 각국 지도자들의 판단력
2. 영국-미국의 평화적 패권 이전 사례
3. 신자유주의적 접근: 제도 활용 및 경제적 의존도 증대

IV. 결 론

| **제1문** | 최근 다양한 사회 관계망 서비스(SNS, Social Network Service) 등 소셜 미디어의 등장은 민주주의의 질(quality)이란 측면에서 낙관론과 비관론 간의 논쟁을 불러일으키고 있다. 다음 물음에 답하시오. (총 40점)

(1) 소셜 미디어가 민주주의의 질에 미치는 영향을 낙관론과 비관론으로 구분하고 인터넷 기술과 정보비용, 숙의, 사회적 자본(social capital)의 관점에서 비교하여 설명하시오. (20점)

(2) '다름에의 노출'(이질성) 혹은 '끼리끼리 현상'(동질성)과 같은 소셜 미디어 상의 서로 다른 네트워킹은 숙의의 성격을 다르게 만들 뿐만 아니라 정치참여와 민주주의에 미치는 영향도 서로 다르다. 소셜 미디어 상 네트워크의 이질성과 동질성이 정치참여와 민주주의에 어떤 효과를 미칠 수 있는지 설명하시오. (20점)

Ⅰ. 들어가며

Ⅱ. 소셜 미디어가 민주주의의 질에 미치는 영향 – 설문 (1)
1. 소셜 미디어의 등장이 민주주의의 질을 제고시킬 것이라는 견해: 낙관론
 (1) 민주주의의 질
 (2) 공론장에의 접근성의 향상: 인터넷 기술과 정보비용
 (3) 사이버 공론장의 개방성과 투명성: 숙의민주주의
 (4) 적극적 참여와 수용의 시민 문화: 교량형 사회적 자본
2. 소셜 미디어의 등장이 민주주의의 질을 저하시킬 것이라는 견해: 비관론
 (1) 정보의 비대칭성과 정보 격차: 인터넷 기술과 정보비용
 (2) 사이버 공론장의 익명성과 임시성: 숙의민주주의

 (3) 폐쇄적 집단 형성과 베타적인 시민 문화: 결속형 사회적 자본

Ⅲ. 네트워크의 이질성과 동질성이 민주주의에 미치는 영향 – 설문 (2)
1. 소셜 미디어 상 네트워크의 이질성과 동질성과 숙의: 사회적 자본의 관점에서
 (1) 사회적 자본
 (2) 다름에의 노출과 교량형 사회적 자본: 숙의민주주의의 증진 가능성
 (3) 끼리끼리 현상과 결속형 사회적 자본: 숙의민주주의의 저해 가능성
2. 서로 다른 숙의와 소셜 미디어가 정치참여와 민주주의에 미치는영향
 (1) 네트워크의 이질성과 정치참여: 민주주의의 질적 증진
 (2) 네트워크의 동질성과 정치참여의 제한

Ⅳ. 마치며: Next Democracy

Ⅰ. 들어가며

SNS란 특정한 관심이나 활동을 공유하는 사람들 사이의 관계망을 구축해주는 온라인 서비스를 말한다. 최근 페이스북과 트위터와 같은 SNS의 폭발적인 성장으로 사회적으로 커다란 관심의 대상으로 부상하였다. 이와 같은 SNS에 가입한 이용자들이 정보와 의견을 공유하면서 대인관계망을 넓힐 수 있는 플랫폼을 소셜 미디어라고 한다.

지난 2010년 튀니지에서 일어난 민주화 혁명인 자스민 혁명은 트위터 등 SNS를 통하여 실시간으로 전 세계에 중계되며 독재정권을 무너뜨리고 아랍국가에 민주시위가 확산되는 계기가 되었다. 또한 미국의 오바마 대통령은 선거 전략으로 SNS를 적극적으로 활용하여 공약을 공유하고 유권자를 설득하여 성공적인 선거를 치렀다고 평가받았다.

이처럼 소셜 미디어의 대두는 민주주의에 이미 막대한 영향을 미치고 있다. 소셜 미디어가 민주주의와 참여에 미칠 수 있는 효과에 대한 낙관적, 비관적 견해를 비교해 보고자 한다.

Ⅱ. 소셜 미디어가 민주주의의 질에 미치는 영향 - 설문 (1)

1. 소셜 미디어의 등장이 민주주의의 질을 제고시킬 것이라는 견해 : 낙관론

(1) 민주주의의 질

현대 민주주의는 대의제를 기반으로 하는 간접 민주주의의 형태이다. 민주주의는 아테네에서의 민주주의가 그랬듯이 시민이 스스로를 통치하는 제도를 말한다.

그렇지만 현대 사회의 복잡성과 시간, 공간의 제약은 직접 민주주의의 실현을 불가능하게 만들었고 차선의 대안으로써 설계된 것이 대의제이다. 따라서 민주주의의 질이란 시민이 스스로를 통치하는 민주주의의 이상에 보다 가까워지는 경우 증진되었다고 가정할 수 있다.

(2) 공론장에의 접근성의 향상 : 인터넷 기술과 정보비용

직접 민주주의의 실현은 사회 다양한 집단의 구성원들이 동등한 지위를 가지고 하나의 공론장에서 모일 수 있을 때 가능하다. 미국의 오바마 대통령은 의료보험개혁과 관련하여 '의사와 간호사, 행정 업무 직원들, 보험 회사, 제약 회사 모두가 커다란 테이블에 하나씩 자리를 차지하고 협상을 진행하는 것'을 역설하였다. 인터넷 기술의 발달과 정보비용의 감소는 시간과 공간의 제약을 넘어 많은 수, 다양한 위치의 시민들이 동시에 협상할 여건을 마련해 줄 뿐만 아니라 누구나 정보기기에 접근 가능할 수 있도록 비용적 장벽을 낮춤으로서 직접 민주주의의 가능성을 증진시킨다.

(3) 사이버 공론장의 개방성과 투명성 : 숙의민주주의

직접 민주주의는 시민들이 하나의 공론장에 모이는 것에 더하여 공론장에서 누구나 자유롭고 동등한 지위에서 토론할 수 있어야 한다. 특히 진정한 숙의가 이루어지려면 토론을 통하여 입장이 변화할 수 있을 정도의 높은 수준의 토론이 요구된다. 소셜 미디어를 통한 사이버 공론장은 누구나 참여할 수 있는 개방성과 토론과정을 누구나 열람할 수 있는 투명성을 특징으로 한다. 따라서 사회적 지위나 계층에 매몰되지 않고 동등한 지위에서 자유롭고 심도 있는 토론을 통한 숙의 민주주의의 가능성을 높인다.

(4) 적극적 참여와 수용의 시민 문화: 교량형 사회적 자본

소셜 미디어를 통한 네트워크에의 빈번한 접촉과 정보의 공유는 교량형 사회적 자본과 결합하여 높은 참여와 수용성을 지닌 시민 문화를 형성할 수 있다. 교량형 사회적 자본은 이질적인 사회적 그룹 안에서 만들어지는 관계의 수가 많아짐으로써 생성되는 사회적 자본으로 느슨하고 포용적이며 일반화된 신뢰를 기반으로 한다. 소셜 미디어는 이러한 사회적 자본 하에서 참여와 개방성을 증진시키며 동시에 소셜 미디어에서의 활동을 통해 이러한 교량형 사회적 자본이 증진되는 상호보완적 효과를 가진다.

2. 소셜 미디어의 등장이 민주주의의 질을 저하시킬 것이라는 견해: 비관론

(1) 정보의 비대칭성과 정보 격차: 인터넷 기술과 정보비용

인터넷 기술과 정보비용의 감소는 민주주의의 질 제고에 있어 낙관적인 결과를 가져올 여지가 많다. 그렇지만 정보 활용능력에 두드러진 차이가 존재하고 이러한 정보격차가 정보 비대칭성과 결합되어 나타날 때 오히려 정보를 가진 측의 일방적인 정보통제에 직면할 수 있다. 이른바 원형감옥(파놉티콘)이 직관적으로 의미하는 바가 이러한 정보 격차의 문제로부터 비롯될 수 있다. 이때 공론장은 더 이상 누구나 참여할 수 있는 개방적인 공간이 아닌 정보 권력을 획득한 집단의 전유물이 된다.

(2) 사이버 공론장의 익명성과 임시성: 숙의민주주의

소셜 미디어를 통한 사이버 공론장에서의 토론은 높은 개방성으로 참여를 증진시키는데 기여하는 반면 소셜 미디어 또는 사이버 네트워크가 가지는 익명성의 특성과 임시성은 진정한 숙의를 방해하는 요소가 될 가능성이 높다. 사이버 공간에서 시민들은 자신의 본래 모습이 아닌 가상의 모습에 기대어 활동하는 경우가 많으며 이는 토론을 통하여 집단 간의 의사를 협상해야 하는 숙의에 있어 진정한 의사를 표출할 수도 대표성을 확보할 수도 없다. 또한 소셜 미디어가 가지는 임시성, 휘발성과 같은 특성은 지속적인 접촉과 공유를 필요로 하는 숙의와는 반대되는 특성이다.

(3) 폐쇄적 집단 형성과 베타적인 시민 문화: 결속형 사회적 자본

소셜 미디어가 가지는 개방성과 공유성은 사회적 자본과 결합하여 상호보완적 효과가 있을 수 있다. 그렇지만 시민 문화가 동질적 집단 내에서의 폐쇄적인 신뢰를 바탕으로 형성되는 경우에는 결속형 사회적 자본으로 구성되는 경우가 있으며 집단 내에서의 특정화된 신뢰를 바탕으로 하는 결속형 사회적 자본은 소셜 미디어가 개방성을 발휘할 영역을 축소시킨다. 나아가 결속형 사회적 자본이 심화되어 폐쇄적인 시민 문화가 정착되는 경우 소셜 미디어는 개인의 여가 활동에 그칠 뿐 생산적 가치를 창출하는 도구로서의 기능을 상실할 수 있다.

Ⅲ. 네트워크의 이질성과 동질성이 민주주의에 미치는 영향 - 설문 (2)

1. 소셜 미디어 상 네트워크의 이질성과 동질성과 숙의: 사회적 자본의 관점에서

(1) 사회적 자본

사회적 자본이란 사회구성원들이 힘을 합쳐 공동 목표를 효율적으로 추구할 수 있게 하는 자본으로서 사회 구성원들 간 신뢰, 규범, 네트워크 등으로 구성된다. 푸트남은 사회적 자본을 결속형 사회적 자본과 교량형 사회적 자본으로 구분하였다. 그는 결속형 사회적 자본은 동질적인 사회적 네트워크 안에서 관계가 깊어지고 신뢰가 쌓임으로써 생기는 반면, 교량형 사회적 자본은 이질적인 사회적 그룹 안에서 만들어지는 관계의 수가 많아짐으로써 생성된다고 보았다.

결속형 자본은 폐쇄성이 강하고 교량형 자본은 포용성이 크다. 따라서 결속형은 내부 충성도가 높은 장점이 있는 반면 외부인을 배제하고 개인의 자유를 제한할 위험성을 내포한다. 한편 교량형 자본은 느슨하지만 다양한 집단을 포괄하는 장점을 지니므로 푸트남은 교량형 자본이 풍부한 사회일수록 건강성이 높다고 주장했다.

(2) 다름에의 노출과 교량형 사회적 자본: 숙의민주주의의 증진 가능성

소셜 미디어가 가지는 다름에의 노출, 즉 이질성의 네트워킹의 특징은 소셜 미디어라는 가상의 공간과 정보의 교환이 쉽게 이루어지는 환경에서 서로 다른 다양한 집단이 느슨하지만 활발한 관계를 지속할 수 있는 기반이 된다. 따라서 교량형 사회적 자본의 특성과 유사성이 있으며 소셜 미디어의 이질성과 교량형 사회적 자본을 통하여 상이한 수많은 정보를 흡수하고 포용하여 다양한 집단 간에 협상과 토론을 통한 진정한 숙의의 달성을 기대할 수 있다. 즉 이질성을 바탕에 둔 숙의는 진정한 숙의이며 민주주의의 질을 풍부하게 하는 숙의이다.

(3) 끼리끼리 현상과 결속형 사회적 자본: 숙의민주주의의 저해 가능성

소셜 미디어의 특징은, 특히 개인과 개인의 사적인 연결을 바탕으로 하는 SNS와 같은 경우 특히 동질성이 강하다. 사회 집단에서의 관계가 단지 소셜 미디어 상의 네트워크 공간에서의 관계로 구현될 뿐인 경우도 많으며 유사한 출신 집단, 동일한 계급 내에서 관계성이 심화되는 경향이 강하다. 이러한 끼리끼리 현상은 결속형 사회적 자본으로 설명할 수 있다. 동질적인 사회적 네트워크 안에서 관계와 신뢰의 심화를 통해 결속형 사회적 자본이 구성되듯이 동질적 소셜 네트워크 안에서 역시 상대적으로 폐쇄적이고 외집단에 배타적인 두터운 신뢰로서 결속형 사회적 자본이 구성될 수 있고 이때 소셜 미디어는 개방성과 동등성을 바탕으로 하는 진정한 숙의를 배제시킨다. 이때 숙의는 특정 집단 구성원 내에서의 폐쇄적 숙의이며 민주주의의 생산성 창출에 실패하는 숙의이다.

2. 서로 다른 숙의와 소셜 미디어가 정치참여와 민주주의에 미치는영향

(1) 네트워크의 이질성과 정치참여: 민주주의의 질적 증진

네트워크의 이질성은 사회 집단 내에 다양성과 개방성을 부여하며 따라서 교량형 사회적 자본을 구성함으로써 사이버 공론장을 통한 진정한 숙의를 실현시킬 가능성을 보유한다. 소셜 미디어를 통하여 정보를 공유하고 네트워크를 구성하는 각기 다른 특성을 지닌 시민들은 다른 가치를 경험하고 학습함으로써 새로운 가치를 창출할 기회를 얻는다. 이러한 효과는 네트워크의 구성원 각자의 참여를 증진시킬 뿐만 아니라 집단 전체적으로 참여와 개방, 공유를 일상화하고 이를 통하여 민주주의의 질적 증진이라는 목표를 구현할 수 있다. Web 2.0이 주창하는 참여, 개방, 공유의 가치 역시 이와 동일한 맥락에서 하나의 네트워크로 연결된 상호 이질적인 집단들이 서로의 이질적인 가치와 정보를 교환하고 공개하는 과정에서 스스로 규칙을 설정하고 규칙에 복종하는 직접적인 민주주의에 접근할 수 있음을 강조한다. 튀니지의 자스민 혁명이나 홍콩의 우산 혁명의 경우 SNS를 통해 적극적으로 민주적 가치를 교환하고 또 전 세계에 민주 시위를 알림으로써 민주적 변화를 이끌어낸 사례이다.

(2) 네트워크의 동질성과 정치참여의 제한

네트워크의 이질성이 가지는 특성이 참여와 개방을 증진시키고 민주주의의 질적 제고로 이어질 수 있음을 보았다. 그렇지만 현재 소셜 미디어는 개인의 여가와 정보의 소비를 중심으로 하는 개별적 단계에 집중되어 있으며 동질적인 집단을 바탕으로 하는 결속형 사회적 자본과 결합하여 여전히 폐쇄적이고 편향적인 특성을 지닌다. 네트워크의 이질성보다 동질성이 강하게 영향을 미치는 경우 네트워크의 구성원들은 특정한 가치를 중심으로 배타적인 집단을 형성하게 되고 내집단과 다른 가치를 받아들이지 않는다. 따라서 정치 참여의 기회는 외집단에의 폐쇄성으로 인하여 내집단에 한정되며 집단 내 동질성으로 인하여 참여를 통한 가치의 교환의 필요성이 떨어진다. 이때 소셜 미디어는 집단의 가치와 다른 가치가 정치적으로 의제되는 것을 지지하지 않거나 방해하게 된다. 중국 정부가 구글과 유튜브, 페이스북과 같은 SNS의 접근을 차단하고 중국 고유의 소셜 미디어를 통하여 동질적 네트워크를 형성한 것이 하나의 사례가 될 수 있다. 민주화가 진행 중이며 동질성이 강한 중국 사회가 가지는 특성이 이러한 결과로 나타났다. 이와 같이 네트워크의 동질성이 강한 경우 구성원들은 다른 가치를 받아들이고 참여할 동기를 상실하고 폐쇄성이 유지되어 민주주의의 질 저하로 이어지는 효과가 나타날 수 있다.

Ⅳ. 마치며: Next Democracy

현대 정치에서 소셜 미디어는 언론 매체, 선거 운동, 의정 홍보와 같은 방식으로 이미 빈번하게 사용되고 있다. 그렇지만 자스민 혁명의 사례와 같이 소셜 미디어가 일방적인 정보 제공을 통한 정치적 의사 투영 기능의 정도를 넘어 소셜 미디어를 기반으로 사회 내 이질적인 집단들이 다양한 가치를 교환하고 영향을 미치며 사회적 합의를 도출하는 생산적 가치 창출의 기능에 이르러야 한다. 그러나 소셜 미디어는 사회가 가지는 특성이나 네트워크의 특성에 따라 오히려 민주주의를 저하시키고 정치적 의제를 독점할 우려가 있다는 비관론 역시 대두되고 있다. 우리나라 역시 동질성이 강한 사회이며 소셜 미디어의 이용자 수나 정도에 비하여 생산적 가치를 창출하는 역할은 미비한 수준이다. 소셜 미디어가 정치참여와 민주주의에 미치는 영향은 양면성을 띨 수밖에 없다. 그렇지만 앞으로의 민주주의는 소셜 미디어의 영향을 배제할 수 없는 새로운 민주주의의 시대가 도래 할 것이다. 따라서 적극적인 참여와 시민으로서의 능동적 역할을 담지 하는 시민 문화를 형성하여 교량형 사회적 자본을 형성하고 나아가 소셜 미디어의 활용을 통해 진정한 숙의와 민주주의의 질을 증진시키는 시민 개개인의 역량이 중요하다.

| 강 평 |

1. 제1문은 소셜 미디어가 민주주의에 미치는 영향에 대한 질문이다. 이 질문에 답안의 내용은 전반적으로 질문의 의도에 맞게 서술되어 있다. 이와 관련해 특히 다음의 두 가지 측면에 의미가 있다고 생각된다.

2. 답안에서 소셜 미디어가 민주주의 질에 미치는 영향과 관련해 낙관론과 비관론의 논의를 전개함에 있어 하버마스의 공론장 개념을 사용하고 있는데 이는 의미 있는 접근이라 생각된다. 소셜 미디어를 하나의 공론장으로 이해함으로써 앞에서 시민의 참여와 동의라는 측면에서 민주주의의 질과 연결시킬 수 있다는 측면에서 의미가 있다.

3. 사회적 자본을 논함에 있어 핵심적 요소 중 하나인 신뢰에 초점을 두는 것이 아니라 다른 핵심적 요소 중 하나인 네트워크 특히 퍼트남이 〈혼자 볼링하기〉 책에서 제시한 결속형, 교량형 사회적 자본과 연결시킨 답안은 질문의 의도를 정확하게 파악한 것으로 이해된다.

그러나 이러한 점에도 불구하고 다음의 몇 가지 내용이 보완됨으로써 좀 더 논리적인 답안의 형태를 갖출 수 있지 않을까 생각된다.

1. 소셜 미디어가 민주주의의 질에 미치는 영향에 대한 논의와 관련해 답안에서는 민주주의 질을 낙관론의 한 부분에서 간단하게 다루고 있다. 그러나 이 민주주의 질 이 부분은 낙관론과 비관론의 기준이 되는 내용으로 하나의 독립된 부분으로 다룰 필요가 있다.
즉 1. 민주주의 질, 2. 소셜 미디어가 민주주의 질에 미치는 낙관론적 견해, 3. 비관론적 견해 순으로 내용을 전개하는 것이 좀 더 논리적인 전개가 될 수 있다고 생각된다.

2. 민주주의의 질에 대한 내용에 있어 대의제를 채택할 수밖에 없는 현실적 상황에서 민주주의의 본래의 의미인 시민에 의한 시민의 통치를 구현하기 위해서는 얼마만큼 시민들의 참여와 그를 바탕으로 한 동의를 얻어 통치를 하느냐를 기준으로 삼을 수 있지 않을까 생각된다. 이러한 내용이 첨가됨으로써 이후 전개될 낙관론과 비관론의 평가 기준이 좀 더 명확해 질 수 있다.

3. 답안의 내용이 전반적으로 공론장을 기준으로 전개되고 있다. 그러나 개인적으로 비관론과 낙관론의 설명에 있어 교량형·결속형 사회적 자본에 대한 논의도 결국은 공론장의 성격이라는 측면을 좀 더 강조함으로써 전체적으로 논리적 일관성을 보여줄 수 있을 것으로 생각된다. 그리고 이러한 논의는 이후 네트워크의 이질성과 동질성이 민주주의에 미치는 영향에 대한 논의에도 적용함으로써 논리적 일관성이 확보될 수 있을 것으로 생각된다.

| 제2문 | 올슨(Mancur Olson)은 어떤 사회적 이해들은 다른 사회적 이해들에 비해 상대적으로 쉽게 조직되며, 따라서 정치적 영향력도 상이하다고 주장한 바 있다. 예를 들어 상대적으로 소수의 기업가 집단이 다수 시민들의 이익을 대표하는 시민단체에 비해 쉽게 조직화될 수 있다는 것이다. 즉 규모가 작은 집단이 규모가 큰 집단보다 조직화되기 용이하다고 주장하고 있다. 다음 물음에 답하시오. (총 30점)

(1) 이 논의에 기초하여 규모가 작은 집단이 큰 집단보다 조직되기 쉬운 이유를 설명하시오. (10점)

(2) 규모가 큰 집단의 조직화에서 흔히 나타나는 문제와 그 해결방안에 대해 설명하시오. (10점)

(3) 집단행동을 설명하는 데 있어 올슨의 논의가 갖는 한계를 논하시오. (10점)

Ⅰ. **올슨의 집단행동 이론과 이익집단의 이익 대표**
    – 설문 (1)
    1. 집단행동 이론
    2. 규모가 작은 집단이 조직되기 쉬운 이유

Ⅱ. **집합행동의 딜레마와 해결방안 – 설문 (2)**
    1. 규모가 큰 집단의 조직화와 집합행동의 딜레마
    (1) 합리적 선택이론의 가정

    (2) 무인승차의 발생과 모니터링 비용
    2. 집단행동의 딜레마의 해결방안

Ⅲ. **올슨의 논의가 갖는 한계 – 설문 (3)**
    1. 현실 설명력 상의 한계
    2. 올슨의 논의에 대한 비판
    (1) 선택적 유인의 재정의
    (2) 사회운동에 대한 인식

답안작성   이 ○ ○ / 2016년도 5급 공채 일반행정직 합격

Ⅰ. 올슨의 집단행동 이론과 이익집단의 이익 대표 – 설문 (1)

1. 집단행동 이론

집단행동은 집단 구성원인 개인이 집단 목적 실현을 위하여 취하는 행동을 말한다. 정치적으로는 촛불 시위와 같은 집회 활동이 대표적이며 경제적으로는 파업과 같은 단체행동 역시 집단행동의 사례이다.

다원주의에서는 공통의 이익이 존재하는 경우 관련된 이익집단들이 자연적으로 형성된다는 자연발생 이론을 주장한다. 이에 대해 올슨은 "어떤 사회적 이해들은 다른 사회적 이해들에 비해 상대적으로 쉽게 조직되며, 따라서 정치적 영향력도 상이하다." 주장한다.

2. 규모가 작은 집단이 조직되기 쉬운 이유

올슨의 주장은 실제로 시민의 이익을 대표하기 위한 대규모 집단들에 비하여 기업가 집단과 같은 특수한 이익을 대표하는 소수집단의 경우가 빈번히 조직되는 사례를 보임에 따라 설득력을 얻는다.

규모가 작은 집단이 조직되기 쉬운 이유로는 첫째, 규모가 큰 집단의 경우 구성원 개개인이 참여하지 않아도 집단행동이 발생할 가능성이 저하되지 않기 때문이다. 반면 규모가 작은 집단의 경우는 구성원 개개인의 참여에 따른 조직에의 영향이 강하게 된다.

둘째, 집단의 규모가 커질수록 무임승차자를 식별하기 어렵고 모니터링 비용이 증가한다. 따라서 참여하지 않을 경우 불이익을 받을 위험이 상대적으로 작은 규모가 큰 집단의 경우 조직이 어려울 것이다.

셋째, 집단행동 시 구성원 개인이 받는 혜택의 크기가 규모가 작은 조직에 비해 규모가 큰 조직은 더 작게 된다. 따라서 참여에 들어가는 비용에 비해 참여에 따른 혜택이 더 적을 가능성이 높고, 따라서 조직화가 더욱 어렵게 된다.

이렇듯 작은 규모의 집단이 규모가 큰 집단보다 조직화 가능성이 높으며 자신들만의 편협한 이익을 추구할 가능성이 높다. 올슨은 이와 같은 특별 이익집단이 존재하며 그들 간에 결탁이 이루어질 경우 국가 전체적으로 경제적 효율성을 저하시킨다고 한다. 경기 침체기에 다양한 이익집단이 활성화된 영국, 미국에 비하여 사회집단들이 조합주의적으로 조직되어있던 유럽의 경우보다 낙폭이 큰 침체를 겪었던 사례의 배경이 이와 같다.

II. 집합행동의 딜레마와 해결방안 - 설문 (2)

1. 규모가 큰 집단의 조직화와 집합행동의 딜레마

(1) 합리적 선택이론의 가정

다원주의의 자연발생 이론을 비판하며 올슨은 합리적 인간과 집합행동이 가지는 공공재적 특성을 가정한다. 집합행동의 경우 목적 달성 시 혜택은 누구에게나 동일하게 분배되며 이를 선택적으로 배제할 수 없다.

따라서 합리적인 경제적 인간은 집단 참여로 발생하는 비용이 혜택을 초과할 경우 참여를 회피하게 된다.

(2) 무인승차의 발생과 모니터링 비용

공공재의 공급에 기여하지 않은 개인을 배제하기 위해서는 모니터링, 선별이 필요하다. 그러나 규모가 큰 집단의 경우 모니터링 비용이 매우 크며 따라서 사실상 배제가 불가능하다. 따라서 합리적 개인은 집단행동에 참여하지 않은 경우에도 불이익을 받지 않는다는 사실을 인지하고 참여하려고 하지 않는다. 결국 다원주의가 가정하듯 공통의 이익이 존재하는 상황이라고 해도 규모가 큰 집단일수록 무임승차가 발생할 가능성이 높고 따라서 집단행동의 딜레마가 발생한다.

2. 집단행동의 딜레마의 해결방안

집단행동의 딜레마로 인하여 집단이 조직화되지 못하는 형상에 대하여 올슨은 집단형성의 조건은 자연발생에 더하여 집단 스스로의 전략적 선택이라는 또 하나의 조건이 필요함을 주장한다. 따라서 공통의 이익에 더하여 선택적 유인을 제공할 수 있는 집단이 형성 가능한 집단이 된다.

선택적 유인은 집단행동 참여에 대한 인센티브로서 참여하는 구성원과 참여하지 않는 구성원 사이의 차별화를 의도하여 참여도를 증진시키려는 집단의 전략적 도구를 말한다. 이러한 선택적 유인을 활용하는 집단이 올슨이 말하는 형성 가능한 집단이다.

선택적 유인을 통한 조직화 문제의 해결의 하나의 예로써 기업가적 정치인의 활동을 들 수 있다. 기업가적 정치인은 정치적 지지의 동원을 위하여 다양한 공약(인센티브)을 약속하여 조직을 형성시키고 유지하도록 만든다. 기업가적 정치인 역시 자신의 정치적 이익을 위하여 합리적 행동으로서 집단을 조직하며 구성원들 역시 참여를 통한 유인의 획득이라는 합리적 선택의 결과 조직화에 참여한다. 따라서 집단행동의 딜레마가 해결될 수 있다.

Ⅲ. 올슨의 논의가 갖는 한계 - 설문 (3)

1. 현실 설명력 상의 한계

올슨의 이론에 따르면 규모가 큰 집단은 규모가 작은 집단에 비해 막대한 모니터링 비용과 무임승차회피 비용이 필요하며 선택적 유인을 제공할 수 있는 집단이 그렇지 않은 집단에 비하여 조직화가 용이할 것임을 예견하였다. 그러나 올슨의 이론에 따르면 형성 자체가 곤란한 여러 집단들이 사회 내에 실제로 형성되어 활동하며 유지되고 있는 사례들은 올슨의 집단행동에 대한 설명력을 퇴색시킨다. 특히 탈산업시대 이후 등장하는 시민단체 들의 그러한 사례이다. 시민단체에는 보편적인 이익을 대변하는 거대한 조직을 이루는 단체도 있으며 여성, 장애인, 흑인 등 소수의 소외된 계층의 이익을 다루는 단체도 있다. 이들은 모니터링 비용이나 비용과 혜택간의 불균형에도 불구하고 집단화에 성공하는 양상을 보여준다.

2. 올슨의 논의에 대한 비판

(1) 선택적 유인의 재정의

올슨의 선택적 유인은 물질적인 개념에만 한정되었다. 그러나 구성원들은 집단행동에 대하여 도구적, 투자, 목적을 위한 수단으로 생각하는 유형과 집단행동을 경험, 소비, 집단행동 자체가 주는 만족을 추구하는 유형으로 나누어 볼 수 있다. 모든 구성원들이 합리적 경제적 유인만을 통하여 집단행동을 평가하는 것이 아니다.

따라서 선택적 유인에는 물질적 유인에 더하여 집단에 참여함으로서 느끼는 동료애, 즐거움, 자부심들을 의미하는 연대적 유인과 집단이 추구하는 이념이나 목적에 동조하는 신념과 같은 표현적 유인이 포함되어야 한다.

(2) 사회운동에 대한 인식

선택적 유인의 다양한 의미를 고려할 시 올슨의 논의가 설명하지 못했던 사례들에 대한 설명이 가능하다. 시민집단들의 활동이 가지는 사회 운동적 측면, 즉 여성평등 이슈나 환경 이슈, 종교 이슈와 인종 이슈 등은 올슨의 논의만으로는 막대한 무임승차 방지 비용과 구성원 개개인에게 돌아갈 혜택의 협소함 등으로 조직화가 곤란했을 이슈이다. 그러나 시민집단으로서 보편적 편익 증진이라는 집단의 목적에 동조하고자 하는 구성원들의 신념, 또는 그러한 집단에 참여하는 구성원들의 자부심과 즐거움과 같은 요인을 고려할 경우 집단행동의 딜레마 없이 조직화되는 사례를 설명할 수 있다.

올슨의 논의는 다원주의 논의가 가지는 비현실성을 적절하게 비판하며 현실적인 설명을 부여하였다. 그렇지만 정치적, 사회적 환경의 변화로 인하여 올슨의 논의가 가지는 설명력 역시 현실에서 괴리되는 측면이 있다. 따라서 올슨의 논의의 재정의를 통하여 집단행동의 양상을 예상하고 설명할 수 있다.

┤ 강평 ├

1. 제2문은 올슨의 논의에 대한 이해를 묻는 질문으로 답안의 내용은 전반적으로 올슨의 논의를 충분히 이해하고 있는 것으로 생각된다. 그러나 답안의 내용과 관련해 세 가지 측면에 대한 고려가 있어야 할 것을 보인다.

2. 답안의 내용 중 첫 번째 「1. 집단행동 이론」이 부분에서는 올슨의 집단행동이론이 갖는 전제 또는 가장 핵심적인 내용을 서술함으로써 이후 논의와의 논리적 연결성을 도모하는 것이 좋지 않을까 생각된다.
   이런 측면에서 특히 두 가지의 내용이 서술될 필요가 있다. 첫째, 합리적인 개인을 전제로 이 개인이 집단행동을 하는 이유는 자신의 이익 때문이다. 둘째, 이러한 집단행동에서 한 개인이 취할 수 있는 최고, 최선의 선택은 다른 사람들은 행동을 하고 자신은 아무런 행동도 하지 않는 것으로 개인 차원의 합리적 행위는 결국 무임승차이며 그러한 유혹에 빠질 수 있다. 그럼에도 선택적 유인에 의해 즉 집단행동에 기여한 사람들을 보상하고, 기여하지 않은 사람들을 처벌한다면 집단행동을 할 것이다. 물론 이러한 논의가 답안에 명확하게 나타나 있다. 그럼에도 올슨의 집단행동 이론을 설명하는 앞부분에서 이러한 기본적인 전제를 서술함으로써 논리적 연결성이 좀 더 완성될 것 생각된다.

3. 답안의 내용 중 "경기 침체기에 다양한 이익집단이 활성화된 영국, 미국에 비하여 사회집단들이 조합주의적으로 조직되어있던 유럽의 경우보다 낙폭이 큰 침체를 겪었던 사례의 배경이 이와 같다."는 문장이 있는데 이는 비문으로서 답안작성 시 주의해야 할 부분이라 생각된다.

4. 마지막 내용 즉 사회운동에 대한 인식 부분에서 올슨의 논의가 정치적·사회적 환경의 변화로 설명력이 현실에서 괴리되는 측면이 있다고 지적하고 있는데 이 부분은 오해의 소지가 있다. 답안에서도 지적하였듯이 올슨이 집단행동 논의 즉 〈집단행동의 논리〉가 1965년에 발표된 당시 이전에도 물질적 선택적 유인이 아닌 다른 요소 즉 동료애, 휴머니즘 등과 같은 요인에 의한 집단행동이 분명 존재하였기 때문이다. 따라서 이 부분에 대한 수정이 필요할 것 같다. 즉 답안에서도 지적하였듯이 물질적 유인만이 아닌 다른 측면에 대한 고려를 통해 집단행동의 양상을 이해할 필요도 있음을 지적하는 편이 좋지 않을까 생각된다.

| 제3문 | 최근 정당정치에 대한 국민의 불신이 커지고 있지만 대의민주주의에서 정당의 영향력은 여전히 상당하다. 다음 물음에 답하시오. (총 30점)

(1) 정당의 역사적 기원을 의회, 선거, 사회집단의 발달 측면에서 설명하시오. (10점)

(2) 정당 유형이 간부정당 → 대중정당 → 포괄정당 혹은 선거전문가정당으로 변화한 원인과, 각 유형의 정당 목표, 조직특성, 재원조달 방식을 설명하시오. (20점)

Ⅰ. **정당의 역사적 변천: 정당 유형을 중심으로 – 설문 (1)**
1. 지배 계급 위주의 의회 운영과 간부정당
2. 보통선거권의 확대와 대중정당
3. 계급쇠퇴현상과 다양한 사회집단의 포괄정당

Ⅱ. **유형별 정당의 특징: 변화의 원인을 중심으로 – 설문 (2)**
1. 정당 목표의 변화
2. 조직특성의 변화
3. 재원조달 방식의 변화

답안작성
이 ○ ○ / 2016년도 5급 공채 일반행정직 합격

Ⅰ. 정당의 역사적 변천: 정당 유형을 중심으로 – 설문 (1)

사회적 제도는 어느 한순간의 시점에서 등장하는 것이 아니라 오랜 역사적 변천과정의 축적 결과 형성된다. 정당 역시 각 역사적 시점에서 사회 환경의 변화에 따라 형태와 기능을 달리하여 변화해 왔다.

1. 지배 계급 위주의 의회 운영과 간부정당

계급이 분화되고 피지배계급의 선거권이 제한되었던 시기에 의회는 지배 계급위주의 권력기구였으며 의회를 통해 합법적인 지배가 가능하였다. 따라서 의원직은 합법적 권력 유지를 위한 도구였으며 의원직 획득을 위한 의회 내 파벌이 형성되었다. 의원직 선출을 지원하기 위한 엘리트 계급 사이의 비공식 집단이 생성되고 발전하여 엘리트 개개인의 이익을 추구하는 간부정당이 형성되었다. 즉 간부정당은 의회 내부에서 창조되었다.

2. 보통선거권의 확대와 대중정당

노동과 자본으로 대표되는 계급 간 사회분열과 피지배계급의 선거권 확대 노력으로 산업노동자들은 노동자 계급을 대변하고 공통의 이익을 확보하기 위하여 집단화되었다. 보통선거권의 발달은 산업노조와 같은 집단화된 계급조직을 승계하여 대중정당의 형성을 견인하였다. 의회 내 파벌에서 형성된 간부정당과 달리 대중정당은 선거권의 발달로 의회 외부에서 창조되었다.

3. 계급쇠퇴현상과 다양한 사회집단의 포괄정당

산업이 고도화되고 경제가 성장함에 따라 노동과 자본으로 뚜렷하게 구별되던 계급이 점차 퇴색하였다. 복지국가의 발전과 탈산업사회의 도래는 이분적인 계급이 아닌 다양한 이슈를 대표하는 사회집단의 발달을 유도하였다. 정당일체감을 상실한 대중정당은 점차 모든 사회집단의 지지를 얻어 정권을 창출하려는 포괄정당으로 변화하였다. 즉 포괄정당은 특정 계급이나 사회집단을 대표하는 간부정당이나 대중정당과는 달리 모든 사회집단을 대표하여 형성되었다.

II. 유형별 정당의 특징: 변화의 원인을 중심으로 - 설문 (2)
1. 정당 목표의 변화

간부정당은 엘리트 개개인의 주도로 의회 내에서 형성된 파벌로부터 성장하였다. 의회 내 의원들의 의원직 선출과 유지를 목표로 하며 개인적 친분이나 이해관계에 따라 결집된 집단이다. 반면 보통선거권의 발달로 등장하게 된 대중정당은 유권자의 계급 이익을 대표하고 동원함으로써 특정 사회집단을 정치적 세력화함을 목표로 한다.

포괄정당 혹은 선거전문가정당의 목표는 선거의 승리를 통한 정권 창출에 있다. 탈산업화 그리고 탈이데올로기화로 인하여 특정 사회집단에 한정된 지지로는 정권의 획득과 유지가 곤란해졌으며 따라서 초계급적 지지의 동원을 목표로 결집된 정당이다.

2. 조직특성의 변화

간부정당은 개별 의원들이 사적 대표성을 갖는 정당으로 폐쇄적이고 지역적인 비공식 조직 특성을 지닌다. 간부정당이 가지는 제한된 수의 의원과 후원자의 간부회의 조직을 코커스라고 부른다. 대중정당의 조직구성은 이러한 코커스와 큰 차이가 있다. 대중정당은 대중당원을 중심으로 하는 개방적 공식적 조직특성을 지닌다.

노동조직을 기반으로 많은 수의 유권자와 유권자를 동원하는 당원으로 구성되는 계층제적 관료제적 큰 규모의 조직이 특징이다. 미헬스는 대중정당의 관료화에 주목하여 과두제의 철칙을 주장한 바 있다. 포괄정당의 조직은 진성당원의 쇠퇴와 조직에서의 이탈, 계급적 기반의 와해로 인하여 선거의 승리라는 새로운 목표에 따른 선거 승리를 목표로 하는 전문가 그룹을 중심으로 하는 조직특성을 지닌다. 당선가능성이 높은 정당 지도자나 후보자를 중심으로 언론매체, 각 분야 전문가를 포함한 정당 지도부를 구성하고 정당 지도부의 강력한 리더십에 의한 하향식 조직구조를 구성한다.

3. 재원조달 방식의 변화

간부정당의 재원은 의원 개인에 대한 기부와 후원에 의존한다. 따라서 개별 후보 스스로 정치 및 선거 활동에 필요한 재원을 충당하였다. 정당이 아닌 의원의 이름으로 재원이 충당되므로 정당의 개입정도가 약하다. 반면 대중정당은 유사한 계급적 배경을 지닌 많은 수의 당원과 지지자가 정당의 이름으로 재원을 충당하는 구조이다. 다수의 당원이 소액의 당비를 내므로 정당의 지위가 강하고 많은 재원을 위해서 많은 당원의 모집이 필요하다.

포괄정당에 이르러서는 진성당원의 이탈로 더 이상 당비만으로는 충분한 재원충당이 불가능하게 되었다. 따라서 다양한 기부, 후원금, 수익성 사업 등 재원조달을 탐색함과 동시에 안정적인 재정지원이 가능한 기업 등 이익집단과의 관계가 중요시되었다. 또한 국고보조금의 비중이 절대적으로 증가하여 국가기관화, 카르텔화의 양상으로 이어지는 변화를 보이게 되었다.

현대의 정당은 포괄정당 또는 선거전문가 정당의 형태를 지닌다. 정당의 형태는 역사적 변천과 사회적 배경의 변화에 따라 목표와 기능, 역할을 달리해왔다. 정당은 현대 대의제에 있어 가장 핵심적인 기제로서 오늘날 대두되는 정당쇠퇴론, 정당위기의 논의는 정당 그 자체의 쇠퇴라기보다는 기존 정당 역할의 기능 저하를 말하며 현대 정치 환경에 적합한 정당 모델로의 변화를 의미한다.

1. 제3문은 정당의 변화와 그로 인한 정당의 목표, 조직특성, 재원조달 방식에 대한 질문이며 답안의 내용은 문제에 맞게 논리적으로 서술되어 있다. 단 아래의 내용이 좀더 부각됨으로써 문제에 맞게 좀 더 명확한 답안이 되지 않을까 생각된다.

2. 간부정당은 보통선거가 실시되기 이전 의원들의 친목단체에서 발전된 모델로 정당이 아닌 개인 인물이 얼마나 뛰어나고 탁월한 것인가가 의회민주주의의 핵심이었다는 점. 이러한 차원에서 정당민주주의가 아닌 의회민주주의가 핵심이라는 점을 강조할 필요가 있다고 생각된다.

3. 유럽에서 포괄정당은 독일, 이탈리아의 경우 특정 계급·이념을 기반으로 한 정당의 확대가 가져온 결과로 인해 계급, 이념에서 벗어나 모든 유권자들을 포섭하고자 하는 의도에서 생겨났으며, 미국의 경우 선거를 이기기 위해 포섭할 수 있는 모든 사람을 포섭하기 위한 전략으로 대공황을 기점으로 이러한 경향이 나타났음을 설명함으로써 답안에서 제시하고 있는 내용의 의미가 좀 더 명확하게 표현될 것으로 생각된다.

2017년도 입법고등고시 기출문제와 어드바이스 및 답안구성 예

| 제1문 (40점) |

일반적으로 선거제도는 정당체계 외에도 정치적 안정정, 통치성, 등 정치 전반에 많은 영향을 미친다. 이 때문에 정치개혁을 논의할 때마다 선거제도의 개선 문제가 핵심적 쟁점으로 등장한다. 이와 관련하여 다음 물음에 답하시오.

(1) 선거제도 중 선거구의 크기(소선거구, 중선거구, 대선거구)와 당선자 확정 방식(단순다수제, 절대다수제, 비례대표제 등)이 정당체계의 유형에 많은 영향을 미친다. 이 가운데 중·대선거구제, 절대다수제(결선투표제), 전체 의석 1/3 이상의 비례대표제가 다당체계의 형성에 미치는 정치적 효과를 논하시오. (20점)

Advice

선거제도와 정당체계 간의 관계를 묻는 문제이다. 이에 대한 가장 대표적인 이론인 듀베르제 법칙을 언급해주면 좋다. 중대선거구제, 절대다수제, 비례대표제가 각각 무엇인지 간략히 설명 후, 듀베르제 법칙을 통해 일반적으로 다당체계 형성에 미치는 영향을 설명한다.

(2) 한국은 중·대선거구제, 절대다수제(결선투표제), 전체 의석 1/3 이상의 비례대표제 등의 선거제도를 채택하고 있지 않음에도 불구하고, 대체로 정당체계가 다당체계로 나타나고 있다. 그 원인을 논하시오. (10점)

Advice

한국은 소선거구 다수대표제에 해당하며, 비례대표 의석수가 전체 의석의 1/3이 되지 않는다. 즉, 듀베르제 법칙에도 불구하고, 양당체계가 아닌 다당체계를 이루고 있다. 이는 사회균열이 다양하게 나타난 것으로 볼 수 있는데, 지역주의와 이념정치로 인한 각각의 균열이 존재하기 때문이다. 또한 인물 중심 정치와 정당제도화 부족 등 다양한 원인을 근거로 한다.

(3) 대통령제에서 다당체계가 정치적 안정성과 통치성에 대해 미치는 영향을 설명하고, 한국 정치에서 문제점이 있다면 해결 방안을 논하시오. (10점)

Advice

통치 구조와 정당 체계의 조응성을 묻는 문제이다. '통치성'과 '안정성'에 대해 개념을 명확히 정의하면 좋다. 대통령제는 다당체계보다 양당체계가 어울리며, 다당체계하에서는 분점 정부가 나타나 정치적 교착상태가 커질 수 있다. 특히 제왕적 대통령제라 불릴 정도로 대통령과 집권당의 권력이 큰 우리나라에서는 승자독식 정치문화로 인해 협치가 어려우므로 다당체계하에서 통치성과 정치적 안정성을 유지하기 어려울 수 있다.

답안구성 예

I. 서론

II. 선거제도가 다당체계의 형성에 미치는 영향

1. 중대선거구제
2. 결선투표제
3. 전체 의석 1/3 이상의 비례대표제

III. 한국의 정당 체계 분석

1. 한국의 선거제도: 소선거구 단순다수제와 비례대표제

2. 한국 다당체계의 원인
   (1) 선거 균열의 변화: 지역에서 이념으로
   (2) 정당제도화의 부족

IV. 한국 정치 문제점과 해결방안: 대통령제가 다당체계에 미치는 영향을 중심으로

1. 대통령제가 다당체계에 미치는 영향
2. 한국 정치의 문제점과 해결 방안

V. 결론

| 제2문 (30점) |

1987년 대한민국 헌법에 근거하여, 공공정책과 구별되는 대외정책의 영역에서 국회가 개입할 수 있고, 영향력을 행사할 수 있도록 헌법에 의해 부여된 국회의 헌법적 권한 및 역할들을 모두 나열하고, 개별 권한과 역할들의 실질적인 작동 양상 및 현실적 유효성, 그리고 정치적 의미들을 구체적 사례를 들어 논하시오.

Advice

입법고시 특유의 쟁점이다. 국회의 헌법상 권한을 나열해 보고 그 중 외교와 관련된 권한들, 관련될 수 있는 권한들을 찾아본다. 실제 답안을 쓸 때는 국회의 헌법상 모든 권한을 단순히 나열하지 않도록 조심한다. 국회의 가장 일반적인 권한인 '입법권'을 통해 외교, 통일 관련 법안을 마련할 수 있을 것이다. 그러나 전문성, 인력 문제로 인해 실제 가결된 법안은 매우 적다. '조약에 대한 비준 체결 동의권'은 행정부가 체결한 조약에 국내법적 효력을 준다. 이 두 권한을 통해 국회가 직접 대외정책에 영향을 미칠 수 있다면, '예산·결산 심의와 확정권', '국정조사·감사권'을 외교 관련 분야에 활용하여 간접적으로 영향을 미칠 수 있을 것이다. 각각의 권한을 설명하고, 실제 나타나는 현상, 사례를 활용하여 평가한다.

답안구성 예

I. 서론

II. 국회의 대외정책 영역에 대한 헌법적 권한과 역할

III. 국회 대외정책개입 역할 평가

1. 입법권
2. 동의권
3. 예산, 결산안의 심의와 확정권
4. 국정조사권과 국정감사권

IV. 결론

| 제3문 (30점) |

사뮤엘 헌팅턴은 탈냉전 시대에는 서구와 서구에 도전하는 문명 사이의 갈등이 세계정치에서 그 어떤 대립보다 중심적 비중을 차지하고, 일곱 내지 여덟 개의 주요 문명으로 이루어지는 세계적 수준의 문화적 동질성과 이질성이 국가들의 이익, 대결, 협력 양상을 규정한다고 주장한다.

(1) 헌팅턴이 문명의 충돌이 필연적이라고 주장하는 논거를 설명하시오. (10점)
(2) 헌팅턴은 자신들의 가치가 세계 보편적인 가치임을 주장하는 서구 문명에 맞서 동아시아 (특히 중국), 이슬람의 도전이 앞으로의 세계 질서의 위협 요소 중 가장 큰 영향력을 미치는 요소가 될 것이라고 예측한다. 헌팅턴이 이슬람과 동아시아 문명이 어떻게 서구문명에 도전할 것으로 예측하고 있는지를 설명하시오. (10점)
(3) 국제관계의 대립과 협력을 문명이라는 요소로 설명하는 헌팅턴의 이론은 설명력과 한계를 동시에 가지고 있다. 문명 충돌론을 비판하는 주장에 대해 논하시오. (10점)

Advice

1. 현대 정치학자의 특정한 이론에 대해 묻는 문제로 '불의타'에 해당한다. 헌팅턴은 인간 본성 자체를 적과의 투쟁을 통해 자신의 정체성을 파악한다고 본다. 문명 역시 마찬가지로 각각의 다른 문명들은 각각의 정체성을 가지고 있으며 이들간의 충돌은 필연적일 수밖에 없다. 특히 문명에 있어서 '종교'는 각 문명의 정체성에 핵심적인 역할을 하며, 더욱 다른 문명과의 타협을 어렵게 만든다. 역사적으로 '종교'적인 이유로 문명 간 전쟁이 발생해 왔으며, 근본적인 이유가 아니더라도 쉬이 표면적인 전쟁의 이유로 채택되었다.

2. 그의 논리에 따르면, 현대의 이슬람문명과 동아시아 문명, 특히 중화문명은 서구 문명에 도전할 것이며, 이미 중국과 미국 사이의 경제적 갈등, 이슬람의 9·11 테러와 같이 가시화되고 있다. 이러한 문명충돌론은 문명에 대한 협소한 정의, 문명권 구분에 대한 자의성, 오리엔탈리즘적 관점 등 한계를 가지고 있다. 특히, 허럴트 뮐러(H. Müller)의 '문명공존론'을 통해 정면적으로 비판되었다.

답안구성 예

ㅤㅤㅤㅤⅠ. 서 론

ㅤㅤㅤㅤⅡ. 헌팅턴과 문명충돌론

ㅤㅤㅤㅤⅢ. 이슬람과 동아시아 문명의 도전 헌팅턴의 예측

ㅤㅤㅤㅤⅣ. 문명충돌론에 대한 비판

ㅤㅤㅤㅤⅤ. 결 론

| 제1문 | 2014년 10월 헌법재판소는 현행 국회의원 선거구가 평등선거에 위배된다고 헌법불합치 결정을 내리며 공직선거법 상 인구편차를 3대 1에서 2대 1로 조정하도록 하였다. 이에 국회는 중앙선거관리위원회 산하에 국회의원 선거구획정위원회를 설치하여 선거구 획정과 비례대표제 등을 개정하였다. 다음 물음에 답하시오. (총 40점)

(1) 헌법재판소가 3대 1의 인구편차가 헌법에 불합치하다고 결정한 이유를 설명하시오. 또한, 단순 위헌 결정을 내리지 않고 헌법불합치 결정을 내린 이유에 대하여 설명하시오. (20점)

(2) 다수대표제와 비례대표제의 장단점을 설명하고, 최근 중앙선거관리위원회가 정치관계법 개정안으로 제시한 권역별 비례대표제 및 석패율제의 특징과 장단점을 설명하시오. (20점)

Ⅰ. **서 론: 대의제 민주주의와 선거의 중요성**

Ⅱ. **헌법재판소의 헌법불합치 결정이유**
  1. 인구편차의 헌법불합치 근거
   (1) 평등선거의 원칙
   (2) 대표성의 문제: 과소대표, 과다대표의 문제
   (3) 지역대표성의 문제
  2. 단순위헌이 아닌 헌법불합치 결정을 내린 이유: 법적 공백 대비

Ⅲ. **다수대표제와 비례대표제의 장단점**
  1. 다수대표제
   (1) 장 점: 신속한 의사결정, 책임감 확보에 유리
   (2) 단 점: 대표성 저해 문제, 지나친 경쟁 발생
  2. 비례대표제
   (1) 장 점: 대표성 확보, 타협과 협치의 문화

   (2) 단 점: 군소정당의 난립 문제, 책임소재의 불명확, 선거 공정성 문제

Ⅳ. **중앙선거관리위원회의 정치관계법 개정안: 권역별 비례대표제, 석패율제**
  1. 권역별 비례대표제
   (1) 장 점: 지역주의 완화, 사표방지를 통한 대표성 증진
   (2) 단 점: 비례대표제의 지역대표성 증대, 낮은 실현가능성
  2. 석패율제
   (1) 장 점: 지역주의 완화, 사표 방지 및 정당 내 공천갈등 완화
   (2) 단 점: 평등선거 위반 가능성, 유력 정치인들의 당선 수단화

Ⅴ. **결 론**

Ⅰ. 서 론: 대의제 민주주의와 선거의 중요성

대의제 민주주의에서 국민의 대표를 결정하는 방식인 '선거'는 대의제 민주주의의 존재 의미를 결정할 만큼 중요한 사안이다. 현실적으로 직접민주주의가 불가능한 현대 사회에서 '국민의, 국민에 의한, 국민을 위한' 정치가 실현되기 위해서는 국민의 대표를 어떻게 선출하는지가 중요하기 때문이다.

최근 우리나라는 선거 방식과 관련하여 인구 편차에 관한 헌법불합치 결정이 내려졌으며, 새로운 대표 방식인 권역별 비례대표제와 석패율제 도입이 제시되고 있는바 대의 민주주의 제도에 대한 변화가 일어나고 있다. 이에 대해 살펴봄으로써 우리나라에 바람직한 '대표' 방식이 무엇인지 살펴볼 필요가 있다.

Ⅱ. 헌법재판소의 헌법불합치 결정이유

1. 인구편차의 헌법불합치 근거

2014년 10월, 헌법재판소는「공직선거법」에서 국회의원 선거구의 인구 편차가 3:1인 것이 헌법에 불합치한다고 결정하였다. 과거 1995년에는 4:1를 초과하는 인구 편차가 헌법에 불합치한다는 결정을 내린 후, 2001년에는 3:1의 인구 편차를 가져야 한다고 판례를 변경하였다. 이후, 2014년이 되어서 3:1의 인구 편차 역시 헌법에 불합치하므로 2:1로 바꾸어야 한다는 것이 헌법재판소의 결정이다.

(1) 평등선거의 원칙

헌법 제41조는 평등선거의 원칙을 규정하고 있다. 헌법재판소에 따르면, 평등선거의 원칙은 1인 1표의 원칙뿐만 아니라, 1표의 투표가치가 대표자의 선정이라는 선거 결과에도 기여 하는 정도가 같아야 한다는 평등을 포함한다. 현행법에 따르면 지역에 따라 1인의 투표가치가 다른 지역 1인의 투표가치보다 3배의 가치를 가지는 경우가 발생하는데, 이는 지나친 투표가치의 불평등이다. 2001년 헌법재판소의 결정에서도 투표가치의 평등을 위해 최대, 최소선거구 인구비례 2:1 이내가 바람직하지만, 과거 4:1이었던 현실을 고려해 3:1로 점진적 변화를 준다고 명시하였다.

(2) 대표성의 문제: 과소대표, 과다대표의 문제

3:1의 인구 편차를 유지하는 경우, 다수의 의사가 왜곡될 가능성이 커진다. 인구가 적은 선거구 위주로 득표를 한 정당은 국가 전체적으로 볼 때, 지지율이 낮더라도 차지하는 의석수가 커질 수 있기 때문이다. 만약 100만 명이 총인구인 국가에서 선거구의 인구가 10만, 10만, 10만, 10만, 30만, 30만 명인 지역구 A, B, C, D, E, F가 있다고 가정할 때, A, B, C, D의 모든 인구가 '가'정당의 후보를 지지하여 4명의 후보가 의석을 획득했다고 하자. 이때, E, F의 모든 인구가 '나'정당의 후보를 지지하여 2명의 후보가 의석을 획득하였다면, 국가 전체 인구 중 '나'정당을 지지하는 사람은 60만 명으로 '가'정당을 지지하는 40만 명보다 많지만 의석 수는 2개 의석으로 적다. 즉, 선거구 인구 편차에 따른 과소대표, 과다대표의 문제는 대의 민주주의의 중요한 요소인 '대표' 기능을 왜곡할 수 있다.

(3) 지역대표성의 문제

국회를 구성함에 있어 국회의원의 지역 대표성이 고려되어야 한다 하더라도, 이것이 국민주권주의의 출발점인 투표가치의 평등보다 우선시 될 수는 없다는 것이 헌법재판소의 입장이다. 국회의원은 지역 대표의 기능도 존재하지만, 전체 국민의 대표로서 역할을 하는 것이 본질적인 기능이기 때문이다. 특히 이러한 지역 대표성 기능이 과대대표, 과소대표 문제와 연결될 경우 지역정당구조를 심화시켜 농, 어촌 지역 사이에서 불균형이 발생할 가능성이 있다.

2. 단순위헌이 아닌 헌법불합치 결정을 내린 이유: 법적 공백 대비

헌법재판소의 단순위헌판결은 판결이 내려진 당일부터 효력이 발생한다. 만약 헌법재판소가 「공직선거법」의 '국회의원 지역선거구 구역표'에 대해 단순 위헌판결을 내린다면, 19대 국회의원들의 지역구가 존재하지 않게 되며, 이러한 상황에서 의정활동을 하게 되는 것이다. 또한, 이후 재선거 및 보궐선거 역시 지역구가 존재하지 않아 실시할 수 없을 수도 있게 된다. 새로운 선거구를 획정하여 법으로 공표하기까지 시간이 걸리게 될 것이기 때문에, 이때 발생하는 법적 공백을 막기 위해 위헌적인 요소를 가지고 있지만 법적 효력을 잠정적으로 유지하도록 하는 '헌법불합치' 결정을 내린 것이다.

Ⅲ. 다수대표제와 비례대표제의 장단점

1. 다수대표제

다수대표제(majority system)는 전체 유효투표수의 최대 다수를 획득한 후보를 당선자로 결정하는 선거제도를 말한다. 즉, 승자독식 제도로, 단순다수제, 절대다수제, 전면적 선호투표제등 다양한 방식이 존재한다.

(1) 장 점: 신속한 의사결정, 책임감 확보에 유리

다수대표제는 의사결정이 단순하여 신속하고 빠른 결정이 가능하다. 선거위반 감시에도 용이하며, 집계하기 쉽다. 단순다수제, 절대다수제와 같은 경우 일반 선거인들이 이해하기 쉬워 참여비용이나 반발에 대한 적응비용이 줄어든다. 또한, 다수대표제는 대표의 책임감 확보에 유리하다. 투표를 통해 원하는 후보를 명확하게 선택할 수 있다는 점에서 유권자와 대표 간 명확한 연결성을 갖게 만들고, 이는 후보가 자신을 지지한 유권자들에게 직접적인 책임감을 갖도록 만든다. 이외에도 군소정당이 득표하기 어렵기 때문에 지나친 극단주의, 파편화된 정당 체계를 저지하여 안정적인 정치환경을 만드는데 기여한다.

(2) 단 점: 대표성 저해 문제, 지나친 경쟁 발생

다수대표제, 특히 단순다수제와 절대다수제의 경우 사표 발생 및 전략적 투표로 인해 대표성이 저해될 수 있다. 승자가 의석을 독식하게 되므로 승리 가능성이 없는 후보에 대해 지지하는 유권자들은 승리 가능성이 있는 후보 중 자신이 그나마 지지하는 후보를 선택할 가능성이 높기 때문이다. 더 나아가, 다수대표제의 과대대표, 과소대표 문제 역시 대표성을 저해한다. 특정 지역의 집중적인 지지를 받을 때 의석확보가 유리해지고, 군소정당은 득표에 불리하기 때문에 투표가 국민 전체를 대표하기 위한 제도로 활용되기 보다는 특정 거대 정당의 싸움이 될 수 있다. 득표와 의석의 불비례성은 레입하트(A. Lijphart)가 말하는 '잘못된 승리자', 즉 실제 득표수보다 더 많은 의석을 차지하는 정당을 양산하여 가장 심각한 민주성의 결함을 가져올 수 있다.

다수대표제는 투표 행위가 대표를 선출하기보다는 권력을 분배하는 일종의 게임, 싸움으로 만들기도 한다. 지나친 승자독식으로 인해 정권이 바뀔 경우, 혹은 여대야소의 상황에서 정책의 비연속성이 발생하거나, 책임지지 않는 정부의 모습이 나타나기도 한다. 더욱이, 더 많은 의석을 차지하기 위해 현직의원이 유권자를 선택하는 '게리멘더링(gerrymandering)'이 발생하기도 한다. 지역구 획정을 통해 자신들이 득표하기 유리한 환경을 만드는 것이다. 우리나라에서도 총선 전에 지역구 획정과 관련된 논쟁이 계속되는 것 역시 마찬가지이다.

2. 비례대표제

비례대표제(PR:Proportional Representation Election)는 득표수에 비례하여 대표를 선출하는 선거 제도를 의미한다. 모든 표가 집계되어 그 비율에 따라 의석이 배분되기 때문에 사표가 발생하지 않는다. 정당에서 의석을 확보하는 대표의 순서를 정해놓은 정당명부식 비례대표제와 명부 순서 역시 유권자들의 선택에 맡기는 자유명부식 비례대표제 등 다양한 방식이 존재한다.

(1) 장 점: 대표성 확보, 타협과 협치의 문화

비례대표제의 가장 큰 장점은 다양한 유권자의 선호가 직접 의석수에 반영된다는 점이다. 이에 따라 다수대표제에서 나타났던 사표 문제 및 투표가치의 등가성 문제가 보완되며, 각 정당의 득표율에 비례하는 대표자를 공평하게 선출할 수 있다. 이에 따라 군소정당들 역시 원내에 진출할 수 있게 된다. 2004년 대한민국 17대 총선에서 원외 정당이었던 민주노동당이 국회에 진출한 것 역시 기존의 후보자 연동형 비례대표제에서 정당명부식 비례대표제로 변화했기 때문이다.

비례대표제는 타협과 협치의 문화를 가져온다. 사표가 발생하지 않기 때문에 국민들은 자발적 의지를 가지고 폭넓은 지지층을 형성하며, 다양한 사회 세력이 대표되기 때문에 단일정당의 독주를 견제할 수 있다. 따라서 캐스팅 보트를 쥔 군소정당 역시 원내 영향력을 행사할 수 있기 때문에 협치 가능성이 높아진다. 이에 따라 연정권력을 유지하기 위해, 정부가 바뀌더라도 정책의 일관성을 유지하기 쉬워져 정치 안정성을 가져온다.

(2) 단 점: 군소정당의 난립 문제, 책임소재의 불명확, 선거 공정성 문제

비례대표제는 모든 표가 의석에 반영되기 때문에 군소정당의 난립을 가져와 정치 불안정을 가져올 수 있다. 프랑스 제4공화국 역시 비례대표제에 의한 지나친 군소정당의 난립으로 정권 불안정성이 더 심화되었다.

연립정권을 구성할 경우 정책의 책임소재가 불명확하다. 또한, 유권자가 직접 후보를 선택하지 않는

다는 점에서 후보들이 유권자들에 대한 직접적인 책임의식을 갖기 어렵다는 점도 비례대표제의 한계로
작용한다.

후보자 추천이 정당 내에서만 이루어지는 경우, 공천과 관련하여 비리가 발생할 수 있다. 비례대표 공
천을 받기 위해 거액의 당비를 납부하는 경우가 대표적이다. 국회의원들은 공천을 위해 국민에게 봉사
하기보다는 정당에 봉사하게 되며, 비례대표 당선자들 역시 정책 기획 등 역량보다는 정당에 대한 충성
도에 따라 당선될 수 있다. 또한, 선거 직전 정당을 급조하여 비례대표제를 악용할 수도 있다. 의석 확보
를 위해 정당을 분리하였다가 투표 후 정당을 다시 합하는 경우도 마찬가지이다.

Ⅳ. 중앙선거관리위원회의 정치관계법 개정안: 권역별 비례대표제, 석패율제
1. 권역별 비례대표제

중앙선거관리위원회가 제안한 권역별 비례대표제는 현재 전국별 비례대표제를 인구 비례에 따라 6개
권역으로 구분하고, 권역별로 지역구와 비례대표 비율을 2:1 비율로 나누어 의석으로 전환하는 제도이
다. 정당 간 의석배분 기준은 정당 득표율에 따르며, 정당은 할당받은 의석수를 지역구 당선인과 비례대
표 명부 순위에 근거하여 채운다.

예컨대, A지역구에서 10%의 지지를 받은 정당은 9개의 의석이 확보되며 해당 정당의 지역구 의석이
9개를 넘지 않으면 차이 나는 의석을 비례대표 의석으로 확보하게 된다. 만약 지역구에서 9개 의석을 초
과하는 경우, '초과의석'으로 인정된다. 이렇게 총 인정되는 비례대표 의석수를 100개, 지역구 의석수를
200개로 제한하는 것이 중앙선거관리위원회가 주장한 개정안이다.

(1) 장 점: 지역주의 완화, 사표방지를 통한 대표성 증진

권역별 비례대표제는 지역구 의석수를 줄이고, 권역별로 비례대표제를 도입함으로써 지역주의 완화
에 기여한다. 현재 단순다수제 소선거구제도 하에서 특정 지역의 지지를 받는 정당들이 의석을 차지하
는 과대대표 및 지역주의 행태가 보여지고 있는데, 권역별 비례대표제에 따르면 지역구 의석수가 줄어
들고, 정당득표가 직접 의석으로 전환되는 비례대표 의석 비율이 증가하기 때문이다. 현재 47명에 불과
한 비례대표 의석수가 100명으로 증가하면서 투표의 비례성도 높아지고, 지역 내 소수의 지지를 받는
정당도 의석을 차지할 가능성이 높아진다는 점에서 지역주의를 완화할 수 있다.

권역별 비례대표제의 경우, 지역구에서 아쉽게 탈락한 후보가 다시 비례대표 의석을 얻을 수 있는 가
능성을 만들기 때문에, 사표방지 효과도 존재한다. 비례대표의석이 증가한다는 점 역시 사표방지 심리
를 줄여준다. 이는 정치인들이 적극적으로 유권자를 동원하도록 만들어주기도 한다.

(2) 단 점: 비례대표제의 지역대표성 증대, 낮은 실현가능성

현재 전국구 비례대표제에서 권역별 비례대표제로 변경할 경우, 비례대표 국회의원들이 기존에는 가
지지 않고 있던 지역대표성을 갖게 된다. 또한, 지역구에서 유권자가 탈락시킨 후보들 역시 정당 명부에
따라 다시 비례대표로 당선될 수 있다는 단점이 존재한다.

중앙선거관리위원회가 주장한 권역별 비례대표제는 현재의 지역구 의원수를 줄이고 비례대표 의원수를 늘린다는 점에서 의원들의 강력한 반발이 있을 가능성이 존재한다. 더 나아가, 초과의석제도로 인해 국회의원 정수가 증가할 수 있어 국민들의 반발 역시 존재하여 실현가능성이 낮다. 또한, 여전히 비례대표의원보다 지역구의원 의석수가 많다는 점에서 지역주의 완화 및 대표성 증진등의 효과가 있을지 의문이다.

2. 석패율제

석패율 제도는 일본이 사용하는 제도로, 지역구 입후보자가 비례대표 후보자 명부에도 등록할 수 있는 제도이다. 비례대표 후보자 명부의 같은 순위에 복수의 지역구 입후보자를 등록할 수 있으며, 지역구에서 낙선한 후보 중 비례대표 후보자 명부에 등록한 후보자 가운데 상대득표율(후보자 득표수/지역구 후보자 1인당 평균 득표수)이 가장 높은 후보를 비례대표 당선자로 결정한다.

(1) 장 점: 지역주의 완화, 사표 방지 및 정당 내 공천갈등 완화

전통적으로 하나의 정당이 우세한 지역에 다른 정당 후보가 진출할 수 있도록 함으로써 지역주의를 완화시킬 수 있다. 정당의 입장에서도 열세 지역에서 후보자가 당성될 수 있어 지역적 기반이 확대된다. 유력 정치인을 보호하여 한 번의 기회를 더 준다는 점에서 사표 방지가 가능하다. 또한, 석패율 제도가 기계적으로 작동하는 정당 내에서는 공천이 정당 내부 권력층에 의해 좌지우지 되기 보다는 지역구 상대득표율에 따라 공천이 결정되므로 정당내 공천갈등이 완화될 수 있다.

(2) 단 점: 평등선거 위반 가능성, 유력 정치인들의 당선 수단화

지역구 선발 기준과 비례성을 확대하는 기준이 다름에도 불구하고 특정인에게만 두 번의 기회를 주는 것은 평등선거 위반이라는 비판이 있다. 또한, 거대 정당의 유력 정치인들이 지역구와 비례대표에 동시 출마하여 쉽게 당선되게 만드는 수단이 될 수 있다. 석패율 의석수가 증가하게 될 경우, 각 사회층을 대표하는 후보들을 국회에 진출시키고자 하는 비례대표제의 원래 취지가 약화될 수 있다. 또한 우리나라처럼 비례대표 의석이 적은 경우 석패율제도를 도입하더라도 지역주의 완화 및 사표방지 등 긍정적인 효과는 미미할 것으로 판단된다.

V. 결 론

소선거구 단순다수제와 비례대표제를 함께 활용하고 있는 우리나라의 경우, 비례대표 의원 의석수가 적어 여전히 지역주의와 사표문제가 발생하고 경쟁 위주의 선거가 이루어진다는 문제가 발생하고 있다. 이를 해결하기 위해 중앙선거관리위원회에 의해 제시된 권역별 비례대표제와 석패율제도 역시 각각의 한계가 존재하는 바, 신중히 검토후 도입을 논해야 할 것이다.

| 강 평 |

1. 선거제도와 관련한 문제로 초점은 비례대표제에 대해 묻고 있는 질문이다. 특히 중앙선거관리위원회가 제시한 권역별 비례대표제, 석패율제의 특징, 장단점을 묻고 있다. 답안은 논리적·내용적인 측면에서 문제에 맞게 서술되어 있다. 단지 몇 가지 내용적인 측면과 논리적인 측면에서 보완이 된다면 보다 의미 있는 답안이 될 것으로 보인다.

2. 서론에서 대의제 민주주의와 선거의 중요성에 대해 언급하고 있는데 이 부분을 좀 더 강조할 필요가 있다. 제시된 내용에 다수의 이익에 기초한 국민의 의사가 국가 정책으로 입안될 수 있도록 하는 제도로 선거는 대의제 민주주의 하에서 국민이 정부에 대한 통제를 실현할 수 있는 중요한 방법이라는 측면이 보다 강조될 필요가 있다.

3. 헌법재판소 불합치 근거와 관련해 평등선거의 원칙, 대표성의 문제 그리고 지역대표성의 문제를 언급하고 있다. 이러한 근거를 제시할 수 있기 위해 헌법재판소의 헌법불합치 결정 이유를 보다 자세하게 설명할 필요가 있다. 예를 들어 헌법재판소가 제시한 국토의 균형발전이다. 즉 인구편차의 허용기준을 완화할수록 지역정당구조를 심화시킬 수 있다. 특히 이러한 불균형은 농어촌 지역에서 나타나게 되는데 같은 농어촌지역 간에 존재하는 이러한 불균형은 농어촌 지역의 합리적 변화를 저해할 수 있고 국토의 균형발전에도 도움이 되지 않는다고 제시하고 있다. 또한 헌법재판소는 지방자치제도가 정착되어 지역대표성을 이유로 헌법의 중요한 원칙인 투표가치의 평등이 완화될 필요성이 없다는 점을 제시하고 있다. 이러한 헌법재판소의 판결 내용을 첨가한다면 답안의 내용을 좀 더 풍부하게 하면서도 논리적인 연결성을 보다 갖출 수 있을 것으로 보인다.

4. 평등선거의 원칙을 1인 1표 뿐만 아니라 대표자 선정에 있어 1표의 투표가치를 지적하고 있는데 이는 평등선거의 원칙을 더욱 명확하게 제시했다는 점에서 의미 있는 서술이라고 생각된다.

5. 답안의 논리적 연관성을 좀 더 보완하기 위해 비례대표제의 장점, 단점으로 제시된 내용을 이후 중앙선거관리위원회의 개정안과 직접적으로 연결시켜 답안을 제시할 필요가 있다. 또한 덧붙여 중앙선거관리위원회의 제안은 현재 대한민국 선거제도의 문제점을 전제로 제시된 것이기 때문에 다수대표제의 문제점 극복을 위한 차원에서 장점과 비례대표제의 장점 그리고 비례대표제의 문제점 등을 좀 더 보완할 필요가 있다. 즉 현재 대한민국 선거제도의 문제점을 보다 명확하게 제시하면서 장단점을 함께 제시할 필요가 있다.

| 제2문 | 정치적 교착상태는 다음 두 가지 경우에 발생할 수 있다. 첫째, 의회의 다수파와 행정부의 소속정당이 다른 분점정부 아래에서 의회 다수파가 정책변화를 원함에도 불구하고 행정부와의 갈등으로 인하여 법의 제정 및 개정 등에 실패하는 경우에 발생한다. 둘째, 의회의 다수파와 행정부의 소속정당이 같은 단점정부 아래에서 의회 소수파가 극렬하게 저항하는 경우에 발생한다. 다음 물음에 답하시오. (총 30점)

(1) 린쯔(Juan J. Linz)에 의하면 정치적 교착상태는 의원내각제 국가보다 대통령제국가에서 더 빈번하게 발생하며, 신생 민주주의 국가의 경우 때때로 체제위기로 이어지기도 한다. 그 이유를 설명하시오. (10점)

(2) 의원내각제나 이원집정부제가 정치적 교착상태를 어떻게 완화시킬 수 있는지를 설명하시오. (10점)

(3) 1980년대 민주화 이후 한국정치과정에서 이러한 교착상태의 주요 원인을 우리나라 대통령제와 의회제도의 측면에서 설명하시오. (10점)

Ⅰ. **서 론**

Ⅱ. **정치적 교착상태와 통치구조의 관계: 린쯔의 분석**

　1. 린쯔의 주장

　2. 대통령제에서 교착상태가 더 빈번한 이유

　　(1) 승자독식 구조

　　(2) 이원적 정통성

　　(3) 위임민주주의

　3. 신생 민주주의 국가의 경우: 체제위기 가능성

Ⅲ. **의원내각제, 이원집정부제의 정치적 교착 완화 방법**

　1. 의원내각제의 정치적 교착 완화

　2. 이원집정부제의 정치적 교착상태 완화

Ⅳ. **한국 정치에서 교착상태의 원인**

　1. 대통령제 측면: 제왕적 대통령제

　2. 의회제도 측면: 전문성 부족, 협치제도의 부존재

Ⅴ. **결 론**

답안작성　　　　　　　　　　　　　　강○○ / 2015년도 5급 공채 일반행정직 합격

Ⅰ. **서 론**

　정치적 교착상태는 행정부와 의회간, 의회 내 정당간, 정치집단간 견제와 균형(checks and balances)이 정상적으로 작동하지 않고 갈등이 정체되어 타협의 여지가 없어진 상태를 의미한다. 정치적 교착상태는 정상적인 견제가 아닌 집단주의와 같은 비합리적인 공격성으로 나타나는 경우가 많기 때문에 정치의 불안정성을 가져오고, 정책 결정 및 실행의 지연을 가져온다는 점에서 사회적 비용을 낭비하기도 하고, 결과적으로 체제위기의 문제까지도 가져오기 때문에 그 발생이유와 완화방안에 대해 살펴볼 필요성이 있다.

Ⅱ. 정치적 교착상태와 통치구조의 관계: 린쯔의 분석

1. 린쯔의 주장

린쯔(Juan J. Linz)는 1994년 『The Failure of Presidential Democracy』에서 신생민주주의 국가에는 대통령제도가 의원내각제보다 민주주의 공고화에 취약하다고 주장하였다. 그중 큰 이유는 정치적 교착상태가 대통령제 국가에서 더 빈번하게 발생하기 때문이다. 린쯔는 대통령제의 특성중 문제점으로 '승자독식구조', '대통령의 임기 고정성', '이원적 정통성', '위임 민주주의', '의회주의자가 아닌 외부인의 당선가능성'이라는 5가지 요인을 언급했다. 이중 승자독식구조와 이원적 정통성, 위임민주주의의 특징으로 인해 정치적 교착상태가 나타날 가능성이 크다.

2. 대통령제에서 교착상태가 더 빈번한 이유

(1) 승자독식 구조

대통령제는 대통령 1인에게 권력이 집중되며, 선거에서 승리하여 대통령을 배출한 정당이 권력을 독점하게 된다. 따라서 타협의 필요성이 적고, 정치권력을 둘러싼 갈등이 극단적으로 나타나게 된다. 의원내각제의 경우 득표율에 비례하여 내각이 구성되므로 정당간 권력공유가 가능한 반면 대통령제는 그러지 못한 것이다. 따라서 대통령선거에서 패한 정당은 다음 대선에서의 승리를 노리기 위해 정권 초기부터 대통령과 여당을 비판하는데 집중한다. 대통령과 여당도 마찬가지로 야당에게 타협을 요구하기 보다 그들을 견제하며 자신들의 정책을 밀고나가는데 집중하므로 정치적 교착상태가 발생하기 쉽다.

(2) 이원적 정통성

대통령제하에서는 대통령과 국회의원 모두 선거를 통해 당선되기 때문에 국민으로부터 직접적인 민주적 정통성을 가지게 된다. 따라서 대통령과 의회, 행정부와 의회 간 갈등이 발생할 경우 의원내각제의 의회 해산과 내각 불신임권과 같이 제도적으로 서로 견제할 수 있는 권한이 존재하지 않아, 갈등이 발생할 때 이에 대해 충분히 논의하기 어렵다. 따라서 오히려 각자를 견제할 충분한 제도가 존재하지 않기 때문에 대통령과 의회의 의견이 불일치할 경우, 및 단점정부 하에서 의회 소수파가 극렬히 저항하는 경우 정치적 교착상태로 이어질 가능성이 크다.

(3) 위임민주주의

대통령의 경우 의회 의원들보다 더 많은 표를 획득하여 당선되기 때문에, 국민의 위임을 근거로 의회의 견제를 무시하고 정국을 주도할 수 있다. 특히, 단점정부하에서 대통령은 권력이 집중되어 제왕적 대통령의 모습을 가질 수 있으며, 국민들이 대통령을 전적으로 따르는 것으로 판단할 가능성이 있기 때문이다. 이 경우 대통령이 긴급경제명령, 긴급명령과 같은 수단 및 잦은 행정입법을 통해 의회를 우회할 수 있으며, 이 경우 의회는 장외투쟁과 같은 비제도적 방식을 활용하거나 정치적 교착상태를 만들어 낸다.

3. 신생 민주주의 국가의 경우: 체제위기 가능성

린쯔는 남아메리카의 경험적인 사례를 통해 신생 민주주의 국가에서 대통령제 하의 정치적 교착상태가 체제위기로 변질될 가능성이 크다고 주장한다. 신생 민주주의 국가는 상대적으로 정당이 제도화 되지 못하여 정당의 난립이 발생하고, 의회 다수당이 야당이 되는 분점정부가 될 가능성이 높다. 그리고 합의와 타협의 관행이 정착되지 않아 갈등이 극단적으로 표출된다.

Ⅲ. 의원내각제, 이원집정부제의 정치적 교착 완화 방법

1. 의원내각제의 정치적 교착 완화

의원내각제는 단 한 번의 총선을 통해 국회의원들을 선출하여 의회를 구성하면, 의회에서 총리를 선출한 후 총리가 행정부를 이끌어갈 내각을 구성하는 통치체제이다. 즉, 의회만이 유일하게 선거를 통해 당선되므로 '일원적 정통성'을 가진다. 의회가 행정부를 구성하는 내각을 결정하므로 대개 정치적 교착이 발생하기 어렵지만, 총리와 의회의 의견이 극명하게 다르거나 의회내 다당체계로 의견이 분산되는 경우 정치적 교착이 발생할 가능성이 존재한다.

민주적 정통성을 가진 의회는 정치적 교착이 발생할 경우, 내각에 대해 내각불신임권을 사용할 수 있으며, 이 경우 내각 및 총리가 교체될 수 있기 때문에 정치적 교착이 바로 해결될 수 있다. 내각불신임권에 대해 내각이 인정하지 않는 경우, 내각이 갖고 있는 의회 해산권을 활용하여 어느 때든 총선을 다시할 수 있기 때문에, 정치적 교착이 길게 이어지기보다는 바로바로 해결될 가능성이 높다.

더 나아가, 임기가 고정되지 않기 때문에 의원들은 최대한 정치적 교착을 피하기 위해 협치를 하도록 노력하게 된다. 만약 의회가 해산되어 다시 재선거를 통해 새로운 의회가 구성되었다면, 정치적 교착 상태를 야기한 문제에 있어서 어떤 쪽에 국민들이 동의를 했는지 선거 결과로 나타나기 때문에, 해당 문제를 해결하게 되어 교착상태가 종료된다.

2. 이원집정부제의 정치적 교착상태 완화

이원집정제는 대통령 중심제와 의원내각제가 혼합된 통치구조로, 크게 대통령 중심 이원집정제와 내각 중심 이원집정제로 나뉜다. 대통령과 의회 모두 선거를 통해 구성된다는 점에서 이원적 정통성을 그대로 가지고 있지만, 의회해산권, 내각불신임권 등 의원내각제적 요소를 가미하여 정치적 교착상태를 완화시킬 수 있는 제도적 장치가 존재한다.

프랑스와 같은 대통령 중심 이원집정부제하에서는 대통령과 총리의 권한이 분리되어 있어 정치적 교착이 나타날 가능성이 적다. 야당이 의회의 다수당이 되는 동거정부의 경우, 내각을 운영하는 총리가 야당으로부터 선출될 것이며, 대통령을 제외한 행정부 내각을 꾸려 의회와 내각이 교착상태에 빠질 위험이 적다. 만약 여당이 의회의 다수당이 되는 경우에는 내각과 총리가 대통령과 같은 당일 가능성이 크기 때문에 이 역시 협치 가능성이 높아진다. 이는 내각 중심 이원집정부제 하에서도 마찬가지이다.

만약 정치적 교착상태가 발생하더라도, 의원내각제에서와 같이 의회해산권, 내각불신임권을 통해 국민들의 선택으로 정치적 교착을 해소할 수 있다. 또한, 의원내각제와 동일하게 임기가 완전히 보장되지 않기 때문에 협치 문화가 발달하게 되어 정치적 교착상태를 대화와 타협을 통해 해소할 가능성이 커진다.

Ⅳ. 한국 정치에서 교착상태의 원인

1. 대통령제 측면: 제왕적 대통령제

한국의 경우 '제왕적 대통령제'라고 불릴 정도로 대통령의 권한이 막강하다. 조직, 인사권은 물론이고, 행정입법 비율이 계속하여 증가하고 있으며, 법안 역시 정부발의 법안의 국회통과 비율이 증가하고 있는 추세이다. 이는 정치, 행정환경의 변화로 인해 전문성이 강한 행정부와 그 수장인 대통령의 영향력이 커지기 때문도 있지만, 과거 대통령 중심의 권위주의 정부 경험의 잔재와 유교사상의 영향도 존재한다.

권한이 강한 대통령을 어떤 당에서 배출하는지가 정치의 승패로 더욱 쉽게 귀결되므로 승자독식체제가 강화되어 교착상태가 발생할 가능성이 커진다. 더욱이, 대통령에 대한 국민들의 지나친 신뢰는 위임민주주의 성향을 짙게 만들어 교착상태를 강화시킨다.

2. 의회제도 측면: 전문성 부족, 협치제도의 부존재

한국의 의회는 의원의 전문성이 낮고, 법률검토 및 예산통제를 위한 제도의 부족으로 경합장(arena)적 의회의 모습이 나타난다. 미국의 회계감사원(GAO)과 같은 전문기구가 없기 때문에 국회에서는 법률안 심사, 예산안 검토보다는 정쟁만이 활발하게 이루어진다. 또한, 단점정부 하에서 의회 내 소수파와 교착상태가 발생하거나, 분점정부 하에서 대통령과 의회 간 교착상태가 발생하더라도 이를 해결할 수 있는 제도적 수단이 존재하지 않는다. 따라서 교착상태에서 대통령과 의회는 자신들이 활용할 수 있는 모든 수단을 활용해 상대를 저지하고자 하므로 교착이 악화된다. 인사청문회의 확대나 국정조사, 국회 내 법률안 계류 등 의회 기능을 마비시킴으로써 교착상태에 반응하고, 더 나아가 장외투쟁, 의회점거와 같은 물리적인 방법도 마다하지 않게 되어 교착상황이 심화된다.

Ⅴ. 결론

대통령제의 경우 교착상태가 발생하기 쉬우며, 발생할 경우 이를 해결할 제도가 부족하다. 특히 우리나라와 같이 대통령제의 승자독식, 위임민주주의 성향이 강화된 '제왕적 대통령제' 하에서는 이러한 교착상태가 발생하고 악화될 가능성이 커지기 때문에 이를 해결할 제도적 방안을 모색할 필요가 있다.

| 강평 |

1. 이 문제는 정치적 교착상태를 권력구조의 측면에서 묻고 있다. 따라서 권력구조를 기반으로 한 정부의 형태 즉 대통령제, 의원내각제, 이원집정부제하에서 정부와 의회의 정치적 교착상 태가 어떻게 야기되고, 해결될 수 있는지 답하기 위해서는 각 권력구조가 갖고 있는 특징을 기반으로 답안이 작성되어야 한다. 이러한 측면에서 답안은 문제의 초점에 맞게 제시되어 있 다. 단지 내용적인 면에서 몇 가지 보충이 필요하다고 생각된다.

2. 대통령제에서 정치적 교착상태가 더 빈번한 이유와 관련해 대통령의 임기가 헌법으로 보장 되어 있기 때문에 탄핵 등의 이유가 없는 한 정치적 교착상태가 발생하더라도 통치자를 교체 하는 방식으로 해결할 수 없다는 점이다. 이는 이후 의원내각제 등의 논리와 연결된다는 측 면에서 의미가 있다.

3. 의원내각제의 정치적 교착 완화를 설명하면서 '임기가 고정되지 않기 때문에'라는 표현이 있 다. 이 표현은 의회의 해산을 염두에 두고 표현한 것으로 생각된다. 그러나 의원내각제하에서 도 의원들은 정기적인 선거를 통해 선출된다는 점에서 임기가 있다. 따라서 이렇게 표현하기 위해서는 그 의미가 무엇인지 보다 명확하게 제시해야 오해의 소지가 없을 것으로 생각된다.

4. 의원내각제에서 정치적 교착 상태 완화와 관련해 그 요인 중 하나로 연합정부 구성을 제시 할 필요가 있다. 즉 다당제의 형태에서 소수 정당도 정부 구성에 참여할 수 있다는 점을 제시 한다면 대통령제에서와의 비교가 보다 명확하게 제시될 수 있을 것으로 보인다.

5. 한국정치에서 교착상태의 원인과 관련해 대통령제 측면을 서술함에 있어 한국 대통령제의 특징을 보다 강조할 필요가 있다. 즉 대한민국의 경우 순수한 대통령제가 아닌 내각제적 요 소가 있다는 점이다. 국회는 인사청문회제도, 임명동의권, 해임건의권 등을 통해 행정부에 개입할 수 있는데, 야당이 다수당일 경우 교착상태는 더욱 커질 수 있다는 점이다.

6. 의회제도 측면에서 대통령선거(5년)과 국회의원선거(4년)의 주기 불일치로 분점정부 상황 이 초래되는 문제점을 제기할 수 있다.

7. 한국정치에서 교착상태의 원인을 대통령제, 의회제도라는 측면에서 묻고 있기 때문에 현행 제도에 초점을 두고 설명할 필요가 있다. 정치 문화적 측면 또한 중요한 요소이지만 문제의 핵심은 제도에 있기 때문이다.

| 제3문 | 고전적 자유주의자인 토마스 페인(Thomas Paine)은 "정부는 가장 좋은 상태에서조차 필요악에 불과하다."라고 주장하였다. 그러나 그의 주장과는 달리 현대 국가는 과거에 비해 그 규모와 역할이 매우 커졌다. 다음 물음에 답하시오. (총 30점)

(1) 고전적 자유주의에 대한 현대적 적극정부론의 입장을 설명하시오. (10점)

(2) 위의 적극정부론에 대한 현대적 자유지상주의(libertarianism)의 입장을 설명하시오. (10점)

(3) 현대 국가들의 정부지출이 지속적으로 증가하는 현상을 관료제와 의회제의 관점에서 설명하시오. (10점)

Ⅰ. 서 론

Ⅱ. 고전적 자유주의에 대한 현대적 적극정부론의 입장
  1. 고전적 자유주의: 정부실패, 정부개입 최소화
  2. 현대적 적극정부론의 입장: 시장실패, 적극적 국가개입 필요

Ⅲ. 적극정부론에 대한 현대적 자유지상주의의 입장

  1. 현대적 자유지상주의의 등장
  2. 적극정부론에 대한 자유지상주의의 비판

Ⅳ. 현대 정부의 정부지출 증가 현상: 관료제와 의회제 관점
  1. 관료제 관점: 예산 극대화이론, 파킨슨의 법칙
  2. 의회제: 의원들의 이익극대화, 의회 전문성 부족

Ⅴ. 결 론

답안작성

강 ○ ○ / 2015년도 5급 공채 일반행정직 합격

Ⅰ. 서 론

경제공황 및 양차 대전 이후 확대된 정부 역할에 대한 자유지상주의자들의 비판이 있었음에도 불구하고 정부조직 및 지출은 지속적으로 확대되어 왔다. 우리나라의 경우 작은 정부, 규제축소 논의가 있었음에도 불구하고 정부지출은 지속적으로 확대되어 2017년에는 정부예산이 처음으로 400조를 넘어섰다. 정부의 규모 및 역할에 대한 논의를 통해 정부 지출이 지속적으로 증가하는 현상의 원인에 대해 살펴보도록 한다.

Ⅱ. 고전적 자유주의에 대한 현대적 적극정부론의 입장

1. 고전적 자유주의: 정부실패, 정부개입 최소화

고전적 자유주의는 합리성, 즉 이성을 가진 개인들의 선택이 모인 결과를 존중한다. 아담 스미스(A. Smith)는 '보이지 않는손'(invisible hand)에 의해 만들어지는 시장균형은 국가 성장을 가능하게 한다고 보았다. 이러한 시장에 대해 정부가 개입할 경우 비효율이 발생, 즉 정부 실패가 나타나기 때문에 정

부 개입이 최소화 되어야 한다고 주장하였다. 정부의 개입은 정치적 요소가 반영되어 시장 효율성과 국가 발전과는 상관 없이 정치인들(당시 국왕과 귀족들)의 사익에 치중될 가능성이 있기 때문이다.

이와 함께, 고전적 자유주의는 개인의 자연권으로서 자유를 강조하기 때문에, 참정권과 같은 정치적 기본권, 소유권과 같은 경제적 기본권 등에 대한 국가의 개입에 반대했다. 자유는 개인이 자신의 이익을 추구하고 선택권을 행사하는 '소극적 자유(negative freedom)'으로만 인지되었기 때문에, 사회나 국가의 간섭으로부터 벗어나는 것이 인간 제 1의 가치인 자유를 실현하는 것으로 인식하였다.

2. 현대적 적극정부론의 입장: 시장실패, 적극적 국가개입 필요

1930년대 대공황을 거치며 시장 실패가 가능하며 이에 대해 적극적인 국가 개입을 통해 어느 정도 피해를 줄일 수 있다는 케인즈 경제 원리가 등장하였다. 이에 더하여 1차, 2차 세계대전을 거치며 개인의 자연권만 방임을 통해 보장한다고 해서 인간의 자연권이 실제로 보호되는 것이 아니며, 전쟁, 기아, 질병과 같은 상황에서 국가가 개인을 보호해야 할 필요성이 증대되었다. 전쟁 이후에도 전후 관리 및 극심한 빈부격차와 같은 사회적 문제를 해결하기 위해 국가가 복지제도를 통해 적극적인 개입을 해야 한다는 필요성을 느끼게 되었다. 롤즈(Rawls)는 경쟁을 하기 위해 동등한 자유권을 누려야 한다는 기조하에 사회적 배경과 상관 없이 공정한 상황을 만들어야 한다는 입장에서 국가의 개입을 옹호했다.

이와 함께, 현대적 적극정부론은 고전적 자유주의가 상정한 완전경쟁시장이 불가능하기 때문에 시장 자체의 실패 가능성 역시 존재하므로 정부의 개입이 필요하다고 말한다. 공공재의 경우, 올슨(Mancur Olson)이 말한 '공유지의 비극'과 같이, 사회 적정량 생산되지 않을 수 있다. 따라서 정부가 이를 적극적으로 생산하도록 해야 한다. 또한, 규모수익체증과 같은 자연 독점은 물론이고 기업 연합에 따른 카르텔로 인한 과점 체제는 부를 양극화하고 시장 효율성을 낮춘다는 점에서 규제가 필요하다. 정보 격차 역시 완전경쟁시장을 만들지 못하고, 개살구 시장을 형성하거나 역선택을 유발하는 등 시장실패로 이어지며, 자신이 행한 행위의 결과가 타인에게 영향을 미쳐도 어떠한 대가를 지불하지 않는 외부효과(externality) 역시 정부 개입을 필요로 한다.

Ⅲ. 적극정부론에 대한 현대적 자유지상주의의 입장
1. 현대적 자유지상주의의 등장

자유지상주의(libertarianism)는 개인의 권리와 자유에 절대적 가치를 부여한다는 점에서 고전적 자유주의와 유사하다. 이는 신자유주의의 한 분파로 고전적 자유주의보다 개인의 자유를 더욱 강조해, 타인에게 해를 끼치는 예외적인 상황을 제외하고는 어떠한 국가 간섭도 있어서는 안된다고 본다.

2. 적극정부론에 대한 자유지상주의의 비판

자유지상주의는 정부가 개인의 영역에 개입하는 것이 자유를 침해하는 것으로 본다. 현대적 적극 정부는 공익 실현을 위해 복지뿐만 아니라 여성, 장애인, 교통, 문화 등 다양한 영역에 개입하는데 이는 자유에 대한 지나친 침해라고 보는 것이다.

자유지상주의자인 하이예크(F. Hayek)는 인위적인 질서인 '국가의 개입'은 특정집단의 특정 이익을 보호하기 위한 것으로 자유계약과 재산권 보호와 같은 자연적 질서를 파괴한다. 이는 오로지 경제적 논리나 합리성만을 기준으로 할 수 없고 여러 정치적 결과물로 나타나는 국가 정책의 본질적인 성격으로 인한 필연적인 결과이다.

노직(R. Nozick)역시 고전적 자유주의자인 로크(J. Locke)의 '노동가치설'에 따라, 자신이 노동을 통해 소유물로 만들어진 소유권과 재산에 대해서 국가가 어떠한 간섭도 해서는 안 된다고 주장한다. 사회복지를 위해 개인에게 세금 부담을 가중시키는 것은 타인을 위해 자신의 노동을 강제하는 것과 다름없기 때문이다.

IV. 현대 정부의 정부지출 증가 현상: 관료제와 의회제 관점

자유지상주의자들의 우려에도 불구하고 현대 정부는 정부지출을 증대시키며 적극정부, 거대정부의 모습을 보이고 있다. 그 원인에 대해 관료제 자체의 관점과 의회제의 관점에서 파악할 수 있다.

1. 관료제 관점: 예산 극대화이론, 파킨슨의 법칙

합리적 선택 이론에 따르면 관료들 역시 개인의 이익을 극대화 하는 주체에 해당한다. 니스카넨(Niskanen)의 예산극대화이론에 따르면, 관료제도는 복대리인 구조로 인해 국민의 정치적 통제가 미치기 어려우며, 정보비대칭으로 인해 의회의 통제 역시 어렵다. 따라서 관료 조직은 자신들이 속한 부처의 이익과 권력확대를 목표로 하는 과정에서 예산의 극대화를 추구하게 된다. 따라서 정부 예산이 합리성과 상관 없이 증대하게 된다.

파킨슨(Parkinson)은 공무원의 수가 업무의 증감 여부와 관계 없이 매년 일정 비율(약 6%)증가한다고 보았다. 공무원이 스스로 과잉 업무에 시달리고 있다고 생각하여 업무를 맡아줄 '부하'를 필요로 하기 때문이다. 부하 역시 잠재적 경쟁자로 인식될 수 있어 부하를 견제할 새로운 부하를 필요로 하고, 이렇게 고용된 부하들 역시 조력자를 필요로 할것이기 때문에 정부 관료제는 지속적으로 커지며, 이에 따른 정부지출도 증가하게 된다.

2. 의회제: 의원들의 이익극대화, 의회 전문성 부족

의회를 구성하는 의원들 역시 합리적 선택 이론에 따를 때, 자신의 이익을 극대화 하고자 한다. 이들에게 이익은 '재선'일 것이며 재선을 위해 더 많은 유권자들의 지지를 확보하려 한다. 이 과정에서 '포크배럴(pork barrel)'과 같이 지역구의 선심사업을 위해 정부 예산을 남용하기도 하고, 복지정책과 같은 분배정책을 통해 더 많은 표를 가지고 있는 사회적 약자들 및 대중들의 환심을 사고자 정부지출을 늘린다.

의회의 전문성 부족 및 행정부와의 정보격차 역시 의회가 행정부의 예산 증대를 견제하지 못하도록 만들어 정부지출을 늘리는 원인이 된다. 특히 우리나라의 경우, 미국의 회계감사원(GAO)와 같이 행정부를 감시하기 위한 전문기관이 부재하고, 회기제로 운영되고 있어 정부지출을 통제하는데 현실적인 어려움이 존재하고 있다.

V. 결 론

정부 지출 및 정부 개입이 커지고 있는 현재 상황에서, 자유지상주의자들의 적극정부론에 대한 비판은 많은 시사점을 안겨준다. 결과적으로 사회는 개인의 자유를 보호하기 위해 필요하지만, 그 존재가 다시 개인의 자유를 억압해서는 안될 것이다. 따라서 국가의 개입과 개인의 자유권 보호 두 관점을 늘 견지하며 정부 지출을 합리적으로 통제해야 할 것이며, 이를 위해 의회는 전문성을 가지고 행정부를 감시하고, 국민들 역시 행정부화 의회 모두를 감시할 수 있는 제도적 방안을 모색할 필요가 있다.

| 강평 |

1. 이 문제는 정부역할의 확대에 대한 찬반 논의 그리고 정부의 역할이 확대되는 오늘날 그 원인으로 지적되는 관료제, 의회제에 대해 묻고 있다. 답안은 문제의 초점에 맞게 자유주의적 관점, 적극정부론 그리고 현대적 자유지상주의라는 이론적 논의를 바탕으로 논리적으로 제시되었다고 생각된다. 단지 내용적인 측면에서 몇 가지를 보충하고자 한다.

2. 고전적 자유주의를 설명함에 있어 국가의 역할과 관련해 야경국가를 보다 명확히 할 필요가 있다. 즉 국방, 경찰, 개인 간 계약질서 보호 등만을 수행해야 한다는 야경국가에 대한 논의를 제시함으로써 정부 또는 국가의 역할이 어떠해야 하는지를 보다 명확하게 제시할 수 있기 때문이다.

3. 케인즈 경제원리를 이야기 할 때 유효수요이론을 보다 구체적으로 언급함으로써 국가의 역할이 어떠해야 하는지를 보다 명확하게 제시할 수 있을 것으로 보인다. 또한 롤즈의 논의를 보다 명확하게 제시할 필요가 있다. 즉 사회적, 경제적 불평등은 공정한 기회균등하에 야기되어야 하는데, 그 불평등은 사회의 가장 불우한 사람들에게도 이익이 되는 것이어야 하기 때문에 이를 위해 국가의 역할이 필요하다는 내용이 언급될 필요가 있다.

4. 하이예크 논의를 제시함에 있어 정부의 복지정책은 시민의 도덕적 판단을 대신하는 것으로 이는 시민을 노예화 시키는 것과 동일하다는 점을 지적함으로써 그 의미가 보다 명확하게 제시될 수 있다고 생각된다.

5. 정부예산 증대와 관련해 관교제적 관점을 설명함에 있어 시민들의 정부에 대한 높은 기대 또한 언급할 필요가 있다. 대표적으로 헌팅턴(Huntington)은 시민들의 정부에 대한 요구로 정부 기능이 확대되었다는 점을 언급한다면 내용적으로 보다 풍부한 의미 전달이 될 것으로 보인다.

2016년도 입법고등고시 기출문제와 어드바이스 및 답안구성 예

| 제1문 (40점) |

아래의 표는 11대 국회부터 19대 국회까지 발의주체별 법률안 통계표이다.

구 분	총 계			의원발의			정부제출		
	제출	가결	가결 비율 (%)	제출	가결	가결 비율 (%)	제출	가결	가결 비율 (%)
11대	489	340	70	202	83	41	287	257	90
12대	379	222	59	211	66	31	168	156	93
13대	938	492	52	570	171	30	368	321	87
14대	902	656	73	321	119	37	581	537	92
15대	1,951	1,120	57	1,144	461	40	807	659	82
16대	2,507	948	38	1,912	517	27	595	431	72
17대	7,489	1,915	26	6,387	1,352	21	1,102	563	51
18대	13,913	2,353	17	12,220	1,663	14	1,693	690	41
19대	17,822	2,893	16	16,729	2,414	14	1,093	479	44

(1) 의원발의법안의 제출과 가결에 대한 변화추세의 원인과 그 의미를 설명하시오. (20점)

🅰️ advice

11대 국회에서 의원발의 법안은 정부제출 법안보다 적었으나, 다음 국회에서부터는 정부제출 법안보다 많아지며 19대에는 16배 이상의 의원 발의 법안이 발생하고 있다. 변화추세의 원인은 갑자기 2배 이상 의원발의 법안이 늘어난 13대 국회의 경우, 민주화 이후 첫 국회로써 의회기능이 강화된 점을 들 수 있다. 또한, 2006년 등장한 '메니페스토 운동' 역시 하나의 원인이 될 수 있다.

(2) 의원발의법안과 정부제출법안의 제출과 가결에서 나타나는 변화를 비교하여 설명하시오.
   (20점)

Advice

의원발의 법안의 증대와 가결 법안이 증대하고 있지만, 가결률 자체는 낮아지고 있다. 그럼에도 가결 법안 자체는 16대 국회부터 정부제출 법안보다 많아지고 있는데, 이는 의회 입법기능이 회복되고 있음을 보인다. 그러나 가결비율이 10%대라는 점에서 보여주기식 발의도 많이 이루어지고 있음을 유추할 수 있으며, 의원들의 전문성에도 의문을 가질 수 있다. 의회 및 의원의 전문성과 관련하여 제도적 한계를 논하며, 경합장형 의회와 같이 의회 내부 문화를 통해 변화추세를 분석할 수 있을 것이다.

답안구성 예

Ⅰ. 서 론	Ⅲ. 의원발의 법안과 정부제출법안 간의 변화 비교
Ⅱ. 의원발의법안의 제출과 가결 변화의 원인	Ⅳ. 결 론

| 제2문 (30점) |

최근 국내에서 거버넌스, 심의민주주의, 협치, 사회조합주의, 사회협약 등 새로운 정치 지형을 제시하는 개념들이 활발히 논의·발전되고 있다.

(1) 이러한 개념들이 공통적으로 인식하고 있는 정치현상을 설명하고, (10점)

Advice

제시된 개념들은 모두 대의민주주의의 한계를 공통적으로 인식하고 있다. 대의제 민주주의는 다수의 횡포가 가능하며, 정치를 단순히 수의 논리로만 이해하도록 만든다. 낮은 투표율은 대표성의 문제를 가져오며, 뽑힌 대표들 역시 국민과 주인-대리인의 관계에 있어 자신의 이익만을 추구하는 등 부작용이 나타날 수 있다.

(2) 이러한 개념들을 우리나라에서 현실화하려는 여러 사례를 제시하고, (10점)

Advice

제시된 개념들을 정의하고 이들에 대한 사례를 각각 제시하면 된다. 비슷한 관점을 가진 개념들이지만 각기 다른 점을 부각시켜서 서술해주면 좋다. 거버넌스와 같은 경우 개념이 다양하여 정의내리기 어렵지만, 대의민주주의와 대응되는 개념으로서 정부-시민-사회의 협치시스템을 떠올리면 좋을 것이다. 이때 협치 역시 제시된 개념이므로 비슷한 개념끼리 묶어서 설명하는 것도 하나의 방법이다.

(3) 이러한 시도가 성공하기 위해 극복해야 할 걸림돌이 무엇인지 밝히시오. (10점)

Advice

1. 해당 노력 들, 즉 앞서 제시한 한국의 사례들이 겪거나 예상되는 한계를 서술하면 된다. 거버넌스-협치의 경우 정부공동화 및 책임전가의 문제가 있을 수 있다. 심의민주주의 역시 공론조사와 같은 시민참여 방식을 사용한 경우 마찬가지이다.

2. 사회조합주의와 사회협약의 경우 노사정 위원회에서 비정규직을 만들어 사회문제를 악화한 점이나, 노사정위원회 역시 일종의 대표들 간의 협의로 변질되어 실제 대의민주주의와 같은 대표성 문제가 발생한다. 또한, 이 모두는 시간과 비용으로 인한 비효율성이 발생할 수 있다는 점에서 공통적인 한계를 가진다.

답안구성 예

Ⅰ. 서 론

Ⅱ. 대의민주주의의 한계
1. 대표성의 문제
2. 주인-대리인 문제
3. 정치의 단순화 문제

Ⅲ. 대의민주주의의 보완: 한국의 사례

1. 거버넌스와 협치 사례
2. 심의민주주의 사례
3. 사회조합주의와 사회협약 사례

Ⅳ. 대의민주주의 보완책의 장애 요소

Ⅴ. 결 론

| 제3문 (30점) |

현재 동아시아에는 미국과 중국의 대립이 일어나고 있으며, 양대 진영의 대립은 국가 간 동맹 혹은 협력관계 구축을 통해 대 진영 대립으로 나타나고 있다.

(1) 이러한 국가와 세력 간 대립 현상을 한반도 주변문제(동북아문제), 동중국해 문제(양안문제 포함), 남중국해 문제로 나누어 그 현상을 설명하고, (20점)

Advice

동북아 문제는 북핵 문제, 동중국해 문제는 대만의 독립된 국가 인정에 대한 문제(양안 문제), 남중국해 문제는 중국의 인공섬 건설 및 중국과 남중국해 근린 국가 간의 영토 문제가 가장 크게 대두되었다. 남중국해 문제는 특히 패권 도전국이자 대륙 국가인 중국의 해양 진출이라는 점에서 큰 지정학적, 국제정치적 의미를 가진다. 이곳의 지리적 위치와 함께 매장된 천연자원에 대한 논의 역시 두 국가의 갈등을 심화시킨다. 각각의 문제들에 대해 상술하게 설명한 후, 미국과 중국의 상반된 입장을 서술한다.

(2) 한반도 평화와 안정을 위해 우리정부가 취해야 할 정책을 국제정치이론에 근거하여 제시하시오. (10점)

Advice

1. 한국의 입장을 대변할 수 있는 특수한 국제정치적 이론이 떠오르면 이를 구체적으로 적용하면 좋다. 떠오르지 않는다면 현실주의, 자유주의, 구성주의의 관점을 활용한다. 현실주의의 경우 '위협균형이론'을 활용할 수 있을 것이며, 자유주의는 경제적 교류 및 제도의 활용을 통해 한반도 문제에 대한 한국의 목소리를 키울 수 있도록 국제정치적 영향력을 확보해야 할 것이다.

2. 또한, 북한 자체가 외부와의 경제적 교류를 하도록 유도하여 근본적인 문제를 해결하도록 노력해야 할 것이다. 구성주의 입장에서도 북한과의 대화에 앞장설 것이며, 주변 국가들과 우호적인 관계를 형성할 수 있을 것이다.

답안구성 예

Ⅰ. 서 론

Ⅱ. 미국과 중국의 대립 현상
  1. 동북아 문제: 북핵 문제
  2. 동중국해 문제: 대만 정권 인정문제
  3. 남중국해 문제: 영토 문제 및 인공섬 문제

Ⅲ. 한국이 취해야 할 정책: 현실주의 이론에 근거하여

Ⅳ. 결 론

| 제1문 | 허쉬만(Albert Hirschman)은 조직이 쇠퇴할 때 구성원들이 선택할 수 있는 전략으로 'Exit'(빠져나가기), 'Voice'(목소리내기), 'Loyalty'(충성하기)가 있다고 주장하였다. 'Exit'은 구성원이 조직을 탈퇴하는 것이다. 'Voice'는 구성원이 못마땅한 조직을 적극적으로 개선하려는 시도를 뜻한다. 'Loyalty'는 조직이 기대에 못 미치더라도 충성을 바치는 처세를 의미한다.

최근에 중국의 부상과 함께 장기간 지속되었던 미국중심의 국제체제에 대한 한국의 만족도가 하락하고 있다고 가정하자. 그리고 한국의 외교정책이 '미국의 국가잠재성(혹은 미국중심의 국제체제 복원력)에 대한 신뢰'와 '한국의 국가능력'이라는 두 변수들의 조합에 의하여 결정된다고 가정하자. 이들 두 변수의 조합을 이용하여 Exit, Voice, Loyalty라는 한국외교정책의 세 가지 전략을 각각 설명하시오. (40점, 선택 20점)

Ⅰ. 서 론

Ⅱ. '미국의 국가잠재성에 대한 신뢰'와 '한국의 국가능력'

Ⅲ. Exit(빠져나가기) 전략
  1. 낮은 미국의 국가잠재성에 대한 신뢰
  2. 낮은 한국의 국가능력

Ⅳ. Voice(목소리내기) 전략
  1. 높은 미국의 국가잠재성
  2. 높은 한국의 국가능력

Ⅴ. Loyalty(충성하기) 전략
  1. 높은 미국의 국가잠재성
  2. 낮은 한국의 국가능력

Ⅵ. 결 론

답안작성   박○○ / 2014년도 5급 공채 일반행정직 합격

Ⅰ. 서 론

허쉬만(A. Hirschman)은 조직이 쇠퇴할 때 구성원들이 세 가지 전략 중 하나를 선택할 수 있다고 주장하였다. 과거부터 장기간 지속되었던 미국 중심의 국제체제를 하나의 조직으로 본다면 한국은 그 조직 속의 구성원이라고 볼 수 있으며, 최근 중국의 부상으로 이 조직은 쇠퇴의 길에 접어들었다고 볼 수 있다. 이 때, 과연 한국은 어떠한 외교정책을 펼쳐서 생존(survival) 할 수 있을 것인가? 이 글에서는 국제정치가 현실주의의 세계라고 가정하고, '미국의 국가잠재성에 대한 신뢰'와 '한국의 국가능력'이라는 한국의 외교정책을 결정하는 변수가 어떤가에 따라서 Exit, Voice, Loyalty 전략 중에 무엇을 택할 수 있는지에 대해 살펴본다.

Ⅱ. '미국의 국가잠재성에 대한 신뢰'와 '한국의 국가능력'

'미국의 국가잠재성에 대한 신뢰'란 변수는 미래에 미국이 중국을 제치고 다시 패권국으로 자리매김 할 수 있을지에 대한 한국의 기대(expectation)라고 정의할 수 있다. 최근 중국의 부상으로 과거 미국 중심의 단극체제에서 양극체제로 전환이 이루어지고 있다는, 혹은 이미 양극체제가 자리잡았다는 견해 가 설득력을 얻어가고 있다. 뿐만 아니라 장기적으로는 중국이 미국을 뛰어넘어 중국 중심의 국제체제 를 만들 것이라는 예측도 대두하고 있다. '미국의 국가잠재성에 대한 신뢰'라는 변수는 이러한 중국의 부 상을 미국이 잘 견제하여 다시 미국중심의 국제체제를 복원하고 패권국으로서 재발돋움 할 수 있을지에 대해 한국이 얼마나 그 가능성을 높게 보고 믿는지를 나타낸다.

'한국의 국가능력'이란 국제체제 속에서 한국이 얼마나 자국의 목소리를 낼 수 있으며, 자신의 의지에 따라 외교정책의 방향을 결정할 수 있는가를 나타낸다. 예를 들어 한국의 국가능력이 높다면 한국은 조 직(미국중심의 국제체제)을 개선하기 위해 구성원들에게 자신의 의견을 적극적으로 개진할 수 있으며, 조직을 탈퇴할지 여부를 자유롭게 결정하고 행동할 수 있을 것이다. 반면에 한국의 국가능력이 낮다면 한국은 조직이 기대에 못 미칠 때 적극적으로 개선을 시도할 수 없고, 조직에 충성을 바치거나 조직을 탈퇴하는 행동만을 선택할 수 있을 것이다.

Ⅲ. Exit(빠져나가기) 전략

한국의 Exit(빠져나가기) 전략은 (낮은 미국의 국가잠재성에 대한 신뢰, 낮은 한국의 국가능력) 조합 의 외교정책이다.

1. 낮은 미국의 국가잠재성에 대한 신뢰

Exit 전략은 미국의 국가잠재성이 낮고, 미국중심의 국제체제 복원력에 대한 저신뢰에 기반한다. 최 근 중국의 부상에 따라 미국중심의 국제체제가 위협을 받을 것이라고 생각하며 앞으로 미국이 과거와 같이 다시 미국중심의 국제체제를 회복할 것으로 기대하지 않는다.

오히려 중국의 부상이 가속화되어 장기적으로 중국 중심의 국제체제가 형성될 것이라고 기대하며, 미 래의 잠재적 패권국인 중국과의 관계 개선을 위해 미국중심의 조직에서 탈퇴하고자 하는 것이 Exit 전 략이다.

2. 낮은 한국의 국가능력

Exit 전략은 낮은 한국의 국가능력에 기반한다. 미국중심의 국제체제에 대한 만족도 하락에 따라 한 국이 기존에 속해 있었던 조직인 미국 중심의 국제체제 속에서 적극적으로 목소리를 내며 조직을 개선하고자 할 능력이 없기에 조직에서 이탈함으로써 새롭게 부상하고 있는 조직과의 관계를 개선하고자 하는 전략이 빠져나가기 전략이라고 볼 수 있다. 즉, 하락하고 있는 만족도를 다시 높이기 위해 미국 중심의 기존 조직에서 이탈하는 것이 Exit 전략이다.

Ⅳ. Voice(목소리내기) 전략

한국의 Voice(목소리내기) 전략은 (높은 미국의 국가잠재성에 대한 신뢰, 높은 한국의 국가능력) 조합의 외교정책이다.

1. 높은 미국의 국가잠재성

Voice 전략은 Exit 전략과는 달리 미국의 국가잠재성이 높고, 향후 미국중심의 국제체제가 다시 복원될 것이라는 믿음에 기초한다. 비록 최근 중국의 부상에 따라 미국중심의 국제체제가 위협 받고 있지만 이는 일시적인 현상에 불과하며 앞으로는 미국이 다시 전처럼 패권국의 지위를 회복할 것이라고 기대한다. 즉, 과거에 장기간 지속되었던 미국중심의 국제체제에 대해 믿음을 가지고 한국은 기존에 속해 있었던 미국 중심의 조직 내에 계속 머무르는 것이 목소리내기 전략이다.

2. 높은 한국의 국가능력

Voice 전략은 Exit 전략과는 달리 한국이 높은 국가능력을 가지고 있다고 본다. 현재 중국의 부상으로 기존 조직에 대한 한국의 만족도가 하락하고 있는 것이 미국을 비롯한 구성원들의 잘못된 행동에 기인한다고 여기고 이를 개선하기 위해 적극적으로 의견을 개진한다.

예를 들어 미국의 이라크전쟁을 일으킴으로 인해 세계 각국에 대한 연성권력(Soft Power)이 약해진 것에 대해 미국의 정책을 비판하고, 앞으로는 그런 정책적 실수가 나지 않도록 적극적으로 나서고, 만약 이를 지키지 않을 때 제재(penalty)까지도 가하여 기존에 못마땅했던 부분을 고치고자 하는 것이 목소리내기 전략이며 이는 높은 한국의 국가능력에 기반한다.

Ⅴ. Loyalty(충성하기) 전략

한국의 Loyalty(충성하기) 전략은 (높은 미국의 국가잠재성에 대한 신뢰, 낮은 한국의 국가능력) 조합의 외교정책이다.

1. 높은 미국의 국가잠재성

Loyalty 전략 역시 Voice 전략처럼 높은 미국의 국가잠재성을 신뢰한다. 비록 최근 중국의 부상으로 미국중심의 국제체제가 위협을 받고는 있지만, 이는 일시적이며 앞으로는 다시 미국 중심의 국제체제가 회복될 것이라고 믿는다. 이러한 믿음에 따라 현재 미국과 그 연맹들이 중국에 의해 견제받고, 위협 받고 있다는 것에 대해 기대에 못 미친다고 생각하긴 하지만 미래 미국 중심의 국제체제가 다시 복원될 것이라고 믿고, 현재 조직에 충성하며 향후를 도모하는 한국의 외교정책이 충성하기 전략이다.

2. 낮은 한국의 국가능력

Loyalty 전략은 한국의 국가능력이 낮을 때 선택될 수 있는 외교정책이다. 한국의 기대와 달리 미국 중심의 국제체제가 위협을 받음에 따라 한국의 만족도가 하락하고 있지만 한국은 이에 맞서 적극적으로 조직을 개선하고자 하는 능력이 부족하다. 따라서 만족도는 하락하고 있지만 계속 미국중심의 국제체제라는 조직에 충성을 바치는 외교정책을 택함으로써 미국-중국과의 관계에서 살아남고자 하는 것이 충성하기 전략이다.

Ⅵ. 결 론

정치, 경제 뿐만 아니라 다방면에서 부상하고 있는 중국은 한국이 그동안의 고수해오던 외교정책을 변화시켜야 하는 것인가를 고민하게 만들고 있다. 과연 중국의 부상으로 인해 장기간 지속되었던 미국 중심의 국제체제라는 조직은 쇠퇴하고 있는 것인가? 한국은 점점 하락하는 만족도를 감수하면서 미국 중심의 국제체제 속에 계속 충성해야 하는가? 현재의 생존뿐만 아니라 미래의 성장 가능성까지 결정할 수 있는 외교정책의 선택에 있어서 한국은 과연 미국중심의 국제체제가 다시 복원될 가능성을 가지고 있는지, 우리가 가지고 있는 국가능력은 어느정도인지를 객관적이고 냉철한 시각에서 살펴보고 결정해야 할 것이다.

강 평

1. 제1문은, 최근 중국의 부상과 함께 미국 중심의 국제질서에 대한 한국의 만족도가 하락하고 있는 상황을 전제하는 한편, 한국의 외교정책이 '미국의 국가잠재성(혹은 미국 중심의 국제체제 복원력)에 대한 신뢰' 및 '한국의 국가능력' 등 두 가지 변수들의 조합에 의해 결정된다고 보고, 이 조합을 활용함으로써 한국의 외교정책을 (하나의 조직이 쇠퇴할 경우 그 구성원들이 보일 수 있는 주된 행위의 유형들로 허쉬만(Albert Hirschman)이 분류한 개념들인) 'Exit'(이탈), 'Voice'(항의) 그리고 'Loyalty'(충성) 등 세 가지 전략으로 구분해 설명해볼 것을 주문한다. 그리고 답안은 대체로 무난한 가운데 약간의 미진한 부분들도 엿보인다.

2. 우선, 답안이 '미국의 국가잠재성에 대한 신뢰'와 '한국의 국가능력' 등 두 개의 (독립)변수들에 관해 그 정의를 시도한 점은 매우 적절한 서술의 시작이었다고 본다. 특히, '미국의 국가잠재성에 대한 신뢰' 변수를 미중 간 세력전이 가능성에 대한 한국의 기대 정도로 정의한 것은 비교적 정확한 접근으로 인정된다. 반면, '한국의 국가능력' 변수와 관련해선, 한국이 어느 정도 국제체제 속에서 자국의 목소리를 크게 낼 수 있느냐 혹은 자국의 외교정책을 자율적으로 결정할 수 있느냐로 정의하는데, 이는 '한국의 국가능력'에 대한 정의라기보다는 '한국의 국가능력'에 따른 국제체제하에서의 위상과 외교정책상의 자율성을 의미한단 점에서 적실성이 떨어지며, 오히려 뒤에서 본격적으로 설명되어야 할 인과관계상의 결과에 더 가까워 보인다. 차라리, 본 변수를 한국의 군사적·경제적 자립도 정도로 정의했다면 인과관계를 상정하는 데 있어 논리적으로 보다 유리했을 것이다.

3. 다음으로, 답안은 문항의 질문에 맞춰, 상기 두 변수의 조합에 따라 한국의 외교정책이 어떻게 다르게 펼쳐질 수 있는지를 허쉬만의 개념에 따라 'Exit', 'Voice', 그리고 'Loyalty'로 구분해 설명하고 있는데, 대체로 적절하다고 판단된다.

   (1) '미국의 국가잠재성에 대한 신뢰'가 낮고 '한국의 국가능력' 역시 강하지 않을 시 한국으로선 미국과 거리를 두며 중국 쪽에 편승하는 이탈의 외교정책을 펼치게 될 가능성이 높아질 것으로 예측하는데, 매우 적확한 판단으로 보인다.

   (2) '미국의 국가잠재성에 대한 신뢰'가 높고 '한국의 국가능력' 또한 높을 시 한국은 결국 미국이 중국을 극복하고 자국 중심의 국제체제를 복원해낼 것이란 신뢰하에 미국을 독려하거나 비판적으로 지지하는 외교정책을 펼 것으로 예측하는데, 이 역시 적실성이 높은 분석이다. 답안이 시사하는 것처럼, 한국은 미국의 부활가능성을 신뢰하는바 일시적으로 약해졌을 뿐인 미국의 재부상을 기대하는 가운데 강해진 자국의 능력을 바탕으로 당근과 채찍을 두루 활용하며, 한미동맹의 재조정을 꾀하는 등, 항의성 외교정책을 펴나가게 될 개

연성이 크기 때문이다. 물론 한국으로선 자국의 독자적 능력이 충분하기 때문에, 기대만큼 미국의 위상이 빨리 재강화되지 않을 시 그때 이탈을 선택하거나 아니면 미중 사이에서 영향력 있는 균형자 역할을 맡게 될 수도 있을 것임을 덧붙였다면, 더 양호한 답안이 됐을 것이다.

4. 마지막으로, '미국의 국가잠재성에 대한 신뢰'가 높고 '한국의 국가능력'은 약할 시 한국으로 선 미국을 향해 강한 충성도를 유지하는 외교정책을 계속 고수하지 않을 수 없을 것인바, 이 역시 답안의 예측이 매우 적절하다 하겠다.

5. 다만, 답안은 허쉬만의 상기 세 가지 개념에 포함되지 않은 조합 즉, '미국의 국가잠재성에 대한 신뢰'는 낮고 '한국의 국가능력'은 높은 상황에서 발생가능한 한국의 외교정책에 대해 선 전혀 언급하지 않고 있는데, 이는 다소 아쉽다. 비록 'Exit', 'Voice', 그리고 'Loyalty'란 허쉬만의 세 가지 개념군에 포함되지는 않지만, 이 경우에 있어서도 한국의 대미 외교정책 이 어떤 특정한 유형이나 모습으로 나타나게 될 수도 있음을 보론격으로나마 덧붙여줬다 면, 더 완성도 높은 답안이 되었을 것이기 때문이다.

| **제2문** | 토마스 홉스(Thomas Hobbes)에 따르면 국가(통치자)는 시민(피치자)에 대하여 절대권력을 갖게 된다. 그 내용을 설명하시오. (30점, 선택 15점)

Ⅰ. 서 론

Ⅱ. 국가가 시민에 대하여 가지는 절대권력
  1. 절대적인 통치권: 권력분립에 의해 견제 받지 않는 리바이어던

2. 개인의 자유까지도 제한할 수 있는 권한
3. 저항권조차 인정되지 않는 권력

Ⅲ. 결 론

답안작성

박 ○ ○ / 2014년도 5급 공채 일반행정직 합격

Ⅰ. 서 론

토마스 홉스는 자연상태라는 개념을 제시하면서 "자연상태 하에서의 삶은 고독하고(solitary), 빈곤하고(poor), 추잡하고(nasty), 야만적이고(brutish), 단명하게 된다(short)."고 주장했다. 홉스는 인간이 기본적으로 매우 이기적인 존재라고 생각했기 때문에 자연상태하에서는 규칙을 집행하고 개인의 행동을 통제할 수 있는 국가권력이 부족하여 개인들은 각자 자신이 원하는 대로 만인에 대해 투쟁하고, 그로 인해 생존을 위협받는다고 생각하였다.

이렇게 생존이 보장되지 않는 무정부상태에서 자신의 생존권을 안전하게 보장받기 위해 등장한 것이 절대권력이다. 이하에서는 국가가 시민에 대하여 갖는 절대권력이 무엇인지에 대해 살펴본다.

Ⅱ. 국가가 시민에 대하여 가지는 절대권력

1. 절대적인 통치권: 권력분립에 의해 견제 받지 않는 리바이어던

토마스 홉스에 따를 때, 국가(통치자)는 시민(피치자)에 대하여 절대적인 통치권을 갖는다. 여기서 절대적인 통치권이란 권력의 분립 없이 견제받지 않는 권력이라고 볼 수 있다.

로크(J. Locke)는 국가 권력의 구성을 입법권을 행사하는 기구와 집행권(행정권)을 행사하는 기구로 구분해 집행권을 행사하는 기구는 입법권을 행사하는 기구에 의해 견제받아야 한다고 주장한다. 하지만 홉스는 자연상태를 종결하기 위해 국가가 절대 군주가 되어야 하며, 절대 군주는 그 누구에게도 견제받지 않고 모든 권력을 독점한다. 이러한 권력은 시민들이 자신의 약속과 서약을 준수하도록 강요할 수 있는 권한을 국가에게 위임함으로써 성립된다.

시민들이 이러한 권한을 양도하는 이유는 강력한 절대권력이 존재해야만 비로소 효과적이고 정당한 개인적, 공적 생활영역이 구축되고 사회와 국가가 형성될 수 있기 때문이다. 홉스는 이렇게 절대적

인 통치권을 가지는 절대군주를 구약성경 「욥기」에 나오는 거대한 영생의 동물의 이름인 리바이어던 (Leviathan)에 비유하였다.

2. 개인의 자유까지도 제한할 수 있는 권한

토마스 홉스에 따를 때, 국가는 개인의 자유까지 제한할 수 있는 권한을 가진다. 이는 피치자인 시민들이 통치자인 국가에게 자신의 자유에 대한 권리를 스스로 양도하고 이에 복종함으로써 이루어진다. 시민들이 자신의 자유를 스스로 포기하면서까지 통치자에게 권리를 양도하는 것은 국가의 신하가 되어 이에 복종하는 것이 죽음을 가져오게 되는 내란의 상태보다는 낫다고 여기기 때문이다. 만약 통치자에게 이러한 권리를 양도하지 않을 경우 '만인의 만인에 대한 투쟁 상태'속에서 시민들은 생존의 위협을 받게 되며, 이로 인해 오히려 자유가 박탈당하는 상태에 직면하게 된다. 따라서 시민들은 개인의 자유까지도 제한할 수 있는 권한을 국가에게 부여한다. 이는 자유나 사유재산권은 시민의 자연권이므로 아무리 국가라도 시민의 자연권은 침해할 수 없다고 본 로크의 견해와 대비된다.

3. 저항권조차 인정되지 않는 권력

토마스 홉스에 따를 때, 국가는 시민들이 저항할 수 있는 권리조차 인정하지 않는 강력한 권력을 갖는다. 토마스 홉스의 견해에 따를 때 저항권이란 통치자가 피치자의 생존을 보장하지 못할 때 최종적 결정은 시민들에 의해 내려질 수 있으며 시민들은 절대군주를 제거할 수도 있는 권리를 말한다. 권한을 위임받은 정치사회기구가 시민의 사유재산을 유지해 주지 못하는 경우 시민집단체에 의해서 교체되어야 한다고 보는 로크의 견해와 달리 홉스의 견해에 따르면 시민들이 자신들의 통치자를 교체할 수 있는 권한까지는 가질 수 없었다. 다만 시민들이 자신의 저항권까지 양도하는 이유는 통치자의 이익을 위해서가 아니며, 통치자는 시민들에게 구속됨을 동시에 지적하고 있다. 홉스는 국가가 개인의 생명과 재산을 침탈해서는 안 되며, 만약 그러한 상황이 불가피하다면 국가의 권한은 그가 통치하는 사람들에게 적절한 보호를 제공할 수 있는 범위 내에서만 인정될 수 있다는 견해를 제시했다.

Ⅲ. 결 론

홉스는 개인들이 자연상태를 극복하기 위해서는 시민들이 통치권을 국가에 위임해야 한다는 주장을 펼쳤다. 그는 리바이어던으로 비유되는 국가가 개인의 생명과 재산을 잘 보호해줄 것이라고 기대했지만 국가의 무제한적인 권력 행사로 말미암아 시민의 자유가 유린될 가능성에 대해서는 침묵하였다는 한계가 있다. 하지만 무정부상태인 자연상태에서 국가의 필요성을 분명하게 제시하였고, 국가가 부재할 경우 생길 수 있는 자연상태에서의 문제를 예방하려고 했다는 점에서 긍정적 의미를 가질 수 있을 것이다.

┤ 강 평 ├

1. 제2문은, 국가(통치자)가 시민(피치자)에 대해 절대권력을 갖게 된다는 홉스(Thomas Hobbes)의 논의에 관한 내용의 기술을 요구하고 있으며, 답안은 홉스의 '리바이어던'에 비교적 충실히 근거해 국가의 시민에 대한 절대권력 보유의 논리를 설명하고 있다.

2. 우선 답안의 서론을 통해, '리바이어던'의 가장 근본적인 전제로서, 매우 이기적인 인간들이 서로의 욕망만을 추구하는 자연상태에선 이른바 '만인의 만인에 대한 투쟁'이 나타나며, 그로 인해 자신의 생존마저 늘 위협받을 수밖에 없게 된다는 점을 제시한 것은 매우 적절했다.

3. 다음으로, 로크(John Locke)의 이권분립론과 달리 홉스의 국가는 권력분립에 의해서도 견제받지 않는 절대권력을 시민들로부터 위임받는다는 점, 시민들은 '만인의 만인에 대한 투쟁' 즉 자연상태에서의 내란을 회피하고자 자신의 자유마저 무한정 침해할 수 있는 권력을 스스로 국가에 양도하고 복종한다는 점, 그리고 해당 국가는 시민들이 자신의 생명과 재산을 지키기 위해 저항할 최후의 권리 즉 로크의 저항권 개념조차 인정하지 않으며 이 또한 통치자가 아닌 시민들의 이익에 따른 귀결이란 점 등을 차례로 설명한 것 역시 문항의 요구에 상당히 부합하는 내용들로 인정된다.

   다만, 홉스 역시 국가가 개인의 생명과 재산을 침탈해서는 안 되며, 만약 그러한 상황이 불가피하다면 국가의 권한 역시 그가 통치하는 사람들에게 적절한 보호를 제공할 수 있는 범주 내로 국한되어야 함을 주장했다는 답안의 추가적 내용은, '리바이어던'의 핵심 주장으로 알려진 위의 설명들과 상당 부분 배치되는 것인 만큼, 약간의 부연 설명이 제시될 필요는 있었을 것으로 판단된다.

4. 마지막으로, 비록 홉스의 국가가 자연상태에서의 인간의 생명과 재산을 보호하기 위해 등장했다곤 하나 그 자신이 인간의 생명 및 재산을 침탈하게 될 위험에 대해선 깊이 고려치 않았다는, 매우 보편적인 정치학적 함의를 담고 있는 결론 역시 답안의 완성도를 높이는 데 상당 부분 기여한 것으로 평가된다.

2015

| 제3문 | 민주주의를 '다수제 민주주의'(majoritarian democracy)와 '합의제 민주주의' (consensus democracy)로 구분할 때, 이 두 가지 형태의 민주주의와 다음의 정치제도들 — '선거제도'(비례대표제 대 단순다수대표제), '정당체제'(양당체제 대 다당체제), '정부형태'(의원내각제 대 대통령제) — 사이의 친화성(affinity)에 대하여 설명하시오. (30점, 선택 15점)

답안작성   박ㅇㅇ / 2014년도 5급 공채 일반행정직 합격

Ⅰ. 서 론

레이파트(A. Lijphart)는 민주주의에 대한 연구를 통해 민주주의의 모델을 이념형으로 분류했다. 그는 권력의 집중 정도에 따라 권력이 집중되어 있다면 다수제 민주주의, 분산되어 있다면 합의제 민주주의라고 나누었다. 다수제 민주주의는 제도적으로 과반수 창출이 쉽고, 그 창출된 다수가 통치함에 따라 견제장치가 적고 다수의 뜻에 따라 통치가 이루어지는 민주주의 유형이다. 반면 합의제 민주주의는 거의 모든 집단이 대표자를 배출하고, 그들 서로 간에 합의와 협상을 통해 문제를 해결하는 민주주의 유형이다. 레이파트는 민주주의의 두 이념형(ideal type)을 바탕으로 각 이념형이 어떠한 제도들과 친화성을 갖는지를 비교연구하였는데 이 글에서는 그에 대해 살펴보고자 한다.

Ⅱ. 민주주의 유형과 선거제도 사이의 친화성

1. 다수제 민주주의와 단순다수대표제

다수제 민주주의는 단순다수대표제란 선거제도와 친화성을 가진다. 단순다수대표제란 과반득표여부와 관계없이 가장 많은 표를 받은 후보자가 당선되는 시스템인데, 단순다수대표제 하에서는 선거구에서 선출하는 의회의원이 한 명이기 때문에 가장 다수를 차지한 후보가 선거구를 관리한다. 또한 단순다수대표제 하에서는 득표수를 의석수로 전환하는 과정에서 득표수가 더 많은 정당이 보너스 의석을 얻는

증폭효과가 발생한다. 따라서 다수를 창출하기가 용이하며, 이러한 단순다수제의 특징은 다수의 뜻에 따라 통치가 이루어지는 민주주의 유형인 다수제 민주주의와 친화적이다.

2. 합의제 민주주의와 비례대표제

합의제 민주주의는 비례대표제란 선거제도와 친화성을 가진다. 비례대표제란 득표수와 의석수를 최대한 비례하게 만드는 제도이다. 비례대표제는 단순다수제보다 높은 비례성을 보여줌으로써 사표를 최소화하는 장점이 있다. 따라서 유권자들의 의사가 최대한 공적 영역에 반영되며, 비례대표제 하에서는 한 선거구에서 최다득표를 하지 못했더라도 전체 선거구에서의 총 득표수에 따라 대표자가 선출된다. 따라서 거의 모든 집단이 대표자를 배출할 수 있으며 이들 서로 간에 합의와 협상을 통해 문제를 해결하는 합의제 민주주의 방식과 친화적이다.

Ⅲ. 민주주의 유형과 정당체제 사이의 친화성

1. 다수제 민주주의와 양당체제

다수제 민주주의는 양당체제와 친화성을 가진다. 듀베르제(M. Duverger)는 단순다수대표제는 양당체제를 유도하는 경향이 있다는 법칙을 발견했는데, 이러한 양상이 나타나는 이유는 먼저 단순다수대표제의 경우 득표수를 의석수로 전환하는 과정에서 구조적으로 사표가 많이 발생하는 제도적 요인과 유권자들이 당선가능성을 예측해 투표하는 전략적 투표와 같은 심리적 요인에 의해서 거대 정당에 투표하는 경향이 뚜렷하기 때문이다. 따라서 단순다수대표제는 양당체제를 유도하는 경향이 있으며, 단순다수대표제와 제도적 친화성을 갖는 다수제 민주주의는 양당체제와도 친화적이다.

2. 합의제 민주주의와 다당체제

합의제 민주주의는 다당체제와 친화성을 가진다. 듀베르제는 비례대표제는 다당체제를 유도하는 경향이 있다는 법칙을 발견했는데, 이러한 양상이 나타나는 이유는 비례대표제가 득표수와 의석수를 최대한 비례하게 만들기 때문이다. 한 선거구에서 최다득표를 하지 못했더라도 전체 선거구에서 총 득표수에 따라 대표자가 선출되기에 거대 정당 뿐만 아니라 군소 정당에서도 대표자를 배출할 수 있으며, 이로 인해 다당체제가 발생할 가능성이 높다. 따라서 비례대표제와 제도적 친화성을 갖는 합의제 민주주의는 다당체제와도 친화적이다.

Ⅵ. 민주주의 유형과 정부형태 사이의 친화성

1. 다수제 민주주의와 대통령제

다수제 민주주의는 대통령제와 친화성을 가진다. 대통령제는 보통 두 거대정당 간 정권교체를 기반으로 정치적 예측가능성과 높은 안정성을 추구한다. 또한 이념적 간격이 좁고 타협의 문화가 정착된 경우여야 생산적인 국정운영이 가능하다. 만약 두 정당 간 합의가 잘 이루어지지 않을 경우 갈등이 극단화될 수 있으며, 다양한 사회적 균열을 공적 영역에 반영하지 못하는 문제가 발생할 수 있는데 이는 서로 간에 합의와 협상을 통해 정치를 이끌어가며 이념적 스펙트럼이 넓은 다당제에 기반한 합의제 민주주의보다는 다수를 기반으로 정치를 이끌어가며 상대적으로 이념적 스펙트럼이 좁은 양당제에 기반한 다수제 민주주의와 친화적이다.

2. 합의제 민주주의와 의원내각제

합의제 민주주의는 의원내각제와 친화성을 가진다. 의원내각제는 보통 다당제를 기반으로 연립정권의 형성을 통해 구심적인 정치경쟁이 나타난다. 또한 다양한 사회적 균열을 공적 영역에 반영하며, 거대정당과 군소 정당 간의 합의와 협상을 통해 갈등을 조정하고 관리한다. 따라서 두 거대정당이 존재하여 군소 정당이 목소리를 낼 수 없고, 다수에 의거해 합의와 조정보다는 효율적인 국정운영을 중시하는 다수제 민주주의보다는 다당제에 기반하여 다양한 사회적 균열을 반영할 수 있는 합의제 민주주의와 친화적이다.

V. 결 론

선거제도와 정당체제, 정부형태는 각각이 가지는 특징 때문에 일반적으로 다수제 민주주의-단순다수대표제-양당체제-대통령제, 합의제 민주주의-비례대표제-다당체제-의원내각제 사이에 친화적인 경향을 보인다. 하지만 다수제 민주주의가 비례대표제를 택한다고 해서, 합의제 민주주의가 대통령제에 기반한다고 해서 제도적으로 부정합하고 정치가 불안정적으로 이루어지는 것은 아니다. 친화성에 기반한 제도의 설계와 연계도 중요하지만 그보다 더 중요한 것은 각 정치제도가 서로 잘 맞물려 정치가 잘 이루어질 수 있도록 하는 정치의 토양과 성숙한 의식일 것이다.

┤ 강 평 ├

1. 제3문은, 민주주의의 유형을 이른바 레이파트(Arend Lijphart)의 논의에 따라 '다수제 민주주의'와 '합의제 민주주의'로 구분하고, 두 패턴과 특정 선거제도(단순다수제 대 비례대표제), 정당제도(양당체제 대 다당체제), 그리고 정부형태(대통령제 대 의원내각제) 간 친화성에 대해 설명해 볼 것을 주문하고 있다. 그리고 답안은 '다수제 민주주의'와 단순다수제, 양당체제, 대통령제 사이에, 그리고 '합의제 민주주의'와 비례대표제, 다당체제, 의원내각제 사이에 각기 친화성이 있음을 비교적 잘 설명하고 있는 가운데 약간의 미비점들 또한 엿보인다.

2. 먼저, 단순다수제하에선 한 지역구당 다수표를 획득한 1인만이 대표자로 선출되며 따라서 다수당이 총 득표수에 비해 더 많은 의석수를 얻게 될 소지가 크기 때문에 이를 중심으로 다수의 의지에 따른 통치가 나타날 가능성이 높은 반면, 비례대표제하에선 정당들의 득표수와 의석수 간 비례성이 높아짐에 따라 다양한 정치집단들이 대표될 수 있는바, 이들 상호 간 합의가 유도될 개연성이 커진다고 설명한 답안의 내용은 상당히 적절해 보인다.

3. 다음으로, 답안은 뒤베르제(Maurice Duverger)의 법칙에 의거해, 단순다수제와 양당체제 간에, 그리고 비례대표제와 다당체제 간에 친화성이 있음을 논증하고 있는데, 이 부분에 대한 설명 자체는 분명 적실성이 없지 않다. 하지만, 엄격히 말해, 본 설명이 '다수제 민주주의'와 양당체제 간에, 그리고 '합의제 민주주의'와 다당체제 간에 친화성이 있음을 논증한 것이라고 볼 수는 없다. 오히려, 문항의 취지에 더 부합하는 답안이 되려면, 단순다수제에 의해 주로 추동되는 양당체제의 경우, 예컨대 영국에서처럼 적어도 하나의 정당이 원내 과반수를 차지하게 될 가능성을 높이기 때문에 국정이 다수제적으로 운영될 소지가 큰 반면, 주로 비례대표제에 의해 나타나는 다당체제의 경우 하나의 정당이 원내 과반수를 차지하게 될 가능성을 낮추기 때문에 다수를 형성하려면 협치가 요구되지 않을 수 없고, 이에 따라 국정 역시 합의제적으로 운영될 여지가 커진다는 점을 설명했어야 했다고 본다.

4. 마지막으로, 대통령제의 경우 통상 두 거대정당들의 정권교체를 기반으로 한 높은 정치적 예측성과 안정성이 보장될 때 효과적으로 작동할 수 있는 만큼 다당제보단 단순다수제 및 양당체제에 근거한 '다수제 민주주의'와 친화성이 높은 반면, 의원내각제의 경우 보통 비례대표제와 그 결과 자주 출몰하게 되는 다당체제로 인해 거대정당과 군소정당들이 다양한 사회적 가치를 두루 대표하며 연립정권의 형성을 위한 구심적 경쟁을 벌이게 되는바, 이 가운데 '합의제 민주주의'와 높은 친화성을 보이게 된다는 답안의 내용은 본 문항의 취지에 비춰 큰 손색이 없어 보인다. 다만, 단순다수제 및 그에 따른 양당체제가 대통령제 하에서 단점정부를

낮아 '다수제 민주주의'의 효율성을 높일 개연성이 큰 반면, 비례대표제와 그에 따른 다당체제는 분점정부를 낳아 행정부와 의회 간 빈번한 반목과 교착을 발생시킴으로써 '다수제 민주주의'의 효율성을 떨어뜨릴 소지가 크다는 점을 추가로 지적했다면, 더 완성도 높은 답안이 됐을 것이다.

| 제1문 (40점) |

다음은 대한민국 국회의원 선거에서 적용되었던 전국구 혹은 비례대표 의석할당 방식을 요약한 것이다.

> A. 제11대(1981), 제12대(1985): 지역구 선거 의석 기준 제1정당에 전국구 의원정수의 2/3를 배분하고 잔여의석을 여타 정당들이 의석비율로 배분
>
> B. 제13대(1988): 정당의 지역구 선거 의석비율을 기준으로 전국구 의석을 배분하는 것을 원칙으로 하되, 제1정당이 과반획득에 실패했을 경우 전국구 의석의 1/2을 배분하고 잔여의석을 여타정당들에 의석비율로 배분
>
> C. 제14대(1992): 정당의 지역구선거 의석비율을 기준으로 전국구 의석을 배분
>
> D. 제15대(1996), 제16대(2000): 정당의 지역구선거 득표비율을 기준으로 전국구 의석을 배분
>
> E. 제17대(2004), 제18대(2008), 제19대(2012): 지역구 선거와 비례대표선거를 구분하여 유권자가 표를 따로 행사하고(1인 2표제), 각 정당이 비례대표선거에서 얻은 득표비율을 기준으로 비례대표 의석을 배분

(1) C에 비해서 D가 더 나은 제도라고 가정할 때, 그렇게 볼 수 있는 근거를 제시하시오. (15점)

Advice

각 시기에 어떠한 선거제도가 활용되었는지 알 수 있어야 한다. C와 D의 경우 지역구 선거결과가 전국구 비례대표 의석과 연결된다는 공통점을 가진다. C의 경우 지역구 선거 '의석비율'을 기준으로 하고 D의 경우 지역구 선거 '득표비율'을 기준으로 한다. 득표비율에 비해 의석비율이 과대평가, 과소평가 될 수 있기 때문에 득표비율을 기준으로 하는 D가 대표성 측면에서 C보다 우월할 것이다.

(2) 한편, E가 D보다 더 나은 제도라고 볼 수 있는 근거를 제시하고 E가 등장하게 된 배경을 논하시오. (15점)

Advice

E는 D와 달리 지역구와 비례대표 투표를 분리한다. 이는 D의 1인 1표 원칙에서 제기되었던 문제들을 해결한다. 지역구에서 무소속 의원을 지지하는 유권자의 경우 비례대표(전국구)에 있어서 정치적 영향력을 미칠 수 없다는 한계를 해소한다. 또한, 지역구에서 선택한 의원과 다른 정당을 비례대표에서 지지하고 싶은 유권자들의 정치적 자유권을 회복시켜준다. 헌법재판소 역시 이와 같은 입장에

서 기존의 선거제도에 대해 헌법불합치 결정을 내렸고 이로 인해 E가 등장하게 되었다.

또한, 정당들이 직접 투표를 받게 되므로 국민의 의견에 보다 귀 기울이게 되고, 군소정당들 역시 원내진입이 상대적으로 쉬워지므로 소수의 목소리 역시 정치에 반영될 수 있게 된다.

(3) 위 (1)과 (2)의 논의를 바탕으로 한국 국회의 비례대표제를 분석·평가하고 이에 근거한 제도적 개선방안을 제시하시오. (10점)

Advice

앞서 살펴본 바에 따르면 한국의 비례대표제는 조금씩 실질적인 형태로 진전되고 있다. 그러나 여전히 의석 비율이 지역구에 비해 매우 작다는 점, 비례대표 후보 명단이 대부분 정당이 결정한 정당명부식인점, 더 나아가 공천 과정이 불투명하다는 점 등 다양한 한계가 존재한다. 이들에 대해 논의해준 후, 각각의 개선방안을 서술해준다. 개선방안은 현재 실행되고 있는 제도를 언급하며 보다 구체적으로 작성할수록 좋다.

답안구성 예

Ⅰ. 서 론

Ⅱ. 비례대표 의석 배분 방식의 차이: 의석비율과 득표비율

Ⅲ. 1인 2표제의 등장과 장단점

1. 1인 1표제의 한계
2. 1인 2표제의 장단점

Ⅳ. 한국 비례대표제의 평가와 개선방안

Ⅴ. 결 론

| 제2문 (30점) |

현대국가들이 직면한 공통적인 문제점들을 민주주의의 관점에서 논술하시오. (30점)

Advice

1. 포괄적인 문제이므로 논점을 어떻게 잡느냐에 따라 답안이 달라질 수 있다. 민주주의의 관점에서 현대국가들은 대부분 대의민주주의를 채택하므로 대의민주주의의 한계를 논의할 수 있다. 대표성의 문제, 낮은 투표율 문제, 다수의 횡포 등이 있다. 민주주의의 역사가 짧은 국가들의 경우 민주주의 공고화 문제를 논의할 수 있을 것이며, 아직 민주화가 되지 않은 나라들은 민주화 과정이 문제 될 것이다.

2. 반면, 민주주의의 내용을 다양화하여 접근할 수도 있다. 대의민주주의, 참여민주주의, 심의민주주의로 나누어 접근할 수도 있고, 현대 정치환경에 대한 분석 후 직면하고 있는 위기들을 논의할 수 있다. 정보화·세계화·다원화 등을 논의할 수 있으며, 만약 2020년도 이후에 이런 문제가 나왔다면 뉴노멀 시대의 민주주의 위기를 논의할 수 있을 것이다. 반세계화, 저성장, 고실업, 4차산업혁명, COVID-19 등 여러 원인들은 U. Beck 등이 언급한 '위험사회(risk society)'를 만들었고

이러한 사회에서 '사악한 문제(wicked problem)'를 해결하는데 기존의 대의민주주의로만 대응할 수 없다는 점을 서술할 수 있을 것이다.

답안구성 예

Ⅰ. 서 론

Ⅱ. 현대 국가들의 문제점 ; 민주주의의 관점에서
   1. 민주주의 공고화의 문제

   2. 대의민주주의 대표성 문제
   3. 민주화의 문제

Ⅲ. 결 론

| 제3문 (30점) |

1980년대 중반 이후 꾸준히 진행되어 온 동아시아의 지역 통합은 다양한 특징과 한계를 동시에 드러내고 있다.

(1) 동아시아 지역 통합의 특징과 한계를 지역화(regionalization)와 지역주의(reginonalism)의 개념을 중심으로 설명하시오. (10점)

Advice

1. 지역화와 지역주의는 비슷해 보이지만 서로 다를 개념이다. 지역화가 의도치 않은 교류 증대라면 지역주의는 국가들의 목적에 따라 의도적으로 지역 내의 교류가 증대되는 것을 의미한다. 동아시아 지역의 경우 지역화는 높지만 낮은 지역주의라는 한계를 보인다.

2. EU, NAFTA와 같이 유럽과 아메리카 대륙은 결속력 높은 지역주의를 보이는 반면 오히려 지역화가 높은 동아시아(한국, 중국, 일본)의 경우 군사적·정치적 문제 및 역사적 갈등이 첨예하여 지역주의를 띄지 않는 것으로 보인다.

(2) EU를 중심으로 협력을 심화 확대시켜 온 유럽과 달리, 1997년 이후 지역 통합을 진전시키기 위한 동아시아 국가들의 노력은 하나의 제도로 수립되지 못하고 다수의 지역 제도들이 중복 또는 경쟁하는 결과를 초래하고 있다. 이러한 현상이 발생하는 원인을 자유주의, 현실주의, 구성주의의 시각을 통합적으로 고려하여 설명하시오. (20점)

Advice

각각의 시각을 간략하게 서술하고 그 특성에 따라 현상을 분석한다. 자유주의 입장에서는 제도의 불안정성과 비민주주의 국가의 존재를 언급할 수 있을 것이다. 구성주의는 동아시아 국가 간 역사 분쟁 다양성으로 인해 서로 이질감과 배타성을 갖는 관계 정체성이 형성되었을 것으로 볼 것이다.

현실주의 입장에서는 '북핵 문제'와 함께 중국의 부상에 있어서 '안보 딜레마' 문제, 상대적 이득을 논의할 수 있다.

답안구성 예

Ⅰ. 서론

Ⅱ. 동아시아 지역통합의 특징과 한계: 지역화와 지역주의의 개념 중심으로
1. 지역화와 지역주의 개념
2. 동아시아 지역통합의 특징
3. 동아시아 지역통합의 한계

Ⅲ. 동아시아 지역통합의 중복과 경쟁 발생 원인 분석: 이론적 시각에서
1. 자유주의 시각
2. 현실주의 시각
3. 구성주의 시각

Ⅳ. 결론

2014년도 기출문제

송 석 원 / 경희대학교 정경대학 정치외교학과 교수

1. 2014년도 5급 공채(행시)「정치학」분야의 출제경향

2014년도 5급 공채(행시)「정치학」분야의 출제경향은 대체적으로 다음과 같은 몇 가지 측면으로 정리할 수 있을 것이다.

첫째, 상대적으로 비교정치 영역에 역점을 둔 문항이 출제되었음을 알 수 있다. 전체 3문제 가운데 선거제도의 특징과 선거제도가 정당정치에 미치는 영향 및 한국에서의 선거제도 논의에 대해 묻는 제1문과 다문화사회의 면모를 강하게 갖게 된 한국사회에서의 다문화 사회통합정책에 대해 묻는 제3문이 비교정치 영역의 문항이다. 정치학 연구방법 가운데 행태주의가 갖는 의미와 문제점 및 극복 대안에 대해 묻는 제2문은 정치학 연구방법론으로서 정치학 이론 영역의 문항이다. 이전의 시험에서는 평균적으로 비교정치, 국제정치, 정치학 이론 및 사상 등 대체로 정치학의 세부 학문분과 영역에서 고르게 출제되는 경향이 있었다는 점에서 2014년도 시험은 비교정치 영역 강화와 국제정치 영역 약화로 특징지을 수 있을 것이다.

둘째, 상황에 대한 해석이나 추론 혹은 응용과 관련된 문제가 제시되기보다는 정치학의 주요 개념에 대한 시험 응시자의 정확한 이해도를 측정하는 문항이 출제되었다고 할 수 있다. 제1문에서는 단순다수제와 비례대표제에 대해 제대로 개념 정립을 할 수 있는지를 묻고 있다. 제2문에서는 행태주의라는 개념 그 자체와 이러한 개념의 접근법이 등장하게 된 배경 및 행태주의를 넘어선 현대정치학의 대안 등을 묻고 있다. 제3문에서는 다문화사회, 다문화주의, 동화주의, 사회통합 등의 개념을 묻고 있다.

특히, 제3문에서는 문제 자체에서 동화주의와 다문화주의에 대해 간단한 개념을 밝히고 있다. 이것은 다수의 정치학 개론서에 다문화주의의 정치학적 연구가 아직 반영되어 있지 않다는 현실을 고려한 것으로 보인다. 여하튼, 이와 같이 3문제 모두 정치학의 주요 개념에 대한 이해도를 중심으로 묻고 있다는 점에서 2014년도 시험에 출제된 문제는 다소 평이한 문제였다고 할 수 있다. 시중에 나와 있는 정치학 개론서나 수험서라면 대부분 담고 있는 내용이어서 개념 중심으로 정리하여 학습한 수험생이라면 충분히 답변할 수 있을 것이기 때문이다.

셋째, 현재 한국사회가 실제로 당면하고 있는 정치학적인 주제를 중심으로 문항이 구성되었다고 할 수 있다. 제1문과 제3문이 특히 그러하다.

먼저 제1문에서 제시하고 있는 비례대표제로 선출되는 의원의 수를 늘리자는 주장에 대한 찬반입장의 근거를 묻는 질문은 전체적인 의석수의 감축 및 비례대표 선출 의원수의 증원을 둘러싼 한국사회의 오래되었으면서도 여전히 새로운(?) 논의를 반영하고 있는 것으로 보인다. 제3문은 제1문에 비해 한국

사회의 매우 새로운 정책적 현안이라고 할 수 있다. 급격한 이주민의 증가로 인해 이미 다문화사회로 진입한 한국사회는 그 안정을 유지·강화하기 위해 필연적으로 다문화 사회통합정책을 추진할 필요에 직면하고 있는바, 그것이 동화주의에 의한 것이어야 하는지 혹은 다문화주의에 의한 것이어야 하는지에 대해 묻고 있다. 다만, 앞에서도 지적한 바와 같이, 이들 문항의 경우에도 해법의 제시보다는 논의나 흐름을 제대로 이해하고 있는지에 중점을 두고 있다.

이상과 같은 출제경향을 고려할 때, 5급 공채(행시) 「정치학」분야에 응시하는 수험생들은 시중에 나와 있는 정치학 개론서나 수험서를 단순암기하는 방식으로 시험에 대비하기보다는 정치학의 주요 개념에 대한 정확한 이해를 바탕으로 정치학 분야의 주요 발전 경향(흐름) 및 현재 한국사회가 실제로 당면하고 있는 정치학적 주요 주제들에 대한 이해를 높이는 것이 필요할 것으로 보인다.

2. 문제별 특징

(1) 제1문

제1문은 선거제도의 유형에 따라 정당정치의 특성이 다르게 나타나기도 한다는 점을 전제하면서 세 가지 문제에 답하도록 하고 있다. 따라서 제1문항에 대한 좋은 답안은 이 전제를 배경으로 하면서 작성되는 것이어야 할 것이다. 나아가 제1문의 세 가지 문제에 대한 효과적인 답안을 작성하기 위해서는 무엇보다도 선거제도의 여러 형태 중 다수대표제와 소수대표제의 개념, 특성, 차이, 상호보완 가능성 등에 대한 고찰이 필요할 것이다.

제1문의 첫 번째 문제인 〈단순다수제(plurality system)와 비례대표제(proportional representation system)의 일반적 특성〉에 대한 답안 작성에서는 선거제도를 다수대표제와 소수대표제로 분류하여 각각의 개념과 그에 따른 전형적인 선거구제를 언급하는 것에서 시작하여 각각의 선거제도가 지지되는 이유와 문제점, 즉 각 선거제도의 장단점을 정리하고, 나아가 소수대표제의 장점을 살리는 방안, 환언하면, 다수대표제의 단점을 극복하는 방안으로서의 비례대표제의 의의를 지적하는 형태로 서술하는 것이 모범적인 답안 작성이 될 수 있을 것이다. 특히, 다수대표제와 소수대표제를 선거구제와 연계하여 설명하는 내용을 담는다면 매우 훌륭한 답안이 될 것이다. 사실, 다수대표제란 대표를 선출할 때 각 선거구의 다수파의 의사가 결정적이라는 전제하에 고안된 선거제도로서, 가장 전형적인 예는 소선거구제이다. 반면, 소수대표제란 각 선거구의 소수파에게도 대표를 낼 수 있는 가능성을 부여하기 위해 고안된 선거제도이다. 따라서 중대선거구제는 소선거구제에 비해 소수대표제에 친화적이다. 물론, 소선거구제보다도 더 소수대표제에 전형적인 선거제도는 비례대표제이다. 따라서 소선거구제와 비례대표제를 혼합한 우리나라의 선거제도는 원칙적으로 다수대표제를 근간으로 하면서도 부분적으로 소수대표제의 의미를 살리는 방향으로 설계된 것임을 알 수 있다. 동시에, 우리나라의 혼합형 선거제도는 소선거구제에서는 지역대표성을, 비례대표를 통해서는 직능대표를 각각 확보할 수 있는 특성이 있음을 지적하는 것이 바람직한 답안작성이라 할 수 있을 것이다.

〈뒤베르제(Duverger)의 법칙에 근거하여 선거제도가 정당정치에 미치는 영향〉을 묻는 두 번째 문제는 기본적으로 뒤베르제의 법칙에 대한 정확한 이해 여부를 묻는, 따라서 어떤 의미에서는 단편적인 지식을 묻는 평이한 문제라고 할 수 있다. 이 문제에 대한 답안 작성에서는 무엇보다도 뒤베르제의 법칙을 정리하여 설명할 수 있으면 충분할 것이다. 다만, 뒤베르제의 법칙은 초기의 이론화 이후에 다수의 정치학자들의 비판을 수용하여 오늘날 알려지고 있는 내용으로 정식화되었다는 점을 고려하여, 이와 같은 뒤베르제의 법칙 정식화의 경위를 포함한 내용으로 답안을 작성한다면 매우 훌륭한 답안이 될 것이다. 나아가 우리나라를 사례로 뒤베르제의 법칙을 정리하는 것도 더할 나위 없이 좋은 답안이 될 것이다.

〈우리나라의 선거제도는 단순다수제와 비례대표제가 결합한 혼합형 선거제도인바, 비례대표제로 선출하는 의원수를 늘리자는 주장에 대한 입장〉을 묻고 있는 세 번째 문제는 정치학적인 문제이기도 하지만, 한편으로는 소선거구제에 의한 단순다수제가 지역대표성의 분절적 구조를 낳고 있는 현실을 감안하여 이를 극복하기 위한 정책적인 함의까지를 사정(射程)에 넣은 문제라고 할 수 있다. 따라서 이 문제에 대한 답안 작성에서는 먼저 비례대표로 선출하는 의원수를 늘리자는 주장에 대한 대표적인 찬반의 입장을 간단히 요약하는 것에서 시작하여 비례대표제의 장단점을 간단히 정리하고, 우리나라가 혼합형 선거제도를 채택한 이래 비례대표 선출의원수가 어떻게 변화해왔는가를 지적한 후, 그것이 비례대표제의 당초의 취지에 맞게 긍정적인 영향을 낳았는지를 서술하는 것이 모범적인 답안작성이 될 수 있을 것이다. 문제는 입장 서술에 즈음해서의 근거 제시를 요청하고 있는바, 이러한 내용이 궁극적으로 근거가 될 것이기 때문이다.

결과적으로, 선거제도가 정당정치에 미치는 영향에 관한 제1문제의 문제는 선거와 대표, 선거와 정당정치에 관한 논의를 동시에 고려하면서 답안을 작성해가는 것이 필요한 질문이다.

(2) 제2문

제2문은 정치학 연구방법론 가운데 행태주의적 연구를 중심으로 전통적 정치학과 행태주주의적 연구의 차이점, 행태주의적 연구의 문제점과 이를 극복하기 위한 현대정치학의 대안 등 두 가지 문제를 묻는 내용으로 구성되어 있다.

제2문의 첫 번째 문제인 〈전통적 정치학과 행태주의적 연구의 차이점〉에 대한 답안 작성에서는 전통적 정치학으로서의 법적·제도적 접근방법과 행태주의적 연구가 궁극적으로 묻고 있는 내용은 각각 무엇인가, 전통적 정치학에서 행태주의로 이행되는 계기는 무엇이며, 정치학 연구의 주류를 각각 형성했던 시기는 언제이며, 대표적인 연구자와 그들의 대표적인 연구 업적은 무엇이며, 그러한 업적이 정치학 연구에 미친 영향은 무엇인가, 전통적 정치학을 대체한 행태주의적 연구의 특징은 무엇인가 등에 관해 정리하여 서술하는 것이 모범적인 답안 작성이 될 수 있을 것이다.

특히, 행태주의적 연구가 미국에서 현저하게 나타난 것이라는 점을 고려하여 그렇게 된 배경으로서의 미국의 학문 및 문화적 토양에 대해 언급하는 내용이 부가된다면 아주 좋은 답안이 될 수 있을 것이다.

두 번째 문제인 〈행태주의적 연구의 문제점과 이를 극복하기 위한 현대정치학의 대안〉에 대한 답안은 마땅히 새로운 정치학 연구방법론으로 각광을 받던 행태주의적 연구가 왜, 어떤 문제점을 노정하게 되었는지를 먼저 정리하고, 그러한 문제점을 극복하기 위한 방안으로 대두한 현대정치학 연구방법론의 새로운 대안을 행태주의적 연구와의 차이를 염두에 두면서 정리하는 것이 필요할 것이다. 특히, 이 문제에 대한 답변에서도 새로운 정치학이 모색되게 된 시대적 배경을 언급하는 내용이 부가되면 더욱 좋을 것이다.

(3) 제3문

제3문은 다문화사회로 진입한 한국사회의 사회통합정책과 관련하여 동화주의와 다문화주의의 긍정적 측면과 부정적 측면 설명, 한국의 다문화가정 증가에 대해 동화주의 사회통합정책과 다문화주의 사회통합정책 중 하나를 선택하여 제시하는 등 두 가지 문제를 묻는 내용으로 구성되어 있다.

제3문의 첫 번째 문제인 〈동화주의와 다문화주의의 긍정적 측면과 부정적 측면〉에 대한 답안 작성에서는 이른바 이주의 시대에 대한 간단한 소묘를 특히 한국사회를 염두에 두면서 지적하는 것에서 시작하여 이주민이 자신의 모국의식, 즉 모국의 문화적 정체성을 유지하는 것의 의미와 이를 둘러싼 국제적 수준에서의 시비에 대해 정리할 필요가 있다. 이주민 수용국의 에스니시티(ethnicity) 분포의 정도 혹은 인종·종교·성별·출신국가 등에 따른 마이너리티(minority)에 대한 포용과 관용의 정도에 따라 동화주의 혹은 다문화주의가 영향을 받는지에 대한 내용을 기술한다면 더욱 좋은 적절한 답안이 될 수 있을 것이다.

〈한국의 다문화가정 증가에 대해 동화주의 사회통합정책과 다문화주의 사회통합정책 중 하나를 선택하여 제시하는〉 두 번째 문제에 대해서는 한국의 다문화가정 증가와 관련한 한국의 인구정책 및 이민정책을 간단히 개관하고, 현재 한국의 다문화사회의 정도를 어떻게 해석 혹은 이해해야 하는지에 대해 언급한 후, 궁극적으로 다문화사회에서의 사회통합정책이 왜 필요한지, 현재의 한국의 다문화사회에 요청되는 사회통합정책이 동화주의인지 다문화주의인지에 대해 서술해가는 것이 모범적인 답안작성이 될 수 있을 것이다. 향후 한국사회의 내셔널 아이덴티티(national identity), 한국 국민의 범주화의 연동관계를 염두에 두면서 답안을 기술한다면 더욱 좋은 답안이 될 수 있을 것이다.

종합하건대, 제3문은 정치학의 최신 주제를 다루고 있는바, 동화주의와 다문화주의에 대한 개념을 문제에서 미리 적시하고 있다는 점에서 볼 때, 어느 정도 대부분의 수험생의 답변 방향과 내용이 짐작될 수 있는 평이한 문제라고 할 수 있다. 따라서 화려한 수사를 동원하기보다는 알고 있는 내용을 명확한 표현으로 답안을 작성하는 것이 필요하다.

| 제1문 | 민주주의 국가에서는 다양한 선거제도를 운용하고 있다. 선거제도의 유형에 따라 정당정치의 특성이 다르게 나타나기도 한다. 이와 관련하여 다음 질문에 답하시오. (총 40점)

(1) 선거제도 중 단순다수제(plurality system)와 비례대표제(proportional representation system)의 일반적 특징을 각각 서술하시오. (10점)

(2) 뒤베르제(Duverger)의 법칙에 근거하여 선거제도가 정당정치에 미치는 영향을 설명하시오. (10점)

(3) 우리나라 국회의원 선거제도는 단순다수제와 비례대표제가 결합한 혼합형 선거제도(mixed system)이다. 그러나 비례대표제로 선출되는 의원의 수가 상대적으로 적어 그 수를 늘리자는 주장이 있다. 이 주장에 대한 찬성 혹은 반대 입장을 밝히고 그 근거를 제시하시오. (20점)

I. 서 론

II. 단순다수제와 비례대표제의 특징

III. 선거제도가 정당정치에 미치는 영향

IV. 우리나라 국회의원 비례대표 의석수 확대 요부
  1. 우리나라 국회의원 선거제도의 특징
  2. 비례대표 의석수 확대 필요성

V. 결 론

최 ○ ○ / 2014년도 5급 공채 일반행정직 합격

I. 서 론

더글라스 래이(D. Rae)는 '선거란 지지를 의석으로 바꾸는 공식'이라고 언급한바 있다. 대의민주주의 국가에서 선거로 표출되는 국민들의 지지는 권력의 위임과 정당화의 핵심요소가 된다. 선거에 대한 무관심은 대의민주주의의 정당성 약화를 초래할 수 있는데, 한국 역시 낮은 투표율이 문제되고 있다. 이 같은 문제를 극복하는데 선거제도의 변화가 도움이 될 수 있을 지와 더불어 한국 국회의원 선거제도의 개선방향은 무엇인지 검토해보는 것은 중요한 함의를 지닌다.

II. 단순다수제와 비례대표제의 특징

래이는 선거제도를 다양한 기준으로 분류하였고, 당선자 결정방식을 기준으로 다수제, 비례대표제, 혼합제 등을 제시하였다. 그 중 단순다수제는 선거구에 출마한 후보들 가운데 가장 많은 득표를 한 후보자를 선출하는 제도이다. 비례대표제는 유권자들의 투표와 의회의 의석구성이 최대한 유사해지도록 하는 제도이다.

우선 단순다수제가 시행되면 각 정당의 득표율과 해당 정당의 의석율사이에 큰 불비례성

(disproportionality)이 나타나기 쉽다. 당선된 후보를 지지하는 국민보다 지지하지 않는 국민이 많은 경우가 발생 할 수 있고, 낙선된 후보들에 대한 표는 정당의 득표율과 의석율간의 괴리를 확대시킨다. 사표가 양산될 가능성이 높음을 의미한다. 둘째, 일반적으로 소선거구제와 함께 운영되는 단순다수제는 지역구민과 의원 후보자 간의 거리가 좁혀지므로 지역대표성이 높아질 수 있다. 다만 소수정당의 후보자가 당선되기 힘들고 다수당의 과대대표현상이 나타나기 쉽다. 마지막으로 단순다수제는 선거관리 및 운영방식이 단순하여 선거비용이 절약될 수 있다.

이에 비해 비례대표제는 우선 정당의 득표율과 의석율 사이에 비례성(proportionality)이 상대적으로 높게 나타난다. 이는 정당 득표율에 비례하여 의석을 배분하기 때문이다. 따라서 유권자의 표가 사표가 될 가능성이 낮아진다. 둘째, 중대선거구제에 병행하여 운영되는 비례대표제는 지역구민과 후보간의 거리가 멀어지고 지역대표성이 낮아질 수 있다. 다만 소수정당의 후보자가 당선되기 용이하여 다양한 이들을 대표하는 의회구성이 가능해진다. 마지막으로 비례대표제의 경우 다양한 운영방식이 있는데 단순다수제에 비해 선거 관리 및 운영방식이 복잡해 그에 따르는 비용이 커질 수 있다는 특징이 있다.

Ⅲ. 선거제도가 정당정치에 미치는 영향

뒤베르제(Duverger)는 단순대표제가 정당정치의 지형을 양당체계로 유도하고, 비례대표제는 다수의 상호독립적인 정당체계로 유도한다고 보았다. 특정선거제도가 필연적으로 특정한 정당체계를 산출한다는 뒤베르제의 '법칙'은 경험적 연구에 의해 그 법칙성이 부정되기는 하였으나 특정 선거제도와 정당체계간의 친화성은 인정받고 있다. 뒤베르제는 선거제도의 ① 제도적 효과와 ② 심리적 효과가 정당체계 구성에 영향을 준다고 보았다.

단순다수제가 시행되는 경우 ① 제도적으로 정당의 득표율과 의석율 사이에 불비례성이 나타난다. 단순다수제의 운영으로 우리나라의 경우처럼 지배적인 지역정당이 있는 경우에 특정 정당이 다른 정당에 비해 과다하게 대표될 수 있다. 또한 인지도가 낮은 정당의 후보들이 당선될 가능성을 낮춰 군소정당이 과소 대표되면서 군소정당들이 진입자체를 꺼리게 만들어 양당제를 촉진한다. ② 또한 심리적으로 단순다수제가 군소정당의 후보에 대한 지지를 거대 정당 후보에 대한 지지로 전환시키는 양극화 현상이 나타난다. 이는 단순다수제의 제도적 효과를 유권자들이 인식함에 따라 자신의 표가 사표가 되는 것을 방지하기 위해서 보이는 투표행태이다.

이처럼 단순다수제가 갖는 제도적 효과와 심리적 효과는 거대양당중심의 정당체계와 친화성을 갖고, 비례대표제는 단순다수제와 상반되는 효과를 가져 다수정당이 공존하는 정당체계에 친화성을 갖는다. 국회의원 선거제도는 그 특성에 따라 정당체계에 큰 영향을 줄 수 있다.

Ⅳ. 우리나라 국회의원 비례대표 의석수 확대 요부

1. 우리나라 국회의원 선거제도의 특징

우리나라는 지역구 국회의원과 비례대표 국회의원을 혼합하여 선출하는 방식으로 1위 대표제 방식의 단순다수제와 정당명부식 비례대표제를 혼합하여 사용하고 있다. 제19대 국회는 총 300석 중 54석이 비례대표 의석으로 구성되었다. 비례대표제로 선출되는 의원의 비율이 20%에도 미치지 못하여 현재 운영되는 선거제도의 득표율과 의석율간 불비례성(disproportionality)이 문제된다. 최근 국회 입법조사처의 발표에 따르면 우리나라 정당들의 득표율 대비 의석율을 비교해보면 양대정당의 이득율은 1.18, 1.16 수준이지만 소수정당의 경우 절반에도 미치지 못하는 이득율을 나타냈다.

2. 비례대표 의석수 확대 필요성

우리나라의 국회의원 선거제도 하에서 비례대표 의석 비율이 높아져야 한다. 이는 국회의 의석 구성이 국민의 지지와 괴리되는 현상은 대의민주주의의 운영과정에서 대표의 정당성을 약화시키기 때문이다. 특히 단순다수제로 선출되는 지역구 국회의원들이 비율이 높은 제도적 조건과 특정정당 중심의 지역주의가 맞물리면서 우리나라 국회의원 선거과정에서는 유권자의 표 중 후보자 당선에 기여한 표보다 사표가 된 표의 비율이 월등히 높은 현상이 두드러진다. 실제로 중앙선거관리위원회에 따르면 제19대 총선결과 특별시,광역시·도, 자치도 등 17개 지역 중 1위 후보의 득표수 보다 사표가 적은 경우는 2개 지역에 그쳤다. 이처럼 지지하는 국민보다 지지하지 않는 국민이 많은 의원들의 비율이 높은 국회는 정당성 확보나 국민들의 신뢰 확보에 어려움을 겪을 수 있다.

비례대표 의석수 확대에 반대하는 입장에서는 먼저 ① 비례대표제의 실시로 인해 군소정당이 난립할 수 있어 정치적 불안정성이 높아진다는 점을 근거로 삼는다. 또한 ② 정당명부식 비례대표제가 시행되고 있는 상황에서 비례대표의원들은 유권자보다는 공천권한을 가진 정당지도자 중심의 정치적 의사결정을 내리게 된다는 점을 지적하고 있다.

그러나 ① 우리나라의 경우 지역주의적 경향이 강해 비례대표 의석수의 확대로 정치적 영향력이 낮은 군소정당이 난립하는 수준의 정치적 불안정성이 야기될 것이라고 보기는 어렵다. 또한 전면적인 비례대표제의 실시가 아니라 부분적인 비례대표 의석수 확대는 군소정당의 난립으로 인한 불안정성의 증대라는 부작용보다는 소수 정당이 대표하는 다양한 가치가 의회에 반영될 수 있는 가능성을 넓히는 긍정적 효과가 더 클 것으로 기대할 수 있다. ② 유권자와 후보자간 거리가 멀어질 수 있다는 점은 비례대표제 운영방식을 ~하거나, 공천과정에 유권자가 적극적으로 참여할 수 있는 방안을 마련하는 대안을 통해 개선가능하다. 또한 전국구를 기반으로 당선된 비례대표 국회의원의 수가 늘어나면, 지역구 국회의원들이 일부 지역구민들의 이해관계만을 대변하는 과정에서 나타나는 지역이기주의적 정책 입안 또는 지역 정책 입안을 둘러싼 국회 내의 갈등의 문제를 완화할 수 있을 것이다.

V. 결론

우리나라 국회의원 선거제도에서 비례대표 의석수를 확대하는 것은 국민들의 지지와 국회의 의석율 간의 비례성을 높여 투표참여율을 제고하고 국회의 정당성을 강화하는데 도움이 될 수 있다. 총선 과정에서 사표의 양산과 불비례성의 문제가 두드러지는 만큼 이를 적극적으로 해소하기 위해 제도적 개선이 필요한 것이다. 제도개선의 효과가 유권자의 투표 심리에도 영향을 미칠 수 있고, 이는 단순다수제 중심의 혼합형 선거제도에서 나타나는 거대정당의 과다대표와 군소정당의 과소대표 문제 해소에 도움이 될 것이다.

| 강 평 |

1. 제1문의 세 가지 문제에 대한 각각의 답안은 답안이 의거하고 있는 논거를 제시하면서 작성된 것으로 보인다. 특히, 첫째 문제의 답안에서는 비례대표제에 대한 오해 및 혼란이 엿보이지만, 뒤베르제의 법칙에 근거하여 선거제도가 정당정치에 미치는 영향에 대해 묻는 두 번째 문제의 답안은 뒤베르제의 법칙을 잘 이해한 상태에서 차분히 정리하고 있다. 그러나 전체적으로 제1문에 대해 더욱 좋은 답안이 되기 위해서는 다음과 같은 내용이 보완될 필요가 있을 것으로 보인다.

2. 서론과 결론이 상대적으로 너무 평이하다. 제1문은 거듭 지적하는 바와 같이 선거제도가 정당정치에 미친 영향에 대해 묻고 있다. 당연히 서론과 결론은 이러한 취지를 살리는 내용으로 구성되어야 할 것이지만, 아쉽게도 본 답안은 여기에 크게 미치지 못하고 있다. 먼저, 서론 부분에서 레이의 선거에 대한 개념을 소개하고 있는데, 특정인의 정의나 발언을 소개할 때는 답안의 전반적 내용을 반영하는 것이어야 하는데, 레이의 선거에 대한 개념 정의가 그러한지는 의문이다. 서론에서는 선거 그 자체보다는 선거제도와 정당정치의 상호 연관성에 주목한 글쓰기가 중심이 되어야 할 것이다. 짧은 서론에서의 선거에 대한 무관심, 한국의 낮은 투표율 등에 대한 언급은 문제의 취지와 관련성이 매우 희박한 내용으로 돌출적인 기술이라고밖에 할 수 없을 것이다. 결론 부분 역시 제1문 전체에 대한 결론이어야 할 터이지만, 본 답안의 경우 세 번째 문제에 대한 결론의 내용만을 담고 있다.

3. 단순다수제와 비례대표제의 특징에 대한 답안의 경우, 양자의 일반적 특징을 득표율과 의석수의 비례성(proportionality)/불(不)비례성(disproportionality), 사표(死票) 가능성의 높고 낮음, 선거비용의 절약등의 관점에서 비교하여 서술하고 있는바, 비교 서술을 위한 척도의 제시는 단순하지만 의미 있는 것이었다고 판단되지만, 내용의 서술에 있어서 다소의 오해와 혼란이 엿보인다. 예컨대, 단순다수제는 선거비용이 절약될 수 있고 비례대표제는 선거비용이 커질 수 있다고 기술하고 있는데, 이는 대부분의 정치학 개론서나 수험서가 비례대표제의 장점으로 선거비용이 비교적 적게 든다는 점을 지적하고 있는 것과는 상치(相馳)된다. 단순다수제와 비례대표제가 각각 지역대표성과 직능대표성을 대표하고 있다는 점, 단순다수제에서 선출되는 의원은 선거구에서 유권자에게 직접 선택되는데 반해 비례대표제로 선출되는 의원은 대체로 명부(名簿)식 투표로서 유권자가 직접 특정 후보를 선택했다는 느낌보다는 유권자가 어떤 특정 정당을 선택한 결과로 정당이 선거에 즈음해서 미리 밝힌 명부의 순서에 따라 선출되는 것이 일반적이라는 점(물론, 비례대표제의 경우에서 당선을 정하는 방식은 매우 다양하지만) 등을 언급했으면 하면 아쉬움이 남는다.

4. 우리나라에서의 비례대표 선출 의원수의 증가 문제에 대해서는 중앙선거관리위원회의 제19
대 총선 결과를 제시하며 답안을 작성하고 있는 점이 무엇보다도 주목되는 점이다. 구체적인
결과를 제시함으로써 주장의 근거를 뒷받침하고 있다는 점에서 일단 좋은 답안이라고 생각
된다.

5. 더 좋은 답안이 되기 위해서는 우리나라 선거제도가 혼합형이 된 이래의 비례대표 선출 의
석수의 변화 추이를 개관하는 자료를 제시할 필요가 있을 것이다. 실제로, 비례대표 의석은
16대 총선에서는 46석, 17대 총선에서는 56석, 18대 이후 54석으로 각각 구성되었다. 따라
서 이러한 비례대표 의석수의 증감이 우리나라의 선거제도 및 정당정치에 어떠한 영향을 주
었는지에 대해 서술하는 것이 필요했다고 생각된다. 이것은 비례대표제 의석의 증감에 대한
입장과 그 근거를 요청하는 문제에 대한 답안작성에 반드시 필요한 전제라고 생각되기 때문
이다. 그와 동시에 단순히 비례대표 의석수의 증감 문제가 소수대표를 강화하는 측면뿐면
아니라 대표 선출에 즈음해서의 유권자의 직접적인 선택의 측면에 대해서도 나름대로의 논
거를 제시하면서 긍정 혹은 부정의 논리를 전개하는 것이 필요했다고 본다.

| 제2문 | 정치학에서의 행태주의적 접근은 1960년대 전통적 정치학에 대한 비판으로부터 출발하였으며, 현대 정치학에 큰 영향을 미쳤다. 이와 관련하여 다음 질문에 답하시오. (총 30점)

(1) 전통적 정치학과 행태주의적 연구의 차이점을 서술하시오. (15점)

(2) 행태주의적 연구의 문제점과 이를 극복하는 현대정치학의 대안에 대하여 서술하시오. (15점)

| I . 서 론 | III. 행태주의적 연구의 문제점과 극복 방안 |
| II. 전통적 정치학과 행태주의적 연구의 차이점 | IV. 결 론 |

답안작성

최 O O / 2014년도 5급 공채 일반행정직 합격

I . 서 론

개인 간의 상호작용이 집합적으로 일어나는 사회 현상에 대한 학문으로서 정치학은 정치현상 이면의 가치와 정치 현상 그 자체로서의 사실 간의 관계에 대한 다양한 관점을 시키며 발전해왔다. 가치와 사실을 분리하여 정치학 연구의 과학화에 기여한 연구방법의 거대한 패러다임으로서 행태주의적 접근법의 특징과 한계가 무엇인지 검토해 보는 것은 정치학 연구방법 발전에 중요한 함의를 갖는다.

II . 전통적 정치학과 행태주의적 연구의 차이점

전통적 정치학은 법률-제도적(Legal-Institutional) 접근법으로 불리는 연구 방식으로 정부의 조직이나 헌법체제 등 공식적인 기구들을 연구함으로써 정치적 결과를 알 수 있다고 보았다. 행태주의는 전통적 접근법이 비분석적이라는 비판과 함께 등장한 정치학의 연구방식으로 개개인의 행동을 기본적인 분석단위로 삼아 이들에 의해 행해지는 정치 활동이나 행위를 구체적으로 분석하는 정치학 연구방법이다. 전통적 정치학 연구와 행태주의 정치학 연구는 정치 현상과 관련되어있다는 점에서 공통점을 갖지만 ① 가치와 사실에 대한 견해 ② 분석 대상 ③ 연구의 목적과 특징에서 차이를 보인다.

1. 먼저 전통적 정치학은 공식적 기구들에 대한 연구와 더불어 현실의 정치체제와 규범적 이상에 대한 괴리를 연구하는 등 사실과 가치의 상호관계를 인정하였다. 반면 행태주의 정치학은 실증주의에 입각하여 사실과 가치를 분리하여 정치학 연구의 과학화를 추구하였다.

2. 또한 전통적 정치학이 공식적 제도, 구조를 연구하고 개별국가에 초점을 맞춰 분석을 실시한 것과 달리 행태주의 정치학은 공식적 제도나 구조 뿐만 아니라 비공식적 구조와 기능, 개인의 행태를 분석 대상으로 삼았다. 또한 행태주의는 상이한 몇 개 국가들에 초점을 맞추어 비교중심의 분석을 실시하였다.

3. 마지막으로 전통적 정치학은 연구와 분석을 통해 처방적이고 규범적인 결론을 제시하고자 하였고, 행태주의 정치학은 다양한 국가 간 비교를 통해 정치학에서 객관적이고 보편적인 법칙을 발견하고자 하였다.

Ⅲ. 행태주의적 연구의 문제점과 극복 방안

행태주의적 연구는 검증 가능한 사실에 대한 연구방법을 발전시키고 정치학 연구의 과학성을 진전시켰으나, 사회나 정책이 지향해야 하는 본질적인 가치(value)의 문제가 무시되었다는 비판에 직면하였다. 행태주의의 문제점을 극복하기 위해 새로운 연구 접근 방법이 대두되었는데, 후기행태주의 정치학이 이에 해당한다. 후기 행태주의를 선언한 데이빗 이스턴(D. Easton)은 '정치학의 새로운 혁명'으로서 후기 행태주의의 성격을 '적실성의 신조(credo of relevance)'와 '실행(action)'이라고 주장하였다.

후기 행태주의 정치학은 사실과 가치를 행위와 적실성(relevance)으로 연관시켰다. 후기 행태주의의 주장은 다음과 같다. 첫째, 정치학은 순수과학보다는 응용사회과학으로서 일정한 가치체계에 따라 사회가 직면한 문제를 해결하기 위한 실천적 학문이 되어야 한다. 후기 행태주의는 행태주의가 가치와 사실을 분리하고 정치학 연구의 과학화에만 관심을 가짐으로서 사회문제 해결을 등한시 한다고 비판하였다. 둘째, 정치학 연구에 현상학적 접근이 필요하다. 현상학적 접근은 외면적으로 표출된 객관적 현상이 아닌 인간행동의 '내면의 가치(주관)'를 파악하려는 것으로서, 비 실증주의적, 철학적인 연구방식으로 행태주의가 근간으로 삼는 실증주의와 반대되는 것이다. 현상학적 접근은 정치학의 연구대상으로서 가치 문제에 대해 고찰하는 것을 돕는다. 이상에서 살펴본 후기 행태주의적 접근법은 정치학이 현실 적합하고 처방적인 지식을 제시해야 한다는 입장에서 제시된 현대 정치학의 연구방법이다.

Ⅳ. 결 론

사회과학으로서 정치학 연구의 과학화는 학문의 체계적 발전에 기여할 수 있다. 그러나 사회과학은 사회 현상을 연구 대상으로 삼으므로 관찰 가능한 사실보다 더욱 중요한 현상 이면의 가치 문제 역시 고찰해야 할 필요가 있다. 전통적 정치학 연구에서 중요시 되었던 정치학 연구의 규범성은 현대 정치 현상의 문제 해결을 위해서도 요구된다. 후기 행태주의적 접근에 입각해 정치학 연구의 과학성과 규범성을 조화롭게 달성하려는 노력은 정치학 연구방법 발전에 긍정적으로 기여할 수 있다.

| 강 평 |

1. 제2문의 두 가지 문제에 대한 답안은 각각의 주장을 뒷받침할 수 있는 타당한 논거를 성공적으로 제시하고 있는 것으로 보인다. 그러나 더욱 좋은 답안이 되기 위해서는 다음과 같은 몇 가지 점을 개선할 필요가 있을 것으로 보인다.

2. 첫 번째 문제에 대한 답안에서 전통적 정치학에서 행태주의로 이행되는 계기, 환언하면 정치학 연구에서 행태주의적 연구가 주목되게 된 배경에 대해 서술할 필요가 있을 것이다. 행태주의적 연구가 주목되는 배경 자체가 행태주의적 연구의 특징이며 그대로 전통적 정치학 연구방법과의 차이를 드러내는 측면이 강하기 때문이다. 나아가 답안의 서술에서 전통적 정치학과 행태주의적 정치학을 각각 대표하는 주요 연구자와 그들의 대표적인 연구 업적에 대해 소개하며 서술하였다면 내용이 보다 충실한 좋은 답안이 될 수 있었을 것이다.

3. 두 번째 문제에 대한 답안에서는 주로 후기 행태주의를 중심으로 서술하고 있는바, 간단하게나마 다양한 새로운 방법론에 대한 소개가 있었으면 더욱 좋았을 것이다. 특히 새로운 정치학 연구방법론이 행태주의의 문제점으로 지적된 사안들을 어떤 점에서, 어떻게 극복하고 있는지를 언급할 수 있었다면 더 없이 훌륭한 답안이 될 수 있었을 것이다.

| 제3문 | 최근 들어 한국 사회가 '다문화사회'로 변모함에 따라 이주민의 사회통합이 점차 중요해지고 있다. 이주민의 사회통합과 관련된 대표적인 접근방법으로 '동화주의'와 '다문화주의'가 있다. 동화주의는 이주한 국가의 가치관과 생활방식을 수용함으로써 주류사회에 동화할 것을 요구한다. 반면, 다문화주의는 이주한 국가에서도 기존의 가치관과 생활방식을 유지하는 것을 허용하거나 때로는 장려하기도 한다. 이와 관련하여 다음 질문에 답하시오. (총 30점)

(1) 동화주의와 다문화주의가 갖는 각각의 긍정적 측면과 부정적 측면을 설명하시오. (20점)

(2) 한국의 다문화가정 증가에 대해 동화주의와 다문화주의 중 하나를 택하여 그에 기반한 사회통합정책을 제시하시오. (10점)

Ⅰ. 서 론

Ⅱ. 동화주의와 다문화주의의 명암
  1. 동화주의의 의미와 특징
  2. 다문화주의의 의미와 특징

Ⅲ. 한국의 사회통합정책 방향 – 다문화주의의 입장에서

Ⅳ. 결 론

답안작성 최 ○ ○ / 2014년도 5급 공채 일반행정직 합격

Ⅰ. 서 론

우리나라는 2013년 이후 전체 혼인 건수 중 8%가 외국인과의 혼인 건수이며, 신생아 100명중 5명 이상이 혼혈아인 사회로 접어들면서 동질적 정체성의 변화를 겪고 있다. 이주민의 급증으로 사회 내에 이주민 집단의 권리에 대한 관심이 높아지고, 이주민 출신의 비례대표 국회의원이 선출되기도 하면서 우리나라의 사회통합 정책 역시 중요한 정치적 문제로 다뤄지고 있다. 최근 다문화주의를 표방하였던 프랑스, 독일의 최고지도자들이 다문화주의 정책의 실패를 잇달아 선언하는 가운데, 우리나라 사회통합 정책의 바람직한 방향은 무엇인지 검토가 필요하다.

Ⅱ. 동화주의와 다문화주의의 명암

1. 동화주의의 의미와 특징

동화주의 혹은 동화정책(assimilationism)은 본국 민족이 국내의 이민자민족을 자기의 문화에 동화시키려는 정책기조로서 한 국가 내에 문화적 정체성을 동질적으로 유지하려는 방식이다. 이민자집단의 구성원들을 최대한 본국 구성원들에 가까운 특성을 갖도록 유도하는 정책이며, 이른바 용광로(Melting pot) 정책이라고 불린다. 동화정책이 시행되면 ① 본국 내에 문화적 동질성이 유지되는데 기여하기 때문에 국가 내에서 종교나 관습·문화의 차이에서 비롯하는 갈등 발생 가능성이 줄어든다. 이민자나 이민자 집단이 본국 문화에 대해 충분히 이해하고 이를 학습함으로써 본국 국민과의 화합 가능성이 커지게 되는 것이다. 또한 ② 이는 이주민 집단의 본국 적응을 용이하게 해준다.

그러나 동화정책은 이민자 집단의 문화적 정체성, 고유한 관습이나 언어의 가치를 부정하는 전제 하에 시행됨으로써 본국 국민들이 이민자나 이민자 집단에 대해 '열등한 이민자집단'이라는 인식을 갖게 한다. 이 경우 이민자집단과 본국 국민간의 갈등은 '다름'을 인정하지 않는 본국 국민의 태도와 차별대우에서 기인하는 감정적 갈등으로 비화되기 쉽다.

'다름'자체가 원인이 되어 발생하는 갈등의 관리나 해소는 대화나 협상 같은 온건한 수단으로 이루어지기 어려워 갈등으로 인한 사회적 비용을 증대시킬 수 있다.

2. 다문화주의의 의미와 특징

다문화주의(multiculturalism)는 하나의 사회, 혹은 하나의 국가 내부에 복수의 문화가 공존한다는 것을 긍정하면서 문화적 다양성을 존중하는 정책기조이다. 이민자 집단 고유의 언어, 문화가 갖는 특성을 유지할 수 있도록 하며, 샐러드보울(salad bowl) 정책이라고 불린다. 다문화주의는 ① 본국 내에 문화적 다양성을 증진시켜 새로운 문화와 예술의 발전에 기여 할 수 있고 다양한 문화에 기반한 창의적인 사회 분위기를 이끌어 낼 수 있다. 이주민 집단의 문화가 가진 가치를 인정하는 전제로 시행되는 다문화주의 정책은 ② 이주민 집단과 본국 주민 간의 상호존중에 입각한 공존에 기여한다.

그러나 다문화주의는 본국 내에서 다양한 문화들이 공존하는 가운데 문화와 관습의 차이로 인한 잦은 갈등을 경험하게 될 수 있다. 특정한 문화를 표준으로 삼지 않는 가운데'다름을 인정'하는 다문화주의는 구성원들 간에 다른 문화에 대한 관용이 부족한 경우에 타협 불가능한 사회적 갈등의 상시화를 야기하기도 한다. 다른 문화를 가진 집단 간에 관용이 부족한 경우 본국 내에 적대적인 문화 집단이 다수가 되어 사회 분열이 심화될 수 있는 것이다.

Ⅲ. 한국의 사회통합정책 방향 - 다문화주의의 입장에서

우리나라의 경우, 결혼이민자 외에도 근로자, 새터민, 조선족 등 다문화 가정의 증가추세가 급속도로 나타나고 있으며 향후 이러한 현상은 지속적으로 유지될 전망이다. 특히 유입되는 문화적 특수성이 점점 다양해진다는 점에서 단순히 하나의 문화적 결속체로 융화시키기에는 현실적인 제약과 많은 갈등이 예상된다. 또한 동화주의 정책이 시행될 경우 다른 문화나 관습을 강제로 억압하게 되고 주류집단의 이주민에 대한 차별대우가 고착화되기 쉽다. 따라서 우리나라의 사회통합정책은 이주민집단의 문화적 다양성에 대한 존중을 기반으로 해서 이루어져야 한다.

다문화주의에 입각한 사회통합정책은 '서로 다름'을 존중하고 상호 이해를 증진시키려는 다양한 프로그램이 병행되어야 한다. 예를 들어 이주민에 대한 한국 문화 교육 프로그램이나 한국어 교육 지원 프로그램은 동화주의적 관점에서 진행하는 것이 아니라, 이주민집단의 입장에서 '동등한 지위의 다른 문화'

를 이해하고 소통의 어려움을 해소하여 본국민들과의 원활한 교류를 돕기 위한 것으로 여겨지는 가운데 시행되어야 한다. 본국민들은 증대하는 다양한 문화집단에 대해 폭 넓은 이해, '다름'에 대한 인정과 존중을 내재화 할 수 있도록 초등 교육과정에서부터 세계도처의 다양한 문화와 관습에 대해 학습하도록 해야 할 것이다. 본국민들이 이주민 집단을 '인정' 해주는 '상위 집단'으로 행동하는 것이 아니라, 자유주의적 입장에서 각각의 개인들이 가진 고유성을 존중하고 상대의 문화적 자유를 침해하지 않는 관용의 태도가 요구되는 것이다. 이주민 집단 역시 '본국민의 양보와 배려'가 당연한 것이라고 여기기보다는 이주한 국가 내의 구성원으로서 동등하게 정치적 권리를 누리고 그에 따르는 책임을 지고자 하는 태도가 요구된다. 이주민 집단에 대한 지나친 온정주의적 사회통합정책은 '동등한 구성원'에 대한 과도한 차별대우로 이어져 역차별 논란을 일으킬 수 있으므로 개인들의 고유성과 대등함을 인정하는 전제 하에 사회통합 정책을 설계하여야 한다.

또한 앞서 다문화주의의 문제점이자 사회통합을 저해하는 문제점으로 갈등의 상시화에 대해서 지적하였는데 이러한 갈등의 공론화를 통해 갈등의 예방과 해결을 추구하여 사회 통합의 가능성을 넓힐 필요가 있다. 또한 갈등의 공론화를 통한 문화적 갈등의 제도적 영역에 대한 지속적 유입은 다문화 정책이 시의적절하고 지속가능한 효과를 확보할 수 있게 하는 근간이 될 것이다. 이에 Habermas가 제기한 공론장의 개념을 바탕으로 캐나다의 시민이민부의 사례나 프랑스의 공공정책토론(CNDP)의 사례를 바탕으로 다양한 문화적 구성원들이 참여하여 논의 하는 내용이 국회 등 제도정치의 영역에 반영되도록 할 필요가 있을 것이다. 이러한 문화적 갈등 공론화는 보다 많은 이들이 어떠한 문화적 차이, 관습차이로 인해 오해가 빚어졌는지를 인지하도록 도울 뿐만 아니라 문화와 문화간의 갈등을 조정하는 과정에서 새로운 문화의 창출에 기여할 것이다.

Ⅳ. 결 론

한국 사회의 동질적 정체성이 약해지는 가운데 이를 억지로 회복하려고 하기보다는 문화적 다양성을 인정하고 이를 건강한 사회발전의 동력으로 삼는 다문화 주의 사회통합정책이 시행되어야 한다. 서구 국가들이 잇달아 다문화주의 정책의 실패를 선언하였지만, 이는 동등한 구성원으로서 이주민 집단을 대우하고 다양한 문화를 존중하려는 다문화주의 접근 자체 때문에 발생한 문제라고 보기는 어렵다. 구성원이 가진 문화적 고유성을 제거하려는 동화주의적 사회통합정책은 가능하지 않을 뿐만 아니라 바람직하지 않다. 따라서 보다 다양한 정책수단을 설계하고 서구 국가들이 다문화주의 정책 시행 과정에서 겪은 부작용들의 원인과 해소방안을 적극적으로 연구·모색하여 성공적인 다문화주의 사회통합정책을 추진하여야 할 것이다.

| 강평 |

1. 이미 지적한 바와 같이, 제3문에서는 문제 자체에서 동화주의와 다문화주의에 대한 개념을 제시한 가운데 관련된 두 가지의 문제를 묻고 있다.

 따라서 답안을 작성하는 데 있어서는 이러한 개념을 정확히 숙지하고 있음을 드러내는 글쓰기가 되어야 할 터이다. 그러한 점에서 제3문에 대한 답안은 개념 이해의 수준이 아직 충분치 못함을 드러내는 결과가 되고 만 느낌이다. 답안 서술이 상당히 평면적이고 일부 표현상의 오류가 엿보이기 때문이다. 제3문의 답안으로 좋은 답안이 되기 위해서는 다음과 같은 몇 가지 점을 보완할 필요가 있을 것으로 보인다.

2. 서론에서 이주의 시대의 전반적인 특성을 한국사회를 염두에 두면서 언급할 필요가 있다. 특히, 국제사회에서의 이주가 주로 노동자를 중심으로 이루어지는 데 반해, 우리나라에서는 이들 노동자뿐만 아니라 결혼이주여성이 상당수에 달한다는 점을 지적하고, 따라서 다양한 형태의 다문화가정 지원정책이 실행되고 있다는 점, 그럼에도 불구하고 사회통합의 측면에서 적지 않은 문제점을 노정하고 있다는 점 등을 서술할 필요가 있다고 본다. 나아가 다문화사회의 진전이 근대 국민국가의 사고 체계에 내재된 '국민'의 범주화에 새로운 지평을 제시할 가능성 등을 언급하는 것도 필요했다고 본다. 제3문의 두 가지 문제에 대해 답하기 위해서는 불가피하다고 생각되기 때문이다.

3. 제3문은 이주민 문제를 다루고 있기 때문에 무엇보다도 표현에 신중을 기할 필요가 있음에도 불구하고 답안 작성에서 애매한 표현이 엿보인다. 예컨대, 동화주의의 의미와 특징을 설명하는 가운데 '본국'이라는 표현을 사용하고 있는 것이 이에 해당한다. 답안에서 사용된 '본국'이라는 표현의 뉘앙스는 수험자의 입장을 반영하고 있는 것으로 보인다.

 그러나 이주민의 내용을 다루기 때문에 답안 작성에서는 이주민의 입장에서의 표현을 사용해야 한다. 답안을 읽는 사람의 혼동할 여지가 있기 때문이다. 출신국가 혹은 모국 등의 표현이 보다 명확한 표현일 수 있다.

4. 한국의 사회통합정책을 기술하는 데 있어서 증가 추세에 있는 다문화가정의 범주에 새터민과 조선족을 포함하고 있는바, 관련 학계는 물론 해당하는 당사자들 역시 오래전부터 이에 대해 문제제기를 하고 있다는 점에서 적절성이 문제될 수 있을 것으로 보인다. 이 부분의 답안 작성에서 새삼스럽게 이주민을 범주화하여 드러낼 필요가 있는지 의문이다.

5. 다문화주의 사회통합정책을 기술하는 데 있어서 배려, 관용, 공생 등의 관련 개념을 적극적으로 활용하여 답안을 작성하면 더 좋았을 것이다. 더욱이 사회통합정책을 실행하는 데 있어 정책 대상이 언제나 다문화 출신자들에게만 놓여 있는 사실의 문제점을 지적하고, 무엇보다도 이들 다문화와 더불어 살아가야 하는 한국인들을 사회통합정책 실현의 정책대상으로 삼아야 필요성을 서술한다면 매우 훌륭한 답안이 될 수 있을 것이다. 다문화 사회통합정책 성공의 열쇠는 다문화 출신을 대상으로 한국사회에서의 생활 노하우를 학습시키는 것만으로는 얻을 수 없다. 한국인들을 대상으로 다문화와 더불어 살아가는 지혜를 학습시키는 것이 동시에 추구될 때 비로소 다문화 사회통합정책은 성공할 수 있을 것이다. 서론에서 언급한 프랑스와 독일의 다문화주의 실패 관련 기술은 이 부분에서 반면교사로 삼아야 할 내용으로 적시되는 것이 보다 모범적인 답안이 될 수 있었을 것이다.

2014년도 입법고등고시 기출문제와 어드바이스 및 답안구성 예

| 제1문 (40점) |

여의도 마을(유권자 99명)의 대표 1인을 뽑는 선거에 빨강, 파랑, 노랑, 연두, 보라, 주황, 검정의 일곱 명이 출마하였다. 주민 전체가 후보 선출방식을 놓고 토론을 벌였고, '동일한 후보자 선호순서(preference ordering)'을 가진 세 개의 집단으로 나뉘었다. 그 내용은 〔표1〕과 같다. (예:집단1에 속한 유권자 33인은 모두 빨강, 연두, 파랑, 노랑, 검정, 주황, 보라의 순으로 후보를 지지한다). 외부선거관리인은 '승자진출방식 다수결 투표(majority rule by round -robin tournament)'방식을 제안하고, 후보의 대결 순서도 〔표2〕로 정하였다. 선거 결과 검정 후보가 최종 승자로 당선되었다.

〔표1〕 마을 주민 전체의 선호구조

	집단1	집단2	집단3
해당집단에서 같은 선호구조를 가진 유권자수	33명	33명	33명
1순위 지지	빨강	파랑	노랑
2순위 지지	연두	노랑	빨강
3순위 지지	파랑	빨강	보라
4순위 지지	노랑	주황	연두
5순위 지지	검정	보라	파랑
6순위 지지	주황	연두	검정
7순위 지지	보라	검정	주황

[표2] 승자진출방식 다수결 투표 표결 순서

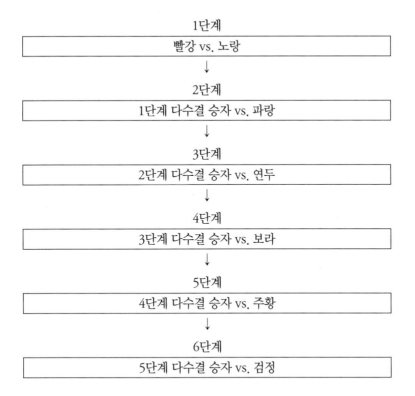

1단계
빨강 vs. 노랑

↓

2단계
1단계 다수결 승자 vs. 파랑

↓

3단계
2단계 다수결 승자 vs. 연두

↓

4단계
3단계 다수결 승자 vs. 보라

↓

5단계
4단계 다수결 승자 vs. 주황

↓

6단계
5단계 다수결 승자 vs. 검정

※ 승자진출방식 다수결 투표: 전체 후보 7명 중 두 명의 후보를 놓고 먼저 1단계에서 투표를 진행하여, 그 결과 다수 득표를 한 후보가 다음 단계에 진출한다. 다음 단계는 1단계의 승자와 2단계에 새롭게 제시된 후보와 다수결 투표를 벌여 승자가 다음 단계로 진출하는 식으로 이어진다. 여기서는 선거관리인이 제안한 [표2]의 대진 순서를 그대로 따르며, 한 번 투표의 대상이 된 후보는(승리해 다음 단계의 선거에 진출하지 않는 한)중복 입후보되지 않는다.

※ 마을의 유권자 누구도 기권하지 않고 매 단계 자신의 선호에 따라 그대로 투표한다(sincere voting).

위와 같은 방식의 선거절차의 문제점과 그 원인을 구체적으로 논하시오. 아울러 그 결과의 함의를 집단의사의 결정에 관한 일반 이론[사회선택이론(social choice theory)]의 맥락에서 심화하여 서술하시오.

🅰️dvice

1. 제시문의 투표방식은 '콩도르세 투표(Condorcent Vote)' 방식이다. 콩도르세 투표는 명백한 승자를 가릴 수 없다는 '투표의 역설(Paradox of Voting)'을 발생하게 만든다. 승자진출방식 다수결 투표 표결 순서가 변경될 경우 현재 승리한 '검정'이 승리할 수 없기 때문이다. 또한, 이러한 방식

은 계속하여 최선이 아닌 '차악'을 선택하게 만든다. 이러한 문제점의 원인은 여러 후보자들에 대한 유권자들의 선호가 순환적이며, 이행성 공리에 위반될 수 있다는 점이다.

2. 사회선택이론은 개인의 의사가 사회적 의사로 변화하는 과정을 설명한다. 유권자와 정치인의 합리성, 표의 매개적 기능, 개별적인 합리성이 전체적 합리성을 가져온다는 가정을 전제로 한다. 사회선택이론 중 하나인 애로우(K. Arrow)의 '불가능성 정리'는 합리성을 충족하는 의사결정기구는 민주주의와 양립하기 어렵다는 점을 지적한다. 따라서, 투표 외에도 다양한 제도를 통해 민주성을 보완하고자 노력해야 할 것이라는 시사점을 보여주는 함의를 갖는다.

답안구성 예

I. 서 론

II. 콩도르세 방식의 한계
  1. 콩도르세 방식의 의의
  2. 콩도르세 방식의 한계와 원인: 여의도 마을 사례 분석

III. 함 의: 사회선택 이론의 관점에서
  1. 사회선택 이론의 의의
  2. 여의도 마을 사례의 함의

IV. 결 론

| 제2문 (40점) |

동아시아는 세계에서 가장 중요한 지역 중 하나가 되었다. 한중일 삼국의 경제규모는 유럽연합과 미국에 필적하는 수준에 이미 도달했다. 또한, 동아시아는 미국과 중국 사이의 세계질서 차원의 경쟁과 협력, 중국과 일본 사이의 지역 패권경쟁, 북한의 핵 문제 등이 중첩된 국제정치의 공간이다. 따라서 동아시아 주요 삼국인 한중일 사이의 협력은 이 지역의 평화와 번영은 물론이고, 세계적 차원에서도 대단히 긴요하다. 그런데 동아시아 국제관계의 핵심적인 한 축을 형성하는 한일관계가 최근 몇 년 동안 국교정상화 이후 최악의 상황에 빠져있다.

(1) 최근 한일관계의 악화, 대립을 케네스 왈츠(Kenneth Waltz)의 세 가지 이미지로 설명하시오. (20점)

Advice

왈츠의 세 가지 이미지(개인, 국가, 국제정치 체계)를 간략하게 서술하고 이를 기반으로 한일관계 악화를 서술한다. 개인 수준에서는 아베 총리와 박근혜 대통령의 성향 및 개인사적인 면모를 생각할 수 있다. 국가 차원에서는 일본 내부의 극우 정권과 한국 내 반일감정을 들 수 있을 것이다. 국제정치적으로는 중국의 부상과 북핵 문제로 인한 일본의 안보 불안, 그리고 영토 및 역사 문제로 인한 한국, 중국과의 대립을 들 수 있다.

(2) 한일관계의 중요성을 동아시아 국제체제 차원에서 설명하고 한일관계 회복을 위한 아이디어를 투레벨게임(two-level game)의 관점에서 제안하시오. (20점)

Advice

1. 국제체제 차원에서 한일관계의 중요성은 단연 안보협력일 것이다. 중국의 성장과 이로 인한 미국과 중국 간 패권 싸움이 우려되는 가운데, 한국 역시 안보 차원에서 한일관계의 불필요한 악화를 방지할 필요가 있다. 북핵 문제 해결에 있어서도 주변국인 일본의 협조가 필요하다. 이러한 중요성을 앞서 살핀 왈츠 등 신현실주의 이론을 통해 분석할 수도 있다.

2. 투레벨 게임(양면게임)은 퍼트남(R. Putnam)이 제시한 것으로, 국제협상은 국가 간 협상뿐 아니라 관련 이해관계를 가지는 각국의 집단 간 협상이 동시에 진행되는 것을 의미한다. 이에 관한 상세한 설명을 한 후, 한-일 관계 회복 방안을 서술한다. 민간차원의 접근과 정부 차원의 접근을 나누어 서술할 수 있을 것이다.

답안구성 예

Ⅰ. 서 론

Ⅱ. 케네스 왈츠의 세 가지 이미지

Ⅲ. 최근 한일관계 악화 분석: 세 가지 이미지를 활용하여

Ⅳ. 한일관계의 중요성과 회복 방안

   1. 한일관계의 중요성: 동아시아 국제체제의 차원에서

   2. 한일관계 회복 방안: 투레벨 게임의 관점에서

Ⅴ. 결 론

| 제3문 (20점) |

마키아벨리의 「비루트(Virtu, 덕성)」개념의 주요 내용과 사상사적 의미를 공화주의적 관점에서 설명하시오.

Advice

"마키아벨리가 현실주의자인가 공화주의자인가?"에 대한 논의는 정치철학자들 사이에서도 흥미로운 쟁점으로 꼽힌다. 비루트의 개념을 서술하고, 공화주의를 논의한 다음 비루트 개념에서 공화주의적 요소를 찾는다. 비루트는 '포르투나(Fortuna)'라는 불안정성과 예측 불가능성을 다루는 결단력을 의미한다. 이와 함께 「군주론」 이후 후작인 「로마사 논고」에서 마키아벨리의 공화주의적 면모가 나타남을 언급하고, 비루트가 '군주가 갖춰야 할 덕목'임과 동시에 '공화정에서 일반 시민이 갖춰야 할 덕목'으로 해석될 수 있다는 점을 논의해야 한다. 즉, 공화정의 운영에 있어서 제도와 함께 시민적 덕성인 '비루트'가 뒷받침되어야 한다는 마키아벨리의 주장을 설명한다.

출제경향분석 **한 정 훈 / 현 서울대학교 국제대학원 교수, 전 숭실대학교 정치외교학과 교수**

1. 2013년 출제경향

2013년도 5급공채(행시) 정치학의 출제경향은 전체적으로 다음과 같은 두 가지 측면으로 정리해 볼 수 있다.

첫째, 정치학 내의 다양한 세부학문 분과에서 고르게 문항이 출제되었음을 알 수 있다. 우선 제1문항의 경우 의회의 권한이 정부 유형에 따라 어떻게 달라질 수 있는지에 관한 비교정치 영역의 중요 질문을 제시한다. 다음으로 제2문항은 국제정치분야의 핵심이론 가운데 하나인 나이(J. S. Nye)의 신자유주의(neoliberalism) 이론의 타당성을 묻고 있다. 마지막으로 제3문항은 비교적 최근에 발전한 합리적 선택 이론에 따른 투표행태 분석이 제시하는 이론적 주장의 논리성과 정치적 결과에 관한 이해를 묻고 있다. 이러한 문항 구성은 비교정치와 국제정치 영역을 포함하여 비교적 최근 발전한 합리적 선택이론에 따른 투표행태 분석영역을 포괄하는 특징을 보이고 있다.

둘째, 시사성이 높은 주제를 중심으로 문항이 구성되었음을 알 수 있다. 우선 제1문항에서 제시하고 있는 의회의 권한의 차별성에 관한 질문은 최근 현행 대통령제에 대한 개헌 논의를 반영하고 있는 것으로 보인다. 대의민주주의의 핵심기구 가운데 하나인 의회의 권한을 조정하는 문제 역시 최근 한국 사회의 핵심 이슈 가운데 하나다. 특히 본 문항은 의회의 권한을 의회조직 및 운영을 직접 개혁함으로써 조정하는 방안보다는 의회 외적 제도적 장치를 개편함으로써 조정할 수 있는 가능성에 대한 해답을 구하고자 하는 것이라 할 수 있다. 다음으로 제2문항은 미국의 현 오바마 행정부가 이전 행정부와 달리 국제사회 질서를 유지하기 위해 연성권력을 활용하고 있는 상황에서 그 정책적 효과와 경성권력을 중심으로 운영되었던 기존 정책의 쇠퇴 원인을 묻고 있다. 따라서 미국의 현 오바마 행정부의 국제정책에 대한 이해가 주어진 문제에 대한 해답을 구하는 구체적인 출발점이 될 수 있는 경향이 강한 문항에 속한다. 마지막으로 제3문항은 서구 선진 민주주의 국가를 포함한 대부분의 현대 민주주의 국가들의 선거에서 목격되는 투표율 감소라는 현상을 반영하는 질문이다. 현대 민주주의 국가들에서 관찰되는 투표율 감소는 대의민주주의 제도의 정당성 위기를 낳고 있으며 그에 따라 다양한 해결책이 강구되고 있는 실정이다. 인터넷이나 SNS 등의 새로운 정보 통신 기술을 이용한 직접민주주의의 가능성 및 시민의식의 함양을 통한 대의민주주의 위기 극복방안 등은 이러한 현실을 개선하고자 하는 대책으로 등장한 것이다.

위와 같은 출제경향을 고려할 때, 5급공채(행시) 정치학 분야에 응시하는 수험생들은 교과서를 암기하는 방식으로 시험에 대비하기 보다는 정치학 분야의 주요 발전 경향 및 현실정치의 중요 사안들에 대한 이해를 높이는 것이 필요할 것으로 보인다.

2. 문항별 특징

(1) 제1문항

제1문항은 정부유형과 의회 권한이라는 두 변수 사이의 연관성(association)을 이해하고 있는지를 묻는 질문이다. 이에 대한 효과적인 답안을 작성하기 위해서는 대통령제, 의원내각제, 프랑스식 이원집정부제라는 각각의 정부유형의 제도적인 특성 및 운영상의 특성을 분리하여 고찰할 필요가 있다. 제도적인 특성에 초점을 맞춰 의회의 권한을 논의하는 경우 각각의 정부유형이 의회권한에 미치는 효과를 비교 검토하는 것인 반면, 운영상의 특성에 초점을 맞춰 논의를 진행하는 경우 동일한 정부유형 내에서도 의회의 권한이 달라질 수 있음을 보이는 것이다. 이와 같은 두 측면에 대한 논의를 동시에 진행할 수 있을 때 모범적인 답안을 구성할 수 있을 것으로 보인다.

제도적인 측면에서 빠뜨리지 말아야할 두 가지 대표적인 고려사항은 다음과 같다. 첫째, 각각의 정부유형에서 의회 의원들과 행정부 수반의 선출양식이다. 대의민주주의 사회에서 선거를 통해 유권자에 의해 직접 선출되는 기관과 선거이외의 방식으로 간접적으로 선출되는 기관 사이에는 민주적 정당성(democratic legitimacy)에 차이가 있다. 선거를 통해 유권자에 의해 직접적으로 선출되는 기관일수록 민주적 정당성이 높으며 그만큼 권한도 강할 것으로 예상되는 것이다. 둘째, 각각의 정부유형에서 의회와 행정부 사이에 견제를 위한 제도다. 각국은 헌법이나 법률을 통해 의회와 행정부 사이의 견제기능을 부여하고 있다. 헌법이나 법률을 통해 내각에 의한 의회 해산과 의회에 의한 내각불신임의 가능성이 허용되는 정도에 따라 의회의 권한의 차별성을 생각해 볼 수 있는 것이다. 이외에도 의원들의 권한에 영향을 미치는 제도적인 요인으로는 의원들의 전문성 강화와 연관된 위원회 제도 및 법안발의 제도 등을 들 수 있다. 이와 같은 구체적인 제도적 요인들이 지닌 효과에 대한 논의는 추가적인 점수를 받는데 도움이 될 것으로 보인다.

각국의 의회 권한은 제도적 규정과는 달리 실제 운영에 따라 달라지기도 한다. 특히 정당에 의해 유권자의 정치적 선호가 대표되는 현대정당정치체제는 의회와 행정부의 구성에 정당이 미치는 영향력에 따라 의회의 권한의 변화를 가져온다. 이와 관련하여 두 가지 측면에 대한 논의는 매우 중요하다. 첫째, 정당의 규율(discipline)이다. 의원내각제의 경우 의회 내 다수당을 구성하는 정당의 규율이 강한 경우 그렇지 못한 경우와 비교할 때 입법기능 및 행정부에 대한 견제, 감시 권한이 매우 클 것이다. 의원내각제를 시행하는 국가들 가운데 다수의 국가는 정당들 사이의 연합을 통해 의회 내 다수당을 구성하는 경향이 강하다. 의원내각제 하에서도 정당 간 연합을 통해 다수당을 구성한 의회와 하나의 정당이 독자적으로 다수당을 구성한 의회 사이에 후자가 더욱 강력한 권한을 행사할 것을 예상할 수 있다. 둘째, 의회와 행정부를 구성하는 정당의 동질성(homogeneity)의 측면이다. 대통령제에서의 분점정부(divided government)는 이질적(heterogenous) 정당에 의해 의회와 행정부가 구성된 대표적인 경우에 해당한다. 이 경우 의회는 행정부와의 갈등으로 인해 입법기능이 현격히 제한되는 경향이 강하다. 위와 같이 정당정치의 특성으로 인한 의회권한의 변화 뿐 만 아니라 행정부 수반인 대통령의 통치스타일이나 역량 등도 의회 권한에 변화를 가져오는 요인이 될 수 있다. 예를 들어 프랑스의 이원집정부제와 같은 경우 대통령 개인의 역량에 따라 대통령에게 부여된 긴급명령권 및 의회해산권 등의 실질적 활용능력에 차이가 발생하며 그에 따라 의회 권한에도 변화가 가능한 것이다.

결과적으로 정부유형과 의회권한 사이의 연관성에 관한 본 문항의 질문은 의회와 행정부 사이에 제도적으로 배분된 권한에 대한 논의와 더불어 정당정치의 상이성 및 행정부 수반의 개인적 역량의 차별성 등과 같이 동일한 정부유형 내에서 의회 권한에 영향을 미칠 수 있는 요인을 동시에 고려하면서 세 가지 각 주장의 논리적 근거를 찾아갈 필요가 있는 문항이다.

(2) 제2문항

제2문항은 국제정치 현상을 분석하는 다양한 이론적 조류 가운데 신자유주의적 입장의 대표주자에 해당하는 조셉 나이(J. S. Nye)교수의 주장의 타당성을 묻는 질문이다. 본 질문에 대해 효과적으로 답하기 위해서는 현실주의 또는 신현실주의적 이론 기조에 따른 국제질서 유지를 주장하는 논리의 문제점을 지적하고 연성권력이 그러한 문제점을 해결할 수 있는 조건 및 가능성을 기술할 필요가 있다.

현대 국제질서 유지에 현실주의 또는 신현실주의에 따른 이론적 기조의 문제점은 국제정치 현상의 변화상에서 찾아볼 수 있다. 특히 국제정치를 지배하는 중요행위자가 더 이상 국가에 한정되는 것이 아니라 국가 이외의 새로운 행위자들이 등장하였음을 지적할 필요가 있다. 또한 국제정치 현상을 지배하는 행위자의 변화는 그러한 행위자가 낳는 국제정치 현상이 역시 더 이상 국가라는 지리적 경계에 지배되지 않다는 점을 지적할 필요가 있다. 대량살상무기 및 초국적 테러집단으로 대표되는 안보환경의 변화와 국제금융 시장의 변화 등은 더 이상 특정 국가의 노력만으로 해결될 수 있는 문제가 아닌 것이다. 마지막으로 국가 중심의 국제협력의 한계를 제시하는 것 역시 중요하다. 이라크 등에서의 전후 민주주의 재건 노력 및 실패국가(failed states)에서의 평화유지 활동 등과 같은 국제협력은 헤게모니국을 중심으로 한 국가대 국가의 협력이기 보다는 국제기구를 매개로 한 연합세력에 의해 운영되는 국제협력의 행태임을 지적할 필요가 있다. 이외에도 정보환경의 변화에 따른 국가기능의 쇠퇴 및 민족이나 국가정체성의 약화와 같은 문화심리학적 측면의 변화 역시 국제정치현상에 변화를 가져오는 중요한 요인으로 지적될 수 있을 것이다.

경성권력을 중심으로 한 국제질서 유지 노력에 한계가 있다는 것이 직접적으로 연성권력의 중요성을 보장하지는 않는다. 변화하는 국제질서 환경 속에서 연성권력이 작동할 수 있는 조건을 고려할 필요가 있다. 이를 위해 연성권력을 행사하고자 하는 주체 내부적 조건에 대한 논의가 필요하다. 연성권력을 행사하는 주체의 문화적 개방성, 정치적 이상과 가치에 대한 국내적 합의 및 연속성과 정책의 수립 및 집행의 외부 수용성 등에 대해 논의가 요구되는 것이다. 다음으로 연성권력을 행사할 수 있는 국제적 조건역시 중요한 사항에 해당한다. 정보화 시대에 따른 연성권력의 영향력 확대, 대량살상 무기 및 초국적 테러리즘의 등장에 따른 국가 중심의 연합의 약화와 기존의 국제적 연합의 유지, 강화 및 새로운 국제적 연합을 통한 세력 규합이 필요성에 대한 논의 등이 이루어질 때 좋은 답안을 구성할 것으로 보인다. 이외에도 국가의 영역을 넘어서 다양한 인종 및 민족 집단에게 공유될 수 있는 문화 컨텐츠의 개발과 유지 및 연성권력의 작동을 뒷받침 할 수 있는 수준의 경성권력의 확보 등에 대한 지적도 질문에 대한 적절한 해답이 될 것으로 보인다.

(3) 제3문항

제3문항은 최근 정치현상 분석에 활발히 활용되고 있는 합리적 선택이론에 따라 개별유권자가 기권하는 이유를 설명하고, '합리적 기권'을 해결할 수 있는 방안을 묻는 질문에 해당한다. 답안을 효과적으로 구성하기 위해서는 두 가지 측면을 고려해야할 것으로 보인다. 첫째, 개개인의 선택을 합리성 (rationality)에 따라 설명하는 논리에 대한 명확한 기술이 필요하다. 둘째, '합리적 기권'의 문제를 해결하기 위해 두 가지 서로 다른 방안에 대한 고려가 필요하다. 하나는 투표행위와 결부된 논리적 요소들을 중심으로 해결방안을 제시하는 것이고, 다른 하나는 투표행위와 결부된 논리적 요소들 이외의 외적요인을 중심으로 해결방안을 제시하는 것이다.

우선 합리적 선택이론에서 제시하는 합리성에 대한 개념은 행위자가 선택의 대안들과 결부된 비용과 이익을 계산할 수 있으며 그에 따라 가장 높은 이익을 주는 대안을 선택하는 것과 결부된다. 이를 첫 번째 질문과 연계하여 생각해보면, 행위자는 개별유권자라 할 수 있다. 개별 유권자가 지닌 선택의 대안은 '투표에 참여'와 '투표에 불참'이다. 이제 이 두 대안 각각에 대한 효용을 생각하면 '투표불참'은 개별유권자가 어떠한 비용도 지불하지 않을 뿐 만 아니라 어떠한 이익도 얻지 못하기 때문에 0이라 할 수 있다. 반면 '투표참여'의 효용은 참여에 따른 이익과 비용의 합으로 이루어진다. 이때 이익은 개별유권자가 투표에 참여함으로써 자신이 원하는 후보가 당선되었을 때 얻을 수 있는 이익(B)이 자신의 투표참여가 그러한 이익을 발생시킬 수 있는 확률(P)에 의해 가중된(weighted) 것이라 할 수 있다. 또한 비용(C)은 개별유권자가 투표에 참여함에 따라 지불하게 되는 물질적, 비물질적 비용이다. 구체적으로는 교통비, 육체적 에너지 소비량 또는 투표를 위해 기다리는 시간 등을 생각해 볼 수 있다. 합리적 유권자라면 '투표참여'와 '투표불참'의 효용을 비교할 때 '투표참여'의 효용이 '투표불참'의 효용보다 크면 투표에 참여할 것이다. 다시 말해 '투표불참'을 선택하는 이유는 '투표참여'의 효용이 0보다 작기 때문이다. '투표참여'의 효용이 0보다 작다는 것은 '투표참여'를 통해 얻게 되는 이익(P*B)이 '투표참여'를 통해 지불해야하는 비용(C)보다 작다는 것을 의미한다. 첫 번째 질문은 왜 P*B가 C보다 적은가를 설명하라는 질문이다.

개별유권자가 '투표불참'을 선택하는 이유가 P*B + C 〈 0 이라고 할 때 이를 해결할 수 있는 방안은 두 가지 측면에서 논의될 필요가 있다. 첫째, P*B + C 라는 수식을 그대로 둔 채 개별유권자가 P, B, C 라는 각각의 요인에 대해 지닌 주관적 크기의 변화가능성에 초점을 맞추는 것이다. 구체적으로 P는 개별 유권자가 선호하는 후보자의 당선에 기여할 수 있는 객관적 확률이 아닌 선거경쟁 상황에 따라 자신의 한 표가 자신이 선호하는 후보자의 당선에 기여할 것으로 예상하는 주관적 확률로 생각해볼 수 있다. 이 경우 P는 전체 유권자 가운데 단순히 한 표라는 아주 미미한 크기를 지니는 것이 아니라 선거경쟁 상황이 매우 박빙이라고 인식하는 유권자에게는 상당한 크기의 값에 해당할 수 있는 것이다. 둘째, P*B + C 〈 0 인 상황을 타개하기 위해 부등식의 왼쪽이 0보다 더 커질 수 있도록 하는 추가적인 요소를 고려하는 것이다. 예를 들어 투표라는 공적의무(D)를 이행함으로써 얻게 되는 만족 등이 부등식의 왼편을 구성하는 요소에 추가될 수 있으며 이 경우 이러한 P*B의 크기가 거의 0에 가까울지라도 D가 C보다 크게 되면 투표에 참여하는 것이 합리적 선택이 된다는 설명이다.

종합적으로 제3문항은 최근 정치학계에서 급속히 발전해 온 세부분과인 합리적 선택이론이 정치현상을 분석하면서 제시하는 논리에 대한 깊이 있는 이해와 이론적 논의를 현실정치에 적용할 때 발생할 수 있는 문제점 등에 대한 사고를 요구하는 문항이라 하겠다.

| 제1문 | 권력구조에 대하여 A, B, C 세 학생과 교수가 다음과 같이 토론하고 있다. (총 45점)

학생 A : "의원내각제는 말 그대로 의회(또는 입법부)가 중심이 되는 제도이기 때문에, 영국과 같은 의원내각제 하에서 의회가 행정부에 비해 더 강력한 권한을 행사한다고 할 수 있어."

학생 B : "나는 생각이 달라. 미국을 보면 오히려 대통령제 하에서 의회의 권한이 더 강력한 것 같은데."

학생 C : "행정부와 의회의 권한은 상황에 따라서 어느 한 쪽이 다른 쪽 보다 더 강할 수 있어. 예를 들어, 국민에 의한 대통령 직선과 행정부의 의회에 대한 책임이라는 골격을 가진 프랑스식 이원집정부제 하에서는 행정부와 의회의 권한은 항상 어느 한쪽이 다른 한 쪽보다 강한것이 아니라 상황에 따라서 다르니까."

교수 : "너희 세 사람의 주장이 모두 맞을 수 있다."

(1) 학생 A의 주장이 설득력을 갖게 되는 논리적 근거를 제시하시오. (15점)

(2) 학생 B의 주장이 설득력을 갖게 되는 논리적 근거를 제시하시오. (15점)

(3) 학생 C의 주장이 설득력을 갖게 되는 논리적 근거를 제시하시오. (15점)

Ⅰ. 서 론

Ⅱ. 학생 A의 주장의 논리적 근거
  1. 영국식 의원내각제의 특징
  2. 의원내각제 하에서의 강한 의회의 권한
    (1) 의회에 의한 내각 구성
    (2) 내각 참여에 의한 의원들의 높은 정책능력
    (3) 의회의 내각불신임권

Ⅲ. 학생 B의 주장의 논리적 근거
  1. 미국식 대통령중심제의 특징
  2. 미국식 대통령중심제 하에서의 강한 의회의 권한

  (1) 의회의 독점적 입법권과 전환형 의회의 특성
  (2) 분점정부의 가능성과 상·하 양원제
  (3) 낮은 정당 기율과 의원의 높은 정책 자율성

Ⅳ. 학생 C의 주장의 논리적 근거
  1. 프랑스식 이원집정부제의 특성
  2. 이원집정부제 하에서 행정부와 의회의 권한
    (1) 단점정부의 경우
    (2) 분점정부의 경우
    (3) 대통령의 비상대권

Ⅴ. 결 론

답안작성

Ⅰ. 서 론

정치를 '사회적 가치의 권위적 배분'으로 정의할 때, 권력구조는 상이한 가치들 사이의 우선순위를 결정하고 이를 강제할 수 있는 정치권력의 범위를 규정한다고 할 수 있다. 일반적으로 권력구조는 행정부와 의회 사이의 권한이 어떻게 배분되어 있는가에 따라서 분류할 수 있으며, 대표적으로는 영국의 의원내각제와 미국의 대통령중심제, 그리고 이를 혼합한 프랑스식 이원집정부제가 있다.

한편, 20세기 들어 행정부가 정책 집행뿐 아니라 입법 영역에까지 광범위한 영향력을 행사하는 행정국가화 현상은 행정부에 대한 의회의 상대적 권한 약화를 불러일으키고 있다. 특히 한국의 경우 소위 제왕적 대통령제(imperial presidency)에 의한 강한 정부로 인해 국회의 권한이 상대적으로 약화되는 경향을 보이고 있으며, 이는 최근 분권형 대통령제, 이원 집정부제 등으로의 개헌의 필요성의 근거가 되고 있다. 따라서 의원내각제, 대통령중심제, 이원집정부제의 특성과 각 권력구조 하에서의 의회의 권한을 살펴보는 것은 그 의의가 매우 크다고 할 것이다.

Ⅱ. 학생 A의 주장의 논리적 근거

1. 영국식 의원내각제의 특징

영국식 의원내각제(parliamentary government)란 행정부의 수반으로서의 대통령이 존재하지 않고, 의회의 다수당에서 선출된 총리가 행정부의 수반이 되어 내각(cabinet)을 구성하는 제도를 의미한다. 따라서 영국식 의원내각제는 행정부의 수반과 의회 다수당의 당수가 일치하게 되는 단점정부의 형태를 보이게 되며 의원들이 행정부 부처의 장을 겸임하게 된다. 특히 영국의 경우 양당제가 확립되어 있으므로 연립내각보다는 다수당내각이 구성되는 것이 일반적이므로 의회 다수당이 내각을 대부분 독점하는 상황이 빈번하게 발생한다.

2. 의원내각제 하에서의 강한 의회의 권한

(1) 의회에 의한 내각 구성

이러한 영국식 의원내각제 하에서는 앞서 설명한 대로 의원들이 행정부처의 장을 겸임하게 된다. 따라서 총리를 중심으로 하여 내각을 구성하는 의원들이 정책결정에 있어서 행정부 내부의 관료들보다 더 큰 권한을 갖게 된다고 볼 수 있다. 내각의 구성원들이 향후 행정부의 정책 방향을 결정한다는 점에서, 의회와 내각이 별개의 국가기관이고, 의회는 내각의 행정권을 스스로 갖지 않는다고 할지라도 내각을 구성하는 과정에서 강력한 권한을 행사함으로써 실질적으로 내각의 운영에 영향을 미친다고 볼 수 있는 것이다.

(2) 내각 참여에 의한 의원들의 높은 정책능력

의원내각제 하에서 의원들은 내각에 참여함으로써 다양한 정책경험을 통해 정책능력이 높아지게 된다. 따라서 풍부한 정책경험을 바탕으로 행정부의 정책과정을 보다 강하게 통제할 수 있는 가능성이 일반적인 대통령제에 비해 크다고 할 수 있다. 즉, 의원 개개인의 정책능력이 높은 상황에서는 행정부가 의회의 의사에 반하는 정책 집행을 하는 것이 매우 어려워지므로 이 또한 의원내각제 하에서 의회가 행정부에 비해 강력한 권한을 행사한다는 근거가 된다.

(3) 의회의 내각불신임권

한편 영국의 의원내각제 하에서는 의회(하원)에 의한 내각불신임권이 인정되고 있으며 이로 인해 내각의 성립 및 존속에 있어서 의회의 신임이 절대적으로 요구된다. 의원내각제 하에서 내각이 의회에 대해 책임을 지고, 의회의 신임을 잃은 내각은 사퇴하여야 한다는 점을 본질적 특성으로 볼 때, 이 또한 의원내각제 하에서 의회가 행정부에 비해 더 강력한 권한을 행사하는 것으로 볼 수 있다.

Ⅲ. 학생 B의 주장의 논리적 근거

1. 미국식 대통령중심제의 특징

미국식 대통령중심제(presidential system)는 3권 분립에 기초한 행정부, 입법부, 사법부간 상호 견제를 핵심으로 한다. 따라서 행정부의 수반인 대통령과 의회 모두 국민의 투표를 통해 선출되는 이원적 정통성(dual legitimacy)를 가지고 국정을 운영하게 된다. 따라서 대통령 소속 정당과 의회 다수당이 일치하지 않는 분점정부(divided government)의 가능성이 상존하게 된다.

2. 미국식 대통령중심제 하에서의 강한 의회의 권한

(1) 의회의 독점적 입법권과 전환형 의회의 특성

미국식 대통령중심제 하에서는 엄격한 3권 분립으로 인해 의회가 독점적인 입법권을 행사하게 된다. 따라서 행정부의 정책 활동이 대부분 법률의 형태를 통해 구체화되는 현대 국가의 특성에 비추어 볼 때 의회는 입법권을 통해 행정부의 정책에 통제를 가할 수 있다. 따라서 대통령중심제 하에서도 오히려 의회의 권한이 더 강력할 수 있는 것이다.

한편 폴스비(Polsby)의 견해에 따르면 미국의 의회는 입법 기능이 중심이 되는 전환형 의회(transformative legislature)의 특성을 보인다. 결국 의회의 입법이 정부 정책의 방향을 제한함으로써 의회의 권한을 상대적으로 강력하게 하는 것이다.

(2) 분점정부의 가능성과 상·하 양원제

영국식 의원내각제와는 달리 미국식 대통령중심제 하에서는 행정부의 수반인 대통령과 의회가 모두 국민의 투표에 의해 정당성을 부여받는 이원적 정통성(dual legitimacy)이 나타나게 된다. 따라서 대통령의 소속 정당과 의회의 다수당이 다를 경우 분점정부(divided government)가 나타나게 되고, 이것이 의회의 입법권과 결합하여 의회의 권한을 더욱 강하게 만든다. 최근 오바마 행정부에서 추진하고자 하였던 다양한 정책들이 의회의 반대로 인해 상당기간 정체되거나 그 내용이 수정된 것은 이러한 양상을 단적으로 보여준다.

또한 상·하 양원제라는 미국 의회의 특성은 이러한 분점정부 현상과 결합하여 의회의 권한을 더욱 강하게 만드는 요인이 된다. 상·하 양원 모두 야당이 다수당을 차지할 경우 대통령을 위시한 행정부는 정책을 수립, 집행하기 위해서 상·하 양원 모두의 설득과 동의를 거쳐야 하기 때문이다.

(3) 낮은 정당 기율과 의원의 높은 정책 자율성

한편 미국의 경우 낮은 정당기율로 인해 개별 의원들이 상대적으로 높은 정책 자율성을 갖게 된다. 이는 의회의 독점적 입법권과 결합하여 개개의 의원이 행정부의 권한 행사에 거부점으로 작용하도록 만든다. 여당 의원의 경우에도 자신의 소신과 신념에 의해 정부가 추진하고자 하는 법안에 대해 반대표를 행사할 가능성이 있으며, 때문에 대통령이 이러한 반대 세력들을 설득하는 과정이 반드시 요구된다.

IV. 학생 C의 주장의 논리적 근거

1. 프랑스식 이원집정부제의 특성

프랑스식 이원집정부제란 대통령제와 내각제를 혼합한 권력구조를 말한다. 즉, 행정부 수반으로서의 대통령과 의회의 다수당에서 선출된 총리가 모두 존재한다. 이때 내란·전쟁 등의 비상시에는 대통령이 행정권을 전적으로 행사하지만, 평상시에는 총리가 내정에 대한 행정권을 행사하며 대통령은 외교·국방 등의 권한만을 가지는 제도이다. 즉, 대통령은 국민의 직접선거에 의해 선출되어 의회로부터 독립되어 있고, 내각은 의회에 대하여 책임을 지게 된다.

2. 이원집정부제 하에서 행정부와 의회의 권한

이와 같은 이원집정부제의 특성에 의해 행정부와 의회의 권한은 상황에 따라 달라진다고 볼 수 있다. 특히 대통령 소속 정당과 의회 다수당의 일치 여부에 따라 행정부와 의회의 권한에 차이가 발생하게 된다. 이원집정부제 하에서는 대통령이 총리지명권을 가지지만 의회의 동의를 요한다는 점에서 실질적으로는 의회 다수당의 당수가 총리로 지명되는 경우가 일반적이다. 그러나 대통령의 소속정당과 의회 다수당이 일치할 경우 대통령이 지명한 총리 후보가 총리가 되는 경우가 많다.

(1) 단점정부의 경우

대통령 소속 정당과 의회 다수당 일치하는 단점정부 상황에서는 여당이 총리와 내각을 구성하게 됨으로써 의회에 비해 행정부의 권한이 상대적으로 강해진다고 할 수 있다. 이는 대통령이 총리를 지명함으로써 내각을 구성하는데 실질적이고 광범위한 영향을 미치게 되며, 의회 또한 국정운영에 협조적인 태도를 취하게 됨으로써 행정부가 상대적으로 우월한 권한을 가지게 된다고 주장할 수 있는 것이다.

(2) 분점정부의 경우

그러나 분점정부의 경우 야당의 당수가 총리를 맡고 대통령과 독립적으로로 내각을 구성하게 된다. 따라서 이 경우에는 내각은 의회에 대하여 책임을 지게 되고, 의회는 내각에 대해 적극적인 불신임권을 행사할 가능성이 단점정부에 비해 높다. 따라서 분점정부 하에서는 단점정부 상황에 비해 의회의 권한이 행정부에 비해 상대적으로 우월하게 된다고 주장할 수 있는 것이다. 그러나 이 경우에도 국방·외교에 관한 사안에 대해서는 대통령이 국민의 수권에 의해 부여된 권한을 독립적으로 행사하므로 대통령의 고유한 영역에서는 행정부가 의회에 비해 우월적인 권한을 가질 수 있다.

(3) 대통령의 비상대권

한편 이원집정부제 하에서는 다른 권력구조와는 달리 내란·전쟁 등과 같은 비상상황 하에서는 대통령이 행정권을 행사할 수 있는 비상대권을 부여하는 경우가 일반적이다. 따라서 이러한 특수한 상황 하에서는 행정부의 권한이 의회에 비해 강해지게 된다고 볼 수 있다.

V. 결 론

지금까지 살펴본 바와 같이 의원내각제와 대통령중심제라는 상이한 권력구조 하에서도 의회가 행정부에 비해 더 강력한 권한을 행사할 수 있으며, 이원집정부제와 같은 경우에는 상황에 따라 행정부와 의회의 권한이 정도가 달라질 수 있음을 알 수 있다. 따라서 행정부에 대한 의회의 권한은 단순히 권력구조의 차이에 기인하는 것이 아니라 그 기저에 있는 정당의 기율, 의원의 정책적 자율성, 의회의 전문성, 분점정부 여부 등 다양한 요인에 따라 다르게 형성된다고 봄이 타당하다.

이러한 측면에서 볼 때, 한국 국회의 약한 권한은 단순히 대통령 중심제라는 권력구조에만 그 원인이 있는 것이 아니라 다양한 요인들이 복합적으로 작용한 결과라고 보아야 할 것이다. 즉, 정당의 상대적으로 약한 정책능력, 국회의 행정부에 비한 전문성의 부족, 강한 정당 기율 등이 대통령제라는 권력구조와 결합하여 국회의 권한을 더욱 약화시키고 있는 것이다. 따라서 분권형 대통령제 혹은 이원집정부제라는 권력구조의 단순한 변화를 통해서 기계적으로 국회의 권한이 강해진다고 보기는 어려울 것이다. 그러므로 권력구조의 변화와 더불어 의원의 자율성을 확보하는 동시에 국회의 전문성을 제고할 수 있는 방안이 병행되어야 할 필요가 있다.

1. 제1문항에 대한 응답은 각각의 주장을 뒷받침할 수 있는 타당한 논거를 성공적으로 제시하고 있는 것으로 보인다. 각각의 권력구조 하에서 의회권한에 영향을 미칠 수 있는 요인들을 구체적으로 잘 검토하고 있는 훌륭한 답안이다.

2. 그러나 다음과 같은 몇 가지 점을 개선한 경우 더욱 좋은 답안이 되었을 것으로 보인다. 첫째, 글의 구성 과정에서 어떤 요인을 중심으로 각각의 권력구조가 의회 권한에 미치는 영향을 일관되게 논술할 것인지를 보일 수 있도록 서론을 보강할 필요가 있다. 서론을 통해 의회 권한의 변화에 영향을 줄 것으로 예상되는 독립변수가 무엇인지에 대한 논의가 미비하고, 그 결과 각각의 권력구조에 대한 논의가 상이한 독립변수를 중심으로 의회권한을 설명하고 있기 때문에 전체적으로 논거의 일관성이 떨어지는 것으로 보이는 것이다. 결론 부분에서 제시된 정당정치의 영향력, 의원개개인의 영향력 등을 각각의 권력구조에서 공통적 논의함으로써 글의 일관성을 높였을 경우 더욱 좋은 점수를 받을 수 있었을 것이다.

3. 상대적으로 프랑스의 이원집정부제에 대한 논거가 약한 것으로 보인다. 우선, 프랑스식 이원집정부제의 논의에서 총리 선출 방식에 대해 일관되지 못한 답안을 제시하고 있다. 프랑스 정치체제에서 총리는 '의회의 다수당에서 선출'되는 것이 아니라 대통령이 임명하는 방식이며, 내각의 구성은 대통령에 의해 임명된 총리가 담당하는 형식이다. 의회는 내각을 불신임할 수 있다는 점에서 의원내각제와 마찬가지로 일정 정도 행정부를 견제할 수 있는 권한을 지니고 있다. 다만 대통령에 의해 임명된 총리가 구성한 내각을 의회가 불신임하고자 할 때 대통령 역시 의회를 해산할 수 있기 때문에 실질적으로 의회의 내각불신임권은 제한되었던 경험을 지니고 있다. 그러나 응답자의 논의는 대통령에 의한 총리의 임명이 '의회의 동의'를 요한다는 사실 때문에 상당히 제한되는 듯이 평가하고 있는 문제점을 보인다.

4. 결론적으로 제1문항에 대한 응답은 각각의 권력구조 하에서 의회권한이 강할 수 있는 이유에 대한 논거를 다양한 측면에 대한 고려를 통해 명확히 제시하고 있다는 점에서 높이 평가할 만하다. 그러나 의회 권한에 영향을 미칠 수 있는 요인을 제시하고 그러한 요인을 중심으로 각각의 권력구조 내에서 의회 권한의 변화 가능성을 일관되게 제시하지는 못한 것으로 보인다고 하겠다.

| **제2문** | 나이(Joseph S. Nye)는 21세기 국제질서에 있어서 경성권력(hard power)이 아닌 연성권력(soft power)의 중요성을 강조하였다. 경성권력이 쇠퇴한 이유와 연성권력이 효과적으로 작동할 수 있는 조건을 설명하시오. (25점)

Ⅰ. 서 론 – 경성권력과 연성권력

Ⅱ. 경성권력이 쇠퇴한 이유
   1. 탈냉전과 비국가행위자로서 테러집단의 부상
   2. 핵 확산
   3. 국제금융의 발달과 국가 간 경제 의존성 심화
   4. 탈물질 가치관의 확대

Ⅲ. 연성권력이 효과적으로 작동할 수 있는 조건
   1. 도덕적 우위의 확산
   2. 특정 표준의 국제적 채택
   3. 대중문화의 전파
   4. 일정한 수준의 경성권력의 보유

Ⅳ. 결 론

답안작성

이 O O / 2013년도 5급 공채 일반행정직 합격

Ⅰ. 서 론 – 경성권력과 연성권력

최근 탈냉전과 세계화, 그리고 국가 간 경제 의존성의 심화는 21세기 국제질서에 있어서 전통적인 권력인 군사력, 경제력이 중요성을 상대적으로 약화시키고 있다. 이와 관련하여 나이(Joseph S. Nye)는 국가가 세계 질서에 영향을 미치는 권력을 군사력, 경제력 등 경성권력(hard power)과 문화, 예술, 정보 등의 연성권력(soft power)으로 구분하고 연성권력의 중요성을 강조하였다.

Ⅱ. 경성권력이 쇠퇴한 이유

1. 탈냉전과 비국가행위자로서 테러집단의 부상

미·소 냉전기에는 자유진영과 공산진영이라는 대립구도가 명확하였다. 이에 따라 상대방 진영을 제압할 수 있는 현실적인 수단으로서 군사력과 경제력에 대한 경쟁이 지속적으로 이루어졌다. 2차 세계대전 이후 미국의 마셜플랜(Marshall Plan)이나 소련의 주변 공산국가에 대한 저렴한 석유 공급 등은 경성권력으로서의 경제력의 중요성을 보여준다고 할 수 있다.

그러나 동구권의 붕괴 이후 탈 냉전기에 돌입하면서 전통적 의미의 군사력 혹은 경제력은 테러집단이라는 비국가행위자가 국가안보에 대한 중대한 위협세력으로 부상함에 따라 더 이상 유용한 수단이 되지 못하고 있다. 군사력과 경제력은 전통적 국제 행위자로서 국가를 대상으로 할 때만 의미 있는 수단이 될 수 있는 것이다.

2. 핵 확산

한편 전 세계적인 핵 확산은 역설적으로 국가 간 전쟁 가능성을 제한하는 억지(deterrence) 수단으로 기능하고 있다. 이에 따라 국가 간의 전쟁이 발발할 가능성은 이전에 비해 상당히 낮아졌다고 할 수 있다. 이러한 상황에서 일방 국가가 상대국가에 대해 군사적으로 위협을 가하여 영향을 미칠 수 있는 범위가 상당히 제한된다고 볼 수 있는 것이다. 미국이 북한에 대해 군사적 수단을 직접적으로 활용하지 못하는 것도 핵이 가지는 억지력에 있는 것이다.

3. 국제금융의 발달과 국가 간 경제 의존성 심화

또한 글로벌 금융 자본의 이동성이 증가하고 이에 따라 국가 간 경제 의존성이 심화되고 있는 것도 경성권력이 쇠퇴한 이유라고 할 수 있다. 즉, 일방 국가가 상대 국가에게 영향력을 행사하기 위해서 경제 재제와 같은 수단을 활용할 경우 그것이 자국 경제에도 부정적인 영향을 미칠 가능성이 높아졌다. 그 결과 경제적인 압박 수단을 통해 권력을 행사하는 것이 어려워지게 된 것이다.

4. 탈물질 가치관의 확대

21세기에 들어서 경제, 생존 등과 같은 근대적 가치의 중요성이 상대적으로 쇠퇴하고 인권, 환경, 평화 등 탈물질 가치관이 확대되고 있다. 이러한 탈물질 가치관은 군사력, 경제력 등의 경성권력과는 대립되는 성격을 가진다. 이에 따라 전통적인 경성권력은 이전에 비해 정당성을 획득하기가 어렵게 된 것이다.

Ⅲ. 연성권력이 효과적으로 작동할 수 있는 조건

나이(Nye)의 주장과 같이 권력을 '자신의 목적을 달성하는 능력'으로 정의하고 소프트 파워를 '흡수력(co-optive power)'라고 한다면, 연성권력은 일방적인 강제력을 통해 행사되는 하드파워와는 달리 상대방의 자발적인 추종을 통해 이루어진다고 보아야 한다. 따라서 연성권력이 효과적으로 작동할 수 있기 위해서는 연성권력을 행사하고자 하는 국가의 매력, 과제설정 능력 등이 중요한 것이다.

1. 도덕적 우위의 확산

이러한 관점에서 볼 때 연성권력이 효과적으로 작동할 수 있기 위해서는 해당 국가의 도덕적 우위가 바탕이 되어야 한다. 2차 세계대전 이후 미국의 영향력이 확대된 것은 단순히 경제적, 군사적 힘이 아니라 자유민주주의, 인권존중 등에 의해 확보된 도덕적 우위가 확산된 결과라고 보는 것이 타당하다. 따라서 상대 국가들이 연성 권력을 행사하는 국가의 문화, 제도 등이 도덕적으로 정당하다는 내적 수용이 이루어져야 하는 것이다.

2. 특정 표준의 국제적 채택

또한 연성권력은 문화, 이데올로기, 국제체제 창설 능력이 확보될 때 효과적으로 작동할 수 있다. 미국의 자유민주주의 체제가 20세기 이후 보편적인 민주주의 이념으로 자리 잡게 된 것이나, 2차 세계 대전 이후 미국을 중심으로 한 UN 체제의 창설은 미국의 연성권력의 효과적인 작동을 보여주는 대표적인 사례에 해당한다. 최근 중국이 주도하는 베이징 컨센서스(Beijing Consensus) 또한 자국의 이데올로기가 보편적인 이념으로 확산되도록 하려는 시도라고 할 것이다.

3. 대중문화의 전파

한편 특정 국가의 대중문화를 타국에 전파하는 것 또한 연성권력이 효과적으로 작동할 수 있는 조건이 된다. 미국의 맥도널드, 코카콜라, 헐리우드 영화 등이 가지는 영향력은 전 세계적으로 매우 크다. 한국의 경우에도 한국 드라마를 통한 한류가 동아시아 국가들에서 한국에 대한 긍정적인 이미지를 형성함으로써 한국의 연성권력에 효과적으로 작동할 수 있는 기반을 마련하려는 시도의 하나로 평가할 수 있을 것이다.

4. 일정한 수준의 경성권력의 보유

경성권력의 중요성이 상대적으로 약화되고 있으나 연성권력이 효과적으로 작동하기 위해서는 어느 정도의 군사력, 경제력이 확보되어야 할 필요가 있다. 미국의 연성권력이 강하다고 평가할 수 있는 것은 단순히 미국 문화의 상대적 우월성 때문만이 아니라 미국이 보유하고 있는 강력한 경제력과 군사력이 연성권력을 뒷받침하기 때문이다. 따라서 일정 수준의 경성권력의 보유 또한 중요하다고 할 것이다.

IV. 결 론

문화·제도·예술과 같은 연성권력은 경성권력과는 달리 자국이 원하는 것을 타국도 원하도록 만드는 '흡수력'이라는 점에서 기존의 군사력, 경제력과는 다른 특징을 보인다. 즉, 연성권력은 단순히 물질적 우위가 아니라 국가의 매력, 도덕적 위상에 의해 확보될 수 있는 것이다.

한국의 경우 중국·일본·미국·러시아 등 강한 경성권력을 보유한 국가들이 주변에 존재하고 있으므로 경성권력의 증가를 통한 우위 확보는 현실적으로 매우 어렵다고 할 수 있을 것이다. 그러므로 연성권력의 확보를 통해 강대국들 사이의 균형자 혹은 중재자로서의 역할을 수행하는 중진국으로 자리매김하려는 노력을 기울이는 것이 요구된다고 보여진다.

┤ 강 평 ├

1. 제2문항의 응답 역시 경성권력의 쇠퇴 이유와 연성권력의 작동 조건에 대해 주요 논거를 명확히 제시하고 있는 훌륭한 답안이다. 글의 구성 역시 나이(J.S.Nye)의 주장의 배경이 되는 변화하는 국제질서에 대한 요약적으로 기술하고 있는 점이나, 본문에 제시된 논거를 결론 부분에서 정리한 후 한국 사회에 대한 함의를 도출하고자 하는 부분 역시 높이 평가할 만하다.

2. 그러나 제2문항에 대한 응답 역시 제1문항에 대한 응답과 마찬가지로 경성권력의 쇠퇴 이유와 연성권력의 작동 조건을 산발적으로 제시하고 있다는 문제점을 보인다. 경성권력의 쇠퇴와 연성권력의 작동 조건으로 제시된 요소들은 각 이유와 조건을 설명할 수 있는 충분조건이 아니다. 다시 말해 본문에서 제시된 경성권력의 쇠퇴를 가져오는 4가지 이유와 연성권력의 작동에 기여하는 4가지 조건 이외에도 다수의 이유와 조건이 존재하는 것이다. 따라서 왜 본문에서 제시된 이유와 조건이 핵심적 논거가 될 수 있는지를 설명하는 논리적 조직화가 선행될 필요가 있는 것이다. 예를 들어 위에서 설명하였듯이 다양한 요인들을 국내적, 국제적 요인으로 분류하고 그 각각의 범주에서 몇 가지 중요한 변화 및 조건을 제시하는 것과 같은 방식을 고려해볼 수 있을 것이다.

3. 결론적으로 위와 같은 글 구성에 있어서 조직화의 약점에도 불구하고 전반적으로 경성권력의 쇠퇴와 연성권력의 작동조건에 대한 명확한 논거를 제시한 답안이라 하겠다.

| 제3문 | 선거는 민주주의의 꽃이며, 투표 참여는 민주주의가 순기능을 하기 위한 필수적인 요소로 간주되고 있다. 그렇지만 '합리적 선택이론'에 따르면, 개인 유권자가 투표에 참여하는 행위는 비합리적이다. 왜냐하면 투표에 참여하여 유권자 개인이 얻을 수 있는 이익은 거의 없는 반면, 투표에 참여하기 위해 지불해야 하는 비용은 크기 때문이다. (총 30점)

(1) 개인이 투표 참여로 인하여 얻는 이익과 비교할 때, 개인이 지불하는 비용이 큰 이유를 설명하시오. (15점)

(2) 높은 비용으로 인하여 발생하는 유권자의 기권 경향을 극복하고 투표에 참여하도록 유인하는 중요 요소를 설명하시오. (15점)

Ⅰ. **서 론**

Ⅱ. **투표 참여로 인한 이익과 비용**

  1. 합리적 선택이론

  2. 개인이 지불하는 비용이 이익보다 큰 이유

    (1) p의 측면

    (2) B의 측면

    (3) C의 측면

  (4) 투표의 역설

Ⅲ. **투표에 참여하도록 유인하는 중요 요소**

  1. 집합적 행동

  2. 선택적 유인

  3. 투표 참여 비용의 감소

Ⅳ. **결 론**

답안작성   이 ○ ○ / 2013년도 5급 공채 일반행정직 합격

Ⅰ. 서 론

최근 전 세계적으로 투표율의 저하가 지속적으로 심화되고 있다. 선거는 민주주의의 꽃이며, 투표 참여는 민주주의에 필수적인 요소라는 점에서 보면 투표율의 저하는 매우 심각한 문제가 된다. 한편 '합리적 선택이론'에 따르면 개인 유권자가 투표에 참여하는 행위는 비합리적이므로, 투표율이 저하되는 것은 필연적인 현상인 것처럼 보인다.

이하에서는 개인이 투표 참여로 얻는 이익보다 개인의 비용이 큰 이유를 합리적 선택이론의 관점에서 설명하고, 이를 바탕으로 유권자의 기권 경향을 극복하고 투표율을 제고할 수 있는 방법에 대해 논하고자 한다.

Ⅱ. 투표 참여로 인한 이익과 비용

1. 합리적 선택이론

합리적 선택이론이란 개인을 합리적 경제인으로 가정하고 이들이 개인의 이익을 극대화하는 방향으로 의사설정을 한다고 보는 이론을 말한다. 이를 개인의 투표 참여의 맥락에서 설명할 경우, 개인 유권자는 투표 참여를 통해 얻는 이익과 비용을 비교 분석하여 비용이 편익보다 클 경우에만 투표에 참여한다는 것이다. 이를 수식으로 표현하면 다음과 같이 나타낼 수 있다.

$R = p*B - C > 0$

여기서 R은 투표참여를 통해 얻는 보상, p는 개인이 대표결정에 영향을 미칠 확률, B는 투표로 인해 발생하는 이득, C는 투표참여로 인해 발생하는 비용을 의미한다.

2. 개인이 지불하는 비용이 이익보다 큰 이유

(1) p의 측면

p의 측면에서 보면 개인이 대표 결정에 영향을 미칠 확률은 수백, 수천만분의 일로 매우 작다고 할 수 있다. 따라서 투표 결과 자신에게 발생할 이익(B)이 크다고 할지라도 기댓값은 매우 작아지므로 비용이 이익보다 더 커지게 되는 것으로 예측할 수 있다.

(2) B의 측면

B는 투표 결과 나에게 발생하는 이익으로써, 공약이행으로 인한 이익으로 대표될 수 있다. B의 측면에서 볼 때 정당, 혹은 정치인들의 공약이 개인의 이익과는 동떨어질 경우 투표 참여로 인한 이익은 낮아지게 된다. 특히 Downs의 중위투표자 정리에서와 같이 정당들이 중위투표자의 선호에 따라 포지션을 설정하게 되면 극단적인 선호를 가진 개인의 경우 투표참여로 인한 이익이 0에 수렴할 수도 있다. 따라서 항상 투표로 인한 이익은 거의 없는 반면 지불해야 하는 비용은 크게 되는 것이다.

또한 공약이 거대 담론 위주로 형성될 경우에도 생활밀착형 이슈를 가진 개인들의 이익과 괴리되는 결과가 나타나 투표참여로 인한 이익이 거의 없게 된다. 그리고 만일 당선자가 당선 이후에 자신의 공약을 이행하지 않을 경우에도 이익은 거의 없게 된다.

(3) C의 측면

투표 참여로 인한 비용의 측면에서 보면 먼저 투표를 하기 위해서 투표소를 왕복하는데 발생하는 비용이 있으며, 투표를 함으로써 포기해야 하는 여가의 기회비용, 그리고 정책대안을 비교·분석하는데 발생하는 비용을 생각해볼 수 있다.

투표소 왕복비용의 측면에서는 선거일이 공휴일로 지정되지 않은 경우(보궐선거 등)에는 직장인의 경우 투표에 참여하기 위해 시간을 내는 것이 매우 어려울 수 있다. 또한 선거일이 공휴일인 경우에도 투표에 참여하지 않는 것이 여가를 즐기기 위한 경우가 많은 점에서 보면 여가가 가지는 기회비용이 크다고 볼 수 있을 것이다.

한편 사회, 정치적 문제의 복잡성이 급격하게 증가한 현대 사회에서는 유권자 개인들이 정책대안을 비교·분석하는 것이 매우 어렵게 되었으며, 이에 따라 투표 참여의 비용 또한 증가하게 된 것이다.

(4) 투표의 역설

투표의 역설(voting of paradox)이란 투표 결과 제공되는 공공재의 성격을 가지므로 개인의 입장에서는 투표에 참여하지 않고 투표 결과 제공되는 혜택을 누리는 것이 최선인 상황을 의미한다.이러한 투표의 역설 하에서는 개인이 투표에 참여하는 것 자체가 큰 비용이 되는 것이다.

Ⅲ. 투표에 참여하도록 유인하는 중요 요소

공공선택론에 따르면 집단행동의 딜레마와 투표의 역설로 인해 개인이 투표 참여로 인하여 얻는 이익에 비해 개인이 지불하는 비용이 높아서 투표에 참여하지 않는 것이 합리적이다. 그러나 현실에서는 이러한 가정과는 달리 유권자들의 투표 참여가 여전히 이루어지고 있다. 공공선택론자인 올슨(Mancur Olson)의 견해에 의하면 유권자의 기권 성향을 극복하고 투표에 참여하도록 하는 중요 요소로는 집합적 행동(collective action)과 선택적 유인(selective incentives)을 들 수 있다. 이와 더불어 투표 참여에 소요되는 비용을 줄이는 것도 중요 요소가 될 수 있다.

1. 집합적 행동

집합행위이론(collective action theory)에 의하면 사람들이 집단을 조직하거나 집단에 참여하는 이유는 구성원이 누릴 수 있는 집합재(=공공재)를 제공하기 위해서이다.현실에서는 공공선택론의 가정과는 달리 공원 등의 공공재가 공급되고 있으며, 유권자 개인의 투표 참여 비용이 높음에도 불구하고 투표에 참여하는 행태를 보이는 경우가 많다. 올슨(Olson)은 이를 설명하기 위해 집단적 행동(collective action)의 개념을 고안하였는데, 집단적 행동이란 집단 내부의 구성원들이 집단 전체의 이익을 증진시키기 위해 자발적으로 비용을 부담하는 행동을 의미한다.

투표 참여와 관련하여 집합적 행동을 적용하면, 개인의 투표 참여 여부는 먼저 자신 외에 얼마나 많은 구성원들이 자신과 동일한 이해관계를 가지고 있는지와 밀접한 관계를 가진다고 설명할 수 있다. 자신과 이해관계가 일치하는 구성원들이 많을수록 투표 참여를 통해 개인이 대표 결정에 영향을 미칠 확률(p)을 높게 인식하므로 집합적 행동이 나타날 가능성이 증가하는 것이다. 최근 선거 과정에서 SNS의 활용도 및 영향력 증가는 이를 통한 공적 토론을 통해 개인들 간의 집합적 행동을 증가시킬 수 있는 수단으로서 기능할 것으로 기대된다.

2. 선택적 유인

올슨(Olson)에 의하면 선택적 유인(selective incentives)이란 개인이 집단의 일원으로서 행동하도록 만드는 동기를 의미한다. 즉, 무임승차(free riding)을 방지하기 위해 집합체로의 공헌이 사적 이익에도 적용되도록 개인에게 플러스의 선택적 유인(positive selective incentives)을 제공하거나 무임승차를 한 개인에 대해서 마이너스의 선택적 유인(negative selective incentives)를 부과하는 것을 포함하는 개념이다.

투표 참여에 선택적 유인 개념을 적용할 경우 투표에 참여한 개인들의 사적 이익이 보장될 수 있도록 하거나 투표에 참여하지 않은 개인들에게 추가적인 비용을 부담시킴으로써 투표에 참여하게끔 유도하는 수단을 생각해볼 수 있다. 전자의 경우 당선자들이 자신의 공약을 준수하게끔 강제하는 제도적 수단을 도입하거나 거대 담론이 아닌 생활 밀착형 공약이 주요한 선거 공약으로 제안되는 환경을 조성함으로써 지지후보가 당선되었을 때 얻는 이익(B)을 높이는 방안과 투표에 참여한 유권자들에게 세금 감면 등의 경제적 혜택을 줌으로써 투표참여를 통해 얻는 보상(R)을 증가시키는 방안을 예로 들 수 있다. 한편 후자의 경우 투표에 참여하지 않은 유권자에게 일정한 벌금을 부과하는 것이 대표적인 방안이 될 수 있을 것이다.

3. 투표 참여 비용의 감소

투표 참여 비용을 감소시키기 위해서는 먼저 최근 논의되고 있는 전자투표(electronic voting)의 확대 실시를 생각해볼 수 있다. 전자 투표는 언제 어디서든 투표 참여를 가능하게 함으로써 투표소를 오가는데 소요되는 비용과 투표 참여로 인한 기회비용을 0에 가깝게 감소시킬 수 있다. 이를 통해 유권자들이 기권 성향을 극복하고 투표에 참여하도록 유인할 수 있을 것이다.

또한 유권자들이 정책대안을 비교·평가하기 위해 소모해야 할 탐색비용을 최소화하기 위해 후보자들에 대한 정보와 정책 대안에 대한 객관적인 평가를 알기 쉽게 제공할 수 있는 방안을 고려하는 것이 필요할 것이다.

Ⅳ. 결 론

합리적 선택이론의 측면에서 볼 때 유권자의 기권 성향을 극복하기 위해서는 무엇보다도 투표 결과에 의해 제공되는 집합재(공공재)에 무임승차(free riding)할 유인을 최소화하는 것이 중요하다고 할 것이다. 특히 전통적 투표이론에서 강조하는 정당일체감, 시민적 덕성(civic virtue)과 같은 추상적 개념이 아니라 투표 과정에서 집합적 행위를 촉진하고 선택적 유인을 활용할 수 있는 현실적인 방안이 투표율 제고에 중요한 역할을 할 수 있음에 주목할 필요가 있다.

강평 | 한 정 훈 / 현 서울대학교 국제대학원 교수, 전 숭실대학교 정치외교학과 교수

1. 제3문항은 응답자들 사이의 변별력이 가장 높게 나타났을 문항으로 보인다. 원론적인 측면에서는 잘 정리된 답변이라 할 수 있다. 응답자는 개별유권자가 특정후보를 지지하는 선택과 결부되는 비용, 이익의 측면을 매우 잘 요약하고 있다. 또한 투표참여를 하나의 공공재로 이해하고 공공재의 저공급이라는 문제를 해결하기 위해 선별적 유인의 필요성을 잘 제시하고 있다. 따라서 투표불참의 원인과 투표참여 유도를 위한 해결방안 제시라는 각각의 문항에 대한 응답을 고려할 때 각각 높은 점수를 받기에 충분한 응답으로 보인다.

2. 위와 같은 장점에도 불구하고 본 응답은 제1문항과 제2문항에 비해 상대적으로 다음과 가은 오류를 보인다. 첫째, 몇몇 문구는 합리적 선택이론의 논의에 대한 이해도가 낮음을 보여준다. 예를 들어, '비용이 편익보다 클 경우에만 투표에 참여한다.' 또는 '수백, 수천만분의 일', 등과 같은 문구는 모두 틀린 내용에 해당한다. 각각 '편익이 비용보다 클 경우에만 투표에 참여한다', '해당 선거구 전체 유권자분의 일'로 수정할 필요가 있다. 둘째, 투표불참의 원인에 대한 응답과 투표참여 유도를 위한 해결책을 제시하는 응답 사이에서 논지의 일관성이 낮다. 투표불참의 원인을 설명하는 응답은 개별유권자가 특정후보를 지지하거나 투표에 불참하는 두 가지 대안을 가운데 하나를 선택할 때 결부될 수 있는 비용과 이익의 측면을 중심으로 전개되고 있다. 반면, 투표불참을 해결하는 응답은 투표행위를 집합행동의 하나로 이해함으로써 개별유권자의 투표참여 여부를 다른 유권자들의 선택과 결부된 해결책에만 집중하고 있는 것이다. 투표불참을 해결하는 응답은 오히려 훌륭한 후보자들의 등장으로 선거경쟁도가 높아짐으로써 개별유권자가 선거결과에 기여할 수 있는 확률(p)적 측면이나 유권자가 선호하는 정책을 제시함으로써 개별유권자가 선호하는 후보자가 당선됨으로써 얻을 수 있는 이득(B)의 증가 또는 투표참여라는 공적의무를 이행하도록 하는 시민의식 교육을 통해 투표참여에 따라 공적의무 이행으로부터 발생하는 심리적 만족(D)과 같은 요인들 역시 고려할 경우 더 높은 점수를 받을 수 있었을 것으로 보인다.

2013년도 입법고등고시 기출문제와 어드바이스 및 답안구성 예

| 제1문 (40점) |

한국에서 정당은 비난의 대상으로 국민들에게 정치에 대한 혐오감을 증폭시키는 역할을 하고 있다. 이러한 상황은 정당의 존재가치에 대한 논쟁을 불러 일으켰으며, 나아가 국민들에게 한국의 정당이 공당(公黨)이냐 아니면 사당(私黨)이냐 하는 혼란을 야기하고 있다.

(1) 한국 정당에 대한 존재가치를 '반정당주의론', '정당불가피론', '정당필수론', 을 통해 설명하시오. (15점)

Advice

'반정당주의론'은 정당이 사적 이익집단에 불과하며 정당 없이도 민주주의가 가능하다고 본다. 정당의 존재는 오히려 이익추구로 인한 경쟁으로 사회에 악영향을 미친다고 본다. '정당불가피론'은 정당의 사회적 해악을 인정하지만, 이를 대체할 '시민과 국가 간 매개수단'이 없기 때문에 어쩔 수 없이 유지하는 '필요악'으로 본다. '정당필수론'은 버크(E.Burke)등이 지지하며, 정당을 통해 국익을 추구하고, 정당의 다양한 순기능을 인정한다. 한국 정당은 정당필수론이 말하는 정당의 순기능보다 역기능이 더 크게 작용하므로 정당불가피론의 입장에서 서술될 수 있을 것이다.

(2) 한국 정당이 가지고 있는 공당(公黨)과 사당(私黨)의 성격을 설명하시오. (15점)

Advice

공당과 사당적 성격 역시 앞서 살핀 정당의 존재가치와 관련하여 서술할 수 있을 것이다. 사당적 성격으로 한국 정당은 특정 사회 내 이익집단을 대표하기보다는 특정 정치 인물(보스) 개인을 위한 사당으로 볼 수 있을 것이다. 그럼에도 불구하고, 여전히 국민들의 의견을 반영하여 법안과 정책을 입안하는 공당적 성격 역시 확인할 수 있다. 각각에 대한 구체적인 사례를 언급해주면 좋다.

(3) 위의 논의를 통해 한국 정당이 국민과 호흡할 수 있는 방안을 제시하시오. (10점)

Advice

한국 정당이 국민과 호흡하기 위해서는 정당 본연의 순기능을 살려 국민 의견을 정치에 반영하는 매개 역할을 강화하도록 노력해야 한다. 또한 정당 내부적으로도 국민의 의견이 반영될 수 있도록 국민참여경선을 확대 실시하고 정책입안에 보다 국민들이 적극적으로 의견을 내세울 수 있는 제도를 마련해야 할 것이다. 또한 정당 내부에 대한 투명성을 높이고, 공천비리 및 의원자녀 특혜 논란 등 다양한 비리사건을 척결하는데 앞장서야 한다.

| 제2문 (30점) |

제3세계 정치에서 민주정치의 지속성을 위해서는 내각제가 대통령제 보다 더 적절한 제도로 인식되고 있다.

(1) 제3세계 국가들이 내각제를 안정적으로 운영하기 위해 필요한 전제조건들을 설명하시오. (15점)

Advice

제 3세계 국가들의 민주정치 지속성, 즉 민주주의 공고화를 위해 대통령제보다 내각제가 더 적절하다고 보는 '린쯔(J.Linz)'의 견해를 인용하면 좋다. 내각제 자체를 안정적으로 운영하기 위한 전제조건으로 정당정치의 제도화, 비례대표제의 확대, 합의형 정치문화, 제도적 보완(지방자치제도의 발전 등)을 언급하고, 제 3세계에서 문제되는 부분을 부각시켜 서술한다.

(2) 한국에서 내각제 도입문제를 놓고 전개되고 있는 찬반론 가운데 반대입장을 설명하시오. (15점)

Advice

제 3세계와 마찬가지로 한국 역시 민주주의 공고화가 여전히 필요한 나라이다. 내각제 도입과 관련하여 반대 입장은 한국의 정당제도화 수준이 낮고, 지방자치제도의 실시 기간이 짧아 발전이 부족하며, 갈등적인 정치 문화(경합장형 의회) 등을 근거로 제시할 수 있다.

| 제3문 (30점) |

오늘날 외교의 패러다임은 하드파워(hard power) 중심의 외교에서 소프트파워(soft power) 중심의 공공외교(public diplomacy)로 바뀌고 있다. 2010년을 '한국 공공외교의 원년'으로 정한 한국 외교부도 공공외교 강화를 위한 다양한 방안을 강구하고 있다.

(1) 공공외교위 개념과 등장배경을 서술하시오. (10점)

Advice

공공외교란 다른 국가의 정부를 대상으로 하기보다 외국 국민과 직접 소통을 통해 외교적 영향력을 증진하는 외교활동이다. '세계화' 및 '정보화'로 외교의 수단과 공간적 제약이 줄어들면서 등장하였으며, '자국의 긍정적 이미지'를 제고 하며, 기존의 전통적 외교와 함께 사용되고 있다. '민주화'로 인해 각 국가에서 외교적 결정에 있어 국민 여론이 중요시해졌다는 점도 등장 배경이다.

(2) 공공외교의 특징을 전통외교와 비교하여 설명하시오. (10점)

Advice

1. 양자는 모두 국익 확대를 목표로 한다는 공통점을 가진다. 전통적 외교는 경성권력(hard power)를 중심으로 하여 협상과 위협을 병행하고, 정부간 공식 협상 등 공식적 채널을 활용하였으며, 각 국가의 정책결정자들이 대상이 되었다.

2. 이에 반해 공공외교는 민간을 대상으로 하며 국가브랜드와 같은 연성권력(soft power)을 중시한다. 민간을 통해 중앙 정부의 결정에 간접적 영향을 미치는 것으로 장기적 관점이 요구되며, 인터넷, SNS, 문화 교류, ODA등 비공식적 채널을 포함한 다양한 방식이 활용된다.

(3) 한국이 모색해야 할 공공외교의 활성화 방안을 제시하시오. (10점)

A̶dvice

1. 한국의 현재 공공외교 성과를 언급하면서 앞으로의 활성화 방안을 모색하면 좋다. 중국의 공자학교와 같이 민간외교에 대한 국가적 지원을 강화하고 한국의 문화나 가치, 전통을 접할 기회를 마련해 주어야 한다.

2. 한류 열풍을 일으킨 K-Drama, K-POP 관련 사업을 지원하고, 올림픽, 국제회의 등의 국제적 이벤트 개최를 통해 국가 이미지를 제고할 수 있을 것이다. 평화유지 활동, ODA등 기여외교를 적극적으로 활용할 수도 있다.

┃답안구성 예┃

Ⅰ. 서 론

Ⅱ. 공공외교의 의의
  1. 공공외교의 개념
  2. 공공외교의 등장배경

Ⅲ. 공공외교의 특징: 전통외교와의 비교

Ⅳ. 한국의 공공외교 활성화 방안

Ⅴ. 결 론

출제경향분석 백 종 국 / 국립경상대학교 사회과학대학 정치외교학과 교수

1. 2012년 문제의 특징

2012년 문제는 다음과 같은 특징을 보여주고 있다.

첫째, 출제영역이 보다 넓어지고 있다. 정치제도론이나 정치과정론에 대한 집중을 벗어나 방법론과 국제정치에 이르기까지 골고루 출제되고 있다. 방법론과 같은 주요 영역은 직업 학문의 영역으로만 간주하는 경향이 있다. 그러나 방법론은 바로 생각의 방법을 배우는 영역이다. 또한 국제현상에 대한 기본적 이해의 필요성은 두말할 나위도 없다. 주요 공무를 담당할 주체가 되기 위하여 꼭 필요한 정치적 소양의 확인은 중요하다. 이러한 점에서 정치학의 주요 영역이 고루 출제되는 현상은 매우 바람직하다.

둘째, 출제방식이 심화되고 있다. 지금까지 보통 개론적 지식으로 무장한 정형화된 답변이면 충분했다. 그러나 이러한 유형의 문제들은 이 과정을 통과한 공무원들로 하여금 피상적이고 의존적인 지식 체계를 갖도록 유도하는 결과를 초래했다. 2012년 문제 중 제2문, 특히 제3문은 이러한 틀에서 벗어난 좋은 예이다. 국제정치에서의 기초상식과 한반도의 현안을 연결하므로 단순히 암기된 지식의 확인이 아니라 문제해결능력에 대한 검증을 시도하는 문제였다.

셋째, 체계적 학습이 요청된다는 점이다. 이번 시험에서 제3문의 점수는 결정적(critical)일 것으로 예상된다. 이 문제에 대한 답변의 수준 여부에서 점수 차이가 많이 나기 때문이다. 제3문에 대해 적절한 답변을 하려면 대학 혹은 대학원의 전 과정을 통해 정상적 학습과정을 거쳐야 가능하다. 암기 보다는 이해, 단기간의 요약 학습보다는 다양한 세미나와 토론의 경험을 통해 접촉하고 축적한 실력이 있어야 좋은 답변을 제출할 수 있기 때문이다.

시험관의 입장에서 어떤 답변을 원하는 지를 생각해보는 게 좋은 성적을 내는 요체이다. 시험관이 원하는 좋은 답변이란 풍부한 지식의 반영과 체계적 이해를 통한 분석에 있다. 짧은 시간이지만 그럼에도 불구하고 답안지에 전개되는 풍부한 지식과 강렬한 분석은 시험관을 감동시키고 좋은 평가를 내리게 만든다. 특정한 이데올로기를 반영하는 것이 아니라면 주관이 뚜렷한 분석은 깊은 인상을 주기마련이다. 그러므로 정치학 분야는 여타 분야와 달리 응답자의 역량에 따라 수월성이 명료하게 나타나는 분야이다. 그만큼 유능한 공무원 후보를 선택하는 데 있어서 변별력을 많이 제공한다고 볼 수 있다.

2. 문항별 특징

(1) 제1문

제1문은 전형적인 정치제도론적 문제이다. 정치제도 중 핵심 사항인 정부형태에 대한 이해를 점검하

고 있다. 문제는 두 단계로 나뉘어져 있다. 먼저 대통령제, 의원내각제, 이원집정제라는 세 가지 정부형태에 대한 비교를 요청하고 친절하게도 3가지 비교 기준, 즉 선출방식, 구성 원리, 의사결정방식을 제공하고 있다. 다음 단계에는 국정의 책임성과 대표성, 효율성의 기준을 제시하고 비교할 것을 요구하고 있다.

이러한 두 단계의 비교는 정치학개론 차원에서 다시 반복할 필요가 없을 정도로 잘 알려져 있다. 이미 숙지하고 있는 바를 주어진 비교의 기준에 따라 차분히 서술하면 될 일이다. 문제는 모든 답안이 이 정도의 정리와 서술을 할 것이라는 점이다. 답안의 수월성이 나타나려면 어떤 측면이 보강되어야할 것인가?

정치학 문제의 수월성 있는 서술에 있어서 기본으로 반영되어야할 점은 역사성이다. 어떤 문제이든지 그 문제가 나타나게 된 데에는 역사적 원인이 있다. 정부형태의 3분론은 매우 역사적인, 다시 말해서 한국적 질문이다. 몽테스키외의 권력분립론과 달리 대통령제나 의원내각제는 역사적 산물이다. 예컨대 왕정의 전통이 살아있는 곳에는 의원내각제가 일반적이며 또 실제로 다수의 국가가 채택하고 있는 정부형태이다. 대통령제는 국왕이 사라졌거나 공화제로 시작되는 나라에서 채택가능하다. 한국은 미국의 영향으로 미국식 대통령제에 대한 선호가 매우 강한 나라이다. 제2공화국을 제외하면 대통령제를 채택하고 있었다는 점을 언급할 필요가 있다.

제1문이 이원집정제를 주요 정부형태 중 하나로서 언급하고 있다는 점에 주목해야한다. 비교정치적 시각에서 볼 때 이원집정제는 의원내각제나 대통령제처럼 일반적으로 나타나는 정부형태가 아니다. 이원집정제는 대통령제에 의원내각제적 요소를 가미한 혼합정체로서 프랑스의 5공화국이나 독일의 바이마르공화국 등에서 일시적으로 나타난 정부형태이다. 그럼에도 불구하고 한국 정치에서는 중요한 대안으로 자주 언급되고 있다. 한국의 대통령제가 빈번히 대통령의 과도한 권한 문제로 '제왕적 대통령제'라는 비판의 대상이 되어왔기 때문이다. 미국처럼 연방제나, 상향식 공천제도(오픈 프라이머리), 원내 중심정당제도 등이 부재한 상황에서 대통령의 권한이 클 수밖에 없다. 제6공화국의 성립 이래 이원집정제를 역사적 대안으로 생각하는 개헌논의가 꾸준히 있었다. 제1문은 그러한 문제의식의 반영이라고 할 수 있다.

(2) 제2문

제2문은 정치학방법론의 기초에 관한 것이다. 정치현상의 분석 방법을 질적 방법과 양적 방법으로 구분하고 이 방법들의 차이와 장단점을 논술하라는 요구이다. 정치학을 체계적으로 공부한 사람들에게는 평이한 질문이다. 그러나 보통의 정치학개론서들은 방법론을 자세히 다루지 않기 때문에 체계적 학습을 하지 않은 사람들이 그 내용을 다른 답변들과 균형있게 서술하려면 많이 힘들 수 있다. 특히 장단점을 비교하는 과정에서 자신의 견해를 반영해야 한다는 점을 고려하면 상당히 까다로운 질문이 될 수 있다.

우선 양적 방법과 질적 방법의 차이를 묻는 것 자체가 행태주의 이후에 나타난 방법론에 대한 토론이라는 점을 알아야 한다. 정치학은 고대 시대로부터 철학적 방법과 제도적 방법을 선호해왔다. 아리스토텔레스와 마키아벨리를 예로 들 수 있다. 자연과학과 같은 양적 방법을 도입하기 시작한 것은 전후에 행태주의(behavioralism)가 나타나면서 부터이다. 행태주의적 방법론에는 정치학도 하나의 과학(science)으로서 합리적 설명과 예측을 가능하게 하는 엄밀한 학문으로 자리 잡게 하고자 하는 미국정치학자들의 간절한 소망이 반영되어있다. 이를 위해 자연과학이나 여타 앞선 사회과학에서 개발된 계량적 방법을 도입하는 흐름이 나타났다. 그러나 이러한 소망도 베트남전의 실패 이후로 가치(value)문제를 중시하는 후기행태주의(post-behavioralism)가 나타나면서 많이 희석되었다. 지금은 대체로 표준화된 방법(standardized method)을 인정하고 있는 데, 양적 방법과 질적 방법이란 분류는 이처럼 정리된 방법의 한 표현이다. 따라서 답변의 서두에 이러한 역사적 배경을 간단히 언급한다면 좋은 인상을 줄 수 있다.

과학이란 보다 신빙성있는 진실을 얻기 위해 방법과 절차를 활용하는 과정이다. 이 방법과 절차 안에는 개념, 정의, 변수, 상관관계, 인과관계, 가설, 이론 혹은 패러다임에 이르는 체계적인 소통의 통로가 포함되어 있다. 양적 방법은 객관적 관찰이 가능한 수량적 자료들을 개발하여 이들 사이의 관계를 체계적으로 측정하고 검증하는 과정이다. 반면에 질적 방법은 질적 자료를 수집하고 해석하여 변수 사이의 관계를 수립하고 검증하는 과정이다. 그러므로 양적 방법이든 질적 방법이든 역사적 사실들을 관찰하여 분석하고 인과관계를 추론하며 예측한다는 점에서는 공통적인 목적을 가지고 있다고 할 수 있다.

각 방법의 두드러진 차이를 보자면 다음과 같다. 양적 방법이 숫자나 도표로 표현된다면 질적 방법은 주로 언어나 상징으로 표현된다. 양적 방법의 연구 과정이 직선적이고 체계적이라면 질적 방법의 연구 과정은 반복적이고 해체적이다. 연구자의 지위에 있어서 양적 방법이 중립적 성격을 전제로 한다면 질적 방법은 대체로 참여적이다. 정치학의 양적 방법론이 주로 수학이나 통계학, 논리학, 물리학 등에서 발달된 방법을 자주 차용한다면, 질적 방법은 언어학, 철학, 인류학, 문학 등에서 발달한 방법들을 차용하는 경향이 있다. 전자를 실증주의/경험주의로 부른다면, 후자는 구성주의/현상학적 접근이라고 부르기도 한다. 각각의 장단점은 이러한 차이를 비교 서술함으로 이루어진다.

통합적 방법의 등장을 언급하는 게 좋다. 실제에 있어서 양적 방법과 질적 방법은 상호배타적일 필요가 없다. 도리어 상호보완적이다. 두 가지 방법을 적절히 사용함으로써 보다 신빙성 있는 진실을 얻을 수 있다. 통합방법설계에는 순차적 연구나 병렬적 연구, 주-부 패러다임 혼합연구, 혹은 다층적 접근설계 등의 방법이 포함될 수 있다. 정치학의 방법론은 기본적으로 개방적인데 이것은 보다 더 깊고, 풍부하고, 유용한 방법이 발견된다면 언제든지 얼마든지 수용하겠다는 자세를 의미한다.

(3) 제3문

그래함 앨리슨의 '관료정치모델(bureaucratic politics model)'로 북한의 해외무기구입 문제를 설명하라는 제3문은 미래의 행정을 책임질 엘리트들을 선발하는 문제로서 가장 적합한 질문이라고 할 수 있다. 정치학의 기초적 지식에 대한 이해와 한반도 현황에 대한 이해, 그리고 이러한 이해들을 바탕으로 체계적 설명을 재구성하는 능력에 대한 평가이기 때문이다.

앨리슨은 1971년 당시에 케네디의 쿠바미사일위기 정책 설명에 있어서 지배적 지위를 누리고 있던 합리적 선택이론을 비판하는 목적으로 '결정의 에센스(Essence of Decision)'라는 책을 출간했다. 당시

밀튼 프리드만, 로버트 맥나마라, 헨리 키신저 그리고 RAND의 분석가들은 게임이론에 매료되어 있었다. 앨리슨의 방법론은 이들의 견해를 '합리적 행위자 모델(rational actor model)'로 간주하고, 제임스 마치와 허버트 사이몬의 견해를 '조직과정 모델(organizational process model)'로, 리차드 노이스타트와 사무엘 헌팅톤의 견해를 '관료정치 모델(governmental politics model)'이라고 명명했다. 그리고 이들의 견해를 각각의 가설 체계로 정리한 다음 실제의 역사자료들로 어느 견해가 더욱 설득적인지를 검증했다.

합리적 행위자 모델은 국가를 고정된 선호를 가진 단일 주체로 보기 때문에 국가의 주체인 고위공직자들도 국가의 효용을 극대화하기 위해 행동한다고 본다. 조직과정 모델은 의사결정에 참여하는 각 조직들이 각각의 '표준운영절차(SOP)'에 따라 독특한 선호를 보이면서 정해진 관료적 루틴에 따른다고 본다. 관료정치 모델은 의사결정과정이 주요 참여자들간의 줄다리기 과정이며 다양한 선호와 제휴전략에 따라 그 결과가 나타난다고 본다. 실제 쿠바미사일위기 사례에서 가장 설명력이 있는 것은 관료정치 모델이었다.

앨리슨의 모델은 광범위하게 적용될 수 있다. 제3문에서는 이를 북한의 해외무기수입 문제와 연동시키고 있다. 북한의 무기무역은 꽤 유명하다. 유엔보고서는 북한이 매년 1억 달러 어치 이상의 무기를 수출하고 있다고 보고 있으며 미국의회조사국의 한 보고서는 북한이 세계 10위권 무기수출국이라 보고 있다. 수출뿐만 아니라 수입도 활발하여 2002년~2005년 사이에만 해도 4억 달러 이상의 무기를 도입했다고 알려져 있다. 이 문제를 답할 때에는 주의해야할 점이 있다. 북한이 매우 폐쇄적인 나라이어서 정보가 부정확하다는 점과 제3문이 가정법 즉 '해외로부터 다량의 신형무기를 구입했다고 할 때'라는 언술을 사용하고 있다는 점이다. 우선 응답자들이 북한 문제에 대한 얼마만큼의 지식을 가지고 있는 지가 확연히 드러나는 상황이 된다. 또한 가정법이 가지는 미묘한 점을 살려서 상황의 전제를 활용하는 전략을 사용해야할 것이다.

| 제1문 | 일반적으로 정부형태는 대통령제, 의원내각제, 이원집정제 등 세 가지로 나눌 수 있다. (총 40점, 선택 총 20점)

(1) 이 세 가지 형태의 정부를 집행부의 선출방식, 정부구성(또는 조직)의 원리, 집행부의 의사결정방식(또는 집행부 수장의 권한)의 측면에서 각각을 설명하시오. (20점)

(2) 이 세가지 형태의 정부를 국민에 대한 정부의 책임성(accountability) 또는 시민사회의 다양한 이해관계 대변(representativeness), 그리고 국정의 효율성 내지 안정성이라는 측면에서 비교하시오. (20점)

Ⅰ. 서 론

Ⅱ. 각 정부형태의 의의

Ⅲ. 각 정부형태의 집행부 및 정부구성 측면의 비교
 1. 집행부의 선출방식
 2. 정부구성의 원리
 3. 집행부의 의사결정방식(집행부 수장의 권한)

Ⅳ. 정부형태 간 책임성, 대표성, 효율성 및 안정성의 비교평가
 1. 국민에 대한 정부의 책임성 및 시민사회의 다양한 이해관계 대변(대표성)측면
 2. 국정의 효율성 및 안정성

Ⅴ. 결 론

답안작성   박 0 0 / 2012년도 5급 공채 일반행정직 합격

Ⅰ. 서 론

대통령선거를 앞 둔 시점이 되면 항상 정부형태에 대한 개헌논의가 쟁점으로 떠오른다. 의원내각제, 대통령제, 그리고 이원집정제는 국가마다 역사적으로 형성되어 온 것인데 반해 한국의 경우 제도에 대한 국민적 열망이나 이해 없이 위로부터 주어진 것이라는 한계 속에서의 출발에 기인한 것이다. 이런 점에서 볼 때 1987년 민주화 항쟁으로 획득한 대통령 직선제는 민주주의에 대한 시민의 의지로 이루어 냈다는 점에서 의의가 있다. 여기에 해방이후 의원내각제를 염두에 둔 헌법 초안이 대통령제를 지향하면서 두 제도의 특징이 병존하게 되어 분점정부의 문제점, 대통령의 무리한 리더십에 의한 국정운영이 문제 될 때 마다 정부형태에 대한 논란이 부각되어 왔다. 심도 있는 논의가 계속 되고 있는 이 시점에서 시민사회의 숙고를 거쳐 한국 민주주의 발전에 기여하도록 각 제도에 대한 특징 및 장단점을 검토하고 한국에 적합한 제도를 선택하고, 한국의 특색과 현실에 적합한 제도적 변형이나 운영을 도모해야 할 필요가 있다.

Ⅱ. 각 정부형태의 의의

대통령제도란 몽테스키(Montesquieu)외의 권력분립의 원리에 기초를 두고 입법부, 행정부(집행부),

사법부로 그 성립과 조직 및 존속이 독립되어 있고, 특히 입법부와 행정부 상호간의 견제와 균형을 통해 권력의 집중을 방지하고 국민의 자유와 권리를 최대한 보장하는 현대 민주국가의 정부형태로 미국이 대표적인 국가이다. 이에 반해 의원내각제는 행정부의 대표가 의회에서 선출되고 의회에 대해 정치적 책임을 지는 내각을 중심으로 국정이 운영되는 정부형태이다. 의회에서 구성된 내각은 의회의 신임에 의존하므로 대통령제에 비해 권력융합의 형태를 띠고 정당성의 원천도 의회로 단일화되는 특징을 지니며, 영국 독일 들을 예로 들 수 있다. 마지막으로 이원집정제는 대통령제와 의원내각제의 요소를 결합하여 행정부가 이분화 되어있는 정부형태로 절충식 정부형태라 할 수 있다. 이의 특징은 평상시에는 수상이 행정권을 주도하지만 일단 비상사태가 발생하면 대통령이 행정권을 장악하여, 단순한 국가원수로서의 지위뿐 아니라 실질적인 행정수반의 역할을 담당하게 된다.

Ⅲ. 각 정부형태의 집행부 및 정부구성 측면의 비교

1. 집행부의 선출방식

대통령제에서 대통령은 국민의 직선 또는 간선으로 선출되며, 의회와 독립하여 집행부를 구성한다. 국민에 의해 선출된 대통령은 집행부의 수장이자 국가의 원수의 지위를 가지며, 보장된 임기동안 함께 집행부를 이끌어갈 내각을 구성하고 장관을 임명하며, 장관의 임명은 의회의 승인을 받을 수도 있다. 다만, 승자독식의 대통령선거로 인해 집행부 구성에 있어 소수의 의사가 반영되기 어려운 문제점이 지적된다. 의회와 독립하여 구성되기에 각료는 의원을 겸직할 수 없다. 또한 집행부의 각료는 대통령에 대해서만 책임을 지며, 대통령은 국민과 헌법에 대해서 책임을 지며, 이는 탄핵을 통해 이루어진다.

이와 달리 의원내각제는 국가원수로서의 대통령 또는 군주와 독립하여 집행부의 수장으로 의회 다수당의 대표인 수상이 존재하며 의회에서 내각을 구성한다. 내각의 각료는 의회의 신임의 여하에 따라 임명되며, 의원직을 겸할 수 있다. 각료들은 내각의 결정에 대해 집단적인 책임을 지며, 이는 결국 의회에 대한 책임이다. 따라서 집행부인 내각은 의회의 불신임에 의해 총사퇴 할 수 있으며, 집행부는 의회를 해산할 수 있는 권한이 있다.

이원집정제의 경우 집행부는 대통령과 의회에서 구성된 내각으로 이원적 구조를 가진다. 즉 대통령과 내각의 수장은 수상이 행정권을 분할하는데, 대통령은 국민이 참여하는 보통선거로 선출되며 수상은 대통령에 의해 지명되며 의회의 비준으로 임명된다. 따라서 대통령이 지명한 수상이 의회에서 비준이 거부될 수 있으므로 대통령은 의회 다수당의 대표를 수상으로 임명하여 정부구성과 집행부 운영의 책임을 지운다. 이원집정제의 경우 대통령이 의회 해산권을 가지며 의회는 내각 불신임권을 가진다.

2. 정부구성의 원리

정부구성의 원리는 크게 대통령제와 의원내각제로 나뉘며 이원집정제는 대통령제와 유사하지만 내각제 방식으로 운영된다고 할 수 있다. 대통령제에서는 국민에 의해 선출된 대통령과 역시 국민에 의해 선출된 의회의 견제와 균형이 대통령제 정부구성의 핵심원리라 할 수 있다. 몽테스키외에 영향을 받은 대통령제에서는 대통령은 법률안거부권으로 의회를 견제하고 의회는 국정조사권과 탄핵소추권 등 각종

동의권으로 대통령을 견제하도록 국민에 의한 이원적 정통성을 부여하고 있다. 의원내각제는 대통령제에 비해 권력을 의회에 위임하여 정부를 구성할 권한을 부여한다. 수상은 다수당에 의해 의회에서 간접적으로 선출되며, 수상이 내각을 구성한다. 이원집정제는 외교를 담당하는 대통령과 내정을 담당하는 수상이 있으며 수상과 내각이 동시에 책임을 지며 평상시에는 수상이 강력한 권한을 가진다.

3. 집행부의 의사결정방식(집행부 수장의 권한)

대통령제하에서의 대통령은 국정의 모든 영역에서 직접 그리고 최종적으로 책임을 진다. 대통령은 국가원수이자 집행부의 수장의 역할을 하며, 집행부는 법률안제출권이나 의회 출석 발언권을 갖지 않는다.

의원내각제의 경우 국가원수와 집행부 수반이 분리된다. 집행부 수반인 수상은 내각을 주재하여 집행권을 행사하고, 군주 또는 대통령은 상징적으로 의례적인 권한만을 가진다. 군주와 대통령의 주요 권한 행사는 일반적으로 수상의 요청 또는 내각의 승인에 따르며, 그에 대한 책임도 내각이 진다.

이원집정제하에서 대통령은 의원내각제에 비하여 상당히 강력하고 실질적인 권한을 보유하여 대통령제와 유사하다. 내각도 대통령의 단순한 보좌기관이 아니며 독립한 실질적 권한을 가진다. 대통령과 내각의 권한분배는 나라마다 많은 차이가 있다. 프랑스와 같이 대통령이 위기 시 긴급권을 갖은 경우가 많다. 대통령은 의회해산권을 가지며 의회는 내각 불신임권을 가져 상호 견제가 가능하다.

IV. 정부형태 간 책임성, 대표성, 효율성 및 안정성의 비교평가

1. 국민에 대한 정부의 책임성 및 시민사회의 다양한 이해관계 대변(대표성)측면

대통령제의 경우 국민에 의한 권한의 위임이 대통령개인에게 주어져 책임도 대통령개인이 진다. 그러나 임기가 고정된 대통령제하에서 임기 중에 책임을 추궁하는 것은 탄핵이 있지만 현실적으로 자주 사용되는 것은 아니며, 임기가 끝난 뒤 정권교체를 통해 책임을 추궁할 수 있다. 보장된 임기로 인해 임기 중에 독선적인 정부운영의 위험이 존재하며 따라서 시민사회의 다양한 이해관계에 민감하게 반응하지 않을 수 있다. 또한 정부 구성과정에 있어서도 사회의 다양한 계층을 입각시키기보다 특정 정파를 위주로 임명함으로 인해 대표성측면의 문제점을 지적할 수 있다.

의원내각제의 경우 내각의 조직과 존속을 의회에 의존하게 함으로써 내각 전체의 민주적 정당성을 확보할 수 있다. 또한 내각이 의회에 대하여 연대책임을 지므로 책임정치를 구현 할 수 있다. 그러나 수시로 정치적 판단을 통해 책임을 물을 수 있는 만큼 시민사회의 다양한 이해관계에 대해 대통령제보다 민감하게 반응하고 이를 제도적 정치권에서 해결하려 시도한다. 하원과 상원으로 나뉘어 지역적 대표성과 사회전체적인 대표성의 조화를 도모한다는 점에서 이는 의원내각제의 장점이라 할 수 있다.

이원집정제는 의원내각제와 대통령제의 단점을 지양하고, 그 장점만을 취해보려는 의도로 고안된 정부형태이다. 따라서 성공적으로 운용되는 경우에는 두 제도의 장점을 도무 구현할 수 있으나 그렇지 못한 경우에는 오히려 두 정부형태의 단점을 모두 드러낼 수 있다. 특히 단점일 경우 대통령이 책임의 주체가 되지만 분점일 경우에는 의회와 대통령이 함께 책임을 진다.

2. 국정의 효율성 및 안정성

대통령제하의 대통령은 헌법에서 정한 기간 동안 의회의 신임여부와 관계없이 재직하므로, 대통령 임기가 보장되어 정권의 안정을 도모할 수 있다. 또한 보장된 임기 내에 대통령과 참모에 의해 강력한 정책 추진을 통해 국정의 효율성도 높일 수 있다.

의회와 내각이 대립하는 경우에, 내각불신임결의 또는 의회해산에 의해 그 대립으로부터 신속하게 벗어날 수 있다. 내각이 의회의 신임을 받고 있는 동안은 의회와 내각의 협조가 원활해 국정의 효율을 높일 수 있다. 다수당이 의회의 절대다수를 확보하지 못해 연립내각을 구성하는 경우 정국의 불안정이 초래 될 수 있다.

정부와 의회의 마찰이 감소하여 국정을 비교적 안정적으로 운영할 수 있으며 신속한 국정처리가 가능하다. 다만 집행부가 이원화되어 대통령과 의회의 다수파가 불일치하는 경우 집행부가 불안정해진다는 문제점이 있다. 하지만 동거정부 자체의 문제가 아니라 그 운영의 문제로 볼 때 동거정부 자체가 정국불안정의 원인이라고 보기는 어렵다.

V. 결 론

앞에서 살펴본 바에 의하면 각 제도 마다 장점과 단점에 있으며 이론적인 정부형태만으로 우열을 가릴 수는 없다. 각 국가의 역사와 현실에 비추어 가장 적합한 정부형태를 선택하며, 그러한 정부형태를 국민의 합의로 조금씩 변형에 갈 수도 있는 것이다. 한국의 경우 대통령제보다 의원내각제를 뚜렷이 선호하는 것은 아닌 것으로 조사 되고 있는바, 체제의 안정성과 현재까지의 경험의 이점을 살리기 위해서는 대통령제를 유지하면서 현행 대통령제도의 문제점을 고쳐 나가는 것이 바람직 할 것이다. 국무총리 및 장관과 의원겸직 등 의원내각제적 요소를 폐지하고 부통령을 신설하는 등 제도적 개선과 함께 대표성 향상을 위해 결선투표제의 도입을 고려해 볼 수 있을 것이다. 제도 개선과 함께 시민적 성숙을 통한 제도의 운영이 동시에 요구된다.

┤ 강 평 ├

1. 원론적 차원에서 잘 정리된 답변이다. 서술의 질도 높고 각 개념에 대한 이해도 충분한 편이
다. 대통령선거를 앞둔 한국의 역사적 상황을 서론으로 전개한 점이 좋다고 본다. 대통령직
선제가 가지는 역사적 의의를 강조하고 후속되는 문제점을 지적한 부분도 좋았다. 결론에서
대통령제의 폐지보다는 유지와 보완을 주장한다는 점에서 일관성을 발견할 수 있다.

2. 질문이 유도하는 대로 세 가지 정부 형태의 장단점을 집행부의 선출방식, 정부구성의 원리,
그리고 집행부의 의사결정방식에 따라 잘 서술하고 있다. 현실적으로 이원집정제의 사례는
미약하지만 질문의 의도를 존중하여 동일한 분량으로 서술하는 전략도 좋았다고 본다. 정부
형태 사이의 책임성과 대표성에 관한 서술을 '책임성과 대표성' 및 '효율성과 안정성'으로 나
누는 방식은 나름대로 타당하다. 일반적으로 대통령제는 효율성과 안정성에서 의원내각제는
책임성과 대표성에서 장점이 있다고 평가되고 있다. 이 답변도 이러한 맥락에서 무리없이 잘
서술하고 있다.

3. 각 정부 형태의 비교에 몰두한 나머지 한국의 역사성이 무시되었다는 점이 아쉽다. 한국의
정부 형태는 이미 언급한 바와 같이 역사적 산물이다. 공화제로 시작되었고 미국의 영향이
강했다. 국민들의 대통령제 선호도 이러한 역사적 배경을 가지고 있다. 어느 국가이든지 완
벽한 진공 상태에서 완전히 자유롭게 정부형태를 결정한 사례는 없다. 모두 역사적 경로에
의존적이며 이러한 경로의존의 과정을 언급하는 것이 보다 좋은 답변이 될 수 있다.

| 제2문 | 정치현상을 분석하는 연구방법은 크게 질적 연구방법과 양적 연구방법으로 구분된다. 이러한 두 가지 연구방법은 현상을 바라보는 시각에 있어서나 추구하는 목적에 있어서 큰 차이를 보이고 있다. 연구방법론의 중요성에 대해 설명하고, 질적 연구방법과 양적 연구방법을 비교설명한 후, 각 연구방법의 장점과 단점을 논하시오. (30점, 선택 15점)

Ⅰ. 서 론

Ⅱ. 연구방법의 중요성

Ⅲ. 양적 연구방법과 질적 연구방법의 비교
　1. 의 의

2. 각 연구방법의 비교

Ⅳ. 각 연구방법의 장점과 단점

Ⅴ. 결 론

답안작성

박 0 0 / 2012년도 5급 공채 일반행정직 합격

Ⅰ. 서 론

현존하는 정치현상을 연구하여 객관적인 분석을 하여 보편적인 법칙을 추구하는 것이 과학으로서의 학문적 성격을 드러내는 것이라면 그로부터 각 국가 또는 지역에 따라 다른 상황에 의한 독특함을 발견해 내거나 앞으로의 교훈을 발견하는 것이 사회과학으로서의 정치학의 역할이라고 할 수 있다. 순수한 학문적 발전과 함께 정치학은 정치와 사회현상을 설명하고 원인을 분석하여 사회문제의 해결 및 상황의 개선을 도모하고자 한다. 이는 연구 방법론에서도 나타나는바 질적 연구방법과 양적연구방법에 대해 알아보고 정치학의 사회과학으로서의 정체성을 생각해 볼 필요가 있다.

Ⅱ. 연구방법의 중요성

사회과학은 연구자의 시점에 따라 전혀 다른 결과가 나오기도 하며, 동일한 사안에 대해서도 다양한 연구결과가 나타나기도 한다. 또한 연구방법에 따라 결과가 달라지기도 한다. 즉 연구목적에 따라 적합한 연구방법이 있을 수 있는데 결국 연구방법에 따라 연구의 결과가 달라진다는 점에서 연구방법은 정치학의 출발점이라고 할 수 있다.

또한 정치학도 사회과학의 한 분야이기에 이론을 형성하고 그 이론의 타당성이 증명되어야 한다. 이 때 내적 타당성이 이론의 논리적 정합성을 묻는 것이라면 외적 타당성은 다른 상황에도 적용이 가능한지를 나타내는 것이라 할 수 있다. 이 때 외적 타당성을 검증함에 있어서 연구방법론을 수단으로 활용한다. 연구 방법론의 가장 중요한 점은 바로 연구하는데 있어 현상을 바라보는 시각과 목적에 있어 그 기초를 제공한다는 것이다.

Ⅲ. 양적 연구방법과 질적 연구방법의 비교

1. 의의

양적 연구방법이란 연구대상의 속성을 수량적으로 나타내어 연역적 방법을 사용하는 객관성과 일반적인 보편성을 강조하며 가설을 검증해 나가면서 지식을 습득해 나가는 방법론이며 실증주의적 인식론에 바탕을 두고 있다. 또한 질적 연구방법이란 주로 탐색, 발견, 서술이 목적으로 연구대상의 행위나 언어를 분석하는데 언어, 몸짓, 행동 등 상황과 환경적 요인들까지 연구내용에 고려하는 방법론이다. 현상학적 인식론에 바탕을 주고 있어 주관성과 상황적 변화를 강조하지만 가설의 수립과 검증을 통한 보편적 진리를 밝히는 데는 한계가 있다.

2. 각 연구방법의 비교

첫째 인식론 측면이다. 보편적인 이해를 토대로 시간과 공간을 초월하여 현상의 특성을 이해하고 이것을 법칙으로 만들어 다른 곳에도 적용이 가능하다는 것이 양적연구방법론의 입장이다. 이에 반해 사회현상은 인간의 주관성이 개입되어 자연과학과 같은 방법이 적용될 수 없다는 것이 질적 연구방법의 인식이다. 사람이나 사회마다 개별적인 특수성이 있기 때문에 법칙화하기 어렵다는 입장이다. 즉 질적 연구는 관찰자에 따라 사물이 서로 다르게 인식된다고 보나, 양적 연구는 사물이 보편적으로 실재한다고 확신한다.

둘째 연구체계의 차이이다. 양적 연구방법의 제한된 체계에서 사소하거나 예외적인 현상을 배제하고 단순화시켜 연구자가 가설 상에 설정한 관계를 확률적으로 규명한다. 그러나 질적 연구방법은 복잡한 현상을 가능한 있는 그대로 개방적인 상태에서 파악하고 연구자가 참여하는 접근방식을 취한다.

셋째 연구자와 연구대상에 있어서 양적 연구방법은 조사대상의 개인적 형편이나 정서를 고려하지 않고 단지 하나의 통계자료로 처리하여 활용하고, 조사의 전 과정에서 객관성을 유지함으로서 연구자 개인의 효과를 최소화 시킬 수 있다. 그러나 질적 연구방법은 연구자와 연구대상 모두 다른 사람으로 교체가 불가능하며, 긴밀하게 상호작용하면서 연구가 진행된다.

마지막으로 양적 연구는 연구에 앞서 가설을 설정하고 그 가설을 검증하기 위해 자료를 수집하며, 자료수집이 끝날 때 분석이 이루어지고, 주로 통계적 분석을 사용한다. 반면 질적 연구는 잠정적인 가설을 설정할 수도 있지만 연구 도중에 부단히 형성, 기각, 수정되며 자료에 기반을 둔 이론을 산출한다.

Ⅳ. 각 연구방법의 장점과 단점

양적 연구는 논리적 경험주의 및 실증주의에 기초하여 방대한 양의 문헌조사 및 자료조사와 더불어 연구과정이 객관적이어서 가설이나 이론의 일반화가 가능하다. 상대적으로 문화적 민속학 이상주의에 배경을 둔 질적 연구방법은 문헌조사 보다 현지에 직접 참여하여 관찰하거나 개방적 면접을 통해 자료를 수집하는 등 일반화 가능성은 낮다. 반대로 구체적인 사안에 있어 심도 있는 가치나 사안의 정치사회적인 의미는 분석하는 데에는 질적 연구방법이 적합하다. 그 중 정치사상은 관념적인 사고와 가치판단이 필요한 분야로 양적 연구방법으로는 연구하기 힘들며 가치와 현상의 분리되기 어려운 분야로 특히 그러하다.

양적 연구방법은 계량적이고 객관적인 지표를 통해 현상의 구조를 개괄적으로 보여주기는 하지만, 주관적이 내면의 세계를 심층적으로 보여주지는 못한다. 따라서 질적인 연구를 통해 주관적인 내면세계를 파악할 필요가 있다.

양적 연구방법은 자연과학과 달리 실험실 연구가 어려운 사회과학적 특성상 다른 변인의 통제가 어려운 단점이 있다. 또한 일반화가 확대될수록 구체적인 사안의 적용하기 용이하지 않으며, 타당성 확보의 문제가 발생 할 수 있다. 질적 연구방법은 시간이 많이 들고 자료의 축소가 어려운 점, 연구자의 주관이 개입되어 신뢰성에 문제가 있을 수 있다, 표준화된 절차가 결여되어 다수의 표본으로 조사하기 어려운 것을 단점으로 지적할 수 있다.

V. 결 론

연구의 목적에 따라 다양한 방법이 사용 될 수 있다. 방법론에 대한 논쟁은 어느 것이 더 낫다는 우열 논쟁이라기 보다는 학문연구에 대한 열망과 방법적 개선에 대한 의지에서 비롯된 것이다. 양적 연구방법과 질적 연구방법을 동시에 활용하여 학문적 객관성과 실천적 타당성을 함께 추구하는 것이 더욱 적합한 연구주제의 경우 해당 분야 연구의 발전에 기여할 것이다.

| 강 평 |

1. 제1문의 답변에 비하면 상대적으로 부실하다. 그러나 중요하지만 잘 다루지 않았던 분야가 갑자기 등장했음에도 불구하고 이 정도로 정리하여 서술한 점은 높이 평가될 수 있다.

2. 특히 각 연구방법을 인식론 측면과 연구체계의 차이, 연구자나 연구대상, 분석의 특징 등으로 구성하여 차분히 서술한 점은 매우 좋았다. 방법의 차별화를 강조하기 위해 과도한 언술이 진행되고 있다. 예컨대 질적 방법이 인간의 주관성 개입을 인정한다고 해서 '자연과학과 같은 방법이 적용될 수 없다'거나 '법칙화하기 어렵다'고 주장하는 것은 타당하지 않다. 질적 방법의 적용 범위와 분야에 따라 큰 차이가 발견되기 때문이다. 예컨대 질적 수준을 측정하는 양적 방법이 발달되고 있다.

3. 양적-질적 방법의 비교가 나타나게 된 역사적 배경이 전혀 언급되지 않고 있어서 아쉽다. 이미 지적한 바처럼 정치학 방법론에 있어서 양적 방법의 역사는 행태주의와 함께 시작되고 있다. 이러한 역사성을 무시하면 정치학의 방법론이 양적-질적 방법으로 균등히 분할되어 있는 것 같은 인상을 줄 수 있다. 실제에 있어서 양적 방법은 매우 제한적이고 도전적인 과제일 뿐이다. 우선 정치학의 대상은 실험하기가 어렵다. 전쟁의 원인을 검증하기 위해 전쟁을 벌일 수 없다. 또한 밀그램 실험(Milgram's Experiment)처럼 윤리적 문제에 직면하기도 한다. 부단히 과학화하는 노력을 기울이긴 하지만 과도한 '양적-질적 방법' 분류는 허수아비치기라는 비판을 받을 수 있다.

| 제3문 | 쿠바 미사일 위기를 분석한 앨리슨(Graham T. Allison)은 대외정책 결정을 자세히 이해하기 위해선 3가지 시각(합리적 행위자모델, 조직과정모델, 그리고 관료정치모델)을 모두 고려해야 한다고 주장한다. 현재 북한은 경제적으로 매우 어려운 실정이고 이러한 경제곤란 속에서 북한이 안보역량 강화를 위해 해외로부터 다량의 신형 무기를 구입했다고 할 때, 앨리슨의 모델을 통해 다음을 설명하시오. (총 30점, 선택 총 15점)

(1) 합리적 행위자모델을 통해 북한의 해외무기구입 결정을 설명하시오. (10점)

(2) 조직과정모델을 통해 북한의 해외무기구입 결정을 설명하시오. (10점)

(3) 관료정치모델을 통해 북한의 해외무기구입 결정을 설명하시오. (10점)

Ⅰ. 서 론

Ⅱ. 합리적 행위자모델의 적용

Ⅲ. 조직과정모델의 적용

Ⅳ. 관료정치모델의 적용

Ⅴ. 결 론

답안작성   박 ㅇㅇ / 2012년도 5급 공채 일반행정직 합격

Ⅰ. 서 론

외교정책은 당사자국 사이 또는 대외적인 것으로 일방에 의해서 결정되는 것이 아니라서 그 영향력도 양방향 또는 다방향이며, 국내 정치도 고려해야 하는 요소이기 때문에 신중을 기해야 한다. 앨리슨의 정책결정 모델은 하나의 국가관점에서 국가 간의 협상 또는 내정과 외교의 관련을 명시적으로 다룬 것은 아니지만 그 때까지의 정책 결정론을 집대성한 것으로 볼 수 있다. 북한의 경제곤란 속에서의 안보역량 강화를 위한 무기구입 결정을 앨리슨의 모델을 적용하여 분석하여 한국의 외교정책 결정에 시사점을 도출해 볼 수 있을 것이다.

Ⅱ. 합리적 행위자모델의 적용

합리적 행위자모델은 국가 또는 정부를 잘 조정된 유기체로 간주한다. 즉 정책결정의 주체를 단일한 결정자로서 일관된 선호·목표·평가기준을 가지고 있다고 가정한다. 정책목표를 달성할 수 있는 대안들이 존재하며 각 대안들이 야기할 결과를 검토한 다음 완전한 정보를 이용하여 행위자의 이익을 극대화하는 정책결정을 한다는 것이다.

합리적 행위자모델을 북한의 해외무기구입에 적용한다면 북한은 신형무기의 구입으로 안보와 경제사

정의 문제를 동시에 해결 할 수 있다. 신행무기를 구입하여 안보역량을 강화하는 경우 주변국과 미국은 안보위협에 대응하기 위해 북한의 무기감축 등에 대해 경제적 제재완화 또는 지원과 협상하려 할 것을 예상한 북한이 국내적 문제 해결과 동시에 국익을 극대화 할 수 있는 방안으로 해외무기구입 결정을 했다고 분석 할 수 있다.

Ⅲ. 조직과정모델의 적용

조직과정모델은 국가를 완전한 합리성을 가지고 있는 것이 아니라 한정된 합리성만을 가지고 있으며 국가의 행동은 최적화가 아니라 일정의 기준을 충족시키면 된다는 만족화를 추구한다고 가정한다. 따라서 국가가 취급해야 할 문제에 대응하여 다양한 조직을 그 속에 만든다. 한정된 합리성은 표준운영절차 (standard operating procedures)를 만들어낸다. 따라서 국가의 대외정책은 어떠한 문제가 발생하였을 때 그것을 담당하는 조직의 표준운영절차에 따른 대응으로서 이루어진다.

조직과정모델에 의하면 북한의 지속적인 안보 및 군사 분야에 주력한 정책은 선군정치이후 군부의 운영방식에 따른 무기구입으로 볼 수 있다. 군부가 정권의 최고위층을 점하고 있는 상황에서 대내외적으로 무기구입의 경제적 역량을 홍보하여 정권의 계승에 따른 불안정한 정보안보를 안정화하는 것이 만족화에 따른 정책대안이 된 것이다. 즉 정권계승 시기나 곤란한 상황의 타파를 위한 표준운영절차의 일환으로서 무기구입의 결정이 나타났다고 분석 할 수 있다.

Ⅳ. 관료정치모델의 적용

관료정치모델은 국가를 복수의 관료조직으로 구성되며 정책 결정은 해당 문제와 관련된 관료조직의 장간의 정치로 이루어진다고 본다. 즉, 국가는 단일의 행위자가 아닌 복수의 관료조직의 장으로 구성된다는 것이다. 그리고 각각의 장은 그 소속하는 조직의 이익 또는 개인적인 신조를 기초로 정치를 전개한다. 그리고 그 정치 속에서 지배적인 연합을 구축하는데 성공한 그룹의 정책이 그 국가의 대외정책이 된다. 이른바 국가의 대외정책은 관료정치의 결과인 것이다.

북한의 외교부가 약화되고 상대적으로 군부가 강해져 외교정책을 통한 경제 및 안보문제의 해결보다 무기구입을 통해 군부의 강화된 위상을 높이고 이를 유지하려는 의도로 분석할 수 있다. 또한 기존의 최고위층인 군부의 세력유지에 대한 의지로 무기구입이 결정되었고, 상대적으로 권력이 약한 국내의 경제적 상황을 심각하게 고려하는 부처와의 파워게임에서 군부가 승리한 것으로 볼 수 있다.

Ⅴ. 결 론

위 분석에서 본 바와 같이 어느 한 모델만으로 정책결정을 완벽하게 설명하기는 어렵다. 즉 실제 정책결정에서는 세 가지의 모델이 모두 적용 될 수 있다. 위 모델의 적용으로 북한의 대외정책 결정과정을 이해하여 남북한 대화나 6자회담의 재개를 통해 남북한의 관계개선에 활용할 수 있을 것이다. 결과적으로 국가의 외교정책은 신중성 및 신뢰성이 중요하며 종합적인 관점에서 접근해야 함을 추론할 수 있다.

강평

1. 역시 제3문이 가장 답변하기 어려웠던 것으로 보인다. 서술의 풍부성은 말할 것도 없지만 논지의 일관성도 발견하기 어렵다. 바로 이러한 점 때문에 제3문이 시험 전체의 변별력을 높이는 역할을 할 것으로 판단된다.

2. 이 답변을 보면 서술의 초점부터 착오가 있다. 제3문은 북한의 해외무기구입 결정과정을, 설혹 가정적이라 할지라도, 앨리슨 모델로 설명하라는 것이었다. 그러나 이 답변은 서론에서 '한국의 외교정책 결정에 시사점을 도출'해 본다고 서술하고 있다. 물론 결론 부분에서 간단히 언급할 수는 있겠지만 매우 관례적일 뿐 아니라 빗나간 목표라고 말할 수 있다.

3. 세 가지 모델에 대한 이해도 매우 부족하다. 특히 합리적 행위자 모델의 적용에서 북한이 신형무기 구입으로 안보와 경제사정을 동시에 해결할 수 있다는 서술은 매우 설득력이 약하다. 논지는 주변국과 미국이 북한의 군비증강에 위협을 느껴서 경제제재완화의 협상을 할 것이라는 것이다. 그러나 앨리슨의 합리적 행위자 모델은 이러한 부수적 효과(collateral effects)에 초점이 있는 것이 아니라 상호확증파괴(MAD: mutually-assured-destruction)가 초래할 위험이 소련의 굴복을 초래했다는 논리였다. 만일 이 모델을 북한 문제에 적용한다면 북한의 벼랑끝 전술(Brinkmanship strategy) 목표는 북미관계의 정상화였다고 말해야할 것이다.

4. 북한의 의사결정과정을 관료정치모델로 설명하는 데 많은 어려움이 있다. 북한 정부는 역사상 보기 드문 3대 세습의 정부로서 전체주의적이기 때문이다. 물론 정권 내부에서 대단한 관료정치가 진행되고 있을 수 있고 도리어 민주체제에서 보다 더 심할 수 있다. 그러나 심한 폐쇄성으로 인해 이러한 관료정치의 증거를 찾기가 힘들다. 따라서 제3문의 3번을 답하려면 이미 드러난 자료들을 기초로 관료정치의 가능성을 재구성하는 능력이 필요하다.

2012

2012년도 입법고등고시 기출문제와 어드바이스 및 답안구성 예

| 제1문 (40점) |

선거는 민주정치의 꽃이다. 대의민주정치체제에서 선거가 수행하는 제반 기능을 설명하고, 그 본질적 기능에 비추어 우리나라 민주화 이행 이후 국회의원 선거를 비판적 시각에서 평가하시오.

Advice

선거는 대표를 결정하고, 국민의 의견을 정책에 반영함으로써 대의민주주의가 기능하도록 돕는다. 국민들 역시 선거를 통해 정치사회화를 겪는다. 또한, 정치인을 발굴, 교육하고, 정치 정당성을 제공하는 등 본질적 기능을 서술한다. 지역주의, 투표율의 하락, 비례대표 부족 등 '대표성 문제', 정당제도화 부족 및 보스중심 '사당화 문제' 등의 현상을 통해 우리나라 국회의원 선거를 평가한다. 각각을 비판하는 것만 아니라, 비례대표제의 변화 등 개선되고 있는 부분도 짚어주면 좋을 것이다.

답안구성 예

Ⅰ. 서 론

Ⅱ. 대의민주주의에서 선거의 기능
   1. 대표 결정 및 국민 의견 집약 기능
   2. 정치적 정당성 제공 및 정당 활성화 기능

Ⅲ. 민주화 이후 한국 국회의원 선거 평가
   1. 정당제도화 부족 및 보스중심 정치
   2. 투표 참여율 저조, 지역주의 문제

Ⅳ. 결 론

| 제2문 (30점) |

정당정치와 관련된 여론조사의 순기능과 역기능을 설명하고, 최근 국내의 주요 정당들이 공직후보 결정 과정에서 여론조사 방식을 활용하는 데 따른 부작용과 개선 방안을 논하시오.

Advice

1. 여론조사의 순기능으로, 정당정치의 국민 의견 결집기능을 보완할 수 있다. 국민의 의견을 파악하고 공론화할 수 있다. 여론조사 결과는 정당들이 새로운 전략을 모색하도록 유도한다는 점에서 정당과 국민의 중요한 소통 채널이 될 수 있다.

2. 역기능으로는 이익집단의 프레임 구성과 같은 조작 가능성이 있으며, 군소정당에 불리하다. 각각의 경우에 대해 한국의 사례를 녹여 서술한다면 좋을 것이다.

3. 여론조사 방식에 따른 부작용은 여론조사 자체의 한계보다는 기술적 한계를 의미한다. 전화를 통한 조사방법은 특정 계층, 집단에 대해서만 조사를 하게 되며, 국민경선제도를 어느 범위까지 활용하는지의 문제는 정당의 정체성과 관련하여 정치적 동원 및 조직적 응집 문제가 발생할 수 있다.

4. 해당 문제들을 해결하고, 여론조사 자체의 부작용을 줄이고 순기능을 강화시키는 대안을 모색한다. 여론조사의 신뢰성을 확보하기 위해 선거공영제 차원에서 선거관리위원회의 개입을 요구할 수 있다. 이는 정당의 공적 성격을 강화시킨다는 점에서 사당으로 기능하는 문제 역시 해결할 수 있을 것이다.

┌ 답안구성 예 ┐

Ⅰ. 서 론

Ⅱ. **여론조사의 정당정치 관련 순기능과 역기능**
    1. 여론조사의 순기능

2. 여론조사의 역기능

Ⅲ. **국내 여론조사의 부작용**

Ⅳ. **국내 여론조사 개선방안**

Ⅴ. **결 론**

| 제3문 (30점) |

1970년대 등장했던 미국 패권 논쟁이 오늘날 재현되고 있다. 그 배경에는 중국과 유럽연합의 부상이 있다. 국제패권의 유지, 강화 및 쇠퇴 여부의 판단 기준을 경성권력(hard power)과 연성권력(soft power) 등의 개념을 중심으로 논하시오. 또한, 현재 세계 패권질서의 향방과 이에 따른 한국 외교정책의 대응방향을 논하시오.

🅰dvice

1. 조셉 나이(J. Nye)의 경성권력과 연성권력 정의를 서술한다. 그는 양자를 효과적으로 활용하는 smart power도 제시했다. 경성권력 차원에서 패권의 판단 기준은 '군사력'과 '경제력'이 있을 것이며, 연성권력은 국가의 '매력도'이다. 현재 세계 패권 질서는 미국이라는 패권국이 있으며 중국과 유럽연합의 부상에 따라 미국의 패권이 유지될 것인지, 쇠락할 것인지가 논의되고 있다.

2. 또한, 미국의 일극 체제에서 단극체제, 양극체제로 변할 것인지, 다극체제로 변할 것인지도 중요한 쟁점이다. 이에 대해 각각 '세력전이론'은 단극체제를, '왈츠'는 양극체제를, '찰스 쿱챤(C. Kupchan)은 다극체제가 될 것으로 본다. 이러한 논의들을 설명한 후 자신이 생각하는 방향을 설정하여 한국의 대응방안을 모색한다.

1. 공통의 특징

정치학분야의 출제문제들은 다음과 같은 특징을 지니고 있다.

첫째, 출제된 세 문제는 정치학의 세 가지 중요 분야인 정치사상, 국제정치, 비교정치에 관해 이론과 실제를 다루는 응용된 주제를 묻고 있다. 따라서 정치학 분야를 공부하는데 있어서 어느 한 분야에만 치중해서는 좋은 결과를 얻을 수 없음을 잘 보여 주고 있다.

둘째, 행정고시를 준비하는 수험생은 주요 전문서적들을 탐독함과 동시에 미디어 등을 통해 시사적이고 현실적인 주제에 대해서도 아울러 준비해야 한다. 국가의 현실과 미래를 책임질 공무원들에게 이론에 바탕을 둔 시사 이슈들에 대한 분석을 요구한다는 점에서 바람직한 출제경향이다.

셋째, 제1문은 국제정치, 제2문은 비교정치, 제3문은 정치사상에 관한 문제로 분류할 수 있다. 제1문의 경우 국제정치에 관한 문제이지만 미국/중국과 밀접한 관계를 갖고 있는 한국의 정치경제와의 관계를 묻고 있다고 볼 수 있다. 마찬가지로 제 2문과 제3문도 국내정치와 직접 관련된 질문은 아니지만 한국정치에의 함의를 요구하고 있다.

넷째, 출제된 세 문제 모두 논증(logical reasoning)의 중요성을 보여주고 있다. 각 문제의 원문과 지문은 논리전개의 틀을 제공하고 있으며 수험자가 이를 잘 이해하고 타당한 설명과 증거를 제시하고 있는가를 점검하려하는 의도를 나타내고 있다.

2. 문항별 특징

(1) 제1문

현대 사회에서 국제정치경제의 중요성이 더욱 커지고 있는 현실에서 잘 출제된 문제이다. 국제정치경제에서도 특히 국제금융의 문제가 가장 중요한 문제이고 이러한 점은 2008년 미국 발 세계금융위기와 그 파장으로 여실히 드러나고 있다.

지금의 G2는 1945년 이후의 미소의 G2와는 같은 점도 있지만 다른 점이 더 많다. 미소 관계가 적대적 관계였지만 지금의 미중 관계는 경쟁하면서도 협력하는 관계이다. 미국의 모델과 중국의 모델이 어떻게 조화를 이루면서 국제경제 질서와 국제정치 질서를 원만하게 만들어 갈 것인지가 핵심이다. 또한 "미국과 중국이 다른 국가들, 특히 개발도상 국가들과 어떠한 관계를 유지하느냐?"도 중요하다. 그 관계가 세계체제론에서 제시하는 관계가 아니고 패권안정이론에서 말하는 호혜적 관계가 되어야 한다.

일반적으로 제1문은 항상 그 시대상황에서 정치적으로나 학문적으로 화두가 되는 문제들이 출제되는 경향을 보이고 있다. 따라서 시대적 담론과 연결시켜 이론적 공부와 시사공부를 병행할 필요가 있다. 이러한 담론을 추적하기 위해서는 『한국정치학회보』, 『세계지역연구논총』, 『국제정치논총』 등의 주요 학술지들의 논문들을 일괄하는 것도 도움이 될 것이다.

그런데 이번 출제에서의 한 가지 아쉬운 점이 있다. 지문에서 현재의 국제정치경제를 G2로 보는 것에 동의하는지, 아니면 G1이나 G20 등으로 보아야 하는지를 묻는 질문이 있었으면 더욱 좋은 문제가 될 수 있었다.

(2) 제2문

제2문은 민주주의와 정치에서 가장 중요한 정당의 문제를 다루는 문항이다. 그 중요성이 현대 사회에서 미디어의 발달 등으로 간과되고 있기 때문에 더욱 적절한 문제이다.

흔히 민주화와 정치개혁을 이야기하지만 그 기본은 정당의 개혁과 정당의 민주화가 되어야 한다. 현대사회에서 시민사회와 미디어의 중요성이 언급되고 있지만 그들의 역할은 정당과 의회에 대한 보완적 역할이지 대안의 기능은 아니다. 시민사회와 미디어는 '선출되지 않은 권력'이라는 한계가 있다.

정당의 발달을 논함에 있어서 이념정당의 문제를 당위와 현실의 양 차원에서 논의될 필요가 있다. 이념이라는 시간과 공간의 차원에서 어떻게 정당의 문제와 연관하여 바뀌었는지를 살펴 볼 필요가 있다. 이데올로기라고 하는 정치적 이념이 시간과 공간의 차원에서 어떻게 바뀌었는지? 현대 사회에서 이념정당이 바람직한 지 필요하다면 어떤 이념이... 이렇게 정당의 기본적 성격이 검토되어야 정당의 유형, 기능, 그리고 조직이 설명될 수 있다.

그러나 이번 문항에서의 한 가지 아쉬운 점이 있다. 유럽 정당의 변화를 제대로 설명하려면 유럽과 미국의 정당 비교가 필요하다. 그래야만 한국정당의 개혁방안도 논의될 수 있다.

(3) 제3문

제3문은 홉즈(T. Hobbes)의 사회계약론과 게임이론을 비교한 재미있는 문제이다. 그러나 행정고시의 정치학 문제로서 조금 어려운 문제라고 볼 수 있다.

서구의 정치 개념은 기본적으로 계약이다. 정치에 관한 가장 유명한 정의가 '희소자원의 권위적 배분과정'이라는 David Easton의 정의인 것을 보면 이러한 점을 잘 알 수 있다. 만인에 의한 만인의 투쟁 상태인 정글 상황/준무정부상태인 자연 상태에서 개인은 처한 힘든 상황을 벗어나기 위한 계약이 맺어질 수밖에 없는 것이다. 개인의 합리성이 집단의 합리성으로 넘어 가는 것이다. 물론 시민계급이 권력 쟁취의 핑계로서 계약이라는 개념을 동원한 면을 전혀 무시할 수는 없지만...

먼저 사회계약론의 많은 이론들 중 홉즈 이론의 특징을 찾아야 한다. 예를 들어, 존 로크(J. Locke)가 이야기하는 계약론과 홉즈의 계약이론이 어떻게 다른지, 두사람이 상정하는 자연 상태는 어떻게 다른지를 살펴보아야 한다.

집단의 합리성을 확보할 방안으로 홉즈의 이론과 '죄수의 딜레마'를 통해 딜레마 극복 방안을 찾고 이 방안이 현대 정치에서의 갈등 극복 기제로 활용될 수 있는지를 살펴보는 문제이다. 계약이라는 합리성의 근대와 탈근대성이 어떻게 이어지고 또한 달라질 수 있는지를 살펴야 한다. 홉즈의 사회계약론과 '죄수의 딜레마'의 비교를 통해 현대 정치, 한국 정치에서 의미를 찾는 문제이다.

계약, 정치, 정부(government), 그리고 거버넌스(governance)에 대한 설명을 연결시키면 좋은 답변이 될 수 있다. 이 문제는 새로운 연구경향과 정치현실에 대한 문제도 출제될 수 있음을 보여 주었다. 새로운 계약으로서 무너지고 협력적 통치관리체제가 등장하는 시대에 새롭게 주목을 받아온 주제이다. 기존의 정부의 수직적이고 일방적인 관계가 거버넌스의 수평적이고 쌍방향적인 성격이 계약과 연결되어 근대성과 탈근대성을 비교하는 것이 중요하다.

| 제1문 | 최근 중국의 경제가 급속히 성장하고 있고 신흥 강대국으로서 중국의 국제정치적 역할에 대한 관심이 증대되면서 미국이 주도해온 국제정치질서의 변화에 대한 논의가 활발하게 전개되고 있다. 아울러 2008년 미국발 세계금융위기로 인해 미국의 정치경제모델에 대한 비판이 제기되면서 중국의 정치경제 모델에 대한 개발도상국들의 관심도 커지고 있다. (총 40점, 선택 총 20점)

(1) 중국의 정치외교적 부상이 21세기 국제정치질서의 변화(특히 'G2체제'의 출현)에 미칠 영향에 대해 논하시오. (20점)

(2) '워싱턴 컨센서스(Washington Consensus)'로 알려진 미국의 정치경제 모델과 '베이징 컨센서스(Bejing Consensus)'로 알려진 중국의 정치경제 모델의 주요 내용을 비교, 평가하시오. (20점)

Ⅰ. 서 론

Ⅱ. 중국의 부상이 국제정치질서에 미치는 영향
  1. 국제정치의 안정성 문제: 단극에서 양극으로
  2. 각국의 정책과 국가 간 관계의 변화

Ⅲ. 워싱턴 컨센서스와 베이징 컨센서스의 비교

1. 이론적 기반의 차이
2. 정치경제 모델의 차이

Ⅳ. 결 론: 한국의 입장에서의 평가

답안작성 김 ○ ○ / 2011년도 5급 공채 일반행정직 합격

Ⅰ. 서 론

올해 1월에 있었던 미중 정상회담은 중국의 위상을 다시금 확인시켜주는 자리였다. 2010년에 중국은 이미 경제력, 군사력, 인구수 모두 2위로 올라섰으며 무서운 성장속도는 중국이 어디까지 부상할 것인지 가늠하기 어렵게 하고 있다. 이러한 중국의 부상은 단극에서 양극으로 국제정치 질서를 변화시킬 것으로 예상 되고, 서구 중심의 질서에서 아시아를 중심으로 한 대안이 공존하는 균형적 시대로 이끌어 갈 것으로 보인다. 또한 '베이징 컨센서스'로 불리는 새로운 정치경제 모델은 시장중심 일변도에서 벗어나 각국의 상황에 맞는 다양한 모델이 필요하다는 '실사구시'를 보여주고 있다. 이러한 국제정치의 변화 속에서 한국이 가져야 하는 함의는 무엇인지 살펴본다.

Ⅱ. 중국의 부상이 국제정치질서에 미치는 영향

1. 국제정치의 안정성 문제: 단극에서 양극으로

한마디로 중국의 부상은 미국중심의 단극체제(uni-polar system)에서 미중 양국의 양극체제(bi-polar system)로 전환을 뜻한다. 문제는 단극에서 양극으로의 변화가 국제정치의 안정에 어떤 영향을 미칠 것인가 하는 점이다. 먼저 양극으로의 전환이 국제정치의 안정성을 저해한다는 주장이 가능하다. 양극체제로의 전환은 미국이라는 압도적 패권국에 대한 위협을 뜻하므로 킨들버거(Kindleberger)등의 패권안정론에 비추어 안정성이 저해된다고 주장할 수 있다. 또한 세력전이이론에 기반 해서 중국을 불만족국가로 보아, 현재 세력전이의 속도가 빠르므로 무력충돌 가능성이 높다고 주장할 수 있다.

반면 세력균형론에 기반 해서 양극으로의 전환이 원만하게 이루어지면 양국 간 상호억제에 의해 단극보다 더 안정적일 수 있다는 주장도 가능하다. 현재로서는 미국 국채문제 등 미중 양국 간 상호 경제의 존도가 높고 정치적으로도 협력의 유인이 높다고 볼 수 있다. 따라서 단기적으로는 단극에서 양극으로의 전환이 국제정치의 안정을 저해하지는 않을 것으로 예상해볼 수 있다.

2. 각국의 정책과 국가 간 관계의 변화

이러한 중국의 부상에 대응해 미국은 정책의 변화를 보이고 있다. 부시행정부에서 오바마행정부로 교체되면서 나타나고 있는 이러한 변화는 '일방주의에서 균형력(power of balance)으로' 라고 정리할 수 있다. 기존의 미국의 정책은 단일 패권의 우월적 지위와 힘에 기초한 일방주의에 기초한 것이었다.

아프가니스탄이나 이라크 전쟁이 대표적 예로 볼 수 있다. 그러나 중국의 부상과 미국의 일방주의에 대한 국제사회의 부정적 여론이 겹치면서 정책의 변화가 나타나고 있다. 균형력(power of balance), 즉 국가와 초국가의 다양한 주인공들과 군사력과 소프트파워의 무대를 균형 있게 활용해서 문제를 풀어가려는 방안이 새롭게 등장하는 것이다. 중국도 미국의 이러한 정책적 변화에 유사하게 협력과 대립정책을 적절히 균형 있게 사용하며 대응하고 있다.

그리고 이러한 양국의 정책변화는 국제사회의 각국의 입장에도 유사한 흐름으로 나타나, 국가 간 관계에 있어서 일방적인 편향된 관계에서 벗어나 사안별로 다양한 관계가 균형적으로 형성되는 변화가 나타나고 있다.

Ⅲ. 워싱턴 컨센서스와 베이징 컨센서스의 비교

1. 이론적 기반의 차이

전통적으로 서구의 이론적 기반은 립셋(S. Lipset) 등의 근대화론에 있다고 볼 수 있다. 경제가 발전하면 정치도 반드시 민주화 된다는 것이다. 즉 산업화에 따른 경제발전은 국가를 약화시키고 자유와 평등의 가치를 높이며 민주주의 체제로의 이행(transition)을 추동한다는 것이다. 결국 서구에서 추구되는 것은 자유민주주의와 시장 우월적 경제질서의 결합이다.

그러나 중국의 발전상은 이와는 다른 이론적 기반을 보여준다. 근대화론에 따르면 일인당 GDP가 3000~5000달러 정도면 민주화의 요구가 거세게 나타난다고 본다. 그러나 중국의 경우 일인당 GDP가 이미 4000달러를 넘어섰음에도 제한적 시장경제발전과 사회주의 정치의 안정이 유지되고 있다. 중국은 경제발전과 비민주주의체제(사회주의 정치체제)가 공존할 수 있음을 보여주고 있는 것이다.

2. 정치경제 모델의 차이

미국(서구)의 모델은 자유민주주의와 자유 시장경제의 결합, 국가에 대한 시장의 우위라고 볼 수 있다. 정치 운영은 자유롭고 평등한 정치적 권리에 기초하고 있다. 주기적 선거에 의한 정권교체 가능성의 확보와 정당 간 자유경쟁에 의한 대안의 창출이 이루어진다. 이러한 자유에 기초한 기회의 평등과 경쟁은 경제영역에도 그대로 투영된다. 낮은 규제와 약한 국가 속에서 각 경제주체는 자유로운 경쟁에 노출되어 산업의 효율성의 추구, 금융시장의 발전이 이루어진다. 반면 중국의 모델은 사회주의정치체제와 제한된 시장경제의 결합, 시장에 대한 국가의 우위라고 볼 수 있다. 정치적으로는 자유의 제한과 공산당 독재 속에서 상무위원들의 집단지도체제에 의한 엘리트 중심의 리더십과 점진적 개혁을 통해 안정과 효율을 도모하고 있다. 반면 경제영역은 기존의 계획경제에서 자유시장의 요소를 많이 받아들이면서도 환율 조정 등 국가의 우월적 개입이 여전히 이루어지고 있다. 정리하자면 미국모델은 자유주의에 기초한 정치경제의 운영인 반면 중국모델은 정치부문의 사회주의와 경제부문의 제한적 시장경제의 결합이라고 볼 수 있다.

Ⅳ. 결 론: 한국의 입장에서의 평가

먼저 중국모델이 기존의 주류적 모델인 미국모델의 대안으로의 성격만을 가진다고 보기는 어렵다. 중국모델 그 자체로서의 의미 보다는 미국모델과는 다른 독자적 모델이 상정 될 수 있다는, 즉 자본주의의 다양성의 하나의 예로서 의미를 찾을 수 있을 것이다. 이에 비추어 한국의 고유한 맥락을 고려한 대안모색이 필요하다. 역사가 다르면 조건이 다르고, 조건이 다르면 제도운영도 다른 법이다. 한국이 반드시 중국모델을 따라야 한다는 것이 아니라 중국의 예에 비추어, 미국모델의 무조건적 추구에서 벗어나 한국에 맞는 실사구시의 새로운 모델개발이 필요하다는 시사점을 얻을 수 있다.

┤ 강 평 ├

1. 전체적으로 잘 쓰여 진 답안이다. 내용이 문제의 의도에 충분히 반응하고 있으며 주요한 주제를 잘 설명하고 있다. 그러나 보다 더 좋은 논술을 위해 몇 마디 하자면 아래와 같다.

2. 요즈음의 논술은 처음부터 본인의 주장/가설을 피력하는 것이다. 서론에 본인의 주장이 없다. 본인의 주장을 서론에서 밝히고 본론에서 논증했으면 더 좋았을 것이다.

3. 답안의 전개가 이론적 틀이 부족하다. 정식 학술논문이 아니고 시험답안지일지라도 이론적 틀을 갖춘다면 더욱 훌륭한 답안이 되었을 것이다. 이러한 점이 부족하여 국제정치 질서를 설명하는 것이 보는 이로 하여금 혼란을 가져올 수 있다.
탈냉전 이후 국제정치 질서를 현실주의에 의한 패권안정이론은 '단극체제로서 안정된' 체제로, 자유주의에 의한 국제레짐론은 '다극체제로서 안정된'체제로, 그리고 진보주의에 의한 세계체제론은 '단극체제로서 불안전한 체제'로 본다. 이러한 이론적 틀을 가지고 미중관계의 변화, 미국과 중국의 각자의 개발도상 국가들과의 관계, 그리고 국제기구, 특히 국제금융기구들과의 관계를 살펴보아야 논리적인 답변이 될 수 있을 것이다.
이러한 틀을 바탕으로 국제정치 질서가 국제경제 질서 또는 국제정치경제질서로 바뀌면서 국제금융의 중요성이 커지는 것을 보는 것이 본 문제의 핵심이다. 국제무역과 금융의 어려움들을 다극체제로 해결하느냐, 미국이든 중국이든 시혜적 패권 국가에 의한 단극체제로 해결하느냐 등이 중요한 답안이 되어야 한다. 정보화에 의한 소프트파워의 세계화의 문제도 이러한 맥락에서 언급될 수 있다.

4. 「제Ⅲ장」에서 중국이 경제발전과 정치의 안정이 잘 공존하고 있다고 보는 것은 너무 비약적이거나 단정적이라고 볼 수 있다. 러시아는 경제보다는 정치개혁을 먼저 해 이미 혼란을 겪었고 중국은 거꾸로 해 아직은 안정적으로 보이지만 정치개혁의 숙제를 안고 있다고 분석되고 있다.

5. 마지막으로 지엽적인 문제이면서 중요한 것은 언어와 그에 따르는 함축된 개념의 사용의 신중함이다. 예를 들어 서론에서 중국 모델만이 비교적으로 '실사구시'인 것처럼 언급한 것은 잘못이다.

| 제2문 | 대의제 민주주의에서 정당은 국가와 시민사회를 연결하는 매개체이다. 지난 한 세기 동안 유럽에서는 이러한 정당이 사회상황에 따라 대체로 간부정당 → 대중정당 → 포괄정당 또는 선거전문가정당 → 카르텔정당으로 변화해 왔다. (총 30점, 선택 총 15점)

(1) 정당 조직적 측면에서 대중정당, 포괄정당, 선거전문가정당의 차이를 설명하시오. (16점)

(2) 대중정당에서 포괄정당으로, 포괄정당에서 카르텔정당으로 변함에 따라 정당의 기능이 어떻게 변화됐는지 설명하시오. (8점)

(3) 한국정당의 개혁 방안 가운데 하나인 대중정당 모델이 갖는 한계를 설명하시오. (6점)

Ⅰ. 정당 조직적 측면에서의 비교

Ⅱ. 정당 기능의 변화

Ⅲ. 한국에서 대중정당모델의 한계
   1. 한국정치의 환경
   2. 대중정당모델의 한계

답안작성
김 0 0 / 2011년도 5급 공채 일반행정직 합격

Ⅰ. 정당 조직적 측면에서의 비교

먼저 대중정당은 1920년대 선거권 확대를 배경으로 나타난 조직이다. 당시 정당은 선거권 확대에 의해 의회 외부의 당원을 결집시켜 표를 확보할 필요를 가지게 되었다. 이에 지지계급의 지지 결집을 위해 계급에 기초한 관료적이고 중앙집권적 위계조직을 가지게 되었다. 그리고 이는 당원의 충성과 당비에 의해 운영되었다. 포괄정당은 탈 근대화에 따른 계급의 분화에 의해 새롭게 나타난 조직이다. 더 이상 특정 계급만을 대표해서는 득표의 극대화가 어려워지게 되어 조직의 변화가 나타났다. 기존의 당원중심, 위계조직 중심에서 벗어나 조직이 약화되고 지도자를 중심으로 정책의 선택이 중시되는 조직운영이 이루어지게 되었다. 선거전문가정당은 매스미디어의 역할이 커진 시대에 등장한 조직이다. 매스미디어 시대에는 여론의 흐름에 따라 유권자의 투표경향이 나타나게 된다. 이에 선거전문가 정당은 선거전문가의 미디어상의 이미지 창출과 조작에 주력하게 된다. 이에 여론조사기관, 이미지조작 전문기관을 중심으로 조직이 구성되고 운영된다. 결국 대중정당, 포괄정당, 선거전문가정당으로 변화하면서 계급의존에서 탈계급으로, 위계적 구성에서 경량적 구성으로 조직의 변화가 있었다.

Ⅱ. 정당 기능의 변화

대중정당에서 포괄정당으로 변화하면서 다음의 기능변화가 있었다. 먼저 대중정당은 지지기반이 되는 특정 계급만을 대표해서 표를 극대화하고 국가장악을 하는 기능을 수행했다. 반면 포괄정당은 계급과 이데올로기가 약해진 유권자 층을 상대로 폭넓게 지지기반을 이끌어내서 표를 극대화하는 기능을 수행했다. 계급, 이데올로기, 이념대표는 약화되고 사회전체의 이익대표 지도자의 역할확대, 대중매체상의 이미지 활용기능이 중요해졌다. 반면 포괄정당에서 카르텔정당으로 변화하면서 다음의 기능변화가 있었다. 포괄정당은 정당과 유권자와의 관계에 주목한 반면 카르텔정당은 정당과 국가와의 관계에 주목했다. 유권자 상대보다는 경쟁자인 다른 정당의 출현을 억제해 득표극대화를 꾀한 것이다. 선거법·정당법의 강화, 국가보조금의 장악 등의 기능을 수행했다. 결국 대중정당, 포괄정당, 카르텔정당으로 변화하면서 계급이익대표에서 사회전체이익대표로 대표의 폭이 확대되었고, 이미지 활용, 국가조직장악 등 기능이 추가되었다.

Ⅲ. 한국에서 대중정당모델의 한계

1. 한국정치의 환경

먼저 한국정치의 환경을 통해 개혁 방안으로 논의되고 있는 대중정당모델과 원내정당모델 중 어떤 모델의 기능이 더욱더 잘 구현 될 수 있을지 살필 필요가 있다. 비록 남북문제, 이념갈등 등 근대적 갈등축도 있으나 세대, 환경, 인권 등 다양한 탈 근대적 갈등축이 나타나고 있다. 거대담론 보다는 미국산 소고기 사태와 같은 생활에 밀접한 이슈와 정책에 관심이 모이는 생활정치로 나타나고 있기도 하다. 또한 정보화의 흐름 속에 매스미디어의 영향력과 중요성이 강조되고 있다. 지역, 계층, 이념 간 갈등을 극복하고 통합을 이끌어 낼 수 있는 리더십의 역할도 주목받고 있다. 결국 현재 한국정치는 대중정당이 자리 잡을 수 있었던 1920년대 유럽과는 다른 정치 환경이 조성되어 있음을 알 수 있다.

2. 대중정당모델의 한계

이러한 한국정치의 환경에 비추어 대중정당은 한계를 가지고 있다. 첫째, 조직측면에서 위계적 조직 구성으로는 정당조직의 민주화 요구에 부응하기 어렵다. 또한 거대하고 관료제적 조직의 특성상 다양한 정책이슈에 대응하기에 너무 무겁고 비효율적이고 낭비적이다. 조직을 구성해주는 당원을 모으기도 어려운 여건이며, 매스미디어 대응 조직과 선거전문가 조직의 부재는 정당조직의 경쟁력을 떨어뜨린다. 둘째, 기능측면에서 계급이익대표에 머물 수밖에 없어 통합의 리더십을 발휘하기 어렵다. 또한 매스미디어에서의 이미지 조작기능도 부족하다. 그리고 근본적으로 계급이익대표라는 근대적 가치에 머무르므로 탈 근대적 이슈에 대응하기 어려운 한계가 있다.

| 강평 |

1. 본 문제는 변화되는 정당 유형의 차이점과 그러한 변화에 따른 정당의 기능이 어떻게 변화했는가를 묻는 문제이다. 답안을 잘 쓰기 위해서는 거꾸로 정당의 원래 기능이 무엇이고 그 기능이 왜 필요 했는지를 밝히면서 답안을 쓰면 훌륭한 답변이 될 것이다.

   정당의 출발은 대의민주주의라는 간접민주주의 형식의 필요에 따라 나타났고 특히, 선거권의 확대에 따라 간부/전문가 중심에서 벗어나려는 움직임이 커져 왔다. 이러한 욕구는 현대사회에서는 시민사회의 발전과도 연결되어 있다.

2. 본 문제에 대한 깊이 있는 답변을 하기 위해서는 정당과 시민사회와의 관계를 설명하면 좋은 답변이 된다. 시민사회는 정당이 대중정당으로 발전하는 데 일익을 했지만 시민사회는 정당의 토대인 대의민주주의가 아닌 직접민주주의 형태인 참여민주주의를 요구한다. 소위 간접민주주의의 문제점들을 보완하기 위하여… 참여민주주의의 기제들(시민단체, 미디어 등)은 정당이나 의회를 보완할 수는 있으나 대안이 될 수는 없다. '선출된 권력'이 아니기 때문이다.

3. 본 문제에 대한 깊이 있는 답변을 하기 위해서는 또한 정당 유형의 변화가 이념정당과는 어떤 관계가 있는 지를 살펴 볼 필요가 있다. 이념정당은 유럽적인 이념정당과 보다 정책적인 차이로서의 미국적인 이념정당이 있다.

4. 한국에서의 대중정당 모델이 바람직한 가는 현대사회에서 미디어의 영향력·정보화의 위력, 포퓰리즘의 가능성 등을 모두 고려하여 답안을 작성해야 한다. 정치 불신의 중심이면서 정치개혁의 중심인 한국의 정당이 기업이나 공공기관 보다 깨끗하고 투명한 기관으로 다시 태어난다면 정치에 대한 불신이 없어지고 정치에 대한 바람직한 방향의 관심도 나타날 것이다.

| 제3문 | 홉즈(Thomas Hobbes)의 사회계약론은 자기를 보존하려는 인간의 선택에 의한 절대국가의 성립에 대해 말하고 있다. 이와 관련하여 그의 사회계약론의 출발이 되는 자연 상태에서 개인이 처한 상황은 게임이론의 '죄수의 딜레마' 상황과 유사해 보인다. 두 상황 사이의 유사점을 제시하고, 그 유사점이 현대 정치에서 갖는 함의에 대해 논하시오. (30점, 선택 15점)

Ⅰ. 서 론

Ⅱ. 홉즈의 자연 상태와 '죄수의 딜레마' 상황의 유사점
　1. 합리성의 가정
　2. 개인의 합리성이 집단의 합리성을 저해함을 제시

3. 집단의 합리성을 확보할 방안을 제시

Ⅲ. 유사점이 현대정치에 갖는 함의
　1. 현대 정치의 특징
　2. 집단의 갈등 극복 기제

Ⅳ. 결 론

답안작성

김○○ / 2011년도 5급 공채 일반행정직 합격

Ⅰ. 서 론

　홉즈의 이론과 게임이론의 '죄수의 딜레마(prisoner's dilemma)'는 비록 다른 시기에 탄생한 이론이지만 근대의 큰 흐름인 '합리성'을 바탕으로 하고 있다. 이 두 이론은 개인의 합리성이 집단의 합리성을 오히려 저해하는 딜레마를 보여주며, 이를 어떻게 극복할 수 있을지에 대해서도 보여주고 있다. 비록 현대는 근대와 다른 근대성과 탈근대성의 공존을 보여주고 있으나 '정치의 본질'이라는 숙제는 동일하게 가지고 있다. 즉 현대에도 집단에서 개인 간 갈등을 정치기제로 어떻게 해소하고 타협과 공존을 모색할 것인가가 중요한 과제인 것이다. 따라서 홉즈의 이론과 '죄수의 딜레마'를 통해 딜레마 극복 방안을 찾고, 이 방안이 현대정치에서 갈등 극복 기제로 활용될 수 있을지 살펴본다.

Ⅱ. 홉즈의 자연 상태와 '죄수의 딜레마'상황의 유사점

1. 합리성의 가정

　먼저 홉즈는 자연 상태에서의 개인을 항상 살해의 위협에 노출되어 이기적이고 자기보존(self preservation)을 추구하는 합리적인 존재로 본다. '죄수의 딜레마' 또한 게임 참가자를 상대의 편익에는 무차별 하며 오직 자신의 편익만을 극대화하는 합리적이고 이기적인 개인으로 가정한다.

2. 개인의 합리성이 집단의 합리성을 저해함을 제시

홉즈의 이론과 '죄수의 딜레마' 모두 개인이 협력과 배신의 선택의 기로에 놓이게 된다. 이 때 (협력, 협력)의 상태에서 이기적인 개인이 더 많은 자신의 편익을 위해 배신으로 선택을 바꿀 유인이 존재하게 된다. 결국 상호 배신을 선택하게 되어 (배신, 배신)의 균형으로 이동하게 된다. 문제는 결국 (협력, 협력)에 비해 (배신, 배신)이 편익이 더 적어 모순이 발생한다는 것이다. 즉 개인의 합리성에 의한 '배신' 선택이 집단의 비합리적인 (배신, 배신)선택을 불러오는 것이다.

3. 집단의 합리성을 확보할 방안을 제시

이와 같은 딜레마에도 불구하고 두 이론은 딜레마를 해결할 방안을 제시하고 있다. 먼저 홉즈는 절대적인 국가의 도입을 실행하는 사회계약을 통해 딜레마를 극복할 수 있다고 본다. 개인으로부터 권한을 양도받아 절대적인 권한을 행사 할 수 있는 국가의 설정을 통해 개인은 비로소 자기보존을 할 수 있다는 것이다. 즉 개인은 국가에 대한 절대적이고 수동적인 복종(협력)을 통해 딜레마에서 벗어나게 된다. 반면 '죄수의 딜레마' 이론에서는 협조의 진화를 통해 딜레마를 극복할 수 있다고 본다. R. Axelrod 에 따르면 유한게임이 아닌 무한 반복게임과 충분히 낮은 할인율을 가정하면 배신에 의한 이득보다 협력에 의한 이득이 클 수 있다. 즉 합리적 개인이 장기적으로 자신의 편익을 추구하기 위해 협력을 스스로 택해 협조의 진화가 나타나 딜레마에서 벗어나게 된다.

Ⅲ. 유사점이 현대정치에 갖는 함의
1. 현대 정치의 특징

보편타당하다고 여겨지는 공적 권위의 부재를 먼저 지적할 수 있다. 중세시대의 경우 종교나 신분, 계급이 권위를 가지고 보편적으로 옳다는 믿음이 존재했다. 그러나 오늘날 이러한 권위를 가지는 믿음은 존재하지 않는다. 개인은 언제든지 비합리적이라고 여겨지는 것에 대해 의문과 반론을 제기할 수 있는 자유가 보장되고 있는 것이 현대정치이다. 합리성을 가지는 의견이라면 다양하게 존중되는 다양성이 보장되는 것이다. 문제는 이러한 다양성하에 나타나는 갈등을 어떻게 해소해 나갈 수 있을 것인가 하는 점이다. 이러한 갈등은 흡사 앞서 논의한 개인의 합리성이 집단의 합리성을 오히려 저해하는 상황을 보여준다. 따라서 홉즈의 사회계약론과 '죄수의 딜레마' 상황의 유사점 중 집단의 합리성을 확보할 방안제시는 현대정치에서의 갈등 극복 기제로서 함의를 가질 수 있는 것이다.

2. 집단의 갈등 극복 기제

첫째, 홉즈의 절대적 권한을 갖는 국가의 도입은 마치 현대 정치의 법치주의의 확립을 대변한다고 볼 수 있다. 홉즈의 절대국가와 현대의 법치주의 모두 합리적 개인이 자발적으로 수용할 수 있는 강제력을 지닌 규칙이라는 점에서 공통점을 가진다. 법치주의의 확립은 현대정치의 다양성에 의한 갈등을 합리적으로 해소 할 수 있는 힘이자 판단기준인 것이다.

둘째, R. Axelrod의 협조의 진화는 현대정치에서 강조되고 있는 정보의 제공과 공유, 비전제시, 리더십의 발휘를 대변한다고 볼 수 있다. 협조의 진화가 이루어지기 위해서는 무한반복게임임을 알 수 있는 장기적 시야와 낮은 할인율 가정 시 장기적으로 이익이 될 수 있다는 정보제공 및 비전공유가 필요한 것이다. 이는 현대정치에서 정보의 제공과 공유, 비전제시, 리더십의 발휘가 개개인의 갈등을 해소하고 장기적인 공동이익을 위한 협력의 길로 나아가게 하는 방안이 됨을 보여주는 것이다.

Ⅳ. 결 론

이상의 논의에 비추어 홉즈의 이론과 '죄수의 딜레마' 상황은 시대를 뛰어넘어 정치의 본질인 갈등의 해소를 위한 대안을 제시해준다고 평가할 수 있다. 인간이 정치적 동물의 성격을 가질 수밖에 없다는 점에 비추어 역사를 관통해서 갈등의 해소방안의 본질은 일치할 수 있음을 보여주고 있다. 아울러 동일한 본질에도 불구하고 시대별로 상황에 맞는 제도적 장치의 고민은 정치역사의 변화를 보여준다고 볼 수 있다.

이 홍 종 / 국립부경대학교 국제지역학부 교수

┤ 강 평 ├

1. 전체적으로 잘 쓰여 진 답안이다. 특히, 내용이 문제의 의도에 충분히 반응하고 있으며 중요한 주제들을 잘 설명하고 있다. 요즈음의 논술은 처음부터 본인의 주장/가설을 피력하는 것이다. 서론에 본인의 주장이 잘 나타나 있고 답안의 전개가 이론적 틀을 갖추고 있다. 정식 학술논문이 아니고 시험 답안지일지라도 이론적 틀을 갖추면 훌륭한 답안이 된다.

2. 그러나 답안이 너무 이론 중심으로 되어 있어 현실적이고 시사적인 측면의 답안아 부족한 면이 있다. "현대 정치에서 갖는 함의에 대해 논하라."는 질문의 마지막에 대해 논술의 방향이 어긋나 있다. 현대 정치에 있어서 좋은 예를 들어 설명하면 훌륭한 답안이 될 수 있을 것이다.

3. 사회계약론의 많은 이론이 있지만 왜 홉즈의 이론과 죄수의 딜레마가 연결될 이유가 있는지 설명하면 더욱 좋은 답변이다. 사회계약론의 많은 이론들 중 홉즈 이론의 특징을 찾아야 한다. 예를 들어, 존 로크가 이야기하는 계약론과 홉즈의 계약이론이 어떻게 다른지, 두 사람이 상정하는 자연상태는 어떻게 다른지를 살펴보아야 한다.

4. 홉스의 사회계약론과 죄수의 딜레마 이론의 크나큰 시대적 차이를 합리성을 바탕으로 둔 '근대'의 개념에서 찾으면 깊이 있는 답안이 될 것이다. 홉스는 근대의 출발이고 죄수의 딜레마 이론은 가장 근대적인 이론이다.

2011년도 입법고등고시 기출문제와 어드바이스 및 답안구성 예

| 제1문 (40점) |

의회와 행정부의 관계에서 대통령의 소속정당과 의회다수당의 동일한 정당인 경우를 단점정부라 하고, 그렇지 않은 경우를 분점정부라 한다. 단점정부보다 분점정부에서 의회와 행정부의 갈등이 심각하다고 보는 일반적 견해와 달리, 한국의 경우 분점정부와 단점정부 간 갈등의 정도에 있어서 큰 차이가 없으며, 국회의 파행적 운영이 지속되어 왔다. 그 원인들을 설명하고 개선책을 제시하라.

Advice

1. 단점정부와 분점정부의 개념을 간략히 설명한 후 일반적인 논의를 언급해준다. 단점정부 상황은 입법권과 행정권이 같은 정치세력에 있어 안정감 있고 효율적인 국정 운영이 가능하다. 분점정부의 경우 '견제와 균형'이 나타날 수 있지만, 입법부와 행정부의 갈등이 악화 되면 비효율적이고 비일관적인 국정 운영이 나타날 수 있다.

2. 한국의 경우, 이원적 정통성, 고정된 임기와 같은 대통령제도 자체의 특징과 함께 한국 고유의 특징으로 인해 국회의 파행원인을 설명할 수 있다. 정당정치 차원에서 지역주의, 이념정치, 계파정치가 나타나는 것과, 제도적 차원에서 내각제적 요소의 결합, 제왕적 대통령제(단순다수결주의, 대통령의 막강한 권한)가 승자독식 정치 및 경합장형 의회의 모습을 가져온다. 이와 같은 문제점들을 설명해준 후 일반적인 개선책을 서술해준다. 앞서 언급한 문제점들과 대칭이 되도록 개선책을 서술하면 논리의 연결성도 있으며 개선책을 떠올리기 쉬울 것이다.

답안구성 예

Ⅰ. 서 론

Ⅱ. 단점정부와 분점정부에서 의회와 행정부의 갈등

Ⅲ. 한국의 의회와 행정부의 갈등과 그 원인
  1. 대통령제 자체의 특징
  2. 한국의 대통령제 운영상 특징

  3. 정당정치의 특징

Ⅳ. 한국의 의회와 행정부 갈등 개선방안
  1. 제도 개선 및 운영방식 개선
  2. 정당정치에 대한 개선

Ⅴ. 결 론

| 제2문 (30점) |

탈냉전의 전개와 세계화의 진전은 세력균형(balancing) 또는 편승(bandwagoning)에만 의존한 전통적 대외정책의 유효성을 감소시키고 있는데, 그 이유를 **구체적으로** 제시하시오. 또한 전통적 대외정책적 한계를 극복할 수 있는 새로운 대안적 전략의 가능성을 한국의 대중국 외교정책에 적용하여 제시하시오.

Advice

1. 독립변수가 되는 탈냉전과 세계화의 특징, 종속변수가 되는 세력균형, 편승을 각각 서술해야 한다. 세력균형 정책은 타국의 위협에 대해 그 국가와 동등한 물리력을 직접 확보하거나, 동맹을 통해 확보하는 방법을 의미한다. 편승의 경우 위협이 되는 상대국과의 협력관계를 구축하는 것을 의미한다.

2. 국가 간 전쟁 가능성이 낮아지는 탈냉전은 안보관을 변화시킨다. '인간안보'와 '포괄안보'가 중시되므로 국가안보 및 전통적 안보(무력)에 치중한 기존의 대외정책은 유효성이 감소한다. 세계화에 따르면 국가 간 심화된 상호의존은 한 국가의 배타적 통치력을 약화시킨다. 환경문제, 경제위기 등 범세계적 이슈의 등장은 국가간 협력과 함께 '비국가행위'의 중요성을 높인다. 또한, 이는 소프트 파워(soft power)를 중시하게 만들어 하드 파워(hard power)와 안보에 치중한 기존 대외정책 유효성을 약화시킨다.

3. 이에 기존의 전통적 안보 외에 한국이 취할 수 있는 대중국 외교정책을 제시한다. 앞서 살핀 탈냉전과 세계화에서의 외교 특징을 연결지어 서술하면 좋다. 경제적 교류, 사회적 교류 증대, 상호주의와 제도구축, 민주주의 지원정책이 있을 것이다. 환경문제와 최근 COVID-19 관련하여 방역문제 등 공통의 인간 안보 차원에 대한 협력체를 창설할 수 있을 것이며, K-POP 등을 통한 연성 권력의 강화, 미국과 중국 사이의 중재자 역할을 서술할 수 있다.

답안구성 예

Ⅰ. 서 론

Ⅱ. 전통적 대외정책의 유효성 감소 원인
  1. 탈냉전의 전개
  2. 세계화의 진전

Ⅲ. 새로운 대안적 전략 가능성: 한국의 대중국 외교정책을 중심으로

Ⅳ. 결 론

| 제3문 (30점) |

가상의 '국회'마을에 한 명의 대표자를 선출하기 위한 선거가 실시되고, 철수, 경철, 외수, 석희, 제동의 다섯 명이 후보로 출마하였다. '국회'마을은 전체 550명의 투표자로 구성되어 있다. 아래의 표는 다섯 후보자에 대한 투표자 550명의 선호순서(preference ordering)를 같은 것 끼리 묶어 집단별로 나타낸 것이다.

집 단	A	B	C	D	E	F
해당집단에서 같은 선호 구조를 가진 투표자 수	180	120	100	90	40	20
1순위 선호	철 수	경 철	외 수	석 희	제 동	제 동
2순위 선호	석 희	제 동	경 철	외 수	경 철	외 수
3순위 선호	제 동	석 희	제 동	제 동	석 희	석 희
4순위 선호	외 수	외 수	석 희	경 철	외 수	경 철
5순위 선호	경 철	철 수	철 수	철 수	철 수	철 수

※ 단, 투표자 개인은 다섯 명의 후보자에 대해서 자신의 선호관계를 확실하게 표명할 수 있고, 그 개인의 선택행위에는 내적인 일관성을 가지고 있으며, 자신에게 가장 큰 효용을 가져다 주는 후보자를 선택한다. 또한, 마을의 투표자 누구도 기권하지 않고 자신의 선호에 따라 그대로 투표(sincere voting).

(1) 아래의 제시된 투표방식을 적용하여 투표가 이우어질 경우 개별 투표방식에 따른 당선자의 선출과정을 간략히 제시하시오. (10점)

> – 단순다수제(simple plurality voting): 가장 많은 득표를 한 후보자가 승리하는 방식
> – 결선투표제(plurality runoff): 가장 많은 득표를 한 두 명의 후보자가 결선투표에 진출하여 결선투표에서 최다득표를 한 후보자가 승리하는 방식
> – 순차적 결선투표방식(sequential runoff): 투표자 각자의 선호에 따라 투표하고 가장 적게 득표 한 후보자부터 순차적으로 탈락시키는 방식
> – 보다카운트(Condorcet Procedure): 투표자의 후보자에 대한 선호순서에 따라 점수를 부여하고 총합점수가 가장 큰 후보자가 승리하는 방식. ※ 단 여기서 투표자는 1순위 후보자에게 5점, 2순위 4점, 3순위 3점, 4순위 2점, 5순위 1점의 점수를 부여한다.
> – 콩도르세 방식(Condorcet Procedure): 각각의 후보자를 나머지 모든 후보들과 1대1로 표결하여 최종 승자를 결정하는 방식

(2) 위이 결과에 대한 함의를 논하시오. (20점)

Advice

1. 기본적으로, 각 선거제도의 개념을 서술하고 문제가 요구하는 결과를 정확히 도출해야 한다. 이에 더 나아가 결과의 함의가 20점이나 분배되었다는 점에서, 민주주의의 꽃이라 불리는 선거제도에 따라 민주주의가 어떻게 구현되는지 설명해주어야 한다.

2. 당선자 결정방식, 선거방식의 변화에 따라 선거 결과가 달라진다는 점에서 '다수의 의사'라고 불리는 것이 실제 다수의 의사가 아닐 수 있다는 점이 반영되어야 한다. 즉, 진정한 민주주의를 실현하기 위해서는 선거 방식에 대해서도 무엇을 선택할 것인지 공론화 되어야 한다는 함의를 도출할 수 있다.

답안구성 예

Ⅰ. 서 론

Ⅱ. 투표방식에 따른 당선자 선출 과정

Ⅲ. 당선자 선출 결과의 함의

Ⅳ. 결 론

출제경향분석 **양 승 함 / 연세대학교 사회과학대학 정치외교학과 교수**

1. 공통의 특징

정치학분야의 출제문제들은 다음과 같은 특징을 지니고 있다. 첫째, 출제된 3문제 모두 이론과 실제를 다루는 응용된 내용을 묻고 있다.

따라서 정치학 분야를 공부하는데 있어서 어느 한 분야에만 치중해서는 좋은 결과를 얻을 수 없음을 의미한다. 교과서와 주요 전문서적들을 탐독함과 동시에 신문 등을 통해 시사적인 주제에 대해서도 아울러 준비해야 한다. 국가의 현실과 미래를 책임질 공무원들에게 이론에 바탕을 둔 현실분석을 요구한다는 점에서 바람직한 출제경향이다.

둘째, 출제된 3문제 모두 논증(logical reasoning)의 중요성을 시사하고 있다. 각 문제의 원문과 지문은 논리전개의 틀을 제공하고 있으며 수험자가 이를 잘 이해하고 타당한 설명과 증거를 제시하고 있는가를 점검하려는 의도를 나타내고 있다.

셋째, 출제문제의 구성은 국내정치, 국제정치(남북문제 포함), 세계정치의 각 분야에서 출제되고 있다. 제1문과 제3문을 국내정치로 분류할 수도 있겠으나 제3문의 경우 세계적 조류와 한국정치의 관계를 묻고 있다. 제1문은 국내정치와 직접 관련되나 비교정치 분석을 요구하고 있다. 제2문은 남북관계를 국제정치적 관계에서 조망하고 있다. 일반적으로 출제의 구성은 그때그때마다 조금씩 달라질 수 있으나 적어도 2개 분야(국내정치, 국제정치)로 구성되며 이번처럼 세 분야로 구성될 수도 있겠다.

2. 문항별 특징

(1) 제1문

민주주의에 관한 문제는 민주주의 심화과정을 경험하고 있는 한국으로서는 가장 중요한 주제 중의 하나이다. 과거 민주화를 경험하고 있을 때는 권위주의로부터 민주주의로의 전환과정, 민주주의의 공고화 문제들이 출제되었는데 이번에는 민주주의의 공고화와 심화를 다루고 있다. 따라서 민주주의의 전개과정과 한국의 정치발전을 연계시켜 보면 출제경향의 예측도 가능해 진다고 할 수 있다.

일반적으로 제1문은 항상 그 시대상황에서 정치적으로나 학문적으로 화두가 되는 문제들이 출제되는 경향을 보이고 있다. 따라서 시대적 담론과 연결시켜 이론적 공부와 시사공부를 병행할 필요가 있다. 이러한 담론을 추적하기 위해서는 『한국정치학회보』, 『국제정치논총』등의 정치학 주요 학술지들의 논문 주제들과 주요 내용을 일괄하는 것도 도움이 될 것이다.

그런데 이번 출제에서의 한 가지 문제점은 제1지문에서 "민주주의는 마을에서의 유일한 게임이다."라는 의미를 설명하라고 한 것이다. 절차적 차원의 민주주의 공고화를 비유한 말이라고 하는데 이것은 수험생으로 하여금 많은 혼동과 당황을 자아내게 할 것으로 우려된다. 특정학자가 특정한 맥락에서 한말을 문제로 출제한다는 것은 공정한 출제라고 볼 수 없다. 그 인용문을 모르는 학생은 절차적 민주주의에 관한 많은 지식을 가지고 있어도 자신 있게 쓸 수 없기 때문이다. 그와 같은 특정한 말을 인용하여 설명하라고 할 때는 보다 친절한 부연설명과 함께 출제했어야 옳다고 본다.

(2) 제2문

남북문제와 ODA를 연결시키는 문제로서 남북문제에 대한 이해와 국제정치적 지식을 측정하는 의도를 지녔다. 국제정치에 대한 문제는 항상 한국과 한반도가 연계된 문제가 출제될 것이라고 예상하면 거의 틀림없다. 물론 그렇다고 해서 국제정치에 관한 일반이론을 경시하라는 말은 아니다. 국제정치 기초이론의 섭렵 후에 한국의 국제관계와 연관하여 문제를 예측해보는 것이 좋을 것이라는 말이다.

또한 주변 국가들의 대 한반도 정책에 대한 기본적 이해도 필수적이다. 어떠한 문제가 나오든 주요 주변 국가들의 외교정책 기조와 한반도 정책을 이해한다면 응용적용해서 답안을 쓸 수가 있기 때문이다.

남북한 관계에 대한 이해 또한 절대 중요하다. 이념에 치중하지 않고 객관적인 경험적 증거에 기초한 설명을 하도록 노력하는 것이 높은 평가를 받을 수 있는 가능성이 높다. 북한의 핵문제, 남북경협문제, 다자간 국제협력문제는 계속해서 중요한 비중을 차지할 것이다.

(3) 제3문

세계화와 정보화시대에 나올 수 있는 문제로서 현재의 세계적 현상에 대한 이해와 이것이 한국사회에 미치는 영향을 묻고 있다. 21세기 정보화시대에 관련한 문제들은 현재 변화의 특징과 미래 발전방향을 묻는 내용들을 주로 다룰 것으로 예상된다. 정보사회에 대한 긍정적 부정적 평가를 아울러 섭렵하는 것이 좋은 결과를 가져올 것이다. 세계화와 정보화 현상은 상호작용하여 가속적인 변화를 초래하고 있다. 따라서 이러한 현상에 대한 구체적이고 깊이 있는 이해를 하는 것이 중요하다. 이러한 주제들은 국내정치나 국제정치의 모든 영역에서 다뤄질 수 있으므로 잘 고려하여 준비를 해야 할 것이다. 예를 들면 세계화에 따른 국민국가의 장래문제든지, 국제레짐의 형성과 주권의 변화 문제 등을 들 수 있다. 경우에 따라 제 3문은 한국정치문제에 초점을 맞출 수도 있다.

한국정치가 당면한 권력구조의 개편문제나 선거제도, 정당제도와 관련된 문제등도 유의해야 할 것이다. 또는 거버넌스(governance)와 같은 새로운 연구경향과 정치현실에 대한 문제도 출제될 수 있다. 국가와 사회의 경계가 무너지고 협력적 통치관리체제가 등장하는 시대에 새롭게 주목을 받아온 주제이다.

| 제1문 | 일반적으로 민주주의 이행 이후에 공정하고 자유로운 경쟁선거가 정착될 경우 민주주의는 공고화(consolidation)되었다고 한다. 그러나 경쟁선거가 정기적으로 시행되고 있는 많은 신생민주주의 국가에서 여전히 비민주적인 정치현상이 나타나고 있으며 이를 일부 학자는 민주적 결함(democratic deficit)이라고 부르고 있다. 이러한 현상은 민주주의 국가의 책임성(accountability)에 대한 근본적인 논쟁을 불러일으키고 있다. 따라서 적극적인 의미의 민주주의 공고화를 위해 통치자(ruler)는 시민사회의 요구를 보다 광범위하게 수용할 필요가 있다. 다음 물음에 답하시오. (총 40점)

(1) 절차적 차원의 민주주의 공고화를 "민주주의는 마을에서의 유일한 게임이다"라고 비유하는 학자도 있다. 그 의미를 설명하시오. (10점)

(2) 신생민주주의 국가에서 자주 발견되는 민주적 결함의 하나는 시민사회와 통치자(ruler) 사이의 소통 부재이다. 이를 해결하기 위한 민주적 리더십에 대해 논하시오. (15점)

(3) 적극적 민주주의 공고화를 위한 시민사회의 역할에 대하여 논하시오. (15점)

Ⅰ. 서 론: 민주주의의 두 차원

Ⅱ. 절차적 민주주의 – democracy is the only game in town.

Ⅲ. 민주적 리더십을 통한 민주주의의 공고화
　　1. 절차적 민주주의의 한계 – 소통의 단절 등 비민주적인 정치행태

　　2. 실질적 민주주의의 중요성
　　3. 소통을 위한 민주적 리더십

Ⅳ. 적극적 민주주의를 위한 시민사회의 역할

Ⅴ. 결 론 – 제도와 리더십과 시민사회의 조화를 통한 적극적 민주주의의 공고화

답안작성　　　　　　　　　　　　　　　조 0 0 / 2010년도 행정고시 일반행정직 합격

Ⅰ. 서 론: 민주주의의 두 차원

　민주주의를 절차적 수준에서 좁게 이해하는가 아니면 민주주의를 실질적 수준에서 넓게 이해하는가에 따라 민주주의의 규정뿐만 아니라 민주주의를 구축하는 전략도 달라진다. 따라서 어떤 민주주의적 접근이 더욱 필요한가에 대해 논의하는 것은 현재 2차례의 정권교체를 통해 한국 민주주의가 공고화를 달성해가는 시점에서 의미가 있다.

　특히 최근 국무총리실 산하 공직윤리지원관실의 민간인 사찰이라는 비민주적인 정치 현상의 의혹이 사실인 것으로 드러나면서 정부가 민간을 감시하는 한국사회에 대한 우려가 이어지고 있다. 이러한 상

황에서 과연 절차적 차원의 공고화만으로 건실한 민주주의로 나아갈 수 있는지, 혹은 적극적인 의미에서의 공고화가 요구된다면 어떤 민주적 리더십이 필요한지 그리고 시민사회는 어떠한 역할을 해야 하는지에 대해 논의한다.

II. 절차적 민주주의 - democracy is the only game in town.

"민주주의는 마을의 유일한 게임이다." 라는 말은 민주주의의 최소정의적 접근, 즉 민주주의의 절차적 측면을 강조한 것이다. 모든 주요한 정치세력들이 자신들의 이익과 가치를 제도들의 불확실한 상호작용에 맡길 때, 즉 정치세력들이 비록 이번 선거에는 패배하더라도 현재의 결과에 승복하고 제도적 틀 내에서 행동을 취하는 것이 민주주의 전복을 기도하는 것보다 이익이 된다고 판단할 때, 그리하여 민주적 경쟁이 이른바 '마을의 유일한 게임'이 되면, 그 민주주의는 공고화 되는 것이다. 이는 민주주의를 좁게 정의하여 민주주의를 민주적인 '과정'으로 규정하는 것이다. 따라서 민주주의는 민주적인 방식으로 정치적 결정을 하는 과정으로 이해된다.

이러한 절차적 민주주의를 강조할 경우 중요시되는 것은 일시적인 지배정부이자 전환가능한 (convertibility) 정부를 구축하는 것이다. 따라서 불확실성의 제도화를 구축하는 것이 중요해진다. 또한 자유주의적 관점에서 민주주의를 이해하여 법의 지배 속에서 시민적 자유를 확보하고 이 속에서 자유로운 선택을 가능하게 함으로서 민주정부를 구성하는 것이다. 이 경우 자유와 평등의 관점에서 자유를 지향점으로 어떻게 정치적 결정을 하는가에 초점을 맞추게 되고 소극적 자유와 절차적 평등이 중요해진다.

III. 민주적 리더십을 통한 민주주의의 공고화

1. 절차적 민주주의의 한계 - 소통의 단절 등 비민주적인 정치행태

절차적 민주주의는 선거와 경쟁을 통해 민주적 평등성을 모든 계층에게 실질적으로 분배한다. 선거제도 등의 절차를 통해 민주적 정당성을 부여하고 책임성을 확보하는 데 바람직하다. 선거는 대중의 선호를 집합하고 표출하는 기능을 하기 때문이다. 하지만 절차상의 민주주의만을 강조할 경우 민주주의의 내용상의 중요성을 간과할 우려가 있다. J. J. Rousseau 가 "인민은 투표 시에만 시민일 뿐 이내 노예가 된다."라고 말하기도 했듯이 아무리 절차가 적법하게 제도화 되어 있다고 해도 그것이 실질적 불평등을 완화시키는데 충분한 역할을 하지는 못한다. 특히 신생 민주주의 국가에서는 기본적 절차에 따른 선거를 통해 정당성을 획득한 후 시민사회와 소통을 단절하는 비민주적인 정치행태를 보이면서 사회적 불평등이 심화되는 것을 종종 볼 수 있다. 따라서 신생 민주주의 국가가 민주화 이후에 민주주의의 급작스러운 죽음 (sudden death)를 방지하기 위해서는 절차적 민주주의와 함께 실질적 민주주의를 공고화하는 것이 중요하며 이 과정에서 민주적 리더십이 강조된다.

2. 실질적 민주주의의 중요성

실질적 민주주의는 민주주의에 대한 최대 강령적 접근으로 민주주의를 과정에서 이해하는 것이 아니라 규범적인 측면에서 이해하는 것이다. 따라서 민주주의는 선험적으로 이룩되어야 할 내용이 있으며 정치적 결정에 앞서 경제사회적 조건들의 건설이 무엇보다 중요하다. 또한 민주주의를 자유주의의 보수적 관점에서가 아니라 평등을 강조하는 적극적 자유와 실질적인 평등의 관점에서 접근하여 민주주의의 영역이 확대된다. 실질적 민주주의는 민주주의의 내용을 문제시하기 때문에 민주주의의 공고화에 있어 절차적 수준의 민주주의로는 부족하다고 여기는 이들은 경제적 조건뿐만 아니라 사회적 조건에서의 민주주의의 확대가 민주주의 공고화의 핵심이라고 주장한다. 즉 민주주의의 질적인 변화와 발전을 모색하고 실질적인 평등과 적극적인 자유를 위해 국가의 개입을 통해 불평등의 문제를 해결함으로서 민주주의 성원들 간의 긴장과 갈등을 완화시키는데 기여할 수 있다는 것이다. 그리고 불평등의 문제를 해결하기 위해 선행되어야 하는 것은 사회적 시민권으로서 다양한 인종집단에 대한 사회적 고려나 소수자 문제 등 사회적 소수자와 경제적 소수자와 소통하고 그들의 입장을 반영하는 것이다. 즉 통치자(ruler)는 시민사회의 요구를 보다 적극적으로 수용할 필요가 있다.

3. 소통을 위한 민주적 리더십

리더의 필요성과 기능은 자신들의 역량을 결집하여 사회의 문제에 대하여 정확히 인식하고 이에 대한 진단 및 처방을 내리는 것에 그치지 않는다. 이와 더불어 대중과의 소통성과 연계에 기반한 정치적 동원을 통해서 목표를 달성하고 이러한 일련의 과정에 책임을 지는 역할까지 포괄한다. 즉 리더십은 통치자들이 정치적 방향을 제시하고 이를 이끌기 위해서 자신들의 역량을 얼마나 결집하고 이를 사회에 침투시킬 것인지, 이렇게 수행한 일에 대해서 어느 정도 책임을 지울 것인지, 또한 어떻게 대중과의 소통을 확보할 것인지에 관한 역할과 책임의 문제인 것이다.

통치자가 시민사회의 요구를 적극적으로 수용하고 시민사회와 소통한다는 것은 통치자가 민주적 리더십을 가지고 있어야 함을 전제한다. 아무리 민주적인 절차와 견제 제도가 마련되어도 통치자 스스로 민주적 리더십을 갖추지 못한다면 민주주의는 왜곡될 수밖에 없고 과거 여러 신생 민주주의 국가의 사례에서 엿볼 수 있듯이 민주주의가 급격히 후퇴하는 현상이 나타날 수 있다. 그만큼 리더의 민주적 자질은 중요한 것이다.

민주적 리더십은 그의 정통성을 피지배자들이나 국민들의 자발적인 동의와 지지에 의존하며 투표와 같은 제도를 통해 작동한다. 제도는 국민과의 약속이므로 상호소통을 통해 결정되며 분권화된 권력기반 위에서 리더십이 작동하는데 제도라는 핵심적 기제에 따라 사전적 불확실성과 사후적 확실성을 그 특성으로 하게 된다. 사전적 불확실성이 있다는 것은 시민사회의 여론에 따라 통치자가 전환될 수 있으며 선출된 후에는 시민사회의 의견을 소통을 통해 받아들여 책임성(accountability)을 갖는 다는 것이다. 결국 제도적 요소와 정서적 조절능력을 통해 통치자가 자신의 정서를 조절하고 추종자들의 반응을 정서적으로 이해하며 국민과 소통할 수 있는 인적 요소가 함께 결합될 때 민주적 리더십이 보다 빛을 발할 수 있다.

Ⅳ. 적극적 민주주의를 위한 시민사회의 역할

적극적이고 실질적인 민주주의를 공고화하기 위해서는 민주적 리더십을 가진 통치자와 제도만으로는 한계가 있으며 시민사회가 민주주의를 공고화하기 위한 노력을 하는 것이 중요하다. 제도와 리더십이 갖추어지더라도 시민들이 정치에 무관심하고 자신의 역할을 다하지 않을 때 민주주의는 활력을 얻지 못하고 질식할 수밖에 없다. 정치의 수동화와 참여의 부족은 정치를 소수의 대표자에게 위임해버리게 되고 다시 정치의 참여를 구축하는 악순환을 가져오며 저대표 현상과 민주주의의 재생산 부족은 정부에 과도한 부담을 주어 적극적 민주주의로 나아가는 길을 차단시킨다. 이를 방지하기 위해 결사체 민주주의가 부각되고 있다.

결사체를 통해 시민사회는 다양한 긍정적 역할을 할 수 있다. 먼저 정책결정자들에게 시민사회의 정보를 정확하게 전달함으로써 정책결정의 시기적 적실성, 효율성, 신뢰성을 높일 수 있다. 이는 곧 시민사회와 정부의 소통의 부재를 해결하고 원활한 입장 반영을 가능하게 한다. 특히 다양한 결사체를 통해 사회의 다양한 요구가 반영될 수 있고 직접 해결책을 제공함으로서 정부가 작은 문제에서부터 커다란 문제에까지 관심을 기울이게 된다. 둘째로 권력자원이 부족한 하층계급, 소수세력의 대표성을 결사체를 통해 강화시킴으로서 대표성의 평등을 강화할 수 있다. 셋째로 시민들의 civic conscious를 함양시키는 등 시민교육을 통해서 시민참여와 공적기능 강화의 선순환을 이끌 수 있다. 마지막으로 대안적 정부의 역할로서 시민사회나 집단의 이익과 관심을 단순히 정부에 중재해 주는 차원을 넘어 정책결정과정 및 집행과정에 개입함으로서 사회적 통치를 가능하게 하고 이를 통해 과부하 정부에 의한 민주주의의 위기를 해소할 수 있다.

이러한 시민사회의 역할을 통해 정부와 시민사회가 원활히 소통하게 되고 제도에 기반하여 민주주의가 성숙할 수 있으며 공고화될 수 있다.

Ⅴ. 결 론 - 제도와 리더십과 시민사회의 조화를 통한 적극적 민주주의의 공고화

자유롭고 빈번한 경쟁선거가 보장되는 등 절차적 제도의 마련은 민주주의로의 도약을 위해 반드시 필요한 것이다. 하지만 이러한 제도만으로는 민주주의를 안정적으로 공고화하기에는 무리가 있다. 중요한 것은 이러한 제도를 악용하지 않고 민주주의를 실현하려는 의지가 있는 민주적 리더십을 가진 통치자가 있어야 하며 제도와 민주적 리더십이 원활히 작동할 수 있도록 시민사회에서 지속적인 관심과 참여를 통해 소통의 길목에 숨을 불어넣어야 한다는 점이다. 민주적 리더십을 가진 통치자가 소통의 문을 열고 적극적으로 시민사회의 입장을 반영할 준비가 되어있다고 해도 이에 대해 시민사회가 무관심으로 일관한다면 적극적 민주주의의 공고화는 불가능할 것이다.

| 강평 |

1. 전체적으로 잘 쓰여진 답안이다. 논술의 구성에서부터 내용이 문제의 의도에 충분히 반응하고 있으며 중요한 주제를 잘 설명하고 있다.

그러나 보다 더 좋은 논술을 위해 몇 마디 하자면, 첫째 요즈음의 논술은 처음부터 본인의 주장/가설을 피력하는 것이다. 서론에 문제의 제기만 했지 본인의 주장은 없다. 본인 논술에 의하면 절차적/실질적 민주주의를 구분하고 있는데 본인의 주장인 실질적 민주주의라는 것을 서론에서 밝히고 본론에서 논증했으면 더 좋았을 것이다.

2. 실질적 민주주의에 대한 정의가 내려져 있지 않다. 이것은 실질적 민주주의가 절차적 민주주의와는 대칭되는 개념이 아니기 때문에 정의 부재는 결국 적지 않은 혼동을 가져온다. 논술된 내용으로 보아서 실질적 민주주의는 이상적 민주주의를 의미하고 이것은 논자의 이념이 사민주의에 가까운 것으로 판단된다. 절차적 민주주의는 본래 슘페터가 제안한 것으로 공공선(common good)의 창출은 어렵고, 한다하더라도 특정집단의 이익을 대변한다고 주장하면서 지도자의 선출과정이 더 민주주의 의미를 가진다는 것이다.

즉 민주주의는 내용보다는 과정이라는 것이다. 만일 자유, 평등과 같은 규범적 내용을 강조한다면 그것은 이상적 민주주의의 여러 형태(자유주의, 보수주의, 사민주의, 사회주의 등)중의 하나가 되는 것이다.

3. 소통과 리더십문제는 결국 절차적 민주주의로서도 충분히 해결될 수 있는 것이다. 이익표출, 이익집합, 정책집행의 과정이 절차적으로 하자가 없으면 소통의 문제는 자연히 해결되는 것이고 민주적 리더십은 이러한 과정을 객관적으로 합리적으로 잘 보장해 주는 것이다.

4. 시민사회에 대한 단편적 견해를 갖고 있는 것 같다. 시민사회는 국민을 대표하기 보다는 특정집단을 대표한다고 생각해야 한다. 예: 전경련은 대기업을, 노동조합은 노동자들을, 환경론자들은 환경보호를 원하는 사람들을 등 등. 이들의 기능은 정부를 감시하고 자신들의 이익을 개진하는 집단이지 시민사회 자체가 민주주의를 담보하는 것은 아니다. 물론 시민사회가 활성화되면 정부의 권력남용은 저항을 받게 되어 민주주의에 도움이 되겠으나 항상 그런 것은 아니다. 시민사회의 종류와 역할의 다양성에 관심을 갖는 것이 보다 객관적 시각이라고 할 수 있다.

| **제2문** | 남북한 관계개선과 한반도 평화유지를 위해 한국정부는 교류의 상호주의 원칙을 표방하고 있다. 그러나 다양한 국내외적 변수들로 인해 이 원칙에 입각한 남북교류는 여러 제약 속에 놓여있다. 이런 상황에서 북한의 변화와 경제발전을 가져오기 위해 국제사회가 함께 참여하는 다자주의 ODA(Official Development Aid) 프로그램의 가동을 적극 검토해 볼 수 있다. 이와 관련하여 다음 물음에 답하시오. (총 30점)

(1) 남북교류에서 상호주의의 의미와 전개과정을 기술하시오. (10점)

(2) 만약 핵문제가 해결되고 대북 ODA가 가동될 경우, 그 예상 효과를 서술하시오. (20점)

Ⅰ. 서 – 대북 외교에 있어 다자적 시각의 필요성

Ⅱ. 대북 상호주의의 의미와 전개과정

Ⅲ. 다자주의 ODA의 의미와 가동 시 예상 효과

1. 다자주의 ODA의 의미
2. 다자주의 ODA 가동 시 예상 효과 – 긍정적 효과와 부정적 효과

답안작성
조 ○ ○ / 2010년도 행정고시 일반행정직 합격

Ⅰ. 서 – 대북 외교에 있어 다자적 시각의 필요성

한국과 북한의 외교 관계와 교류는 단순히 두 국가의 차원에서 접근할 수 없는 여러 국가의 입장이 얽혀있는 주제이다. 남북의 관계와 한반도 정세는 미국과 일본, 중국을 비롯해 여러 국가에 영향을 미치고 영향을 받고 있으며 따라서 대북 정책은 국내외의 여러 변수를 반영하여 다각적으로 검토되어야 한다. 현재 우리나라가 북한에 대해 취하고 있는 기본적인 전략적 정책으로서 상호주의에 대해 살펴보고 북한의 경제발전과 원활한 남북교류를 위해 다자주의적 접근이 어떠한 영향을 미칠 수 있는지에 대해 검토하는 것은 현재 경색되어있는 남북 관계를 발전적으로 진전시키기 위해 의미가 있다.

Ⅱ. 대북 상호주의의 의미와 전개과정

대북전략에 있어서 현재 우리나라가 취하고 있는 기본적 전략인 '상호주의(reciprocity)'란 경제적 지원을 조건으로 북한의 군사적 위협을 줄이는 전략적 접근 방안이다. 즉 남북의 교류에 있어 한국정부가 경제적으로 어느 정도의 지원을 해 줄 경우 북한 역시 그에 상응하여 핵 포기 등 군사적 위협을 어느 정도 줄이는 상호적 작용을 의미한다.

이 용어가 본격적으로 사용된 것은 김대중 대통령 취임 직후인 1998년 4월 중국 베이징에서 열렸던 남북 차관급 회담으로, 당시 한국 측에서는 비료지원을 조건으로 이산가족 문제 해결을 촉구하는 '엄격한 상호주의'의 입장을 취했다. 이는 부시 미 행정부가 제기했던 대북전략으로 하나를 줄 경우 다른 하

278 정치학 기출문제 – 답안과 강평

나를 반드시 얻어내는 '대칭적 상호주의'의 개념이었다. 하지만 이에 대한 북측의 반발이 거세지자 남북간 대화와 협력이 우선이라는 판단 하에 하나를 주되 대가를 반드시 받아내는 것은 아닌 '비대칭적 (asymmetric) 상호주의'로 전환했다.

그러나 2001년 출범한 부시행정부는 검증과 투명성 요구로 제동을 걸어왔고, 동년 3월 한·미 정상회담에서 우리정부의 대북전략은 일괄타결 방식의 '포괄적(comprehensive)상호주의'로 수정되었다. 현재 우리정부의 대북전략은 '비핵 개방 3000'를 목표로 한 상호주의로 북한이 핵을 폐기하고 문호를 개방하면 10년내 북한 주민 1인당 국민소득 3천달러 이상을 목표로 포괄적인 지원을 아끼지 않겠다는 것을 기본적 대북정책으로 하고 있다.

Ⅲ. 다자주의 ODA의 의미와 가동 시 예상 효과

1. 다자주의 ODA의 의미

다자주의란 국가 간의 관계가 어떻게 조직화되는가에 대한 것으로 J.Caporaso는 다자주의의 실현이란 비용과 편익을 공유하는 '불가분성', 규범을 뜻하는 '일반화된 행위원칙', 그리고 궁극적으로 이득을 보게 되는 '포괄적 상호성'이라는 속성이 세계적 또는 지역적으로 공유되고 제도화되어지는 것을 뜻한다고 주장했다. 이에 따르면 다자주의란 셋 이상의 국가를 뛰어넘는 독특한 원리의 제도화를 지칭하는 것이다.

특히 다자주의 ODA란 공공개발원조 혹은 국제협력으로서 국가 간 및 국가와 국제기구간의 모든 유·무상 자본협력, 교역협력, 기술·인력협력, 사회문화협력 등 국제사회에서 발생하는 다양한 형태의 교류를 총체적으로 지칭하는 개념이다. 국제협력은 원조나 경제협력에 비해 더욱 상호주의적이며 평등한 관계를 강조하고 아울러 협력분야를 경제영역으로 한정하지 않고 사회·문화 분야로까지 확대하고자 하는 의지를 담고 있다는 특징이 있다.

국제개발협력(International Development Cooperation)도 흔히 사용되는 용어로 개발도상국의 빈곤퇴치와 경제·사회 개발을 지원하는 공공·민간부문의 모든 활동을 포괄하는, 개발을 실현하기 위한 국제사회의 광범위한 협력이며 대다수 선진공여국이 일반적으로 사용하는 개념이다. 경제협력개발기구(OECD) 가맹국은 국민총생산(GNP)의 0.31%에 이르는 600억 달러의 ODA를 공여하고 있으나 국제연합(UN)은 일정 기간까지 0.7%로 늘리기로 결의한 바 있다.

2. 다자주의 ODA 가동 시 예상 효과 – 긍정적 효과와 부정적 효과

핵문제가 해결된 상황을 가정하고 북한의 경제발전과 변화를 가져오기 위하여 국제사회가 함께 참여하는 다자주의 ODA 프로그램을 가동한다면 긍정적 효과와 부정적 효과가 모두 나타날 수 있다.

먼저 긍정적 효과로는 첫째, 북한 경제발전에 빠른 속도로 비교적 큰 효과를 낼 수 있다는 점이다. 오랜 기간의 고립으로 인해 세계경제의 발전에도 불구하고 북한의 빈곤상황은 지속적으로 심화되어 왔다. 하루에도 기아로 인한 사망자가 몇 명씩이나 나오고 있는 상황에서 국제사회의 원조는 북한 경제에 활력을 불어넣고 심각한 빈곤에서 벗어나는 데 큰 도움을 줄 수 있다. 또한 북한은 국제원조를 통해 경제적 부담을 덜 수 있다. 이러한 효과는 비단 핵포기 이후의 북한 경제성장에 도움을 줄 뿐만 아니라 통일을 염두에 둘 경우 더욱 중요해진다. 통일이 된 이후 한국이 부담해야 할 경제적 부담이 상당부분 줄어들기 때문이다. 둘째, 경제수준 뿐만 아니라 북한의 복지수준 역시 세계적 수준을 기준으로 할 때 우려되지 않을 정도의 기본적 안전망은 구축된다는 효과가 예상된다. 이는 인도적 차원에서 반드시 이루어져야 하는 것이다. 셋째, 북한의 정치적 입장 변화 측면에서 ODA를 통해 상호주의의 측면이 심화되므로 그에 따라 북한 역시 세계에 협력하는 것이 보다 용이해질 수 있다.

과거에는 북한 주민을 통제하기 위해 국제사회에 협력하는 것이 어려웠지만 원조와 지원을 받는다는 명목을 통해 북한이 국제사회에 협력하는 것이 정당화될 수 있기 때문이다. 이를 통해 북한과 국제사회 모두 만족할 수 있다. 넷째, 한국의 입장에서는 한국의 위상이 높아지는 효과가 있을 수 있다. 우리나라는 과거 국제사회의 원조를 받던 입장에서 이제는 그 원조를 국제사회에 환원할 수 있을 정도로 발전하였다. 북한에 대한 다자적 ODA를 통해 우리나라의 위상을 다시 한 번 드높일 수 있는 효과가 예상된다.

반면 부정적 효과로는 북한에 대한 국제사회의 원조가 국내 정치에 대한 국외의 개입을 보다 용이하게 할 수 있는 통로로 작용할 수 있다는 점을 들 수 있다. 다자주의적 ODA를 통해 북한의 폐쇄성이 감소하고 국제사회로 나아갈 수 있는 기회일 수도 있지만 반면에 국제사회가 국내 정치에 보다 많이 개입할 여지를 남기고 원조에 얽매여 끌려다니게 된다면 국외 변수에 의해 남북 관계와 교류가 좌지우지될 수 있다는 점은 경계해야 한다.

다자주의 ODA의 부정적 영향이 있을 수 있지만 부정적 영향보다는 그로 인한 긍정적 영향이 더욱 많기 때문에 핵문제가 해결된 이후에 다자주의 ODA 프로그램을 적극적으로 검토하는 것이 바람직할 것이다.

┤ 강 평 ├

1. 논술구성에 있어서 결론부분이 빠져있어 추가할 필요가 있겠다.

   어느 논술에서든 결론이 빠지면 완성된 글이라고 할 수 없다. 결론은 자기주장/가설의 검증 여부를 최종적으로 평가하면서 '일반화(generalization)'를 하는 것이다. 일반화란 자기 논술의 적실성에 대한 평가로서 타당성과 제한성을 서술하는 것이다.

2. 상호주의에 관한 논의가 다소 부정확한 면을 보이고 있다. 일반적으로 상호주의는 포괄적 상호주의(diffuse reciprocity)와 조건부 상호주의(tit-for-tat reciprocity)로 나누고 있다. 햇볕정책과 포용정책은 전자에, 이명박 정부의 대북정책은 후자에 속한다. 포괄적 상호주의는 상호 신뢰구축을 위해 상대방에게 자신의 진정성을 보이고 의혹을 덜어주기 위해 양측의 행동가치의 동등성에 덜 민감한 입장을 취하는가 하면, 조건부 상호주의는 상호엄격한 동등 교환가치를 추구하면서 give and take의 원칙을 고수하는 것을 말한다.

3. 다자간 ODA 프로그램의 가능성을 논의했으면 더 좋았을 것이다. 이명박 정부의 현재 정책으로는 가능성이 매우 희박하다. 문제의 지문은 핵문제 해결을 전제로 한 대북 ODA 가능성을 묻고 있는데, 이럴 경우 전제한 조건은 수용하되 그 전제조건이 성사될 수 있을지에 대한 간략한 논술을 해주는 것이 논리전개를 위해 도움이 되며 논자의 대북문제에 대한 이해를 보여주기도 한다.

4. 그러나 가능할 경우에 다자주의 ODA도 매우 복잡하게 진행될 것이라는 면이 부각될 필요가 있다. 주변 국가들의 이해관계가 복잡하게 얽혀있기 때문이다. 다자주의 ODA에 관한 논술은 매우 좋았다. 단 긍정적 부정적 효과 부분에 있어서의 평가가 상식적 수준에 머물고 있다. 앞에서 언급했지만 관련 당사국의 한반도 정책에 대한 내용을 바탕으로 다자 ODA 문제를 풀었더라면 훨씬 깊이 있는 분석이 가능했을 것이다.

| 제3문 | 20세기 후반 이래 우리 사회에서 심화되고 있는 전환기적 변화는 탈물질주의 가치의 확산과 정보화의 급속한 진행으로 요약할 수 있다. 다음 물음에 답하시오. (총 30점)

(1) 이러한 전환기적 변화를 구체적 사례를 통해 서술하시오. (10점)

(2) 이러한 변화가 오늘날 한국정치에 끼치는 역동적 영향에 대해 기술하시오. (10점)

(3) 그 영향이 정치적으로 보다 바람직하게 표출, 환류(feedback)되기 위해서는 어떠한 전제조건들이 필요한지 논하시오. (10점)

Ⅰ. 한국사회에서의 전환기적 변화

Ⅱ. 한국정치에 미치는 역동적 영향

Ⅲ. 바람직한 표출, 환류를 위한 전제조건의 마련

답안작성

조 ○ ○ / 2010년도 행정고시 일반행정직 합격

Ⅰ. 한국사회에서의 전환기적 변화

과거 경제 성장을 가장 중요시하고 물질적 가치가 사회의 주요 관심이었던 반면 20세기 이후에는 탈산업화와 함께 다양한 선호와 가치가 새롭게 제기되고 있다. 한국사회 역시 탈물질주의적 가치의 확산과 더불어 인터넷 보급이 전국화 되면서 정보화의 급속한 진행이 이루어지는 등 전환기적 변화를 맞고 있다.

탈물질주의적 가치의 확산과 정보화의 진행이라는 전환기적 변화의 단적인 사례는 2008년 한국사회의 주요 화두였던 미국산 소고기 개방에서 엿볼 수 있다. 한미 FTA 과정에서 미국산 소고기 수입에 대해 국민의 식량주권 혹은 건강권과 관련하여 문제가 제기되었고 국민들의 불만과 정부의 강경한 방침사이에서 심각한 사태가 벌어지기도 했다. 이는 한국사회에서 더 이상 경제적인 측면만이 국민의 관심사가 아니라 건강, 음식 등 탈물질주의적 가치가 큰 관심사로 등장하였음을 보여주는 것이다. 또한 온라인상에서 이익집단들이 활발하게 정치 활동을 벌이면서 이익집단의 정치와 참여의 정치가 결합하게 되었다는 것 또한 보여준다.

최근에는 정부의 4대강 사업과 관련하여 환경단체 뿐만 아니라 대학생, 교수, 종교집단 등 다양한 단체에서 반대성명을 내는 등의 움직임을 보이고 있는데 이 역시 한국의 전환기적 변화를 반영하고 있다. 이전에는 부차적인 것으로 여겨졌던 환경이라는 가치가 사회에서 중요한 가치로 여겨지고 4대강사업을 저지하기 위해 온라인 상에서 반대 서명 운동이 이루어지는 등 정보화사회의 특성을 이용하여 정치에 참여하는 양상을 보이는 것이다.

이처럼 탈산업사회에서는 산업이 분화되고 사회가 더욱 작은 단위로 분화되면서 다양한 이해관계를 가지게 만든다. 그리고 이러한 요구는 비단 경제적 이슈만이 아니라 새로운 가치에 기반하며 탈물질주의적 가치의 확산은 정보화 사회와 결합하여 한국정치에 다양한 영향을 미치고 있는 것이다.

Ⅱ. 한국정치에 미치는 역동적 영향

세대, 사회경제적 측면 등 다양한 측면에서 새로운 가치와 요구가 발생하고 있는 상황에서 정보화 사회의 특성과 탈물질주의적 가치의 확산이 결합하면서 한국정치에 역동적인 영향을 미치고 있다.

먼저 긍정적인 영향으로 새로운 정치 문화가 확산되고 있다는 점을 들 수 있다. 한국의 최근 선거였던 6월 지방선거에서 유례없는 높은 투표율이 기록되었다. 이는 여당이 세분화된 국민의 요구에 적절히 대응하지 못하고 있으며 주요주제와 이슈설정에 실패하고 있는데 대한 국민들의 의견이 반영된 것이라는 해석이 많다. 17대 대선과 18대 총선의 낮은 투표율에서 정치에 대한 무관심에 대해 우려가 많았으나 다양한 탈물질주의적 가치의 확산과 정보화사회의 특성에 힘입어 특히 젊은 세대들이 새로운 정치 문화를 만들어 내고 이를 통해 지방선거에서 투표율을 높였다는 것이다. 특히 '트위터'의 등장은 6월 지방선거에서 한국정치에 매우 역동적인 영향을 높인 것으로 평가되고 있다. 이처럼 경제 뿐 아니라 환경, 건강, 시민권, 참여에 대한 욕구 등 다양한 가치의 확산과 정보화를 통한 정보의 공유와 여론의 형성 등은 한국정치 전반에 큰 영향을 미치고 있다. 이는 젊은 층의 참여를 독려한다는 점에서 긍정적으로 평가할 수 있다.

반면 부정적인 영향 역시 나타나고 있다. 이는 근거 없는 비난이나 과격한 시위 등으로 인해 한국정치가 발전적으로 나아가지 못하고 생산적이지 않은 진흙탕 싸움을 계속하는 것으로 나타난다. 전환기적 변화의 중요한 특징은 그것이 제도화되지 않은 상태에서 지속적으로 이루어질 경우 잘못된 정보에 근거하여 여론을 쉽게 움직일 수 있으며 그 영향이 소모적 논쟁만을 일으키거나 갈등을 격화시킬 수 있다는 것이다.

Ⅲ. 바람직한 표출, 환류를 위한 전제조건의 마련

이처럼 탈물질주의적 가치의 확산과 다양한 가치를 반영하는 정보화의 급속한 진행은 지나치게 다양화되어 정치에 반영되지 않거나 혹은 지나치게 과격하게 표출되어 사회의 갈등을 심화시키는 문제를 야기할 수 있다. 이러한 경우 새로운 요구는 정치에 반영되지 않아 적절한 환류가 이루어지지 않을 것이다. 따라서 다양한 가치를 가진 사람들이 한국정치에 실망하는 악순환이 계속될 수밖에 없다. 이를 방지하기 위해서는 한국의 전환기적 변화가 정치를 통해 바람직하게 표출되고 환류될 수 있도록 전제조건을 마련하는 것이 중요하다.

첫 번째 전제조건은 정당이 원칙을 설정하고 다양한 사회요구를 반영할 수 있는 통로로서 역할을 해야 한다는 것이다. 새로운 가치를 지향하는 이익집단들이 과격한 방식으로 자신들의 요구를 표출하는 것은 그들의 요구가 정부로 전해질 통로가 없기 때문이다. 이는 곧 국민의 이해를 반영해야 할 정당이 시대 변화에 따른 정강을 제시하지 못하고 있으며 네거티브전략을 더욱 선호하기 때문에 발생한다. 따라서 정당이 사회의 가치 변화를 관찰하고 이를 수용한 정강을 제시하는 포지티브전략을 사용하여 사회의 가치를 정부로 전달하는 역할을 해야 한다.

　두 번째로 정부 차원에서는 다원화된 탈물질적 가치가 적절히 반영될 수 있도록 제도화된 통로를 마련하는 것이 필요하다. 정보화 사회에서 다양한 가치들이 넘쳐나지만 이들이 실제 정책으로 반영되어 국민들의 삶에 영향을 미치지 못한다면 결국 이러한 가치들은 비제도적 통로를 통해 분출될 수밖에 없고 사회에서 갈등을 야기하기 때문이다. 이는 소고기 파동과 관련한 촛불 시위에서 엿볼 수 있다.

　세 번째 조건은 시민 사회 측면에서 적절한 교육을 통해 과격한 방법으로 다양한 가치를 표출하는 것이 아니라 민주주의 사회의 시민으로서의 덕성을 함양하려는 노력을 해야 한다는 것이다. 새로운 정치 문화를 만드는 것은 젊은 층의 정치에 대한 관심을 높이고 정치 참여의 중요성을 환기한다는 점에서 바람직하지만 과도한 분출이나 근거없는 비방은 오히려 국민과 국가에 악영향을 미친다는 것을 인식하고 스스로 자제하려는 노력이 필요하다.

| 강 평 |

1. 제3문에 대한 논술은 너무 시사적인 내용 중심으로 되어 있어 이론적 측면의 답이 부족한 면이 있으며 제 3지문에 대한 논술의 방향이 어긋나 있다.

2. 이 문제는 우선 산업사회에서 지식사회 또는 자본주의에서 후기 자본주의 사회로의 전환에 따른 변화에 대한 그 특징을 묻고 있는데, 이 부분에 대한 논술이 결여되어 있다. 생산요소로 서의 자본과 노동의 비중이 상대적으로 줄어들고 지식의 중요성이 증대해지는 시대적 상황에서의 탈근대주의의 등장 등에 대한 논술이 필요하다. 또한 정보화 사회에서의 지식의 역할 등에 대한 논술과 아울러 새롭게 등장하는 사례를 논술할 필요가 있다. 사례는 정보의 확산과 정보원의 증대 그리고 쌍방향성에 따른 정보생산자와 소비자의 역할 변화 등에 대한 것일 것이다.

3. 한국정치에 미치는 영향에 대한 답안도 대단히 제한적이다. 젊은층의 투표율 증가도 좋지만 그보다는 민주화와 국민참여 증대에 대한 보다 큰 영향 중심으로 논술하는 것이 좋다. 정보의 확산과 네트워크의 용이성에 의한 시민운동단체들의 활성화, 촛불시위 등에서 나타나는 대중저항운동의 출현등이 보다 더 중요한 내용일 것이다. 한편, 부정적 측면에 대해서는 정보격차(digital divide) 중심의 논의가 더 적절할 것이다.

4. 바람직한 표출, 환류를 위한 전제조건으로서 역시 가장 중요한 것은 정치문화인 것이다. 정보기술이 사회를 변화시키기 보다는 사회가 사람이 정보기술 이용함으로 다원적인 사회가 결국 민주적 정보사회를 형성할 것이며, 권위주의적인 사회는 정보기술을 이용한 권위주의 체제를 형성할 것이다. 정당, 정부, 시민사회에 대한 논의는 전제조건이라기보다는 현실적 행위주체들에 대한 것으로 이들의 규범적 행위에 관한 것이다. 전제조건이란 이러한 규범행위를 할 수 있게 하는 기본적 토대를 말하는 것으로 정치(문화), 교육 등에 대해 논하는 것이 더 타당하리라고 본다.

2010년도 입법고등고시 기출문제와 어드바이스 및 답안구성 예

| 제1문 (40점) |

우리나라 헌법과 정당법에서 정당의 역활을 규정하고 있음에도 불구하고, 기초자치단체 선거에서 정당공천제 배제 논리가 제기된 배경과 이와 관련된 기존의 헌법재판소의 판결을 설명하시오. 이와 더불어 지방선거와 관련하여 정당의 역할이 바람직한 방향으로 발전할 수 있는 방안을 성과관리 측면에서 제시하시오.

Advice

1. 기초단체에 대한 정당개입 금지는 지방자치제도에 대한 행정적 인식과 함께 중앙정치의 지방정치로의 이전을 들 수 있다. 특히 중앙정치가 지방정치로 이전되는 과정에서 패권적 정당에 의한 지역 정치 장악이 이뤄질 수 있으며, 정당 내부적으로도 신진 인사를 발굴하거나 소수파의 진입이 어렵다는 점이 있다. 특히 이 과정에서 공천비리가 심화되며, 정당 내외적으로 실제 해당 지역을 위한 공직자를 뽑기 위한 경쟁이 아니라 그저 의석을 얻기 위한 경쟁이 이루어진다. 즉, 민주주의에 반할 수 있다는 것이다.

2. 이러한 관점에서 기존의 헌법재판소 역시 기초자치단체 선거 정당 공천제 배제에 대해 합헌인 입장이었으나, 2003년 '정치적 표현의 자유' 침해, '명확성의 원칙' 위반, '평등원칙' 위배를 근거로 위헌결정을 내렸다.

3. 지방선거와 관련하여 정당의 역할을 성과관리 차원에서 본다는 것은, 정당의 목표를 명확히 하고 이에 대한 달성을 논의하는 것이다. 지방자치제도의 활성화라는 목표에 있어서 '공정성', '효율성', '대응성'과 같은 기준을 설정하고 이를 통해 정당의 역할을 제시할 수 있다. 즉, 앞서 살핀 지방자치제도하의 정당개입에 따른 부작용을 개선하고, 오히려 정당개입이 지방자치에 도움이 될 수 있다는 견해를 참고하여 답안을 작성한다. 선거관리위원회의 공천 감시, 비례대표제 확대, 당원협의회의 활성화와 같은 구체적인 개선방안을 서술하며 이것이 성과관리 측면에서 '공정성', '효율성' 등에 어떻게 영향을 미칠 것인지 분석한다.

답안구성 예

Ⅰ. 서 론

Ⅱ. 기초자치단체 선거 정당공천제 배제론의 등장
　1. 정당공천제 배제논리 등장 배경

　2. 기존 헌법재판소의 판결

Ⅲ. 지방선거에 있어서 정당 역할의 바람직한 발전방안: 성과관리 차원에서

Ⅳ. 결 론

| 제2문 (30점) |

환경보전과 지속가능한 발전을 둘러싸고 우리나라 정치권과 시민사회 내부에 심각한 갈등이 존재하고 있다. 이 문제를 해결하는데 있어 대의제 민주주의가 갖는 한계를 설명하고, 그 극복방안을 논술하시오.

Advice

1. 대의제 민주주의 자체의 한계를 기본으로, 한국에서 나타나는 대의제 민주주의의 한계를 서술해준다. 기본적인 내용 위에 주어진 구체적 사례(환경보존과 지속가능한 발전 갈등사례)를 녹여내면 된다. 특히 이때 '청성산 터널' 사건이나 '신고리원전'(2020년도 기준) 등의 구체적인 사례를 언급, 적용해주면 더욱 좋다. 다수결주의로 인해 서로 다른 가치를 가진 환경과 경제를 동일 선상에 놓고 단순 비교 한다는 점, '대표의 역할'에 대한 책임 범위 문제(위임설, 신탁설) 및 '주인-대리인'이론에 따른 감시 가능성 문제, 수직적 책임성의 문제, 심의 부족 문제를 서술하고 각각에 어울리는 구체적 사례를 활용해준다.

2. 극복방안 역시 앞서 서술한 문제점들에 대응하여 구체적으로 서술해준다. 이때 심의민주주의와 숙의민주주의적 요소를 가미하면 좋은데, 이는 대의민주주의를 대체하는 것이 아니라 '보완'한다는 것을 명시해주어야 한다. 제한적 다수결제의 활용, 공론조사와 같은 심의민주주의 적극 활용 등을 제시할 수 있을 것이다.

답안구성 예

I. 서론

II. 환경문제에 대한 갈등 해결에서 대의 민주주의의 한계
   1. 다수결주의
   2. 심의 부족 문제

3. 책임 추궁의 문제 : 수직적 책임성 확보의 어려움, 주인-대리인 문제

III. 대의민주주의의 한계 보완방안

IV. 결론

| 제3문 (30점) |

국제사회는 세계적인 핵확산 방지를 위해 노력을 하고 있으나 만족할 만한 결과를 얻지 못하고 있다. 현재 비(非)핵확산을 위한 국제적 관리체계의 문제점을 지적하고 해결방안을 제시하시오.

Advice

1. 현재 이루어지고 있는 비핵확산 체계를 정확히 이해하고 서술할수록 좋다. NPT는 기존 핵보유

국가들을 인정하지만, 그 외의 국가들에게 핵 보유를 포기하도록 한다는 점에서 처음부터 비대칭적인 체계이다. 이이 수반되는 보유국들의 약속과 미보유국들의 의무, 보상에 대해 각각 문제점을 지적할 수 있다. 또한, 핵무기 자체의 특징과 관리방식에 의해서도 한계가 나타날 수 있으며, 국가들이 이를 영구적으로 지켜야 할 것으로 판단하기 보다는 국제정치적 이해관계에 따라 가입, 탈퇴를 한다는 점도 한계이다. 이탈에 대한 제재와 보상을 명확히 하고 제대로 이행해야 할 것이다.

2. 강대국 역시 이를 관철시키기 위해서 핵군축에 앞장서야 할 것이며, 지역적 안보협력체제를 활용하여 핵기술을 함께 관리하는 등의 방안이 모색될 수 있다.

답안구성 예

Ⅰ. 서 론

Ⅱ. 비핵확산을 위한 국제적 관리체계의 문제점
  1. 관리체계의 비대칭성

  2. 각국의 이행 미비
  3. 핵기술 자체의 한계점

Ⅲ. 해결방안

Ⅳ. 결 론

| 제1문 | 다수결 원칙은 민주정치의 실질적 의사결정방식이다. 다수결 원칙과 관련하여 정치 이론가들 중에는 특정한 경우 다수결의 요건을 강화(예, 2/3 이상 찬성)하거나 소수에게 거부권을 부여하는 방식으로 제한 조건을 두어야 한다는 제한적 다수결 논자와 이러한 조건을 두어서는 안 된다는 무제한적 다수결 논자가 있다. 우선 다수결 원칙의 문제점을 논하고, 다음으로 제한적 다수결론과 무제한적 다수결론 중 어느 입장이 한국정치를 보다 민주적으로 운영할 수 있게 하는지 사례를 들어 논하시오. (총 40점, 선택 총 20점)

Ⅰ. 서 론

Ⅱ. 다수결 원칙의 문제점
  1. 순환적 다수의 문제와 선호 강도의 미반영
  2. 다수의 횡포가 발생할 가능성
  3. 근본적 가치의 타협 불가능성

Ⅲ. 다수결 원칙의 분화와 한국 정치의 현실
  1. 다수결 원칙의 중요성과 보완 개념의 등장
  2. 한국 정치의 현실

(1) 이념적 스펙트럼의 협애화와 균열구조의 미반영
(2) 소통의 부재와 제도화된 정치 참여 기제의 미비
(3) 세계화의 심화와 사회적 약자의 간과

Ⅳ. 제한적 다수결론의 필요성과 한계의 보완 방법
  1. 제한적 다수결론의 필요성
  2. 제한적 다수결론의 한계와 구체적 보완방법

Ⅴ. 결 론

답안작성

유 0 0 / 2009년도 행정고시 일반행정직 합격

Ⅰ. 서 론

지난 17대 대통령 선거에서 이명박 대통령이 당선되면서 헌팅턴(S. Huntington)이 민주주의의의 공고화 조건이라고 본 수평적인 정권교체가 이루어졌다. 또한 2008년의 18대 국회의원 선거에서도 한나라당이 불확실성의 제도화(institutionalization of uncertainty)가 이루어진 선거 제도 하에서 국민 다수의 지지에 의해 원내 제 1당으로 자리매김 하였다. 그럼에도 불구하고 민주주의의 공고화는커녕 민주주의가 한국 사회에서 후퇴하고 있다는 지적이 시국선언부터 촛불집회에 이르기까지 전방위적으로 나타나고 있다. 과연 다수결 원칙에 근본적인 문제는 없는지, 민주주의의 가치 중 하나인 소수자의 보호가 제한적 다수결주의로 가능한지 살펴보는 일은 제도화된 정치영역에서조차 참여의 빈곤이 나타나고 있는 한국 정치의 현실에서 시급히 살펴보아야 할 문제이다.

II. 다수결 원칙의 문제점

1. 순환적 다수의 문제와 선호 강도의 미반영

애로우(K. Arrow)는 불가능성 정리(Impossibility theorem)를 통하여 합리적 사고를 하는 인간을 전제하더라도 다수의 의사를 정확하게 반영할 수 있는 선거 제도가 존재하지 않음을 보였다. 특히 순환적 다수(cyclical majority)가 형성될 경우, 다수결 원칙에 의해 분명한 결정이 내려지기 어렵다. 또한 1인 1표 하의 다수결 원칙은 선호의 강도를 반영하지 못한다. 예를 들어, FTA같은 정치적 아젠다가 농민에게는 생사가 달린 아젠다이고 다른 개인에게는 중요한 아젠다가 아니라 해도 모든 사람이 한 표씩 행사하게 되는 문제가 발생할 수 있다.

2. 다수의 횡포가 발생할 가능성

선호의 강도가 반영되지 않고, 소수에게만 중요한 정치적 아젠다일 경우 다수결 원칙 하에서 다수는 소수의 의견을 무시할 수 있다. 이 경우 제도적 기제로 의사가 반영되지 않는 소수는 거리의 정치(Street politics)로 나아가게 된다. 특히 50%에서 1표가 많다는 이유로 다수가 되고 1표가 적다는 이유로 소수가 되어 정치적 의사가 반영되지 못할 경우 다수의 횡포는 심각한 의사 반영의 불비례성(disproportionality)을 가져올 수 있다.

3. 근본적 가치의 타협 불가능성

다수결 원칙은 타협이 어려울 때 선택하는 대안이다. 하지만 민주주의에 있어 기본적인 가치인 자유나 평등은 인간으로서의 기본적인 권리로서 타협의 대상이 아니다. 이 경우 다수결 원칙의 강조는 최근 용산 철거민 사건과 같이 인간 생존의 문제와 직결될 수 있다. 특히 세계화(Globalization) 이후 경쟁과 효율성을 중시하는 풍조가 확산되면서 근본적인 가치를 중시하는 민주주의가 소수에 의해 요구되면 비효율로 치부되어 무시되는 현상이 심화되고 있다.

III. 다수결 원칙의 분화와 한국 정치의 현실

1. 다수결 원칙의 중요성과 보완 개념의 등장

그럼에도 불구하고 만장일치가 사실상 불가능한 현실 상황에서 다수결 원칙은 의사를 결집하는 가장 효과적인 수단으로 각광받아 왔다. 또한 근대 이후 인간 이성에 대한 신뢰와 합리적 선택가능성에 대한 믿음은 새로운 다수결 원칙의 한계를 보완하는 방향으로 문제를 해결하고자 한다.

따라서 다수의 횡포를 방지하고 민주주의의 근본적 가치와 관련해 소통할 여지를 만들기 위해 제한적 다수결론이 등장하였다. 제한적 다수결론은 특정한 경우 무제한적 다수결론인 절반에서 2/3로 요건을 강화하거나 소수에게 거부권(veto)을 부여하는 것을 의미한다. 이 논의가 특히 한국 현실에서 부각되는 이유는 한국의 민주주의가 다양한 측면에서 위기에 직면해 있기 때문이다.

2. 한국 정치의 현실
(1) 이념적 스펙트럼의 협애화와 균열구조의 미반영
한국 정치는 냉전반공주의 하에서 우측에 협애한 이념적 스펙트럼을 나타내고 있었다. 이로 인해 노동을 중심으로 여성, 환경, 인권 등의 여러 균열 구조(cleavage structure)가 제도화된 정치영역에 반영되기 어려웠다. 2004년 17대 총선에서 비례대표제를 통해 간신히 노동의 입장을 대변하는 민주노동당이 원내에 진출한 현실은 한국 정치가 얼마나 이념적 스펙트럼이 좁고 대표성(representativeness)이 취약한지를 보여주고 있다.

(2) 소통의 부재와 제도화된 정치 참여 기제의 미비
한국의 정당은 서구의 정당과는 달리 정당 대표를 중심으로 한 하향식 의사결정이 이루어지고 있다. 선거 역시 지역주의로 인하여 제도화된 정치 참여가 원활하지 못하다. 여기에 현 정부의 경우 4대 강 정비계획, YTN, KBS 등 언론사 인사 문제, 미국 소고기 수입 등에서 국민과의 소통 없이 일방적으로 정책 결정을 한다는 지적이 계속되고 있다. 의회 내에서도 다수에 기반해 야당과 합의 없이 여당은 미디어법 등에 대해 일방적인 직권상정을 시도하고 있다. 이는 결국 주인-대리인 문제를 일으켜 국민의 의사에 대해 적절히 반응하지 못하는 반응성(responsiveness)의 위기를 야기한다. 최근 촛불시위로 대표되는 대규모의 거리 시위와 인터넷 공간에서 정부 정책에 대한 항의는 하나의 예이다.

(3) 세계화의 심화와 사회적 약자의 간과
정치·경제·사회·문화 전 영역에서 세계적인 행위자들의 상호의존(interdependence)이 심화되면서 국가의 정책결정에 제약이 발생하고 있으며, 특히 자본에 의해 국가와 노동의 행위가 제약을 받고 있다. 이는 사회안전망(Social Security Network)을 약화시키며 사회적 약자를 바닥으로의 경쟁(race to the bottom)으로 몰아가고 있다. 하지만 이들이 소수일 경우 대표를 선출할 수 없으며 만약 대표가 선출된다고 하더라도 이들이 선출한 대표는 책임성(accountability)을 발휘하지 못하고 있다.

Ⅳ. 제한적 다수결론의 필요성과 한계의 보완 방법
1. 제한적 다수결론의 필요성
제한적 다수결론은 보다 많은 거부점을 정치 과정에 형성함으로써, 소수의 이해관계를 보호하고 다수의 횡포를 제한할 수 있다. 미국에서도 삼권분립 등 견제와 균형(checks & balances)을 정치제도의 근간으로 삼고 정치과정에 여러 거부점을 만든 것은 다수의 횡포를 방지하기 위함이었다. 비록 그것이 처음에는 민주주의보다 자유주의적이고 엘리트주의적인 시도에서 출발하였지만 지금은 사회적 약자를 보호하기 위한 기제로 활용하고 있다.

우리 역시 1989년 민주화로의 이행과 탈물질주의 가치관(post-material value)의 등장으로 다양성이 증대하고 있으나 제도화된 정치 영역에서 이러한 균열을 적절히 반영하지 못하고 있다. 따라서 보다 많은 정치참여와 소통 그리고 소수자에 대한 배려를 요구하고 있으며, 무제한적 다수결제보다는 제한적 다수결 제도를 도입할 필요성이 있다.

2. 제한적 다수결론의 한계와 구체적 보완방법

제한적 다수결론으로 인해 거부점이 증가할 경우 합의에 요구되는 비용이 증가하고 정치적 분열이 심화될 수 있다. 미국의 경우 다원주의 하에서 다양한 이익집단이 존재하며 이익집단 간 자신의 이해관계를 반영하기 위해 치열한 로비가 존재한다. 의회도 하원과 상원으로 나누어져 있어, 권력의 정도에 따라 소수만 동원해도 얼마든지 다수의 의사를 저지할 수 있다. 또한 한국 정치 현실 속에서 의사 정족수의 증가가 정반대로 개혁을 저해하고 현 정치체제를 더욱 보수적으로 만들 가능성도 있다.

하지만 다수의 횡포가 나타나고 일방적인 정책결정으로 정책 집행 비용이 급속히 증가하고 있는 한국의 정치적 현실 속에서 민주주의의 내포적 심화를 위해서는 제한적 다수결제가 필요하다. 따라서 이에 대한 구체적인 보완이 필요하기에, 선거의 경우 비례대표제(Proportional Representation : PR) 및 결선투표제(two-round system)를 확대하여 불비례성을 완화하며, 집회의 자유를 보장하고, 정책공동체(Policy Network) 등을 통해 의사결정 과정에서의 참여를 확대할 필요가 있다. 또한 정당이나 의회와 같이 제도화된 공론장 역시 활성화하고 강화한다면 참여를 확장하면서도 정책 집행 비용을 감소시킬 수 있다.

V. 결 론

다수결은 가장 현실적인 의사결정 수단이다. 하지만 다수를 적절히 견제하지 않으면 소수의 보호라는 민주주의의 또 다른 근본적인 원리를 놓치게 된다. 따라서 신자유주의적 세계화 속에서 한국의 민주주의를 공고화하기 위해서는 제한적 다수결제를 적극적으로 고려할 필요가 있다. 다만 제한적 다수결제의 한계도 존재하기 때문에 그 구체화로서 비례대표제, 결선투표제 같은 선거 제도뿐만 아니라, 의회와 정당 같은 제도화된 공론장을 확대하여 소통을 증가시켜야 할 것이다.

┤ 강 평 ├

1. 제1문은, 다수결제의 문제점과, 한국정치를 보다 민주적으로 운영하는 데 있어 제한적 다수 결론과 무제한적 다수결론 중 어느 쪽이 더 유리한가에 관해 질문을 던지고 있고, 답안에는 적절한 설명들과 다소 부족한 부분들이 공존하고 있는 것으로 보인다.

2. 먼저, '에로우(Kenneth Arrow)의 불가능성 정리', 다수의 폭정 위험성, 그리고 근본적 가치 간 타협의 어려움 등 다수결제를 향한 가장 핵심적인 비판의 논거들을 적절히 활용해 그 문제점들을 기술하고 있는 점은, 첫 질문에 대한 답으로서 크게 손색이 없어 보인다.

3. 다음으로, 답안은 두 번째 질문에 대해, 한국정치의 보다 민주적인 운영을 위한 제한적 다수 결제의 도입 필요성을 설명하고자 한국정치의 대표적 문제점들을 우선 제시하는 서술구조를 택했다. 그리고 그 문제점들로, 냉전반공주의에 따른 이념적 협애성과 다수 정치사회적 균열들의 억압, 소통의 부재와 정치참여 기제의 미비, 그리고 세계화의 심화와 사회적 약자의 주변화 등을 꼽고 있다.
그런데 여기에는 한국정치의 문제와 관련해 몇 가지 주요한 고려사항들이 빠져 있다. 우선, 답안이 제시한 것처럼 과연 냉전반공주의만이 이념적 협애성 및 정치사회적 균열들의 억압을 불러온 유일한 원인이었는지 적잖은 의문이 든다. 냉전반공주의와 함께 지역주의가 그 핵심원인으로 함께 제시됐다면, 더 양호한 설명이 됐을 것이다.

4. 소통의 부재 및 정치참여 기제의 미비와 관련해서도, '4대 강 사업'과 미디어법 제정 등 이명박 정부의 일방적 정책들에 관한 단순 나열이나, 그 원인으로 하향식 의사결정 방식의 정당구조 또는 지역주의 등을 지목한 것은 답안의 논거로서 아주 잘 부합지는 않았다고 사료된다. 오히려, 승자독식형의 제왕적 대통령제나 양당체제를 주로 결과하는 단순다수제적 선거제도 등이 더 본질적인 제도적 결함들일 수 있고, 이들이 뒤에서 제한적 다수결론을 옹호하는 데 있어서도 서술의 일관성을 더 확보해줄 수 있는 내용이 됐을 것이다.
다만, 세계화로 인해 한국에서도 사회적 약자층의 주변화 위험성이 극대화될 수 있고, 이들이 적절히 대표되는 데 다수결제가 무력할 수 있음을 언급한 점은, 경제구조적 측면에 대한 고려로서 꽤 주요한 의미가 있다. 경제적 불평등의 심화는 정치적 양극화로 이어져, 다수결제하에서 선거에서 패배한 쪽으로 하여금 민주주의 자체를 부정하게끔 만들 위험이 있기 때문이다.

5. 마지막으로, 제한적 다수결론의 필요성에 대한 논거는 비교적 충분히 제시되고 있는 것으로 보이며, 특히 사회적 약자들의 배려 및 다원화된 균열들의 적절한 반영을 위한 제도적 선택

이 되어야 함을 주장한 것은 적절했다고 판단된다. 하지만 그 제도적 보완책으로 단순 비례대표제의 단순 확대와 결선투표제의 도입 정도만을 제시한 것은 다소 미진한 감이 있다. 따라서, 지역주의 등이 한국정치의 고질적 병폐로 기능해왔던 전제하에 동시다수제나 양원제 등의 도입 필요성을 추가로 언급했다면, 답안의 완결성을 더욱 높일 수 있었을 것이다.

| 제2문 | 최근 선거과정에서 여러가지 큰 변화가 나타나고 있다. 유권자의 이익 표출 및 집약이라는 정당의 여론수렴 기능에 영향을 끼치는 인터넷의 영향력 증가, 입후보자 중심의 매니페스토 운동, 당내 경선의 활성화 등의 현상이 벌어지고 있다. 이러한 변화가 우리나라의 정당정치 발전에 끼치는 순기능과 역기능을 논하시오. (30점, 선택 15점)

I. 서 론

II. 정당 변화의 역사와 한국 정치 환경의 변화
  1. 정당 변화의 역사
  2. 한국 정치 환경의 변화

III. 환경 변화가 정당정치 발전에 끼치는 순기능과 역기능

1. 순기능
2. 역기능
3. 평 가

IV. 결 론

답안작성

유 ○ ○ / 2009년도 행정고시 일반행정직 합격

I. 서 론

2004년 민주당의 당내 경선과 노무현 전 대통령의 후보 당선은 국민의 정치 참여에 대해 다시 한 번 생각하게 되는 계기를 마련하였다. 이제는 모든 정당에서 보편화된 정당민주화, 시민단체들의 낙선운동, 인터넷의 발달을 통한 대표와 유권자의 직접 소통이 비례대표제 같은 선거제도의 변화와 결합하여 한국 정치를 보다 활성화시키고 있다. 하지만 이러한 정치환경의 변화가 자칫 정당의 파편화를 초래하거나 장기적으로 정당 본연의 기능인 국가와 시민사회와의 가교 역할을 상실하도록 만들 수 있기에 이에 대해 면밀한 검토가 요구된다.

II. 정당 변화의 역사와 한국 정치 환경의 변화

1. 정당 변화의 역사

서구의 경우, 1970년대를 지나며 산업구조 개편이라는 사회 경제적 구조의 변화와 탈물질주의적 가치관의 확산이 일어났다. 그 결과 대중정당(mass party)은 선거에서 승리하기 위해 포괄정당(catch all party)이나 선거전문가 정당(electoral professional party)으로 변화하였다. 심지어는 정당이 준국가기관(semi state agency)화 되는 카르텔 정당(cartel party)이 되기도 하였다. 이렇게 정치 환경의 변화에 따라 서구의 정당은 형태를 바꿔왔지만 다양한 사회적 요구를 국가로 매개하는 전달벨트(transmission belt)로서의 기능은 지속적으로 유지하고 있다.

반면 한국의 경우, 간부정당에서 출발하여 대중정당으로 나아가지 않고 그저 간부정당을 유지하거나, 선거 승리를 목적으로 이합집산이 반복되는 선거전문가 정당, 또는 무색무취한 포괄정당으로 변모하였다. 파네비안코(Panebianco)의 제도적 접근을 적용해보면 카리스마적 지도자로 인해 형성된 정당이 지방으로 침투하며, 정당 외부의 후원보다 국가기구에 의해 형성된 경향이 강해 제도화가 약하다. 따라서 서구 정당과는 달리 정당의 제도화가 미흡하여 이익의 집약과 표출 역시 서구 정당만큼 하지 못하는 상황이다.

2. 한국 정치 환경의 변화

한국 정치 환경은 2000년을 지나면서 크게 네 가지 측면에서 변화하였다. 첫째로 정보화 혁명으로 인해 전자 민주주의가 발전할 수 있는 영역이 확대되었다. 이에 따라 유권자가 대표와 직접 정치적 현안을 논의할 뿐 아니라, 유권자 간에도 인터넷 공론장에서 토론을 할 수 있게 되었다. 둘째로 이로 인해 정치 영역에 대해 개개인의 접근성이 증가하였다. 당내 경선의 활성화는 그 한 가지 예라 할 수 있다. 셋째로 대표에 대한 정보의 공유는 영국 노동당의 토니 블레어처럼, 공약의 구체성과 실현 가능성을 평가하는 매니페스토 운동을 2006년 5월 지방선거 이후 확대시켰다. 마지막으로 전반적인 시민 참여가 활성화되었다. 미국 소고기의 수입부터 가깝게는 전 대통령의 추모집회까지 자신의 정치적 의사를 거리에서 표현하고 있다. 이러한 현상에 대해 일각에서는 참여의 과잉(hyper democracy)마저 우려할 정도이다.

Ⅲ. 환경 변화가 정당정치 발전에 끼치는 순기능과 역기능

1. 순기능

앞서 언급한 환경 변화는 정당정치를 두 가지 측면에서 발전시키고 있다. 첫째로 대표성의 회복이다. 지금까지 한국의 정당은 하향식 공천으로 인해 강한 정당 기율을 유지하게 되었고, 이는 당 대표의 이해관계만을 반영하는 정당 대표성만 심화시켰다. 하지만 정치 환경의 변화는 자연스레 국민대표성이나 지역대표성을 강화하지 않고서는 당선 자체가 어렵도록 만들었다. 둘째로 정당의 상향식 의사결정이 이루어질 수 있는 가능성을 열어놓았다. 국민의 참여가 증가하고 유권자가 정당에 이익의 표출과 집약을 하면 할수록 정당 내에서 상향식 의사결정이 나타날 가능성이 높아지기 때문이다.

2. 역기능

하지만 이에 대한 반박 역시 가능하다. 첫째로 정당일체감(party identification)이 낮고 투표유동성(electoral volatility)이 높은 한국의 정치 현실 속에서 위의 정치환경 변화는 정당의 강화보다는 약화를 가져올 수 있다. 특히 개인에 치중하는 정치는 노무현 전 대통령이나 이명박 현 대통령의 경우와 같이 정치에 대한 급격한 열망과 실망의 사이클을 가져온다. 이는 결과적으로 정치에 대한 회의만 심화시킨다. 정치 개혁은 정치인 개인이 해결할 수 있는 문제를 벗어나 구조 수준의 문제로 자리 잡았기 때문이다. 둘째로 아직 노동이라는 균열구조조차 제대로 반영되지 않는 한국의 정치 현실 속에서 정당기율을 약화시키고 원내정당화를 시도할 경우 자칫 정당이 공동화되고, 비제도화되어 대표 개개인의 역량에 의

존해야 하는 문제가 발생할 수 있다. 촛불 시위의 경우만 보아도 한국 시민사회가 이토록 폭발적으로 자신의 의견을 분출했음에도 불구하고 정치영역에 전혀 변화의 조짐이 보이지 않는다. 이러한 모습은 민의를 반영할 수 있는 정치 제도인 정당이 중요함을 분명히 보여준다.

3. 평 가

결국 한국 정치 환경의 변화는 참여의 증대라는 순기능으로만 존재하는 것이 아니라 정당을 공동화시키고 비제도적 기제에 의존하는 현상을 심화시키는 역기능을 만들 수 있다. 즉, 순기능이라는 보이는 목표와 함께 역기능이라는 보이지 않는 결과로 인해 발생하는 문제까지도 가능한 최소화할 필요가 있다. 이는 정당을 약화시키고 원외 정당을 축소하는 원내 정당화를 통해 달성되기보다 정당의 강화를 통해 가능하다. 다만 균열구조가 온전히 반영되지 않고 있고 탈물질주의 가치관이 나타나는 현실을 고려할 때 정당을 강화하는 방법으로 느슨한 형태의 정책정당을 모색해야 한다.

Ⅳ. 결 론

노이만(Neuman)은 정당을 현대 정치의 생명선으로 보았다. 그만큼 정당은 현대 정치 환경의 변화에도 불구하고 비제도적 정치의 폐해와 참여의 무력화를 극복할 수 있는 중요한 정치적 기제이다. 1989년 협약에 의한 민주화 당시에도 운동세력의 이해관계를 집약하지 못하는 정당으로 인해 정치 개혁은 제한적이었다. 따라서 역기능이 심화되지 않으면서도 참여와 정당 민주화를 가져올 수 있는 방안으로서 정책정당을 모색해야 한다. 이때 정책정당은 이익의 표출과 집약이 정당을 중심으로 이루어지고 이를 바탕으로 정당 차원에서 정책을 형성하게 된다. 분명 느슨한 형태의 정책 정당이 다소 순기능을 감소시킬 수 있으나 한국 사회에서 심각한 역기능의 완화가 더욱 중요한 만큼 제도화된 기제로서 정당 본연의 역할에 충실해야 할 때이다.

| 강평 |

1. 제2문은, 최근 인터넷의 정치를 향한 영향력 증가, 입후보자 중심의 매니페스토 운동, 그리고 당내 경선의 활성화 등의 변화들이 한국 정당정치 발전에 끼친 순기능 및 역기능에 관해 질문하고 있고, 답안은 두 가지 측면들에 대해 대체로 적합한 설명들을 제공하는 가운데 다소간의 미진한 점 또한 함께 드러내고 있다.

2. 우선, 정당발전의 차원에서, 서구는 대중정당의 단계를 거쳤기 때문에 현재의 카르텔정당 또는 포괄정당에 이르게 되었음에도, 정당이 여전히 다양한 사회적 요구들을 국가에 매개하는 전달벨트 역할을 어느 정도는 수행해내고 있다고 평가하는데, 이는 서구 정당의 발전사에 관한 비교적 적절한 이해일 수 있다. 반면, 한국의 경우, 대중정당의 단계를 거치지 않은 채 간부정당 형태를 그냥 유지하거나 무색무취한 포괄정당으로 진화했고, 특히나 과거에는 카리스마적 지도자 중심의 지역정당들이 득세했던 탓에 상대적으로 정당들이 잘 제도화될 수 없었음을 서술한 것 또한 적합했다고 사료된다.

3. 다음으로, 답안은 한국의 정치환경 변화에 관해 정보화혁명에 따른 전자민주주의의 발전, 정치에 대한 개인의 접근성 증대, 매니페스토 등 대표에 관한 정보의 공유, 그리고 전반적인 시민참여의 활성화 등 4가지 측면에서 언급하고 있는데, 이들이 공히 정치환경 변화의 주요 내용들인 것은 틀림이 없지만, 본 문항의 지문이 제시하고 있는 세 가지 변화들과 특별히 차이가 없는 내용인 데다 당내 경선의 활성화 부분은 누락시키고 있다는 점에서 굳이 다시 정리해 설명할 필요가 있었는지 의문이 든다. 즉, 문항의 지문에서 제시된 세 가지 변화를 그대로 언급한 후 이들에 관한 설명을 부연하는 편이 오히려 더 간결하면서도 명확한 서술이 됐을 것으로 판단된다.

4. 마지막으로, 위에서 설명한 정치환경의 변화가 정당정치에 미치는 영향과 관련해선, 그 순기능으로 대표성의 제고와 당내 상향식 의사결정의 확립을, 역기능으로 정치의 개인화와 정당의 약화 및 그에 따른 제도정치의 기능장애를 언급하고 있는데, 대체로 답안이 요구하는 내용을 상당 부분 포함하고 있는 것으로 보인다. 하지만, 인터넷의 정치를 향한 영향력 증가, 입후보자 중심의 매니페스토 운동, 그리고 당내 경선의 활성화 등의 변화들이 각 정당들로 하여금 충성도가 높은 당원들보다는 광범위한 일반 유권자를 중심으로 한 조직으로 변화해 가지 않을 수 없게끔 유인한다는 점을 우선 서술하는 편이 더 적절한 순서였을 것이다.
그리고, 이러한 유권자 중심의 정당들의 경우, 대표성 제고 및 당내 상향식 의사결정이 확립되는 데는 순기능을 보이지만, 이념 및 정책적 노선을 강하게 유지한 채 견고한 응집성을 바탕으로 대규모의 당원들에게 집단적으로 책임을 지는 과거 서구 대중정당의 성공 유형과는 멀어지게 되는 역기능을 보인다는 점을 덧붙였다면, 보다 양호한 답안이 됐을 것이다. 아울러, 한국에서 최근 유권자 중심의 정당들이 지닌 현실적 문제들로 비판받아온 모바일 투표방식이나 여론조사를 통한 의견수렴 등이 내포한 기술적 논란 등을 추가로 언급했다면, 답안의 완결성을 더욱 높일 수 있었을 것이다.

| 제3문 | 세계화 현상은 지구환경에도 큰 영향을 미치고 있다. 이러한 영향과 관련하여 세계화로 인해 지구환경이 개선될 것이라는 낙관론과 반대로 악화시킬 것이라는 비관론이 존재한다. 기후변화 문제와 관련하여 국제사회의 협력과 갈등을 낙관론과 비관론을 토대로 논하시오. (30점, 선택 15점)

I. 서 론

II. 세계화의 의미와 환경 문제의 정치적 의미
  1. 세계화의 의미와 탈근대로의 이행
  2. 환경 문제의 정치적 의미

III. 기후변화 문제와 관련한 국제 사회의 입장

  1. 자유주의 패러다임과 국제 사회의 협력
  2. 현실주의 패러다임과 국제사회의 갈등
  3. 갈등 해소 방안: 거버넌스의 확립과 제도의 형성

IV. 결 론

답안작성

유 0 0 / 2009년도 행정고시 일반행정직 합격

I. 서 론

작년 미국 오바마 대통령은 온실가스 배출국이 참여하는 새로운 에너지 포럼 창설을 공약으로 내세웠다. 환경 문제에 대한 전 세계적인 관심 속에서 우리 역시 작년 습지의 보호와 지속가능한 이용에 관한 국제 조약인 람사르 총회를 개최하는 등 주도적으로 나서고 있다. 이는 세계화와 탈근대의 움직임 속에서 더 이상 국가라는 수준으로 해결하기 어려운 사안이 등장했음을 의미한다. 이전에는 개인 수준으로 풀 수 없는 문제를 국가 수준에서 해결하였다. 국가 수준에서 해결하기 어려운 환경 문제의 특성상 전지구적 단위에서 해결해야 하나, 전지구적 단위에서는 국가만큼 합법적인 강제력이 존재하지 않아 많은 갈등과 충돌이 뒤따르고 있다. 다만 환경 문제는 중요한 정치적 사안이고, 동북아의 황사 문제와 같이 우리의 생존과도 직결되어 있기에 국제사회의 갈등을 협력으로 변화시킬 심도 있는 검토가 요구된다.

II. 세계화의 의미와 환경 문제의 정치적 의미

1. 세계화의 의미와 탈근대로의 이행

세계화란 정치, 경제, 사회, 문화 전 영역에서 행위자 간 상호의존이 이루어지는 상태이다. 상호의존의 심화는 국제관계에서 절대적인 행위자였던 국가의 자율성을 제약하게 되었다. 그리고 인권, 여성, 환경과 같이 더 이상 한 국가에서 해결할 수 없는 사안이 계속해서 등장하고 있다. 이는 곧 국가라는 단위에 기반을 둔 근대(modernity) 자체에 대한 위기로 이어졌다. 즉, 주체와 타자의 구별이 해체되고 다양한 행위자 간에 제도를 통한 협력이 국가를 넘어선 단위에서 이루어지고 있다.

2. 환경 문제의 정치적 의미

이러한 세계화와 탈근대의 흐름 속에서 환경 문제는 가장 정치적인 문제가 되었다. 정치를 이스턴(D. Eastern)의 정의에 따라 가치의 권위적 배분이라고 할 때, 환경이라는 공유자원(common resources)을 어떻게 활용할 것인지 상호 간에 협의하는 과정 역시도 정치의 영역이다. 또한 공유자원의 비극(tragedy of the commons)이 발생할 경우 그 오염이 사회 전체적으로 파급된다. 이렇게 이익이 집중되고 피해가 광범위할 경우 대립과 갈등을 해소하는 일도 정치의 역할이다. 예를 들어 환경을 둘러싼 남북갈등이 나타나고 있는데, 선진국은 기후변화 문제가 개발도상국의 책임이라는 인식을 가지고 있으나, 개발도상국은 선진국의 과도한 자원소비가 기후변화의 주요문제라고 본다. 결국 이는 선진국과 개도국 간에 환경 활용 방안과 보전비용을 둘러싸고 벌어진 생존 문제이자 대표적인 정치적 상황이다. 특히 환경문제 중에서도 기후변화 문제가 가장 심각한 갈등이 나타나고 있는데, 이러한 갈등이 근본적으로 해결 가능하다는 입장과 해결 불가능하다는 입장으로 팽팽하게 맞서고 있다.

Ⅲ. 기후변화 문제와 관련한 국제 사회의 입장

1. 자유주의 패러다임과 국제 사회의 협력

자유주의 패러다임은 기본적으로 국가 간 이해관계의 조화가 가능하다고 본다. 이는 인간관에서 비롯하는데, 인간은 근본적으로 선하다는 로크(J. Locke)의 사상에 기반한다. 따라서 전쟁 같은 나쁜 행동은 인간의 본성 때문이 아니라 잘못된 제도나 구조적 장치 때문이라고 본다. 또한 자유주의는 국제관계의 다양한 행위자 속에서 경제와 문화 같은 하위 정치(low politics)에도 의미를 부여한다.

자유주의 패러다임 중에서도 신자유주의적 제도주의를 통해 살펴볼 때 기후변화의 문제에서 갈등이 나타나는 이유는 제도(institutionalization)가 미흡하고 상호주의(reciprocity)가 부재하기 때문이다. 제도와 상호주의만 확립된다면 행위자들은 기만의 우려에서 탈피하여 협력을 달성한다. 따라서 환경문제 해결을 위한 최초의 국제적 노력인 1972년 유엔환경회의 같은 국제 규범만 지속적으로 나타난다면 기후 문제와 관련해 국제 사회는 협력할 수 있다.

2. 현실주의 패러다임과 국제사회의 갈등

현실주의 패러다임은 자유주의와는 달리 무정부적인 국제체제 속에서 생존의 문제로 인하여 국가 간 영구적인 협력이 불가능하다고 본다. 이는 인간관에서 비롯하는데, 인간은 근본적으로 악하고 이기적이라는 홉스(T. Hobbes)의 사상에 기반하여 국제정치를 바라본다. 따라서 국제정치는 모겐소(H. Morgenthau)가 언급한 바와 같이 국가 이익(national interest)의 관점에서 정의된 권력을 위한 투쟁이다. 즉, 유일하고 중요한 행위자인 국가를 중심으로 권력이나 안보와 같은 소위 상위정치(high politics)를 중시한다.

현실주의 패러다임 중에서도 패권이론을 통해 살펴볼 때, 기후변화의 문제에서 갈등이 나타나는 이유는 패권국인 미국이 2001년 교토의정서 탈퇴 선언을 함으로써 패권구조가 부재하기 때문이다. 또한 발전과 환경 보호의 딜레마 속에서 자조(self-help)를 우선시하면서 개발도상국일수록 국가가 경제개발을 더욱 중시하기 때문이기도 하다. 즉, 개발도상국이 환경만을 중시하다 자칫 경제발전에 소홀할 경우 개발도상국은 생존의 위협에 직면할 수 있다. 따라서 근본적으로 이해관계의 공유가 어렵고 패권국가 조차도 자신의 국익을 고려하여 진입하고 이탈하기 때문에 일시적 협력만 가능할 뿐 국제사회는 갈등이 지속된다. 그 결과 죄수의 딜레마(Prisoner's Dilemma) 상황을 벗어날 수 없다.

3. 갈등 해소 방안: 거버넌스의 확립과 제도의 형성

갈등이 심화된다는 비관론도 일리는 있으나, 이제 환경문제와 관련된 협력은 생존을 위해 선택이 아닌 필수적인 정치적 문제로 자리매김 하였다. 즉, 지속가능한 발전(sustainable development)을 위한 레짐(regime)의 필요성은 현실주의에서도 간과할 수 없는 안보의 문제이다. 따라서 국가, 시민 사회, 국제 비정부 기구(INGO), 학자, 기업, 국제기구 등 다양한 행위자가 글로벌 거버넌스(Global governance)를 형성하고 이를 제도화하여 기후변화 문제에 있어 국제 사회의 협력을 이끌어내야 한다.

Ⅳ. 결 론

역사적 경험은 국제적 협력에 있어 많은 실패를 보여주었지만 반대로 효과적인 집단적 관리제도도 형성될 수 있음을 보여주었다. 따라서 이러한 글로벌 거버넌스는 더 이상 좁은 범위의 문제에 국한된 레짐이 아니다. 적어도 1990년대 이후 여러 레짐들은 복잡한 상호의존 하에 모든 행위자들의 활동과 기대에 영향을 미치기 시작하였다. 다만 교토의정서와 같이 패권국의 이해득실에 따라 제 기능을 수행하지 못하는 경우도 있는 만큼 패권국 및 선진국의 선도적 역할과 제도화를 통해 죄수의 딜레마 상황을 극복해야 할 것이다.

| 강 평 |

1. 제3문은, 기후변화 문제를 둘러싼 국제사회의 협상과 갈등에 초점을 맞춰, 세계화로 인한 지구환경의 개선 가능성에 대해 그 낙관론과 비관론을 논할 것을 요구하며, 답안은 대체로 무난하게 본 요구에 응하고 있는 것으로 사료된다.

2. 우선, 세계화가 기존의 가장 주요한 정치적 행위자였던 국가 역할의 변화를 가져올 수밖에 없었음을 언급하는 한편, '공유자원의 비극'에 관한 개념적 시각에 의거해 환경문제를 둘러싼 남북갈등 상황을 그 주된 원인으로 지목함으로써 지구적 기후변화의 문제를 이해하려 시도한 점은 비교적 질문의 본질을 잘 파악하고 있는 것으로 평가될 수 있다.

3. 다음으로, 기후변화에 관한 국제사회의 대응과 관련해, 이를 자유주의 패러다임에 따른 협력 가능성과 현실주의 패러다임에 따른 갈등 가능성으로 대별시켜 설명을 시도하고 있는데, 이 또한 적실성이 높다 하겠다. 특히, 자유주의 패러다임과 관련해선, 로크(John Locke)류의 전통적 자유주의로부터 출발해 신자유주의적 제도주의의 이론적 접근에까지 주목하는 한편, 현실주의 패러다임과 관련해선, 전통적 현실주의자인 홉스(Thomas Hobbes)나 현실주의적 국제정치학자 모겐소(Hans J. Morgenthau)는 물론 패권이론까지 일부 언급하는 등 지구적 기후변화 문제의 해결을 둘러싼 낙관론과 비관론의 이론적 기초를 비교적 잘 정리해 제시하고 있다. 다만, 패권국인 미국이 2001년 교토의정서로부터 탈퇴함에 따라 패권구조가 부재하게 된 것이 기후변화를 둘러싼 갈등의 한 원인이 됐던 것으로 설명하고, 이를 패권이론과 굳이 연결지으려 한 점은 다소 무리한 시도였던 것으로 보인다. 미국의 교토의정서로부터의 탈퇴는 자국 입장에선 지극히 현실주의적 판단에 따랐던 것으로 볼 수 있겠으나, 오히려 패권안정론의 이론적 예측 등과는 배치되는 행태로 볼 여지 또한 있기 때문이다.

4. 마지막에, 기후변화 문제를 중심으로 지속가능한 발전을 위한 레짐의 필요성을 제안하고, 이것이 현실주의자의 입장에서도 결코 간과될 수 없는 안보적 문제임을 지적한 점은 낙관론의 차원에서 꽤 적절한 갈등 해소의 방향을 피력한 것으로 판단된다. 특히, 국가, 시민사회, 국제 비정부기구(NGO), 학계, 기업, 국제기구 등 다양한 행위자가 함께 글로벌 거버넌스 형성에 참여하고, 이를 통해 국제사회의 협력을 일궈냄으로써 기후변화 문제에 잘 대처할 수 있게 될 것임을 덧붙이고 있는데, 이 역시 꽤 적절했다고 볼 수 있다. 다만, 장기적 지속가능성의 차원에서, 강력한 국제규범의 수립 등 미국과 같은 강대국을 해당 레짐 안으로 유인할 수 있는(구성주의 관점에서의) 글로벌 거버넌스의 확립을 위한 구체적 방안까지 추가로 제시했다면, 답안의 완결성을 더욱 높일 수 있었을 것이다.

2009년도 입법고등고시 기출문제와 어드바이스 및 답안구성 예

| 제1문 (40점) |

오늘날 대의민주주의 과정에서 사회 갈등이 흡수되기보다는 오히려 증폭되고 있고, 각종 정책과 관련해서 합의점을 찾기보다는 대립과 교착에 빠지는 경향이 나타나고 있다. 이러한 문제를 가져오는 시대 환경에 대해서 상술하고, 대의민주주의와 그 대안으로서 참여민주주의를 정치이론과 제도적 차원에서 비교, 평가하시오.

Advice

1. 대립과 교착의 심화를 중점으로 대의민주주의의 한계를 서술한다. 특히 대의민주주의가 사회갈등 해결을 목적으로 한다는 점에서 이는 치명적인 한계이다. 이러한 문제를 가져오는 시대 환경으로는 정보화, 민주화, 탈근대와 같이 기존 대의민주주의가 발생한 환경과는 다름을 서술할 수 있다. 특히 2020년 이후에는 뉴노멀(New normal)시대의 등장과 불확실성과 위험의 만연함 등 갈등 구조 및 사회문제 자체가 복잡해지기 때문에 대의민주주의만으로는 해결하기 어려워지고 있으며, 오히려 다수와 소수 간, 집단 간 대립을 가져온다는 점을 서술할 수 있을 것이다.

2. 대안으로서 제시되는 참여민주주의를 이론적 관점에서 비교한다. 양자 모두 민주주의를 목적으로 하지만, 직접적 참여 여부 및 참여 대상, 정치의 범위 등 여러 측면에서 차이를 보인다.

3. 제도적 관점으로서 대의민주주의는 정당, 의회와 같은 공식적 제도를 중심으로 서술하고, 참여민주주의는, 공론조사와 같은 새로운 의사결정 방식과 함께 주민참여예산 등 직접적인 참여 제도를 언급하면 좋을 것이다.

┌─ **답안구성 예** ─

    Ⅰ. 서 론

    Ⅱ. 정치적 환경 변화

    Ⅲ. 대의민주주의와 참여민주주의

    1. 이론적 비교
    2. 제도적 비교
    3. 평 가

    Ⅳ. 결 론

| 제2문 (30점) |

의회의 제도화란 의회가 독자적인 조직으로서 외부환경과 분화되어 기능하는 것이다. 이러한 의회의 제도화 수준을 높이기 위해서는 의회조직의 내부적 분화, 의원직 전업의식의 제고, 의회규범의 확립 등이 이루어져야 한다. 이를 위한 실질적이고 구체적인 과제들을 논술하시오.

Advice

1. 이미 문제에서 '의회 제도화'에 대한 정의와 이를 위한 방안까지도 세 가지로 나누어 주었다. 따라서 목차를 이대로 하여 누가 더 구체적이고 현실적인 진단과 대안을 제시하는지가 문제의 포인트가 된다. 의회조직 내부적 분화와 관련하여 상임위원회의 세분화를 통한 전문화와 지속성 강화를 논의할 수 있고, 행정부에 대한 통제를 강화할 수 있는 제도적 장치를 마련할 수 있다.

2. 의원직 전업의식 강화를 위해 다양한 의회 전문화 제고 방안을 서술함과 동시에, 프라이스(Price)의 경험적 분석을 바탕으로 대행정부 권한강화, 정당재편현상, 상임위 고참제 도입 등의 대안을 제시할 수 있다. 의회 규범 역시 전문성 제고와 관련되며, 호혜성을 통해 경합장형 의회보다 전환형 의회로서의 모습을 갖추도록 해야 유도해야 한다. 의원에 대한 직무평가도 제시될 수 있다.

> ┌─ **답안구성 예** ─┐
>
> Ⅰ. 서 론   Ⅳ. 의회규범의 확립
>
> Ⅱ. 의회 조직의 내부적 분화   Ⅴ. 결 론
>
> Ⅲ. 의원직 전업의식 제고

| 제3문 (30점) |

비국가행위자의 범주와 활동영역이 확대되면서 나타나는 국제정치의 변화양상은 다양하다. 변화양상의 긍정적·부정적 측면을 사례를 들어 설명하고, 긍정적 변화로 이끌기 위한 국제체제의 과제를 제시하시오.

Advice

1. 세계화의 가장 큰 결과 중 하나는 비국가행위자의 중요성이 커지고 있다는 것이다. 이로 인해 다시 국제정치의 변화가 발생하고 있는데, 긍정적 측면으로는 다양한 분야의 협력 유도(ICBL 등), 조직화되지 못한 소수의 이익 표출 기능(그린피스, 엠네스티 등)이 있다. 반면 부정적으로는 다국적 기업에 의한 경제적·물리적 공격을 받을 수 있다는 점이다. 다국적기업은 후진국 경제를 종속시킬 수 있으며, 테러집단의 경우 9.11 테러에서와 같이 소프트타깃테러를 통해 국제적 공포를 증가시킨다.

2. 긍정적 방향으로 변화를 이끌기 위해 글로벌 거버넌스와 국제적 공조를 통한 테러 억제, 다국적 기업의 과도한 이익추구 감시와 같은 기존의 부정적 방향을 해결하는 방식을 언급하고, 이에 더 나아가 긍정적 측면을 보다 발전시킬 수 있는 방안을 서술하면 좋다.

답안구성 예

I. 서론

II. 비국가행위자의 등장과 국제정치의
　변화양상
　1. 비국가행위자의 개념

2. 긍정적 변화
3. 부정적 변화

III. 긍정적 변화를 위한 국제체제의 과제

IV. 결론

| 제1문 | 세계화 시개의 정치는 단지 개별 국가 정부들 간의 협력과 경쟁만을 통해 이루어지는 것은 아니다. FTA 체결 등에서 보는 바와 같이, 세계화 시대의 정치는 다양한 이해관계 및 상이한 관점에서 기인하는 국내적 차원에서의 갈등을 극복해야 하는 과제를 안고 있다. 한국정치에 새로운 도전을 야기하고 있는 세계화의 요구와 관련된 국내적 갈등의 구체적 내용은 무엇이며, 이를 어떻게 극복해야 하는지에 대해 의견을 제시하시오. (40점)

Ⅰ. 서 론

Ⅱ. 세계화의 의미

Ⅲ. 세계화의 영향: 국내 갈등 문제를 중심으로
  1. 정치적 측면: 독점적 권력 구조 문제 및 정당 간 갈등
  2. 경제적 측면: 경제적 양극화 심화, 피해집단의 저항에 의한 갈등
  3. 사회적 측면: 사회적 복지 및 국가의 보호 부재, 다문화 갈등

Ⅳ. 세계화에 따른 국내 갈등 극복 방안
  1. 정치적 문제 해결: 국회 기능 강화를 통한 대의제 활성화, 국민 참여를 통한 보완
  2. 경제적 갈등 해결: 신조합주의의 활용
  3. 사회적 문제 해결: 국가의 보호책 마련, 참여와 합의 문화 양성

Ⅴ. 결 론

답안작성   박00 / 2008년도 행정고시 일반행정직 합격

Ⅰ. 서 론

최근 발생한 세계금융위기는 세계 각 국가들이 경제적으로, 정치적으로 얼마나 복잡하게 연관되어 있는지를 보여준다. 기든스(A. Giddens)가 말한 바와 같이, 세계화에 따라 이전에 영향을 받지 않았던 다른 나라의 일이 교통, 통신 기술의 발전으로 인해 영향을 받게 되는 것이다. 한국 역시 다른 나라들과 교역하고, 경제적 협정을 맺는 등 세계화의 시류에 편승한 나라로서 많은 국, 내외적 변화를 겪고 있다. 이러한 과정에서 다양한 부작용들이 나타나고 있으므로 그 극복방안을 알아볼 필요가 있다.

Ⅱ. 세계화의 의미

세계화(globalization)는 여러 의미로 사용되고 있지만, 세계화를 하나의 현상으로 보는 경우와 하나의 전략으로 보는 경우로 크게 나누어 볼 수 있다. 첫 번째는 교통, 통신 기술 등의 발달로 인해 경제활동이 국경을 넘어서 자유롭게 이어지고, 문화가 개방되어 전 세계에서 다양한 기호와 의식이 발달 되며, 전 지구적으로 해결해야 할 문제들이 발생하는 현상을 총칭하는 것이다.

전략으로써의 세계화는 이렇게 경쟁이 만연해진 국제 정치체제에서 각 국가가 생존하기 위해 개개 국가가 갖고 있던 기준, 가치관 등을 지구적 기준(global standard)에 맞추고자 하는 노력을 의미한다. 이에 따를 때, 국내적 기준을 만들던 국가의 자국 내 역할과 권한은 축소될 수 있다.

Ⅲ. 세계화의 영향: 국내 갈등 문제를 중심으로

1. 정치적 측면: 독점적 권력 구조 문제 및 정당 간 갈등

세계화가 진행될수록 행정부의 역할이 강화된다. 다른 나라에 외교 사절을 파견하고, 경제 협약 등을 체결하는 권한이 행정부에 집중되어있기 때문이다. 외교통상부 통상교섭본부를 중심으로 한미 FTA를 비롯한 여러 협약이 체결되었으며, 국회는 사후적으로 이를 심의할 수밖에 없다. 이와 같은 정부 기능의 팽창은 입법부와 행정부 간의 갈등을 확대시키는 역할을 한다. 이러한 갈등을 우회하고자 정책 결정이나 집행에서 대통령이 의회나 선거와 같은 절차를 무시하고 긴급명령, 대통령령 등을 통해 정책을 펼치기도 한다. 페루의 전 대통령 후지모리가 신자유주의 개혁을 위해 120개의 법안을 대통령령으로 발표한 것이 대표적인 예이다.

국내 정당들 역시 세계화에 대한 입장 차이에 따라 갈등이 발생한다. 세계화는 신자유주의를 기반으로 하고 있으며, 특히 FTA와 같은 경우, 관세부과 및 국내 산업 보호와 같은 시장에 대한 국가 개입을 축소하고자 한다. 이러한 과정에서 국가의 개입이 필요하다는 정당과 그렇지 않으며 세계화를 추진해야한다는 정당들의 갈등이 불거졌다. 이는 소고기 파동과 같은 극적인 갈등으로 나타나 사회적 비용을 야기했다.

2. 경제적 측면: 경제적 양극화 심화, 피해집단의 저항에 의한 갈등

세계화는 국제자본의 영향력을 강화시키는 과정에서 경제적 불평등을 가져온다. 초국적 기업들의 제품 생산은 글로벌 생산 네트워크를 통해 전 세계적인 수준에서 일어나고 있다. 따라서 기업들은 유리한 생산여건을 가진 나라에 공장을 짓게 된다. 국가들은 세금, 일자리 창출 등을 고려하여 이들을 유치하기 위해 퇴직금을 폐지하고 기업의 복지 의무를 축소하는 등 노동자들의 인권을 보장하는 여러 법안과 제도들을 폐지한다. 자본 유치 역시 마찬가지로 자본가들에게 유리한 조건을 제시하는데 급급해져 상대적 약자인 노동자들을 경시하게 되며 경제적 양극화와 함께 사회적 양극화를 심화시킨다.

신자유주의적 세계화가 추진되는 과정에서 수혜집단과 피해집단이 발생하여 이들 간 갈등이 나타나게 된다. FTA와 같은 경제협력 체결의 내용에 따라 피해를 보는 집단은 FTA에 거세게 저항할 것이며, 수혜를 입는 집단은 이를 옹호하고 이들 간, 그리고 피해집단과 정부 간 갈등이 발생한다. 한미 FTA 당시 농산물 수입이 확대되며 농업부문의 피해가 예상되자 농민단체의 시위가 일어난 것이 대표적인 예이다.

3. 사회적 측면: 사회적 복지 및 국가의 보호 부재, 다문화 갈등

세계화는 국제자본의 영향력을 강화시키는 반대급부로서 시민들의 권리를 위협하게 된다. 각 국의 정부와 중앙은행은 시민들의 사회적 복지를 위한 정책을 세우기보다는 초국적 기업과 초국적 자본을 유치하기 위해 세계적 금융시장의 구미에 맞는 정책들을 내놓는다. 또한, 시장주의, 신자유주의 원리에 대해 신봉하게 되며 사회적, 경제적 약자에 대한 국가의 보호가 사라진다. 국가는 경쟁질서를 유지하고, 경쟁을 발전시키는 역할을 가질 뿐, 경쟁에서 도태되는 약자들에 대해서 신자유주의를 바탕으로 어떠한 책임도 지지 않게 된다. 이에 따라 노동자와 거대 초국적 기업 간의 갈등이 나타나며, 노동자들은 정부에 사회적 안정책을 요구하게 된다.

이와 함께, 외국인 노동자나 국제결혼 이주민, 자녀출생으로 나타나는 다문화의 문제 역시 사회 내 새로운 갈등을 만들어낸다. 다문화는 새로운 사회 내 취약계층을 형성하게 되고, 경제적 소득, 직업적 격차에 의한 새로운 계층문제를 야기하여 기존 내국민들과의 갈등이 나타난다. 조선족, 외국인 노동자들의 범죄 증가나 일자리 문제는 사회 내 새로운 문제로 대두되고 있다.

Ⅳ. 세계화에 따른 국내 갈등 극복 방안
1. 정치적 문제 해결: 국회 기능 강화를 통한 대의제 활성화, 국민 참여를 통한 보완

사회적·경제적으로 많은 영향을 미치는 세계화 정책에 대해 행정부만이 독점적인 지위를 가지지 못하도록 견제할 필요가 있다. 특히 대의 민주주의 제도하에서, 국민의 대표인 국회가 행정부의 결정을 제대로 검토할 수 있도록 국회의 전문성을 강화시키고 정당의 역량을 증가시켜야 한다. 국회 외교통일위원회 산하 세계화 정책 관련 전문팀을 구성하고, 사안에 따라 관련 위원회 간 협업이 가능하도록 해야 한다. 입법조사처, 예산정책처 등의 전문성과 권한을 확대해야 한다.

또한, FTA와 같이 시민사회에 큰 영향을 미치는 정책에 대해 국회의 심의를 거치거나, 사후적으로 국민의 의견을 검토할 필요가 있다. 특히 한미 FTA 체결 초기 지방자치단체의 학교급식 원재료 지역 조달 조례들에 대해 대법원이 WTO 협정에 위배된다고 판시한 것과 같이, 국민 일상 전반에 깊은 영향을 미치는 사안들에 대해서는 국민들의 의견을 검토하여 갈등을 방지하는 것이 좋을 것이다. 식량, 안보, 직업과 같은 첨예한 대립이 예상되는 분야를 선정하고 이에 대해 심의 과정을 추가시키는 방법이 있을 것이다.

2. 경제적 갈등 해결: 신조합주의의 활용

슈미터(Schmitter)에 의하면 조합주의란, 위계적으로 조직된 단체가 정부로부터 이익대표권을 인정받는 대신 일정한 감독과 통제를 받으며 정책형성, 집행과정에 참여하는 이익대표체계의 한 유형을 의미한다. 이는 1970년대 이후 유럽에서 확산된 조합주의 모델로, 조합주의에 근거하여 정책협의 및 노동자 참여의 제도화 등 신자유주의에 대응하는 특성을 가진다.

한국 역시 1998년에 1997년 IMF 외환위기를 극복하기 위해 노사정 위원회를 설립하여 계속 운영해 오고 있지만, 이는 형식적인 절차로만 여겨지고 여전히 노동자들과 기업 간의 양극화 문제가 해결되지 않고 있다. 특히 귀족노조의 등장으로 인해 실제 노동자들의 생활 여건에 대해서는 협상 테이블에서 논의되지 않고 있는 상황이다. 노사정 위원회, 즉 조합주의의 참여 상대방을 초국적 기업과 초국적 자본까지 확대하고, 국내 유치를 희망하는 기업들에 대해 참여를 의무화 하며, 실제 피해를 받는 노동자들의 이익을 집약하여 협상에 반영되도록 정부가 조정자로서 제대로 된 규칙을 만들어야 한다.

3. 사회적 문제 해결: 국가의 보호책 마련, 참여와 합의 문화 양성

신자유주의 역시 자유주의적 평등주의와 같이 새로운 자유주의 맥락으로 변화하고 있는 상황에서, 기울어진 운동장을 되돌려 놓기 위한 국가의 최소한의 보호책 마련이 필요하다. 노동자 개인의 자유와 존엄성을 위해 기업체의 자유를 제한해야 한다. 특히, 고전적 자유주의자인 밀(J.S.Mill)이 언급한 위험원칙(harmful rule)을 되돌아볼 필요가 있다. 개인의 자유는 타인의 자유에 해가 되지 않는 경우에만 존중될 수 있는 것과 같이, 기업과 경쟁의 자유 역시 개인의 자유에 해가 되지 않는 경우에 존중되어야 할 것이다. 또한, 사회계약론자들의 입장에서 사회아 집단이 결국 개인의 자유권을 보호하기 위해 형성된 것인 만큼, 사회와 집단은 개인의 자유에 우선할 수 없을 것이다. 따라서, 개인을 보호하기 위해 국가는 적극적으로 개입할 수 있다.

사회적 양극화 및 다문화 문제 해결에 있어서 참여와 합의의 문화를 양성할 필요가 있다. 최근 국민참여 예산제도 등과 같이 국민들이 정책 결정에 참여하고 의견을 내는 제도들이 많아지고 있는 추세이나, 세계화와 관련된 사안에 있어서 참여할 수 있는 창구가 부족한 상황이다. 하버마스(Habermas)가 강조한 것과 같이, 공론정치(deliberative politics)를 활성화함으로써 국민의 신뢰와 합의를 바탕으로 세계화 정책을 추진하도록 해야 한다. 특히, 국민의 의견이 직접적으로 반영되기 어렵더라도 공론장에서 자유롭게 이루어진 토의내용은 정책 결정에 있어서 중요한 고려사항이 될 수 있을 것이다.

V. 결 론

세계화는 국가의 정책 결정 과정에 있어서 국가의 독단적 결정을 강화하는 한편, 국가의 기존 국내 정책과 갈등에 대한 영향력은 약화시키는 이중적인 영향을 미쳤다. 이로 인해 세계화하는 국제정치상황에서 나타나는 국내의 많은 경제적·사회적·정치적 문제들에 대한 해결 능력을 저해하고 있다. 국가는 세계화에 있어서 희미해지는 정체성에 대해 숙고하고, 국민의 삶을 위한다는 본래의 목적을 잃지 않도록 노력해야 할 것이다.

| 강평 |

1. 세계화로 야기되는 국내적 차원에서의 갈등과 이의 극복을 위한 대안을 묻는 문제로 답안은 이에 맞게 논리적으로 제시되어 있다. 그럼에도 답안의 내용에 몇 가지 보충되어야 할 부분이 있다고 생각된다.

2. 세계화의 의미를 제시함에 있어 다양한 의미를 함축적으로 요약하고 있다. 그런데 이러한 함축적 의미 앞 또는 뒤에 사전적 의미가 제시된다면 세계화의 의미를 보다 명확하게 제시할 수 있을 것으로 생각된다. 즉 다양한 논의들의 공통점인 정치, 경제, 문화 등 사회 여러 분야에서 국가들 간의 교류로 인해 경계가 허물어지면서 하나의 세계에서 살아가는 과정이라는 개념적 정의를 제시할 필요가 있다. 또한 이러한 의미와 함께 세계화의 핵심적 요소인 경제적 세계화 특히 세계화의 이데올로기인 신자유주의의 핵심 원리인 자유화·민영화·탈규제화를 언급할 필요가 있다. 이는 무엇보다 답안 전반적으로 제시되고 있는 신자유주의를 언급함으로써 이후 답안의 논리적 연결성을 위해서도 필요한 부분이기 때문이다.

3. 세계화의 영향의 정치적 측면의 내용은 입법부와 행정부의 갈등 그리고 정당 간의 갈등을 언급하고 있다. 따라서 '독점적 권력 구조 문제'라는 표현보다는 행정부와 입법부의 갈등이라는 표현이 더 내용에 부합된다고 생각된다. 이는 또한 외국의 다국적 기업, 투자자 유치를 위한 정부 역할의 약화라는 측면을 동시에 고려할 필요가 있기 때문이다.

4. 세계화의 영향을 언급함에 있어 가능한 신자유주의의 핵심인 자유화, 민영화, 탈규제화로 인해 야기되는 문제로 각 영역에서의 문제점을 보다 강조한다면 보다 논리적인 연결성을 갖게 될 것으로 보인다. 즉 신자유주의 세계화 즉 자유화, 민영화, 탈규제화로 야기되는 정치적·경제적·사회적 문제에 초점을 두고 답안을 제시할 필요가 있다.

5. 세계화로 인해 정치적·경제적·사회적 문제에 있어 민주주의 원칙의 약화 그리고 갈등해결의 극복 방안에 있어 정치적·경제적·사회적 문제해결에 있어 민주주의 원칙의 강화라는 점을 강조하면 답안 전체의 논리적 연결성이 보다 강화될 것으로 보인다.

| 제2문 | 정치를 바라보는 관점으로 서구 자유주의 사상과 동양 유교사상의 차이를 설명하시오. 그리고 현대 한국 정치에서 유교적 사고와 행위양식이 표출되는 구체적 사례를 설명하고, 이것이 한국 민주정치의 발전에 미치는 영향을 긍정적·부정적 측면에서 논하시오. (30점)

Ⅰ. **서 론**

Ⅱ. **정치를 바라보는 관점: 서구 자유주의 사상과 동양 유교사상의 비교**
  1. 서구 자유주의 사상
  2. 동양 유교 사상

Ⅲ. **유교적 사고가 한국 민주정치 발전에 미치는 영향: 구체적 사례 위주**
  1. 긍정적 영향

  (1) 정치인·공직자의 책임의식 제고
  (2) 사회자본 형성 및 사회의 양극화 방지, 희생과 참여 유도
  2. 부정적 영향
  (1) 권위주의적 정책결정과 참여 및 토의 문화의 부재
  (2) 집단주의로 인한 배타적 정치 당파싸움

Ⅳ. **결 론**

답안작성

박 00 / 2008년도 행정고시 일반행정직 합격

Ⅰ. 서 론

민주주의는 개인의 자유가 존중되는 자유주의와 함께 할 때 그 의미가 강화된다. 즉, 합리적 이성을 가진 개인들의 동등한 선택에 따라 정치적 결정이 나타날 때, 아리스토텔레스(Aristotle)가 우려한 대중 민주주의에서 벗어날 수 있는 것이다. 그러나 한국의 경우, 유교적 전통이 사회에 남아 있어 자유주의와의 충돌이 발생한다는 점에서 민주주의 발전에 여러 영향을 끼칠 수 있어 서구와는 다른 민주주의 발전 양상이 나타날 수 있으므로 이에 대해 살펴볼 필요가 있다.

Ⅱ. 정치를 바라보는 관점: 서구 자유주의 사상과 동양 유교사상의 비교

1. 서구 자유주의 사상

서구 자유주의 사상은 개인주의와 개인의 가지는 합리성에 대한 신뢰를 가진다. 사회는 단순히 개인들의 합에 불과하며, 합리적인 개인들의 선택이 모인 사회는 효율적이고 바람직한 결과를 가져온다고 본다. 인류는 합리성을 통해 진보하며, 합리성에 기반한 기술, 과학의 발달은 인간으로 하여금 과거에서 벗어나 보다 나은 삶을 영위하도록 한다.

사회적 규범과 질서는 개인을 보호하기 위해 만들어지며, 개인의 자유를 해쳐서는 안된다. 이는 개인의 자유가 방종하여 타인의 자유권을 침해하지 않도록 조율하는 역할을 할뿐, 개인의 역할을 규정하고

특정 행동을 유도하는 삶의 지침의 역할을 하지 않는다.

마찬가지로, 국가와 사회는 개인의 선택이나 이익추구에 대해 어떠한 간섭도 하지 않아야 한다고 본다. 즉, 국가로부터 개인의 소극적 자유(negative freedom)를 추구하는 것이다. 국가와 사회는 개인의 자유권을 보호하기 위해 존재한다. 홉스(T. Hobbes)가 주장한 리바이어던은 개인들을 죽음으로부터 보호하기 위해 존재하며, 로크(J. Locke) 역시 소유권과 같은 천부 인권을 보호하기 위해 사회계약을 통해 사회가 존재하는 것이라고 주장하였다.

2. 동양 유교 사상

동양 유교 사상은 중국과 우리나라, 일본 등 동아시아 국가들의 전통적인 통치이념으로, 학문을 통한 인격의 수양, 도덕과 윤리적 규범의 강조, 조화를 통한 이상 국가의 실현을 강조한다. 개인의 합리성이 이미 인간 본연에 내재되어 있는 것으로 보는 서구 자유주의 사상과 달리, 동양 유교 사상은 개인의 인격을 꾸준히 수양함으로써 최상의 인격체가 되는 것을 인생의 목표로 본다. 많은 비합리적 행동들이 인격 수양이 부족하기 때문에 발생하는 부조화의 모습으로 판단하고, 내적, 외적 수양을 인간의 도리로 본다.

도덕과 윤리 규범은 이러한 개인의 수양을 도와주는 삶의 지침 역할을 한다. 개인의 자유를 최대한 보호하고, 보장하기 위해 개인 간의 관계 및 개인과 사회의 관계를 규정하고 규율하는 자유주의의 규범과 달리, 유교의 도덕과 윤리 규범은 인간으로서 마땅히 지켜야 할 바를 규정한 것이다. 따라서 개인은 이를 거역해서는 안되며, 모든 행동의 기준을 도덕과 윤리 규범에 맞추어야 한다.

유교사상은 무엇보다, 공동체주의를 지향한다는 점에서 자유주의와 구별된다. 국가와 사회는 개인이 인격 수양을 하는 교육의 장이자, 개인이 마땅히 봉사해야 하는 대상이다. 자신이 태어나고 속해있는 고장, 국가는 가정, 어버이와 같이 태초부터 본인이 존재할 수 있도록 공간을 내주었고, 인격 함양을 할 수 있는 교육의 기회를 마련해주었기 때문에 어버이를 섬기듯 국가와 사회를 섬겨야 한다. 평등한 개인 간의 관계를 지향하는 자유주의 사회와 달리, 유교 사상은 수직적인 인간관계를 통해 조화와 질서를 모색한다.

III. 유교적 사고가 한국 민주정치 발전에 미치는 영향: 구체적 사례 위주

1. 긍정적 영향

(1) 정치인·공직자의 책임의식 제고

유교 사상은 수직적인 관계를 전제하면서도 상위 계층에 대해 권력을 인정하면서도 사회적 책임의식을 강조한다. 이러한 사고가 남아 있는 한국 역시 통치자로서 대통령이 강한 권력을 가지는 것을 당연시한다. 이와 함께 통치자가 사회를 책임져야 한다는 인식이 만연하기 때문에 대통령이 공익이 아닌 사익에 따라 정치적 결정을 내리는 것에 대해 전 국민적 반감을 갖게 된다. 정치인과 공직자 역시 마찬가지로 사회의 엘리트층으로 사회적, 공적 책임을 가져야 한다는 것을 전 국민이 공감하고 있다. 이는 집권 계층에 대해 평소에는 권력을 위임한 후 전폭적인 지지와 신뢰를 통해 정책 결정을 수월하게 만들어줌과 동시에, 신뢰가 깨지는 경우 탄핵 의결과 같이 정치인에 대해 전국민적인 견제를 하도록 만든다.

(2) 사회자본 형성 및 사회의 양극화 방지, 희생과 참여 유도

유교 사상은 한국 사회의 사회자본 형성에도 기여한다. 사회자본(social capital)이란, 부르디외 (Pierre Bourdieu)가 처음으로 주장한 것으로, 퍼트남(R. Putnam)은 이를 사회문제를 해결하는데 자발적 협동을 이끌어내는 신뢰·규범·네트워크와 같은 체제로 체계화시켰다. 유교 사상은 기본적으로 인간에 대한 도리와 인정을 중시하기 때문에, 사회적으로 최소한의 보장을 중시하고 인본주의적 정치를 기대한다. 이러한 기대는 사회 내에 만연하게 존재함으로써 개인 간, 집단 간, 사회 전체적으로 암묵적인 신뢰와 호혜적 규범을 형성한다. 예컨대, "한국사회에서는 물건을 공공장소에 두더라도 가져가지 않는다."는 믿음 역시 하나의 중요한 사회 자본으로 기능한다.

이러한 유교 사상은 공동체를 중시하기 때문에, 사회의 지나친 파편화를 방지하며, 국가 위기 상황에 국민들의 희생과 참여를 유도하게 만든다. 1997년 IMF 외환위기 극복을 위해 전 국민이 '금 모으기 운동'을 한 것과, 태안 기름유출 사고 이후 전국에서 봉사 활동을 오는 모습이 대표적이다. 이는 사회적 단결을 이끌어내고 사회 문제에 대한 적극적 참여라는 민주적 시민의식을 강화하는 데 도움을 준다.

2. 부정적 영향
(1) 권위주의적 정책결정과 참여 및 토의 문화의 부재

유교 사상의 수직적 관계는 상명하복이라는 관료 및 정치체제의 특징을 가져왔다. 위계적 통치 구조의 정당화는 권위주의적 정책결정을 야기하고, 중요한 정치적 결정에 있어서 일반 국민의 참여가 제한되게 만들었다. 특히, 관료들의 고권적인 행태가 여전히 한국사회 내에서 문제가 되고 있으며, 이들이 가지고 있는 권력을 통해 자신의 사익을 추구하는 등의 비행이 나타나도 국민들이 견제, 감시하기 어려운 상황이다.

마찬가지로, 정책결정에 있어서 참여와 토의 문화가 부재하기 때문에 민주주의의 기능이 제대로 이루어지지 않는다. 일반 시민은 정치 및 여러 사회문제에 대해 논하지 않아야 한다는 것이 만연하게 퍼져있다. 교육 과정에서도 정치에 민감한 내용들은 모두 배제되며, 특정 의견을 지지하고 논의하는 것을 위험한 행위로 받아들인다. 다양한 이익이 제대로 표출되지 못하고 갈등이 잠복되면서 실질적인 사회문제 해결이 어려워진다.

(2) 집단주의로 인한 배타적 정치 당파싸움

유교 사상의 공동체주의가 집단주의로 변질될 경우, 집단이기주의와 배타적 당파싸움으로 나타나게 된다. 공동체 전체의 이익을 추구하는 공동체주의와 달리, 자신이 속한 집단만을 옹호하는 집단주의는 민주주의에 있어서 당파를 형성하는 기능을 하지만, 합의와 토론문화가 부재할 경우 배타적 당파싸움으로 번져 사익과 사익간 의미 없는 싸움을 지속하게 만든다. 예컨대, 신속한 결정이 촉구되는 사안의 경우에도 정치적 이익에 의해 국회에 계류된다던지, 이데올로기와 관계없이 야당이 여당과 대통령이 수행하는 정책들을 방해하는 것이 이에 해당한다.

더욱이, 개인이 특정 의견을 수용할 경우, 그 의견을 주로 주장하는 집단에 속한 것으로 보고 더 이상 다른 의견을 물어보지 않은 채 매장하는 집단주의적 문화는, 사회의 다양한 의견들을 묵살시키고 공론의 장이 형성되더라도 제기능을 못하게 만든다는 점에서 민주주의 발전에 굉장히 큰 걸림돌이 된다. 여성 문제에 대해 논의하는 것이 급진적 페미니즘에 해당하는 것이라 치부하고 격렬히 반대하는 것들이 대표적이다.

Ⅳ. 결론

한국의 민주주의는 유교 사상으로 인해 강화되는 측면도 있지만, 약화되는 측면도 분명히 존재한다. 이러한 한국 정치의 특성을 정확히 이해하고, 유교 사상의 영향을 토대로 부작용은 최소화 하면서 민주주의를 발전시킬 방안을 모색해야 할 것이다.

| 강 평 |

1. 문제에서 확인할 수 있듯이 서구 자유주의 사상과 동양 유교사상에 대해 묻고 있지만 핵심은 유교 사상이 한국 민주정치에 미치는 긍정적, 부정적 영향에 있다. 따라서 서구의 자유주의 사상은 기본적으로 민주주의와 연결시키기 위한 내용으로 민주주의를 중심에 놓고 답안을 작성할 필요가 있다. 이러한 차원에서 몇 가지 보충할 부분이 있다고 생각된다.

2. 민주주의라는 측면에서 자유주의와 유교사상을 좀 더 구체적, 직접적으로 비교할 필요가 있다. 즉 개인, 사회 또는 국가에 대한 자유주의와 유교사상의 입장을 대비시킴으로써 이후 유교적 측면이 민주주의와 어떻게 연관성을 맺는지를 설명할 수 있는 논리적 근거가 될 것으로 보인다. 비록 답안에 제시되어 있지만 개인의 자유와 권리를 최상의 정치·사회적 원리로 삼는 자유주의 사상의 핵심적 측면에 대한 유교사상의 입장을 답안에 보다 직접적으로 비교하는 것이 좋을 것 같다. 이러한 차원에서 자유주의는 개인주의, 자유, 개인의 기본권에 강조점을 두고 사회계약에서 확인할 수 있듯이 사회 또는 국가의 기본적인 역할이 개인의 이익 보장에 있다는 측면을 강조하고 유교사상은 충효를 바탕으로 개인주의 보다는 공동체주의, 자유보다는 공동선, 개인의 기본권 보다는 덕의 함양, 사익보다는 양보에 중점을 둔다는 측면을 직접적으로 강조할 필요가 있다.

3. 유교사상이 한국정치에 미치는 부정적, 긍정적 측면을 서술함에 있어 유교사상의 특징과 보다 구체적으로 연결시킨다면 답안의 논리적 연결성이 강화될 것으로 보인다. 따라서 유교사상의 특징을 제시되었던 내용들이 구체적으로 어떻게 표출되는지 예를 들어 공동체주의 공동선, 덕의 함양, 양보와 같은 내용들이 나타나는 구체적 사례를 통해 긍정적, 부정적 측면을 서술할 필요가 있다.

4. 앞에서도 언급했지만 이 문제의 핵심은 유교사상의 특징을 먼저 정확하게 제시한 뒤 이에 맞추어 구체적 사례 그리고 부정적, 긍정적 측면을 제시하는 것이다. 특히 한국 민주정치 발전이라는 측면에서 서구의 자유주의 사상을 기반으로 한 민주주의를 그 기준으로 염두에 두고 답안을 작성할 필요가 있다.

| **제3문** | 현대의 대의제 민주주의는 여론을 기초로 이루어지는데. 이 여론을 조직화하여 정치적 힘으로 표출하는 장치가 정당이다. 따라서 정당은 대의제 민주주의의 기본이라 할 수 있다. 다음 물음에 답하시오. (총 30점)

(1) 대의제 민주주의에서 정당의 기능을 설명하고, 이 기능들에 비추어 한국의 정당을 평가하시오. (10점)

(2) 자신이 평가한 한국정당의 특성이 왜 그렇게 자리 잡게 되었는지를 설명하시오. (10점)

(3) 한국사회에서 정당정치가 제대로 정착되기 위해서는 무엇이 필요한지 논하시오. (10점)

Ⅰ. 서 론: 대의제 민주주의에서 정당의 기능을 중심으로

Ⅱ. 한국의 정당 평가: 제도화의 부족, 사회 균열 반영 미비

Ⅲ. 한국 정당정치 특성의 원인
1. 복잡한 갈등 구조

2. 좁은 이념구조와 폐쇄적인 정당 체계
3. 보스 중심 정당 정치

Ⅳ. 결론을 대신하여: 한국의 정당정치 발전 방안
1. 집단주의 탈피와 토론 문화 정착
2. 정당 제도화 노력: 복잡성과 적응성 강화
3. 인물 중심 정치 탈피

답안작성

박 0 0 / 2008년도 행정고시 일반행정직 합격

Ⅰ. 서 론: 대의제 민주주의에서 정당의 기능을 중심으로

대의제 민주주의에서 정당은 국민의 의견을 취합하여 국민의 대표에게 전달하는 교량 역할을 한다. 현대 사회는 복잡해지고 인구도 증가하여 직접민주주의를 실행하기 현실적으로 어려워 대의제 민주주의를 채택했다. 이때 국민이 선거를 통하여 뽑은 대표들이 국민 모두의 의사를 반영하기 어려운데, 정당은 국민들의 의견을 수집하고 이를 취합하여 정치인들에게 알리고, 정책을 만듦으로써 대의제 민주주의가 원활하게 기능하도록 돕는다.

한편, 립셋과 로칸(S. Lipset&S. Rokkan)은 정당체계가 사회적 균열을 반영한다고 보았는데, 이에 따르면 정당은 사회적 갈등을 표면으로 드러내어 보여주는 역할을 하기도 한다. 2008년 이후 이념 정당이 중시되는 것과 같이, 사회에서 어떤 문제가 지배적인지 보여 주는 척도가 된다. 반대로, 사회 균열을 반영한 정당들은 이러한 사회 균열에 속하는 계급, 국민들을 쉽게 동원할 수 있다는 점에서 정치인들이 정치적 자원 및 지지를 보다 쉽게 얻도록 만들어 준다.

더 나아가, 정당은 정치인을 교육하고 검증하는 역할을 하기도 한다. 정당 내부에서 여러 정책을 연구하고 시행하는 과정에서 신진 정치인들을 발굴하고 교육할 수 있다.

Ⅱ. 한국의 정당 평가: 제도화의 부족, 사회 균열 반영 미비

한국의 정치는 정당의 제도화가 부족하다. 헌팅턴(S. Huntington)은 정당의 제도화 조건으로 적응성(adaptability), 복합성(complexity), 자율성(autonomy), 응집성(coherence)를 요구한다. 세계화, 기술 발달 등 정치환경 변화에 대해 적응력이 어느 정도 존재한다는 점에서 적응성이 아주 낮다고 볼 수는 없을 것이다. 그러나 정치 조직의 잦은 이합집산은 환경 변화에 대한 기민한 반응을 제지한다는 점에서 적응성을 낮추게 된다. 마찬가지로, 사회의 여러 요구를 반영하지 못한다는 점에서 복합성 역시 낮다. 정치조직과 일반 시민 사회세력이 구분되고 이들에 대해 매우 높은 자율을 가진다는 점에서 자율성은 높다. 응집성 역시 수직적인 정당 내부 체계에 따를 때 높은 편으로 보인다. 이러한 높은 자율성과 응집성이 낮은 복합성, 적응성과 함께 나타나기 때문에 정당은 국민들의 의견 반영이라는 본래의 중요 기능을 잃고 오히려 정당 자체의 이익을 위해 일사분란하게 움직이는 하나의 이익집단이 되어버린다.

한국의 정당은 사회요구와 갈등이 제대로 반영되지 않고 있다. 실제 정당들은 사회의 새로운 균열인 이념, 세대, 새로운 가치에 대해 외면하고 오로지 정치적 승리를 위해서 이러한 균열들을 이용할 뿐이다. 과거 지역주의 역시 민주화 이후 반공−공산주의라는 정치적 이슈를 대신하여 새로운 경쟁구도를 만들고 정치적 지지를 동원하기 위해 정치인들이 의도적으로 만들어 낸 것이 이를 보여준다. 2008년 18대 총선에서 나타난 수도권과 비수도권의 분리 역시 정치인들이 지지를 얻기 위해 이슈화한 것이다.

Ⅲ. 한국 정당정치 특성의 원인

1. 복잡한 갈등 구조

한국 정치는 기존에 정치인들이 동원을 위해 사용하였던 지역주의가 부동산 문제와 맞물리며 커다란 갈등을 가져온다. 최근에는 비수도권과 수도권의 격차가 심해지면서 신지역주의가 등장하였으며, 이를 해소하기 위해 정부가 추진하는 '혁신도시' 역시 정치적 요구에 따라 10개 시, 도를 지정함으로써 자원이 분산되었다는 평가를 받기도 한다.

이와 함께, 여전히 북한과의 관계에 있어서 안보, 통일과 관련하여 첨예한 의견 차이가 존재하고 있다. 이는 세대 및 성별 차이와 혼합되며 복잡한 갈등 구조를 야기 한다. 전쟁을 겪은 60대 이상의 노년층은 북한에 대해 강경한 입장을 취하며, 군대와 직접적인 연관이 있는 상대적으로 젊은 청년 남성층 역시 마찬가지이다. 그러나 다른 집단에 있어서는 경제적 실리주의에 따라 북한과의 물적, 인적 교류가 필요하다고 판단하는 경향이 나타난다. 이는 고질적인 성(gender)문제 및 세대차이와 함께 맞물리며 사회적 갈등을 강화시킨다.

경제적, 사회적 양극화 문제 역시 마찬가지이다. 사회는 점차 양극화가 심해지고 있는 가운데 이에 대한 해결방안이 앞서 말한 여러 갈등과 혼재되어 새로운 갈등으로 나타난다. 신자유주의를 표방하는 보수 세력은 국가의 개입을 줄여야 한다고 보고, 진보 세력은 개인의 인권 보장을 위해 최소한의 사회적 보장이 필요하다는 입장이다.

2. 좁은 이념구조와 폐쇄적인 정당 체계

정당이 표방하는 이념의 폭이 한정적이기 때문에 정당이 반영하는 의견 역시 한정적일 수 밖에 없다. 이사야 벌린(Isaiah Berin)에 따르면 자유는 소극적 자유(negative freedom)와 적극적 자유(positive freedom)으로 나뉜다. 소극적 자유란 국가로부터의 개입이 최소화되고 사적 소유권이 보장되는 것이며, 적극적 자유는 개인이 자유를 누리는데 장애가 되는것을 국가가 개입하여 제거해야 한다고 본다. 보수 진영이 적극적 자유를 받아들이게 된다면 진보 진영과 보다 원활하게 사회적 합의를 이룰 수 있을 것이다. 그러나 보수와 진보 모두 각 이념에 대해 수용하는 폭이 제한적이고, 변화를 쉽게 받아들이지 않기 때문에 갈등이 해결되지 않고 유지되는 경향이 존재한다.

3. 보스 중심 정당 정치

한국 정당정치는 유교 문화의 영향 및 일제 감정기, 권위주의 정부를 거치며 보스 중심 정치로 자리잡게 되었다. 정당이 합리적인 역할배분과 비전을 가지고 운영되기 보다는 특정 정치인, 소위 '거물급 정치인'들에게 좌지우지 된다는 것이다. 2002년 민주당의 노무현 후보가 국민경선제를 통해 대통령 후보로 지명되고, 대통령에 당선되면서 보스중심적 운영구조를 탈피한 것이라고 평가되지만, 노무현 역시 하나의 '거물'이 되어 버림으로써 열린우리당을 창당하는 등 여전히 인물 중심 정치가 이루어진다는 것을 보여준다.

IV. 결론을 대신하여: 한국의 정당정치 발전 방안

1. 집단주의 탈피와 토론 문화 정착

한국의 다양한 사회 갈등 양상에 있어서 가장 문제되는 것은 집단주의적 인식이다. 특정 사회문제에 대해 어떤 집단을 대표하는 의견을 갖는 사람이 존재할 경우, 그 사람의 다른 분야에 대한 의견이 어떨지 더 이상 묻지 않고 해당 집단과 같은 의견을 가질 것으로 매도한다. 이는 개인이 아닌 집단에 집중하게 되면서 사회적 갈등을 악화시키고, 정당 역시 하나의 집단으로써 갈등을 해결하기보다 갈등을 만드는 존재로 만들어버린다.

하버마스(J. Habermas)가 강조하듯, 공론의 장에서 시민참여의 의미를 찾기 위해서는 의사소통적 합리성을 가지고 시민들이 서로 소통하고 의견을 주고 받을 수 있어야 한다. 따라서 교육을 통해 토론 문화를 정착시키도록 노력하는 것은 한국 정당정치의 발전과 함께 민주주의 발전에도 크게 기여하게 될 것이다.

2. 정당 제도화 노력: 복잡성과 적응성 강화

정당의 이념적, 정책적 수용 범위를 넓히려는 노력을 통해 정당의 복잡성을 증대시켜야 한다. 정당 내부적인 교육 시스템을 마련하는 등 정당 자체의 정체성과 비전을 공유하는 체계를 만들어야 한다. 또한, 빠르게 변화하는 현대 사회에 있어 중시되는 가치와 이념역시 빠르게 변화하는 만큼, 환경 변화에 대한 적응력을 높여 적응성을 강화할 수 있어야 할 것이다. 세계화에 따라 나타나는 신자유주의적 문제는 적극적 자유와 사회보장에 대한 가치를 통해 해결할 수 있다. 따라서 정당 역시 이합집산을 통해 국내 정치를 동원하는 데에만 집중하지 말고, 이념적, 정책적 수용력을 높임으로써 보다 외연을 넓혀 국제적인 문제에 있어서도 발빠르게 대처하는 리더십을 보여야 할 것이다.

3. 인물 중심 정치 탈피

정당 내부적으로 민주화를 이루고, 체계적인 교육 시스템 및 정책 고안 시스템을 개발, 활용함으로써 특정 인물에 의해 주도되는 정치에서 벗어나야 할 것이다. 특정 인물이 정당의 성격을 결정하기보다 정당이 특정 인물의 성격을 결정할 수 있을 때 비로소 국민들이 정당에 대해 안정적인 신뢰를 보일 수 있을 것이다. 이는 국민의 의견을 취합하는 정당의 본래 기능을 회복시킴으로써 한국 정당 정치의 발전을 가져올 것이다.

┤ 강평 ├

1. 대의제 민주주의의 핵심인 정당에 대한 질문이다. 특히 정당의 기능을 중심으로 한국사회 정당의 문제점과 이의 극복을 위한 대안에 초점을 두고 있다. 답안은 전반적으로 문제에 맞게 제시되어 있다. 그러나 논리적 연결성이라는 측면에서 보완될 부분이 있다.

2. 답안 전체의 논리적 연결성을 위해 정당의 의미, 기능을 보다 구체적으로 제시하고 현재 한국 정당을 평가함에 있어 제시된 의미, 기능에 그리고 대안 제시에 있어서도 정당의 의미, 기능에 초점을 둘 필요가 있다. 답안 내용이 이러한 측면으로 구성되어 있지만 보다 구체적으로 제시될 필요가 있다. 이러한 차원에서 정치학에서 일반적으로 이야기 하는 정당의 기능 즉 선거에 후보자를 추천하여 국민의 대표자를 배출하는 정치적 충원 기능, 국민의 다양한 의견을 조직화하며 정부에 전달하는 여론의 형성 및 조직화 기능, 정부와 의회 그리고 국민을 연결하는 매개기능, 정부부처 간 활동을 상호 조정해 주는 기능, 정부의 정책결정에 대한 국민의 지지 및 반대를 유도하는 정부권력에 대한 비판 감독 기능, 국민들에게 정치교육을 실시하는 정치사회화 기능과 같은 내용을 제시하고 이 각각의 기능에 있어 한국 정당의 문제점이 무엇인지 구체적으로 서술할 필요가 있다.

3. 이러한 기능을 중심으로 한국 정당의 문제점을 제시한 뒤 기능이 제대로 발휘되지 못하는 원인에 대해 구체적으로 제시할 필요가 있다. 그리고 대안 또한 각 원인 별로 구체적으로 제시한다면 보다 일목요연하면서도 논리적인 답안이 될 것으로 보인다. 답안이 이러한 측면에 따르고 있지만 보다 구체적, 직접적으로 연결시키면서 제시된다면 일목요연하면서도 논리적인 서술이 될 것으로 보인다.

4. 답안에 제시된 한국 정당정치 특성의 원인, 한국 정당정치의 발전 방안 내용들에 이러한 측면들을 보다 강조할 필요가 있다.

2008년도 입법고등고시 기출문제와 어드바이스 및 답안구성 예

| 제1문 (40점) |

정당들은 자신들의 정당정체성과 관련하여 의회 이법과정에서 정책변화 가능성을 유연성있게 받아들일 수도 있고, 반면 자신들의 정당정체성에 보다 집착할 수도 있다. 전자의 경우를 '전환형 의회'(transformative legislature)라 하며, 후자의 경우를 '경합장형 의회'(legislature as arena)라고 한다. 의회 입법과정이 '전환형 의회'로 가능할지, '경합장형 의회'로 가능할지 여부가 (1) 정당체계의 형태(양당체계 또는 다당체계) 및 (2) 권력주조의 형태(대통령제, 의원내각제, 또는 이원집부정제)와 어떻게 연관이 있는지 논술하시오.

Advice

1. 폴스비(N. Polsby)의 의회유형을 묻는 문제이다. 본론에 들어가기 앞서 이에 대해 설명한다. 정당체계의 경우 사르토리(G. Sartori)의 기준을 활용하여 양당체계와 다당체계를 나누는 것이 일반적이다. 양당체계 하에서는 경합장형 의회일 때 한 정당의 독주를 효과적으로 막을 수 있을 것이므로 높은 조응성을 가질 것이다. 영국이 대표적인 예이다. 반면, 다당체계와 경합장형 의회가 결합될 경우 파편화된 주장들로 인해 국회 파행 가능성이 높아진다. 다당체계는 오히려 전환형 의회를 통해 연립정부를 형성하는 것이 안정적인 국정운영에 도움이 된다.

2. 대통령제의 '견제와 균형' 원칙에 따라, 의회가 입법기능을 강화시키고 행정부와 대통령을 견제하기 위해선 전환형 의회를 띄는 것이 유리하다. 또한 '이원적 정당성'을 가졌기 때문에 원리상 전환형 의회가 될 가능성이 높다.

3. 의원내각제는 '일원적 정당성'을 가지고 '권력의 융합'이 발생하기 때문에 내부적으로 견제와 균형이 필요하다. 즉, 경합장형 의회를 띄어 야당이 여당을 비판할 필요가 있다. 그러나 현실에서는 '정당 규율'에 따라 의회유형이 결정될 가능성이 많다는 점을 결론부에 언급할 수 있을 것이다.

| 답안구성 예 |

Ⅰ. 서 론

Ⅱ. 정당정체성: 경합장형 의회와 전환형 의회

Ⅲ. 정당체계의 형태와 정당정체성
  1. 양당체계
  2. 다당체계

Ⅳ. 권력구조의 형태와 정당정체성
  1. 대통령제
  2. 의원내각제
  3. 이원집정부제

Ⅴ. 결 론

| 제2문 (30점) |

공직후보 지명과정의 개방화를 중심으로 한국정당정치의 민주화가 최근 수년간 빠르게 진전되어 왔다. 이 같은 정당 민주화의 (1) 요인 (2) 선진민주주의 국가들과 비교할 때의 특징 (3) 정당의 조직적 응집성, 민주적 반응성에 미친 영향을 논술하시오.

Advice

1. 정당 민주화는 1987년 이후 한국정치 민주화를 배경으로 한다. 군사독재 권위주의 정권에서 억눌렸던 정치참여 욕구가 분출되고, 시민들의 정치효능감이 최고조에 올랐다. 이러한 상황에서 정치적 수요에 반응하여 정당들은 적극적으로 유권자를 동원하기 위해 정당 민주화를 채택했다. 정보화 역시 적극적 여론형성을 가능하게 하여 시민들의 정당 민주화 요구를 정당이 받아들이게 한 중요한 배경이 되었다.

2. 선진국의 경우 민주주의의 역사가 오래전부터 점진적으로 발생했고, 이에 따라 정당 정체성이 유지되면서 정당 민주화를 겪었다. 반면 우리나라의 경우 정당 정체성이 부족한 상황에서 정당의 생존을 도모하고자 인기 영합적으로 국민경선제를 채택하였다. 우리나라의 경우, 미국식 예비경선 제도와 유사하므로 양자를 비교 서술해 주는 것도 좋다.

3. 정당의 '조직적 응집성'과 '민주적 반응성'이 무엇인지 정의해준다. 국민경선제도의 도입은 정당의 조직적 응집성을 낮춘다. 우리나라의 국민경선제도는 비당원에게도 투표권이 주어질 수 있기 때문이다. 정당의 민주적 반응성은 높아질 것이다. 당원뿐만 아니라 일반 유권자의 의사가 공천에 반영될 수 있기 때문이다.

답안구성 예

 I. 서 론

 II. 정당 민주화와 그 요인

 III. 한국 정당 민주화의 특징: 선진국과의 비교

 IV. 정당 민주화가 정당의 조직적 응집성과 민주적 반응성에 미친 영향
  1. 정당의 조직적 응집성: 낮아짐
  2. 정당의 민주적 반응성: 높아짐

 V. 결 론

| 제3문 (30점) |

석유, 천연가스 등 주요 에너지 자원 공급을 안정적으로 확보하는 과제를 외교·안보정책 차원에서 다루어야 한다는 의미에서 '에너지 안보' 개념이 중요하게 부각되고 있다. '에너지 안보' 개념의 등장 배경과 에너지 수급 문제가 안보정책 대상이 될 수 있는지 여부에 대해 논술하시오.

1. 에너지 안보의 개념을 과거 전통적 안보와 비교 서술하면 좋다. 이는 포괄적 안보에 해당하며, 인간 안보와도 관련된다. 에너지 안보는 1970년 '오일 쇼크' 이후 관심받기 시작했다. 이 당시에는 '공급량의 한정과 수요 증대의 불일치'가 가장 큰 화두였다. 에너지 공급국가의 정치적 불안에 따라 공급량이 변하고 이에 세계경제가 흔들릴 수 있기 때문이다. 이와 동시에 새로운 에너지 개발 비용으로 인해 상용화 부족 역시 에너지 공급을 한정시킨다. 두 번째로, 에너지 자원의 불균등한 분포는 '영토문제'를 불러일으키며, 에너지 수입 등 국가 간 에너지에 대한 '상호의존'을 증대시켜 에너지 확보의 '취약성'을 높인다는 점에서 안보와 직결된다.

2. 핵에너지가 대체에너지로 사용된다는 점에서 핵문제와 관련되므로 에너지 안보가 등장하게 되었다. 에너지는 국가경제에 직결되며, 군사력 역시 에너지 자원이 있어야 활용할 수 있다는 점에서 안보정책의 대상이 되어야 할 것이다. 또한 센카쿠 열도, 독도 등 영토분쟁 및 핵 확산과 관련된다는 점에서도 안보문제와 직결되어 있다.

3. 마지막으로 에너지 개발·활용에 있어서 나타나는 환경오염은 인간생명과 직결될 수 있으므로 안보문제로 받아들일 수 있다.

답안구성 예

Ⅰ. 서 론

Ⅱ. 에너지 안보의 의의
  1. 개 념
  2. 등장 배경

Ⅲ. 안보정책 대상의 확대 가능성: 에너지 수급 문제

Ⅳ. 결 론

| 제1문 | 민주주의 사회에서 가장 중요한 가치는 자유와 평등이다. 그러나 이 두 가치는 서로 충돌할 때가 있다. 예를 들어 경제활동의 자유는 경제적 불평등을 가져오기도 하는 반면, 경제적 불평등을 완화하려는 재분배 정책은 경제활동의 자유를 제약할 수도 있다. (총 50점, 선택 총 25점)

(1) 자유와 평등의 가치를 개인적 측면과 사회적 측면에서 설명하시오. (20점)

(2) 이 두 가치는 어떤 방식으로 조화를 이룰 수 있는지 설명하시오. (20점)

(3) 위의 논의가 한국정치에서 갖는 함의를 논하시오. (10점)

Ⅰ. 서 론

Ⅱ. 자유와 평등의 가치: 개인적 측면과 사회적 측면
 1. 자유와 평등의 의의
 2. 자유의 가치
  (1) 개인적 측면
  (2) 사회적 측면
 3. 평등의 가치
  (1) 개인적 측면
  (2) 사회적 측면

Ⅲ. 자유와 평등의 조화 방식

 1. 자유와 평등의 충돌 문제
 2. 자유와 평등의 조화 가능성
  (1) 방어적 민주주의: 소극적 자유와 절차적 평등
  (2) 발전적 민주주의: 적극적 자유와 실질적 평등

Ⅳ. 한국 정치에서 자유와 평등의 조화가 갖는 함의
 1. 한국 정치의 문제점
 2. 한국 정치에서의 자유와 평등의 조화

Ⅴ. 결 론

답안작성 김 0 0 / 2007년도 행정고시 일반행정직 합격

Ⅰ. 서 론

자유민주주의는 합리적인 이성을 가진 동등한 인격체들이 자유로운 선택을 통해 정치적 결정을 내리도록 하는 정치체제이다. 이에 따라, 개인의 자유와 함께 개인 간 평등이 중시되는데, 양자는 서로 충돌하기도 하고 조화를 이루기도 한다. 예컨대, 경제적 평등을 이루기 위해 세금을 과하게 부과하는 등 지나친 평등주의는 개인의 자유를 억압할 수 있다. 한국 역시 자유민주주의를 표방하는 국가로서 자유와

평등에 대한 조정은 정치적으로 항상 중요한 이슈이다. 현재 한국 사회에서는 어떠한 가치가 우선되어야 하며 어떻게 조화되어야 하는지 알아본다.

II. 자유와 평등의 가치: 개인적 측면과 사회적 측면

1. 자유와 평등의 의의

'자유(liberty)'란 개인이 원하는 선택과 행동을 할 수 있는 상태를 의미한다. 이에 대한 해석은 학자마다 다양하지만, 자유주의의 핵심 가치로 기능한다. '자유' 개념은 고대 그리스에서부터 발견되었으며, 부르주아 계급이 등장하면서 소유권을 중심으로 한 참정권 등 개인의 사적 소유물 및 그에 대한 처분, 정치적 선택 등에 대해 국가의 간섭을 받지 않는 천부인권과 결부되어 중시되기 시작하였다. 19세기 말 신자유주의에 이르러서는 사회적 불평등에 대한 대응으로써, 개인의 자아실현을 위해 사회적 여건이 충족되는 상황까지 자유의 개념이 확장된다.

'평등(equality)'은 개인이 모두 동등한 권리를 갖고 동등하게 취급되어야 한다는 것이다. 절대적 평등과 상대적 평등으로 구분될 수 있는데, 절대적 평등은 모두가 양적, 질적 측면에서 동등한 결과를 받아야 한다는 것이고, 상대적 평등은 부득이한 사정이 없다면 '같은 것은 같게, 다른 것은 다르게 취급해야 한다'는 것을 의미한다. 민주주의가 발달하면서 기존의 사회적 계급 및 경제적 격차에 따른 차별이 철폐되고, 보편선거권, 평등선거권과 같은 정치적, 법적 평등과 더불어 기회의 평등과 같은 상대적 평등을 추구하게 되었다.

2. 자유의 가치

(1) 개인적 측면

자유는 개인을 어떠한 억압으로부터 벗어나 자기 자신을 탐구하고 자아실현을 하도록 만들어준다. 과거 대부분의 개인이 국가나 사회 계급·종교로부터 삶의 목적이나 의무가 결정된 것과 달리, 자유로운 개인은 이성을 가지고 자신의 고유한 정체성을 발견하며, 이를 실현시키고자 한다. 즉, 자유는 개인이라는 존재에 의미를 부여하게 된다.

자유는 또한, 인간의 삶과 문명을 의미 있게 만든다. 인간의 삶에서 일어나는 모든 일들이 단순히 종교적으로든, 생물학적으로든 결정되어있다는 결정론자들에 따르면 삶은 단순히 시간에 따라 흘러가는 영화에 불과할 것이며 그 안에서 어떠한 의미도 찾을 수 없을 것이다. 그러나 자유주의자들은 개인의 합리성과 그에 따른 선택을 존중하기 때문에, 인간이 자유의지를 가지고 있다고 전제한다. 이들은 삶이 순간의 선택들이 축적된 결과로, 인간은 자신의 삶을 주체적으로 살아가는 존재라고 본다. 문명 역시 이러한 개인들의 선택이 혼합된 결과로 나타난 것으로 본다.

(2) 사회적 측면

사회계약론자들에 따르면, 자유는 인간이 사회를 형성하도록 만든다. 홉스(T. Hobbes)에 따르면 개인들은 잔혹한 죽음이라는 위협에서부터 벗어나기 위해 리바이어던에게 모든 권력을 이양함으로써 사회를 만들었다. 로크(J. Locke) 역시 소유권에 대한 보호를 위해 사회가 만들어진 것으로 본다. 즉, 자유는 국가, 사회의 중요한 형성 계기가 된다.

자유개념을 적극적으로 보는 입장에 따를 때, 자유는 사회보장의 계기를 마련해준다. 경제 성장과 세계화로 인해 개인 간 빈부격차가 심해짐에 따라, 개인이 누릴 수 있는 자유의 범주도 크게 달라졌다. 따라서 개인들이 모두 평등한 출발선에서 자아실현의 기회를 가져야 한다는 의견이 나타났다. 존 롤스(J. Rawls)와 같은 자유주의적 평등주의자들은 개인의 진정한 자유를 위해 사회적 계급 등 배경과 관계없이 모두에게 공정한 규범을 만들어야 한다고 주장한다. 이후 마이클 샌델(Michael Sandel)과 드워킨(R. M. Dworkin) 역시 사회적인 배경으로 인해 자아실현의 기회조차 얻지 못하는 사람들을 위해 국가의 적극적 개입과 분배를 주장하였다.

3. 평등의 가치
(1) 개인적 측면
평등은 모든 인간에게 최소한의 존엄을 유지할 수 있도록 한다. 모든 개인이 동등한 존재가치를 가지고 있다는 것을 통해 그 누구도 부당한 차별을 받지 않을 것을 보장한다. 정치적 참여의 기회 역시 동등해야 한다는 점에서 과거 민주주의 초기에 사회적 계급, 재산, 학력에 따라 참정권이 차등 배분된 것과 달리 평등의 가치는 각 개인의 의견이 동등하게 처리될 수 있도록 한다.

(2) 사회적 측면
개인적 측면의 평등이 사회 이전의 개인 존재의 존엄성이 동등함을 주장하였다면, 사회적 측면에서 평등은 사회 내 개인 간의 동등성을 강조한다. 즉, 사회생활을 영위하는데 있어서 지나친 차이가 발생해서는 안되며, 국가는 모든 개인에게 최소한의 인간다운 삶을 보장하여야 한다고 본다. 이는 취약계층을 돕고, 갑질과 같은 행태를 저지함으로써 사회의 극심한 분화를 방지하고, 사회 안정을 모색하게 만든다. 또한, 사회 내 주류 세력이 바뀌더라도 각 세력에게 최소한의 안전망을 유지시킨다는 점에서 민주주의가 원활하게 유지되도록 돕는 역할을 한다.

Ⅲ. 자유와 평등의 조화 방식
1. 자유와 평등의 충돌 문제
이사야 벌린(Isaiah Berin)은 자유를 소극적 자유(negative freedom)와 적극적 자유(positive freedom)으로 구별하였다. 소극적 자유란 국가로부터의 개입이 최소화되고 사적 소유권이 보장되는 것으로 자유의 개인적 측면 가치와 의미가 통한다. 적극적 자유는 개인이 어떠한 행동을 하기 위한 장애물을 국가가 제거해야 한다고 보는 자유로, 사회적 측면의 자유 가치와 의미가 통한다.

자유개념을 소극적 자유로 이해하여 개인적인 가치 측면을 강조하고, 평등을 사회적 평등으로 이해할 때 두 가치의 충돌이 발생한다. 경제적 불평등을 해결하기 위해 국가가 개입할 경우 개인의 사적 소유권 등 자유의 가치가 훼손될 수 있기 때문이다.

반면, ① 자유 개념을 적극적 자유로 이해하고, 평등을 사회적 평등(실질적 평등)으로 이해할 때 ② 자유 개념을 소극적 자유로 이해하고, 평등을 개인적 평등(절차적 평등)으로 이해할 때 조화를 모색할 수 있을 것이다.

2. 자유와 평등의 조화 가능성

(1) 방어적 민주주의: 소극적 자유와 절차적 평등

방어적 민주주의하에서는 외부적 간섭 없이 공정한 선거제도를 통해 정치 결정을 한다면, 즉 절차적 민주주의가 이루어진다면 개인의 자유가 보장되며, 사회적 결정에 있어서 평등도 보장된다고 본다. 즉, 이는 자유주의자들이 강조하던 민주주의로, 합리적인 개인의 능력을 인정하여 정치적 참여에서 평등한 기회를 준다면 정책 결과가 어찌 되든 개인의 선택에 의한 것이므로 국가는 크게 간섭해서는 안된다고 본다. 케인즈주의 복지국가 이전 자유주의적 야경국가에서 나타난 모습이다.

(2) 발전적 민주주의: 적극적 자유와 실질적 평등

발전적 민주주의는 민주주의를 보다 적극적으로 이해한다. 실질적인 자유를 위해서는 개인이 스스로 지배할 수 있을 때 가능한 것으로 보고, 이것이 가능하도록 국가의 개입을 필요로 한다. 평등 측면에서도 마찬가지로, 국가의 개입을 통해 실질적인 평등을 이루어 내는 것에 대해 긍정적으로 본다. 즉, 국가의 역할과 민주주의의 기능에 대해 적극적인 입장을 취한다는 측면에서 자유와 평등을 조화롭게 추구할 수 있다고 본다.

이는 경제발전과 세계화를 이룩한 이후 사회적 격차가 극심해지고 국가 경제의 위기가 발생했던 대공황을 극복하기 위해 제안된 케인즈주의 복지국가와도 관련된다. 국가의 시장개입을 통해 일자리를 창출하고, 취약계층에 대한 사회부조 시스템을 적극 도입함으로써 모든 구성원들이 인간적인 삶을 살 수 있도록 국가가 책임을 진다. 이는 개인이 자아실현을 하고 자유로운 선택을 할 수 있는 경제적·사회적 환경을 조성해준다는 점에서 적극적 자유를 만들어내고, 삶의 모습에 있어서 최악의 상황을 방지함으로써 실질적 평등을 가져온다.

Ⅳ. 한국 정치에서 자유와 평등의 조화가 갖는 함의

1. 한국 정치의 문제점

한국 정치는 자유를 소극적 자유로만 한정적으로 이해함으로써 방어적 민주주의, 절차적 민주주의 측면에서 민주주의를 받아들이고 있다. 따라서 현대 사회에서 발생하는 갑질 논란, 고위 공무원 및 정치인들의 자녀 부정입학 및 병역특혜 논란 등 실질적인 평등에 대해 도외시 하고 있는 상황이다.

자유주의를 표방하고 있는 우파 정치 세력들은 개인과 시장에 대한 국가의 개입을 최대한 줄여야 한다고 본다. 최근 사회적 격차가 커지면서 불거지는 문제들을 해결하기 위해 국가의 개입이 필수적인 상황에서도 여러 사회적 문제를 개인의 문제로만 취급하려 한다는 점에서 한계가 발생하고 있다.

국민 개개인은 사회적 문제 해결을 위한 국가의 적극적 개입을 필요로 한다는데 동의하지만, 이를 위한 재원 마련에 있어서 개인의 소유권을 제한하거나 세금 부과율을 높이는 것에 대해서는 반대한다. 즉, 실질적인 평등을 추구하지만, 개인의 자유를 중시한다는 점에서 서로 충돌하는 가치를 지향하고 있다. 이에 실질적 평등과 적극적 자유를 표방하는 좌파 정치 세력들이 정권을 구성하더라도 이를 적극적으로 반영하는 정책을 추진하기 어려운 상황이다.

2. 한국 정치에서의 자유와 평등의 조화

한국사회의 문제를 해결하고 실질적 평등을 회복하기 위해서는 정치적으로든 개인적으로든 자유개념의 확대가 필요하다. 자유주의를 표방하는 정치세력의 경우, 진정한 자유개념이 무엇인지 다시 한번 고찰해볼 필요가 있다. 사회 구조적으로, 선천적으로 타고나는 운에 의해 개인이 선택할 수 있는 폭이 제한된다면 이것을 외면해서는 진정한 자유를 표방한다고 볼 수 없을 것이다.

개인들 역시 실질적 평등을 주장하면서 이에 대한 국가의 개입을 어느 정도 수용해야 할 것이다. 물론, 한국의 경우, 북한의 공산주의에 대한 반감과 함께 과거 발전국가시대 독재에 따른 국가의 개입을 경험하였기 때문에, 국가의 개입에 있어서 불신을 가지고 있다. 따라서 정책결정자들은 국가의 개입이 필요한 경우 국민들과 소통할 수 있는 공론장을 형성하고, 점진적으로 개입할 수 있는 방안을 검토함으로써 개인들이 국가에 대한 불신을 해소하고 적극적 자유의 개념을 받아들일 수 있도록 노력해야할 것이다.

V. 결 론

자유민주주의라는 같은 정치체제에서도 자유와 평등가치에 대한 인식에 따라 정치적 주장과 정책 결정이 달라질 수 있다. 이러한 인식이 사회적으로 합의되지 않을수록 정치적 결정을 내리고 이를 수행하는 과정이 어려워지며 이는 결국 사회 문제 해결을 지연시키거나 해결 자체를 어렵게 만든다. 특정 인식만을 고집할 수는 없지만, 적어도 왜곡된 인식을 개선하고, 현재 사회적 문제들을 진단하고 해결하는데 어떠한 가치들이 선택되어야 하는지 충분히 논의할 때 민주주의의 본래 의미를 찾을 수 있을 것이다.

| 강 평 |

1. 자유와 평등의 조화, 충돌 그리고 이것이 한국정치에 어떤 의미가 있는지를 문제에 대해 제시된 답안의 내용은 논리적 구조를 갖추고 있다고 생각된다. 그럼에도 몇 가지 내용이 첨부된다면 답안의 내용과 논리성에 도움이 될 것 같다.

2. 자유와 평등의 의의를 설명하면서 '19세기 말 신자유주의'라는 표현이 있다. 이는 레너드 홉하우스(Leonard Hobhouse)가 언급한 자아실현을 위한 자원, 기회의 적극적 자유를 언급하고 있는 것으로 생각된다. 답안에 바로 어떤 의미인지 언급이 되고 있지만 이 부분을 보다 명확히 할 필요가 있다고 생각된다.

3. 자유의 개인적 측면을 설명함에 있어 보다 명확하게 표현하기 위해서는 국가, 사회의 개입의 최소화라는 측면이 강조될 필요가 있다. 이러한 차원에서 자유와 평등의 충돌에서 언급한 이샤야 벌린의 소극적 자유 그리고 에리히 프롬(Erich Fromm)의 '-로부터의 자유' 개념을 제시한다면 보다 의미가 명확하게 제시될 것으로 보인다.

4. 자유의 사회적 측면을 언급함에 있어 19세기 말 그린(T. H. Green)이 언급했듯이 사회생활에 적극적 참여가 가능할 때 개인의 인격, 개성이 증진될 수 있다는 점을 제시할 필요가 있다. 더불어한 이샤야 벌린의 적극적 자유, 에리히 프롬(Erich Fromm)의 '-를 향한 자유' 개념을 제시한다면 개인적 측면, 사회적 측면의 자유의 의미가 보다 명확하게 표현될 것으로 보인다.

5. 평등의 개인적 측면을 언급함에 있어 프랑스 혁명의 인권선언문의 내용을 제시할 필요가 있다. 즉 모든 인간은 평등하게 태어났다는 표현 그리고 대의민주주의의 1인 1표 원칙과 같은 내용을 언급한다면 보다 명확하게 의미 전달이 될 것으로 보인다.

6. 평등의 사회적 측면의 핵심은 모든 인간은 태어난 이후에도 평등한 사회생활을 영위할 가치를 가진다는 점이다. 답안에 이점이 표현되어 있지만 태어난 이후에도 평등한 사회생활을 할 가치라는 점을 구체적으로 표현함으로써 그 의미가 평등의 개인적 측면과의 연결성을 가지면서 보다 논리적인 서술이 될 수 있다고 생각된다.

7. 답안에 제시된 내용이외에도 논리적 연결성을 위해서는 자유의 개인적·사회적 측면 그리고 평등의 개인적·사회적 측면과 연결시켜 답안을 제시할 필요가 있다. 즉 경제적 불평등 문제

의 해결을 위해 국가가 개입할 경우 개인의 사적 소유권 등 자유의 가치가 훼손될 수 있다는 점을 자유를 개인적 측면으로, 평등을 사회적 측면으로 이해할 때 충돌의 문제가 나타날 수 있음으로 제시할 필요가 있다.

8. 자유와 평등의 조화 가능성 또한 이러한 측면에서 자유·평등을 사회적 측면으로 이해할 때 조화될 수 있음을 제시한다면 논리적 연결성이 보다 보완될 것으로 보인다. 답안에 제시된 방어적 민주주의라는 개념은 정치학에서 잘 사용되지 않는 개념으로 그 의미가 무엇인지 보다 명확하게 제시할 필요가 있다고 생각된다. 또한 발전적 민주주의 개념의 정확한 의미를 제시하면서 논의를 전개할 필요가 있다. 예를 들어 "개인이 스스로 지배할 수 있을 때 가능한 것으로 보고, 이것이 가능하도록 국가의 개입을 필요로 한다."는 표현을 제시하고 있는데 발전적 민주주의에서 중요하게 여기는 국민참여의 내용이 제시되었다면 이 표현의 의미가 보다 정확하게 이해될 것으로 보인다.

9. 한국정치의 문제점을 논하면서 자유를 소극적 자유로만 이해하는 것이 어떻게 실질적 평등을 도외시 하는지 보다 구체적으로 제시할 필요가 있다. 예를 들어 앞에서 언급한 자유·평등의 개인적·사회적 차원의 논의와 연결시킬 필요가 있다고 생각된다. 답안의 논리적 연관성을 위해서 무엇보다 자유·평등의 개인적 그리고 사회적 측면에 대한 논의에 초점을 두고서 서술하는 것이 필요하다고 생각 된다.

| 제2문 | 현재 한국에서는 국가 정책적 수준에서 양성평등 실현이라는 기치 아래 여성에 대한 차별을 철폐하고 여성의 권익을 신장시키기 위한 실천적 노력이 다각도로 전개되고 있다. 그 실천전략은 동등대우(equal treatment), 적극적 시정조치(affirmative action), 성주류화(gender mainstreaming)의 세 가지 범주로 구분된다. 이 세 가지 전략의 내용을 구체적인 사례를 들어 설명하고, 각 전략들이 어떻게 정당화될 수 있는지 논하시오. (24점, 선택 12점)

답안작성　　　　　　　　　　　　　　　　김 ㅇㅇ / 2007년도 행정고시 일반행정직 합격

Ⅰ. 서 론: 양성평등 정책의 필요성

　허쉬만(A. Hirschmann)은 '사회적 구성주의'의 관점에서 성역할(gender) 문제를 파악한다. 개인의 정체성은 개인 고유의 것이 아니라, 사회적 맥락에 영향을 받아 구성된다는 것이다. 이에 따르면, 여성과 남성의 신체적 차이를 떠나, 여성에 대해 사회가 구성한 이데올로기와 그에 따른 구체적인 정책이 여성으로 하여금 사회가 원하는 정체성을 갖고 행동하도록 만든다. 과거 여성은 남성보다 감정적이고, 이성적이지 못하다는 이데올로기에 따라 여성 교육이 금지된 바 있다. 전근대 시대 여성이 보다 가정적이고 부드러운 성품을 지녀야 하고 스스로 그러기를 바라도록 만든 것은 여성들의 자유로운 선택이 아닌 사회적으로 구성된 결과인 것이다.

　이러한 여성 역할에 대한 사회적 구성은 현대 사회에 있어서도 여전히 이어지고 있으며 반복을 거치며 사회 곳곳에 남녀차별을 공고화하고 있다. 따라서 여성을 합리적 이성을 가진 민주주의 사회의 한 구성원으로 인정하고 남성과 동등한 존재로 인식하기 위해서는 기존의 여러 불합리한 사회적 이데올로기와 정책 자체를 근본적으로 변화시키고, 여성과 남성 모두의 인식을 재구성할 필요가 있다. 이러한 필요성에 입각하여 양성평등 정책이 등장하였고 점점 발전하고 있다.

Ⅱ. 양성평등 정책의 세 가지 전략과 정당성 논의: 사례를 중심으로

1. 동등대우(equal treatment)

(1) 의 의

동등대우 전략은 여성주의 운동 초기에 나타난 전략으로, 합리적인 이유 없이 남녀를 성적으로 차별하지 않는 것을 의미한다. 기존 법과 제도에 있어서 여성과 남성 중 한 성에게 특혜를 주거나 한쪽에 불합리한 제도를 개선하고, 남성과 여성에게 동등한 기회와 권리를 보장하는 것을 그 내용으로 한다.

우리나라의 경우, 육아휴직제도를 남성에게도 확대하여 육아 자체를 여성의 일만으로 치부하지 않으려 한 것과, 남녀고용평등법을 통해 고용상 기회균등의 원칙을 적용하려 한 것을 예로 들 수 있다. 또한, 호주제를 폐지하여 여성도 자신의 성을 자식에게 물려주도록 한 것 역시 불합리한 차별을 폐지한 것으로서 동등대우 전략에 해당한다.

(2) 정당성

동등대우 전략은 생물학적인 성(sex)의 차이는 존중하되, 사회적 성(gender)의 차이에 따른 불합리한 차별을 제거한다는 점에서 의의가 있다. 생리휴가와 같이 신체적 차이에 따른 합리적인 차별은 인정하되, 결혼 등의 이유로 여성에게만 고용상 불이익을 주는 것을 금지한다는 것이다. 이는 여성을 남성과 같은 합리적 이성을 가진 개인으로 인정하고 존중한다는 점에서 민주주의의 자유와 평등개념을 실천하도록 한다.

2. 적극적 시정조치(affirmative action)

(1) 의 의

적극적 시정조치는 특정 집단이 받아온 차별과 불이익을 해소하기 위해 특정 인종, 계층, 집단을 특별히 우대하는 조치를 의미한다. 동등대우 조치가 과거의 사회적 차별을 배제하는 것에 그쳤다면, 적극적 시정조치는 그동안의 불이익에 상응하는 만큼 혜택을 부여함으로써 사회적으로 불평등한 상황을 개선하고자 한다.

적극적 시정조치가 처음 시작된 미국의 경우, 흑인들에 대한 인종차별을 개선하기 위해 흑인의 채용과 흑인의 승진 등에 대해 할당제를 부여하는 것에서부터 시작되었으며, 이후 1967년부터 여성에 대한 적극적 시정조치가 등장하였다.

우리나라의 경우, 여성의 사회활동 참여율은 증가하였지만, 고위공무원, 정치인 및 전문직과 같은 사회 지도층의 여성 비율이 적다는 문제가 존재하였다. 공무원의 경우 1995년 여성공무원 채용목표제를 시작으로 적극적 시정조치가 채택되고 있다. 정치적으로도 정당에 대해 비례대표국회의원과 시도의회 의원의 50% 이상을 여성으로 추천하도록 하는 등 여성공천할당제, 비례대표여성할당제를 도입하였고 그 범위가 확대되고 있다.

(2) 정당성

적극적 시정조치는 미래의 차별뿐만 아니라, 과거 차별로 인해 발생한 사회구조적 불평등을 시정한다는 점에서 의의가 있다. 동등대우전략이 여성과 남성에게 동등한 기회를 제공함으로써 차별로부터 자유, 즉 형식적 평등과 함께 소극적 자유를 보장한 것이라 본다면, 적극적 시정조치는 여성이 그동안 차별을 받아왔기 때문에 구조화된 사회 모습을 변화시킴으로써 실질적인 평등과 함께 적극적 자유를 보장하고자 한 것이다.

실질적으로 대학진학, 취업을 가능케 함으로써 이미 기울어진 운동장을 다시 세우고, 동등대우만으로 해결될 수 없었던 집단적 불평등 문제를 보다 효과적으로 해결하고자 한다. 특히 이는 과거 차별받았던 계층에게 권력에 접근할 수 있는 기회를 획기적으로 증진시키고, 이들의 의견이 제도권에 반영될 수 있도록 한다는 점에서 민주주의가 제대로 기능하도록 돕는다.

3. 성주류화(gender main-streaming)

(1) 의 의

성주류화는 일반정책 내의 성차별적 요인을 찾아내어 시정함으로써 실질적 평등이 이루어지도록 하는 것으로, 여성뿐만이 아니라 양성이 모두 차별을 받지 않으며 불평등이 나타나지 않도록 하는 것을 목표로 한다. 유엔 제4차 세계여성회의에서 채택된 새로운 전략으로서, 여성을 정치의 중심에 있게 만드는 조치이다.

성주류화 조치는 '잠정적 우대 조치'를 첫 단계로 하여, 젠더 분석과 젠더 예산, 젠더 훈련과 같은 두 번째 단계, '주류의 전환'이라는 세 번째 단계로 구성되어 있으며 이는 순차적일 필요는 없다. 잠정적 우대조치를 통해 여성의 양적, 질적 참여확대를 모색한다. 두 번째 단계에서는 정책에 있어 여성과 남성의 수행 역할, 책임, 자원과 같은 분석을 하며, 정책추진에 필요한 예산집행과정에 젠더 관점을 적용한다. 마지막 주류의 전환 작업에서는 정책 결정 및 사회 전반적으로 남녀 모두가 각 분야에 충분한 참여와 세력화를 이룰 수 있도록 하는 작업을 진행한다.

우리나라의 경우, 2010년 '성인지 예산제도' 도입을 통해, 예산편성 단계에서부터 예산이 성별로 어떤 영향을 미치는지 분석하도록 하였다. 또한, 2015년 시행된 「양성평등기본법」 제14조는 국가와 지방자치단체가 성주류화 조치를 취해야 한다고 규정하고 있으며, 그 구체적 방법인 '성별영향분석평가', '성인지 교육'에 대해서도 규정하고 있다.

(2) 정당성

성주류화 전략은 양성평등이라는 궁극적 목적을 달성하기 위해 모든 정책과정에 변화를 가져오게 된다는 점에서 실질적인 양성평등 실현에 기여한다. 이는 여성뿐만이 아닌 남성에 미치는 영향도 고려하게 되므로 동등대우, 적극적 시정조치에 있어서 발생할 수 있는 역차별 문제를 방지할 수 있다는 점에서 장기적으로도 양성평등에 기여한다. 무엇보다도, 사회 주류 세력에 있어서 양성 평등을 고려하기 때문에 어느 한 성별(gender)에 치우치는 사회 구조자체가 만들어지지 않도록 관리하는 기능을 할 수 있다.

더 나아가, 개인 정체성 차원에서도 남성과 여성의 평등을 가져온다. 사회적 구성주의 입장에서 볼 때, 성주류화 전략은 양성 평등에 대한 교육 및 문화적 접근을 통해 특정 성별에 대한 불합리한 이데올로기를 개선하고 이를 현실화시키는 정책을 방지한다. 즉, 양성이 동등한 정체성을 가지고 하나의 인간으로 생활하게 만든다는 점에서 진정한 민주주의를 실현하는데 기여한다.

Ⅲ. 결 론

민주주의는 동등한 개인들의 합의와 정치적 선택을 전제로 한다. 그러나 현대 사회에도 여전히 여성과 남성이 동등하게 대우 되지 않고 있으며, 개인의 정체성 역시 다르게 구성되고 있다. 진정한 민주주의를 이루기 위해서는 인구의 절반이 되는 여성에 대한 비합리적인 인식을 개선하고, 장기적으로 양성 모두에 대하여 차별 없는 사회 구조를 만들 수 있도록 노력해야 할 것이다.

| 강평 |

1. 답안은 문제에 맞게 논리적으로 구성되어 있다. 몇 가지를 보충하면 내용적·논리적인 측면에서 보다 의미 있는 답안이 될 것으로 생각된다.

2. 문제에서 각 전략들이 어떻게 정당화될 수 있는지를 묻고 있다. 논리적 연결성과 관련해 기준을 제시하는 것이 좋은 방법이라고 생각된다. 예를 들어 각 전략이 민주주의 차원에서 어떤 의미가 있는지를 중심으로 전개하는 방법이 있을 수 있다. 이를 위해 양성평등과 민주주의의 의미를 서론 또는 『I』과 『II』사이에 제시할 수도 있다.

3. 답안에서 제시되었듯이 동등대우에 있어 핵심적 부분은 동등한 기회의 권리의 보장이라는 측면을 보다 강조하고 정당화의 근거 또한 민주주의와 연관시켜 이를 강조할 필요가 있다. 즉 여성이라는 이유만으로 차별을 받는 것은 민주주의 사회에서 정당화될 수 없는 것이라는 점, 따라서 민주주의 사회에서 모든 인간은 동등하게 자신의 자아실현을 실현할 기회를 부여받아야 함에도 그렇지 못한 상황은 정당화될 수 없다는 점을 강조한다면 보다 논리적인 연결이 될 것으로 보인다.

4. 적극적 시정조치의 핵심은 집단별 불균형의 원인을 개인이 아니라 집단적 차별로 보고, 특정 집단에 직접적 혜택을 주는 것이라는 점을 좀 더 강조할 필요가 있다. 이러한 차원에서 차별받는 집단에 직접적으로 혜택을 줌으로써 민주주의 사회에서 대표성을 증가시킬 수 있다는 점에서 정당화의 근거를 제시할 수 있다. 여성공천할당제의 경우 의회에서 여성의 대표성을 높일 수 있는 기회를 제공하기 때문에 정당화될 수 있다는 근거를 제시한다면 논리적인 측면이 보다 강화될 것으로 생각된다.

5. 성주류화를 언급하면서 유엔 제4차 세계여성회의를 언급하면서 여성을 정치의 중심에 있게 만드는 조치라는 표현을 사용하고 있다. 앞 문장에서 양성이 모두 차별을 받지 않으며 불평등이 없도록 하는 것이라는 언급이 있지만 이 표현은 적극적 시정조치, 동등대우와 혼동될 수 있는 측면이 있다. 따라서 세계여성회의를 언급하면서 여성을 단지 정책대상으로 보는 것이 아니라 일반정책 내의 성차별적 요인을 찾아내어 실질적 평등이 이루어지도록 하는 목표를 언급하는 것이 오해의 소지를 없애는 방법이라고 생각된다.

6. 답안에서 언급했듯이 성주류화의 핵심은 여성이 사회에서 주류가 될 수 있도록 구조적 변화를 추구하는 전략이라는 점을 보다 강조하면서 동등대우, 적극적 시정조치와의 차이점을 부각할 필요가 있다고 생각된다.

| 제3문 | 국가간 경제적 상호의존관계는 크게 대칭적(평등한) 상호의존관계(symmetrical interdependence)와 비대칭적(불평등한) 상호의존관계(asymmetrical interdependence)가 있고, 각 유형은 서로 다른 정치적 함의를 갖는다. (총 26점, 선택 총 13점)

(1) 대칭적 상호의존관계와 비대칭적 상호의존관계의 의미를 설명하고, 각각이 갖는 정치적 함의를 논하시오. (16점)

(2) 이러한 관점에서 한미자유무역협정의 정치적 함의를 논하시오. (10점)

Ⅰ. 서 론: 상호의존이론의 주요 내용과 정치적 함의를 중심으로

Ⅱ. 대칭적 상호의존관계와 비대칭적 상호의존관계의 의의
 1. 대칭적 상호의존관계
 2. 비대칭적 상호의존관계
 3. 정치적 함의

Ⅲ. 한미자유무역협정의 정치적 함의
 1. 한미자유무역협정의 특징: 비대칭적 상호의존관계
 2. 정치적 함의
  (1) 자유주의적 시각: 상호의존의 증대를 통한 외교 협상력 증가
  (2) 현실주의적 시각: 안보상 이익 발생 여부

Ⅳ. 결 론

답안작성 김 0 0 / 2007년도 행정고시 일반행정직 합격

Ⅰ. 서 론: 상호의존이론의 주요 내용과 정치적 함의를 중심으로

상호의존이론이란, 각국의 이익이 서로의 관계와 관련하기 때문에 정치적 문제가 발생할 경우 무력사용을 자제하고 타협과 같은 평화적 수단을 통해 문제를 해결한다는 이론이다. 즉, 상호의존으로 인해 국가 간의 안보 딜레마가 완화되고, 자력구제에 대해 제한적인 요소로 작용한다.

이는 1960년대 말에 코헤인(R. Keohane)과 조지프 나이(J. Nye) 등이 주장한 것으로, 다국적 기업, 국제기구 등 국가영역을 초월한 행위자들과 함께 각 국가가 경제적으로 서로 의존하게 되면서 한 주체의 행위가 다른 주체에게 영향을 미치는 상호 의존적 세계정치경제질서가 만들어졌다고 보았다. 이러한 질서 하에서 각국은 타국의 행동에 의해 즉각적인 영향을 받는 정도, 즉 단기적 '민감성(sensitivity)'과 타국의 행동으로 인한 결과를 극복할 수 있는 능력, 즉 상호의존체제의 구조를 변화하는데 드는 비용을 의미하는 장기적 '취약성(vulnerability)'을 가지며, 이 둘이 높아질수록 전쟁 가능성이 낮아진다고 본다.

Ⅱ. 대칭적 상호의존관계와 비대칭적 상호의존관계의 의의

1. 대칭적 상호의존관계

대칭적 상호의존 관계는 영향력에 있어서 동등한 상호의존 관계를 의미한다. 즉, 국가가 동등한 정도의 민감성과 취약성을 가지게 되는 것으로, 국력이 비슷하고 상대방 국가에 대한 무역의존도가 유사하며, 거래하는 재화의 중요성이 적은 국가 간 거래의 경우 대칭적 상호의존관계가 형성될 관계가 높아진다. 이 경우는 각 행위자가 동등한 영향력을 행사하기 때문에, 특정 국가가 다른 국가나 행위자에게 권력을 행사할 수 있는 가능성이 적다.

2. 비대칭적 상호의존관계

비대칭적 상호의존 관계는 국가 간 상이한 수준의 민감성과 취약성을 가지게 되는 관계를 의미한다. 국가 간 국력의 차이가 크고 한 국가의 무역의존도가 상대방에 비해 더 크며 거래되는 재화의 중요성이 서로 다를 경우에는 비대칭적 상호의존관계가 형성된다. 따라서 더 많은 민감성과 취약성을 가진 국가에 대해 상대적으로 민감성과 취약성이 적고 영향력이 큰 국가가 권력을 행사할 수 있게 된다.

3. 정치적 함의

상호적인 의존도의 차이는 국제정치의 권력으로써 작용하게 된다. 예컨대, 중국은 미국의 채권과 부동산에 대해 영향력을 가지고 있으며, 미국은 중국산 공산품의 수입과 노동조건 문제에 대해 영향력을 행사할 수 있다. 이러한 의존도는 타국에 대한 정치적 영향력으로 변하면서 타국의 정책결정에 영향을 미치게 된다. 따라서 기존과 달리 약소국 역시 특정 이슈에 대해서는 강대국에 대해 강한 영향력을 미침으로써 강대국을 통제할 수도 있게 된다.

자유주의의 관점에 따르면 상호의존 관계는 국가 간 물리적인 전쟁 비용을 증대시킴으로써 물리적 전쟁을 방지하게 된다. 왈츠(K. Waltz)와 같은 현실주의자들이 안보와 같은 특수한 이익이 없는 경우 비대칭적 상호의존관계가 형성되는 것이 어렵다고 보는 것과 달리, 코헤인은 비대칭적 관계라 하더라도 각국이 '절대적 이익'(absolute gain)을 얻을 수 있다면 상호의존관계가 형성될 수 있다고 보았다. 즉, 자유주의 관점에서 상호의존관계를 이해한다면, 국가 간 협력 가능성이 확대되며 이는 전쟁가능성을 더 낮추게 된다.

Ⅲ. 한미자유무역협정의 정치적 함의

1. 한미자유무역협정의 특징 : 비대칭적 상호의존관계

2012년 발효를 목표로 한국과 미국 간 상품 및 서비스 무역에 있어서 관세 철폐를 하는 등 배타적 무역 특혜를 서로 부여하는 협정으로, 한국과 미국 간 비대칭적 상호의존관계로 볼 수 있다. 미국은 세계 패권국으로 한국에 비해 국력이 매우 크며, 미국은 중국 다음으로 한국의 2번째 큰 교역대상국이지만, 미국의 한국에 대한 교역의존도는 매우 낮다. 미국과의 경제교역이 중단되거나 위기에 처하는 경우, 한국은 막대한 국내외적 영향을 받을 것이나, 미국의 경우는 상대적으로 적은 영향만 받을 것이므로 한국에게는 상대적으로 불리한 조건의 비대칭적 상호의존관계이다.

2. 정치적 함의
(1) 자유주의적 시각: 상호의존의 증대를 통한 외교 협상력 증가
한미자유무역협정(한·미 FTA)은 자유무역의 증대를 통해 한국과 미국 사이의 상호의존관계를 심화시킬 것이다. 상호 민감성이 증대하게 되면서, 서로 영향력을 행사할 수 있는 외교적 방안이 늘어나게 된 것이다. 한국은 섬유와 자동차와 같은 공산품 분야에서 이득을 증대시킬 수 있을 것이며, 미국은 소고기, 의약품 및 서비스 투자 분야에서 이득을 증대시킬 수 있다. 취약성의 경우 한국이 상대적으로 더 높을 수밖에 없다. 미국이 한국에 대해 가지는 교역의존도는 한국이 미국에 가지는 정도보다 매우 낮기 때문이다. 그럼에도, 한국은 미국과의 협정을 통해 미국에 대한 영향력을 조금이나마 확대할 수 있게 되며, 절대적으로는 이익을 얻을 수 있기 때문에 협정을 체결한 것으로 볼 수 있다.

(2) 현실주의적 시각: 안보상 이익 발생 여부
현실주의적 관점에서 볼 때, 한국과 미국의 비대칭적 상호의존관계는 절대적 이득이 아닌, 특수한 정치적 이익에 의해 체결된 것으로 볼 수 있다. 미국의 경우, 새롭게 부상하는 중국을 견제하고 북한 문제에 대한 영향력을 행사하기 위해 한국에 대한 정치적·경제적 영향력을 키우려 했을 것이다. 한국이 미국보다 중국을 우선시하는 외교적 행위를 취할 경우, 한국과의 교역을 중단함으로써 한국의 행동을 저지할 수 있을 것이다. 한국의 경우, 세계 패권 국가인 미국과의 동맹을 대외적으로 알림으로써 북한의 도발을 억제하는 등 안보상 이득을 얻을 수 있다.

한편으로는, 현실주의적 입장에서 한미자유무역협정에 따라 얻을 수 있는 한국의 안보적 이익이 과연 비대칭적인 상호의존을 유지하면서까지 얻어야 하는 것인지 고려해볼 필요가 있다. 특히, 협정 내용이 이미 국력이 우월한 미국에 더 유리하게 되어있는지가 문제 된다. 미국이 갖는 식품에 관련된 이익은 자국 내 식량자급률이 적은 한국에 안보적인 취약성을 높이게 만들 수 있다. 의약품 역시 국민들의 생명과 직접적 연관성이 존재하며, 투자의 경우 국내 경제 흐름에 영향력을 미칠 수 있기에 한국의 취약성이 매우 커질 수도 있다.

IV. 결 론
상호의존의 증대는 국제정치에 있어서 물리적 전쟁 가능성을 줄이는 순기능을 가질 수 있으나, 오히려 국력의 차이가 존재하는 국가들 사이에서 발생하는 비대칭적 상호의존의 증대는 국가 간 차이를 공고화하고, 오히려 약소국의 국내정치 및 외교에 영향력을 끼치는 용도로 활용될 수 있다. 따라서 한미자유무역협정과 경제적 협정을 맺는 경우에도 정치적 함의를 판단하여 국익을 증대하는 방향으로 신중하게 결정해야 할 것이다.

강 평

1. 코헤인(Keohane)과 나이(Nye)가 제시하는 상호의존론 그리고 이 관점에서 한미자유무역 협정의 정치적 의미를 묻는 질문으로 제시된 답안은 논리적으로 제시되어 있다. 그럼에도 아래의 내용들이 보충된다면 보다 논리적이면서도 내용적으로 풍부한 답안이 될 것으로 보인다.

2. 문제에 있어 핵심은 상호의존론은 무엇보다 비대칭적 상호의존 관계에서 나타나는 민감성 과 취약성에 대한 설명에 있다. 답안에 민감성, 취약성에 대한 언급이 있지만 보다 이 개념을 강조할 필요가 있다. 이러한 차원에서 민감성은 상대방의 행동에 따라 정책을 변화하면서 어느 정도로 반응하는가 즉 타국의 행동에 의해 영향을 받는 정도를 의미한다는 점 그리고 취약성은 정책을 변화하는 과정에서 어느 정도의 비용을 지불하게 되는 가를 즉 타국의 행동으로 인한 결과를 극복할 수 있는 능력이라는 점을 보다 강조할 필요가 있다. 예를 들어 일본과 영국 모두 석유가격에 대해 비슷한 수준의 민감성을 갖고 있지만 영국은 북해 지역에 유전을 보유하고 있지만 일본은 유전이 없기 때문에 취약성의 측면에서 큰 차이를 보인다.

3. 대칭적 상호의존, 비대칭적 상호의존 관계의 정치적 함의를 자유주의적 관점 그리고 현실주 의적 관점에서 제시하고 있는데 이를 보다 강조할 필요가 있다. 이는 무엇보다 한미자유무역 협정의 정치적 함의를 언급하면서 자유주의적 시각 그리고 현실주의적 시각에서 다루고 있다는 측면에서 논리적 연결성을 위해 필요한 것으로 보인다. 특히 답안에서 제시된 내용 중 왈츠의 논의와 코헤인의 절대적 이익에 대한 논의가 좀 더 강조될 필요가 있다.

4. 한미자유무역협정의 경우 자유주의적 시각을 언급하는 부분에서 사례를 통해 양국의 민감 성의 증대를 강조하고 있는데 이와 더불어 필요한 정치적 함의는 한국의 취약성 최소화를 위한 방안을 제시하는 것이 정치적 함의를 위해 필요한 부분이라는 점을 강조할 필요가 있다.

2007년도 입법고등고시 기출문제와 어드바이스 및 답안구성 예

| 제1문 (40점) |

최근 화석연료 시대의 종말에 대한 논쟁이 시작되었다. 석유의 공급량에 비해 수요량이 더 빨리 증가하면서 유가가 급상승하고 있으며, 그동안 화석연료의 과다 사용에 따른 지구 온난화 현상도 심각하다. 이에 따라 에너지의 열효율을 제고하고 재생 가능한 에너지를 개발하려는 움직임도 활발하며, 온실효과를 감축하려는 국제적 노력도 병행되고 있다. 소위 말해서 '지속 가능한 개발'에 대한 관심이 고조되고 있다.

(1) 지구 온난화가 방치된 이유를 사람들은 개릿 하딘의 '공유재의 비극(tragedy of the commons)'을 예로 들어 설명한다. 이를 평가하고, 비극을 방지할 수 있는 방안이 무엇인지 밝혀라. (20점)

(2) 세계적 차원에서 온실효과를 감축하는데 있어서 어려움은 무엇인가? 특히 선진국과 제3세계의 관계를 염두에 두고 이제까지의 국제적 노력을 개괄하고, 본인이 보는 바람직한 대안을 제시해 보시오. (20점)

Advice

1. 환경문제, 기후문제는 단일한 문제점과 역사를 가지고 있으며 꾸준히 출제되고 현실속에서도 꾸준히 문제되고 있다는 점에서 꼭 알아두어야 한다. 특히 오늘날(2020년) 이상기후는 全 세계적으로 발생하고 있으며 대형 산불, 홍수피해, 거품 쓰나미 등 자연재해가 빈번하기 때문에 더욱 중시될 것으로 보인다.

2. '좋은 환경'이 '비배제성', '경합성'을 가진다는 점에서 공유재의 특성을 지니고 있다. 따라서 게릿 하딘(G. Hrdin)이 언급한 공유재의 비극 이 나타날 수밖에 없다. 이를 해결하기 위해 ① 사적 소유권 부여 ② 국제정부 성격을 가진 패권적 주체의 공권력 활용 ③ 자율규제방안 (E. Ostrom)의 세 가지 방식이 사용될 수 있다.

3. 지금까지 1972년 스톡홀름 회의 이후 환경분야에 대한 국제적 공조가 시작되었고, 온실효과 감축을 위해 1992년 리우회의에서는 기후변화협약을, 기후변화협약의 구체적 이행 방안인 '교토의정서'를 2005년에 채택하였다. 2009년 코펜하겐에서 교토의정서 연장을 위한 기후협약회의를 개최하였으며, 2015년에는 교토의정서를 대신할 파리기후협정을 체결하였고 이는 2020년 이후 적용될 예정이다.

4. 교토의정서는 의무이행 대상국과 비대상국을 나누어 온실가스 배출량을 규정한다. 이는 대상국(선진국)과 비대상국(개발도상국)사이의 이견이 발생하도록 만든다. 선진국은 무임승차 심리가 발생하여 미국처럼 협약에서 이탈하는 모습을 보인다. 개발도상국 입장에서는 '청정개발체제'와 같은 제도 활용에 있어서 선진국들이 기술이전을 제대로 이행하지 않으며, 지금까지의 온실가스는 선진국들의 산업화 과정에서 축적된 것이므로 선진국만 이에 대한 책임을 가지고 있다는 의견에서 협약을 반대하는 모습이 나타난다. 더욱이 이들은 모두 직접적인 환경 피해를 입고 있지 않다는 점에서 온실효과 감축이 어렵다. 당장 해수면 상승으로 국토가 사라지는 군소 도시들의 경우 사활을 걸고 문제 해결을 요구하지만, 관련 국가들은 무임승차를 하게 된다. 국제사회의 분권성 역시 공유재 보호가 어렵다.

5. 대안으로써, 하나의 패권국이 이를 제공하거나 사적 소유권을 부여하는 것은 독과점을 유발하게 되고, 기후가 필수재적이고 안보에 직접 영향을 미친다는 점에서 바람직하지 않다. 또한, 현실적으로 패권국에 해당하는 미국 역시 2001년에 자국산업 보호를 위해 교토의정서에서 탈퇴한 것과 같이 현실화되기 어렵다. 따라서 자율적 규제방안으로써 교토의정서 및 이후의 파리기후협정이 보완되어야 할 것이다. 각 나라의 자율적인 참여를 위해 담론공동체를 활용, 지식인 공동체와 언론이 환경문제를 더욱 이슈화 할 수 있다. 오스트롬(E. Ostrom)에 따라 상호신뢰와 문화적 공유감을 형성할 때 자율규제가 더욱 잘 이루어질 것이므로 민간부분의 연계, 정부 간 협상을 활용할 수 있을 것이다.

답안구성 예

I. 서 론	4. 지구 온난화의 경우
II. 지구 온난화 방치 원인: 공유재의 비극	**IV. 온실효과 감축의 어려움: 선진국과 제3세계의 갈등**
1. 공유재의 비극 의의	1. 국제적 노력들
2. 지구 온난화와 공유재로서의 환경	2. 선진국과 제3세계의 입장 차이
III. 공유재의 비극 방지 방안	**V. 온실효과 감축 방안**
1. 사적 소유권 성립	**VI. 결 론**
2. 공권력을 통한 공유재 공급	
3. 자율적 규범을 통한 협력	

| 제2문 (60점) |

1. 거버넌스(Governance)개념은 연구자의 시각이나 연구대상에 따라 매우 다양하게 사용되고 있다. 이러한 개념적 혼란에도 불구하고 거버넌스에 관한 논의가 지난 세기말 이후 매우 활발하게 전개되고 있는 배경은 무엇인가? 그리고 거버넌스에 관한 다양한 시각들은 기존 정치패러다임의 한계를 어떻게 극복하고자 하는가? (30점)

1. '거버넌스'는 정의가 매우 다양하다. 대개 협의로는 문제해결을 위한 체제로서의 정부체제만을 이야기하기도 하고, 광의로는 사회적 문제해결을 위한 민간-시민-정부의 다양한 협력체계(비국가 행위자들을 포함한 글로벌거버넌스 포함)로 활용되기도 한다. 이는 세계화로 인한 외교의 필요성 및 탈근대적 환경에 따른 사악한 문제(wicked problem)의 등장으로 인해 정부의 독점적 통치만으로는 문제해결이 어려워지기 때문에 등장했다. 특히 이러한 배경에서 사회문제를 해결하는데 발생한 '시장실패'와 함께 '정부실패'는 민간과 시민의 적극적 참여를 통해 보완되어야 한다는 점에서도 거버넌스의 등장배경이 되었다.

2. 거버넌스는 첫째, '시민들의 직접 참여'를 통해 민간자원을 확보하고 다양성을 통한 시너지, 숙의와 소통을 통해 문제해결 능력을 향상시킨다. 특히 참여·숙의민주주의를 통해 대의민주주의 및 다수결에 따른 한계를 극복한다는 점에서 의의가 있다. 두 번째로, 단일국가가 아닌 글로벌거버넌스를 통해 全 지구적인 문제를 해결할 수 있다. 환경문제 해결을 위해 파리기후협약을 맺는 등 국제적 공조를 하거나, 대인지뢰금지협약을 이끈 ICBL, WHO의 소아마비 박멸 등이 예시가 된다. 최근(2020년)의 COVID-19 역시 국제적 공조가 필요한 사안으로 보인다.

답안구성 예

　I. 서론

　II. 거버넌스 개념

　III. 거버넌스 논의 전개 배경

　IV. 거버넌스와 정치패러다임

1. 거버넌스에 관한 다양한 시각들
2. 기존 정치패러다임의 한계
3. 거버넌스의 적용을 통한 한계 극복

　V. 결론

---

2. 정당은 여러 측면에서 중요한 역할을 하지만 의회정치과정에서도 매우 중요한 위치를 차지한다. 근래 세계적으로 정당체계가 새로운 변화를 겪으며 의회정치과정에서도 정당의 성격과 역할에 대한 여러 이론적 논쟁이 전개되고 있다. 이에 비추어 한국의 경험을 평가하고 나아갈 방향을 제시하라. (30점)

![Advice]

1. 최근의 정당은 대중정당 시대를 지나 이념이 아닌 이슈 중심의 '포괄정당'의 형태를 띤다는 견해가 있다. 이와 달리, 이념정당이 탈이념화와 사회균열의 다양성으로 인해 발생한 다양한 이해관계를 반영하지 못하여 '정당의 파편화'가 나타난다는 견해가 있다. '포괄정당'의 경우 이슈 중심으로 경쟁이 이루어지고, '정당의 파편화'를 띠는 경우, 유권자들의 지지에 따라 원내 정당들의 형태가 달라질 것이다. 정당규율은 의회를 경합장 형으로 만들지 전환 형으로 만들지를 결정한다. 따라서 각각의 정당체계 형태에서 정당규율이 어떻게 변화되는지를 서술하는 것도 좋다.

2. 한국의 경우, 서구와 달리 '대중정당'의 모습을 찾기는 어렵다. 계급균열이 지역균열에 묻혔으며, 이념으로 결집된 당원이 부족하기 때문이다. 인물위주 정당정치가 지속된다는 점에서 '간부정당'에 가까우며, 이념 간 거리가 멀지 않다는 점에서 '포괄정당'에 가깝다. 또한 대중매체의 활용, 상징조작에 있어서 '선거전문가정당'의 모습과 함께, 거대정당들의 신생정당 원내진입 배제, 국고보조금 독식을 통해 '카르텔 정당' 모습도 볼 수 있다.

3. 한국 정당이 나아가야 할 방향에 대해서는 '대중정당론'과 '원내정당론'의 논쟁이 있다. 원내정당론의 경우, 탈물질주의의 확산과 투표율 감소 등의 현상에서 좀더 현실성이 있다고 평가된다.

답안구성 예

I. 서 론

II. 정당체계의 변화

III. 정당체계의 변화가 의회정치과정에
    미치는 영향

IV. 한국의 경우
   1. 평 가
   2. 나아갈 방향: 원내정당론

V. 결 론

| 제1문 | 홉스(Thomas Hobbes)의 자연상태 하에 두 명의 이기적인 개인 甲과 乙이 있다고 가
정하자. 두 사람의 효용은 각각 상대방의 물건을 '훔치지 않는 경우'와 '훔치는 경우'
의 조합에 따라 그 크기가 달라진다. 아래 도표는 A, B, C, D라는 4 가지의 조합을 나
타내고 있으며, 괄호안의 숫자는 각각 甲과 乙의 효용의 크기를 나타낸다. (총 50점)

甲＼乙	훔치지 않는다	훔친다
훔치지 않는다	A (10, 9)	B (7, 11)
훔친다	C (12, 6)	D (8, 8)

(1) 홉스의 자연상태를 설명하시오. (15점)

(2) 홉스가 위 도표를 본다면, A, B, C, D 가운데 어떤 것을 개인의 자기 이익 추구결과로서의 자
연상태로 보겠는지 그 이유를 설명하시오. (10점)

(3) 위 도표를 이용하여 정부의 존재이유와 역할에 대해 논하시오. (10점)

(4) 정부가 없는 상황에서도 A가 가능하다면 어떻게 가능한지를 합리적 선택(rational choice)의
관점에서 설명하시오. (15점)

Ⅰ. 서: 죄수의 딜레마와 자발적 협조의 가능성

Ⅱ. 홉스의 자연 상태
1. 홉스(Hobbes)의 인간관과 문제 의식
2. 전쟁상태로서의 자연 상태

Ⅲ. 자기 이익 추구 결과로서의 자연 상태
1. 도표의 분석
2. 평가적 검토

Ⅳ. 정부의 존재 이유와 역할
1. 정부의 구성

2. 정부의 역할

Ⅴ. 정부 부재 시 협력의 가능성: 합리적 선택의
관점
1. 홉스의 비관적 전망
2. 자발적 협력의 가능성: 합리적 선택(rational
choice)
(1) 제도적 접근
(2) 상호주의의 보장
(3) 사회적 자본(social capital)

Ⅵ. 결

Ⅰ. 서: 죄수의 딜레마와 자발적 협조의 가능성

Ⅱ. 홉스의 자연 상태

1. 홉스(Hobbes)의 인간관과 문제 의식

홉스는 경험론적 인식론과 방법론적 개체주의에 입각하여 이기적이고도 합리적인 인간을 상정하고 있다. 즉, 죽음의 공포를 최악으로 설정하고 인간은 끊임없이 자신의 목적과 욕구를 추구하는 이기주의 자이며 인간의 욕망은 죽음에 이르러서야 중단되는 그러한 것으로 보는 것이다. 이에 따라 인간은 폭력적 죽음에 대한 끊임없는 공포와 위험 속에서 '자기보존의 욕구(self-preservation)'에 경도 될 수 밖에 없으며, 이는 결국 '상대적인 이익(relative gain)'의 추구가 결과하는 암울한 상황을 회피하기 위해 강제력을 행사하는 권력의 소재인 주권자를 창출하는 문제로 귀결되었다. 그에게 정치의 목적은 최고선의 실현이 아닌 최대악으로부터의 탈피였기 때문이다.

2. 전쟁상태로서의 자연 상태

홉스에게 자연 상태는 인간이 죽음을 회피하기 위해 끊임없이 권력을 추구해가는 과정에서 외부적 제약이 전혀 없는 상태를 의미하며, 이것이 곧 전쟁상태를 의미하는 것은 아니나 자기보존의 욕구가 강화되면 타인의 죽음에 대한 가능성이 높아지기 때문에 안보경쟁 등의 불안감이 지속되는 상태이다. 이는 결국 인간이 지닌 불신(diffidence), 경쟁(competition), 명예욕(glory)으로 인해 '만인의 만인에 대한 투쟁의 상태'로 귀결되며 개인은 오로지 죽음 앞에서 평등을 가지게 된다. 개인은 상대방을 죽일 수 있다는 점과 남의 물건을 강탈할 수 있다는 점에서 동등하며 선악이나 정의의 구분은 부재하고 재산의 보유 여부는 중요하지 않게 된다.

Ⅲ. 자기 이익 추구 결과로서의 자연 상태

1. 도표의 분석

T. Hobbes의 이기적이며 상대적 이익을 추구하는 인간관은 서로 간의 협력과 합의를 담보함으로써 두 사람의 효용의 합을 극대화하는 동시에 사회적으로 바람직한 A 지점이 아니라 상대방이 훔칠지도 모른다는 불안과 두려움 속에 자신이 훔칠 때 얻게 되는 상대적 이익을 고려하여 개인에게 가장 '합리적' 선택점인 D를 선택하고, 이는 결국 '죄수의 딜레마(prisoner's dilemma)'로 귀결된다. 개인의 개체적인 최적의 합리성이 결코 전체로서의 합리성으로 귀결되지 않는 '의도되지 않은 비합리성' 혹은 '집단행동의 딜레마'가 발생하게 되는 것이다.

2. 평가적 검토

자연 상태가 만인의 만인에 대한 투쟁으로 귀결되는 D 지점은 불신, 경쟁, 명예욕이라는 이유와 더불어 강제력의 현재적·사후적 부재에서 기인한다. 즉, 정의와 도덕이 부재한 상태에서 불신(diffidence)으로 인해 더 많은 권력을 추구하고자 하는 욕구가 상대 재산을 탐하게 한다. 또한 경쟁(competition)은 권력의 우위에서 나타나는 것으로 이는 생존가능성의 증대를 의미한다. 즉, 상대적 이득을 확보하기 위해 강탈·투쟁하여 권력의 증대를 의도하는 것이다. 한편, 인간은 남이 자신을 과소평가하거나 경멸할 때 싸우게 되는데, 물건의 강탈 자체 보다는 이로 인한 위신의 손해와 역으로 강탈을 통한 위신의 증대를 꾀하는 명예욕(glory)이 또다른 원인이다. 이와 더불어 현재의 강탈에 대해 강제를 할 수 있는 현실적인 제약이나 제도가 부재하다는 점과 신법과 같이 이에 대해 처벌 할 수 있는 기제가 없다는 점이 D라는 균형을 형성하게 한다.

Ⅳ. 정부의 존재 이유와 역할

1. 정부의 구성

서로 강탈하게 되어 만인의 만인에 대한 투쟁이 나타나는 D점의 상황에서 인간은 이성의 목소리인 '자연법'에 입각하여 협력을 도출하는 것은 사실상 불가능하다. 홉스가 자기 보전의 권리인 자연권 보다 자연법을 강조하였지만, 인간 이성의 명령인 '자연법'은 개인 자신만을 구속하지 다른 이를 구속할 수는 없기 때문이다. 따라서 강력한 처벌과 두려움의 조성, 그리고 보상에 대한 약속을 통해 체결된 사회계약을 파기하지 못하게 하는 강력한 권력으로서의 정부가 필요하게 된다.

개인의 자연권이 양도된 결과 주권은 국가의 지배자−리바이어던(Leviathan)에게 귀속되며, 이 때 지배자는 계약 당사자가 아니기 때문에 계약이 파기될 수 없으며, 지배자는 국민과의 상호 의무 관계에서 부터 자유롭게 된다. 주권자의 권력은 불가분적 절대성을 갖게 되며 주권자는 효율성의 극대화를 위해 절대군주의 형태를 띤다. 이는 결국 정부의 조정역할을 통해 약속이행의 불확실성을 감소시키고 강제력의 동원을 통해 이기적인 甲과 乙을 모두 훔치지 않는 A로의 이동을 가능케 하는 것이다.

2. 정부의 역할

'최대악으로부터의 탈피' 라는 관점에서 홉스는 어떤 자질과 능력을 갖춘 사람이 권력을 행사하는 문제가 아니라 강제력을 행사하는 권력의 소재인 주권자를 창출하는 문제에 중점을 두었다. 이를 통해 시민이 정치로부터 해방되어 사적인 관심, 즉 개인의 세속적 행복을 극대화하기 위한 경제활동에 전념할 수 있게 되는 '소유적 시장사회'가 가능해지는 것이다. 즉, 정부는 강력한 권력을 통해 질서유지와 사회계약을 지속시키는 동시에 외부 국가로부터 국민들의 안전을 보존함으로써 국민들이 자신의 분야에서 학문, 예술, 근로를 할 수 있게 되는 것이다.

V. 정부 부재 시 협력의 가능성: 합리적 선택의 관점

1. 홉스의 비관적 전망

홉스의 견해에 따르면 강력한 권력에 의한 처벌기제가 없는 경우 인간이 협력할 수 있는 방법은 양심의 소리인 자연법에 귀를 기울이는 방법 밖에 없다. 그러나 불신과 상대적 이익 추구의 홉스적 자연 상태에서 리바이어던(Leviathan)과 같은 존재가 부재한 경우 협력을 지속적으로 산출하는 것은 사실상 어렵다. 오로지 '힘의 논리'만이 관철되는 '만인의 만인에 대한 투쟁' 상태는 결국 사회 전체의 생존이 위협되는 비관적 전망으로 귀결되는 것이다.

2. 자발적 협력의 가능성: 합리적 선택(rational choice)

(1) 제도적 접근

Buchanan과 D. North 등은 신제도주의적 관점에서 개인행위에 대한 구조적 제약들의 중요성을 인정하기 시작하고, 합리적인 행위자들이 외생적 구조에 의해 미리 설정된 범위 내에서 이익을 극대화할 필요성을 인정하였다. 즉, 죄수의 딜레마와 같이 합리적 개인으로 구성된 세계에서 균형을 성취하는데 따르는 난점을 해결하기 위해 제도들을 통해 부과된 규칙들이 개인의 이익극대화 행태를 제약함으로써 안정되고 예측 가능한 결정의 도출을 가능케 한다고 보는 것이다. 이에 따라 중앙권위의 부재 하에서도 이해당사자 간의 자발적인 문제 해결이 가능하게 된다.

(2) 상호주의의 보장

R. Axelord는 'Evolution of cooperation'에서 상호주의 원칙에 기반하여 협력을 도출해내고 있다. 즉, 죄수의 딜레마 게임이 단순히 1회에 그치지 않고 현실세계에서 무한반복의 게임으로 자리 잡을 경우, 상호주의에 기반한 tit-fot-tat 전략(눈에는 눈, 이에는 이)으로 행위자들이 행동할 때 단기적이고 상대적인 이익보다 미래에 투영된 보복의 가능성(shadow of future)을 염두에 두고 단기적인 배신을 통한 이익보다 장기적인 협력을 택하게 되는 것이다.

또한 R. Keohane은 상호주의 전략이 보다 안정적으로 달성될 수 있는 제도가 존재하는 경우 행위자 간의 협력은 더욱 안정적으로 보장될 수 있음을 제시하였다. 제도를 '기대의 안정화'라고 할 때, 추상적인 제도 역시 행위자 간의 협력을 보장해 줄 수 있는 것이다. 이러한 측면에서 상호주의의 보장은 개인들의 합리적인 선택에 의해서도 협력이 가능하게 할 수 있는 것이다.

(3) 사회적 자본(social capital)

정부가 존재하기 이전 자연 상태의 '이익사회'적 현실 하에서도 개개인의 사회적 신뢰가 시민사회의 제도적 문화적 성숙을 통해 공유된 목표와 참여 속에서 협력을 통한 장기적이고 포괄적인 공익으로 연결되는 성찰적(reflective)인 사회적 신뢰가 형성된다면 자발적 협력이 가능할 수 있다. 즉, Putnam이 지적한 대로 '상호이득을 가져다주는 협동과 조정을 촉진하는 사회적 규범, 네트워크, 신뢰의 조직'으로서의 사회적 자본이 확보된다면 죄수의 딜레마는 보다 용이하게 극복될 수 있다. 홉스의 '제3자의 강제

개입(third-party enforcement)' 보다는 구성원의 자발적 협력을 유도하는 A. Hirschman의 도덕적 자원(moral resource)이 구성원 개개인의 상호신뢰와 호혜성에 기반한 수평적 네트워크를 재생산하여 협력을 촉진시키는 선순환(virtuous circles)을 이끌어내기 때문이다.

VI. 결

'만인의 만인에 대한 투쟁' 상태로 대표되는 홉스의 이기적이고 상대적인 이익에 입각한 인간관은 오로지 물리적, 강제적 권력(Leviathan)에 의한 억압과 강제에 의해서만 개인 간의 협력이 가능하다는 비관적 전망으로 귀결되었다. 그러나 자연 상태의 인간이 자신의 이익을 극대화하는 것을 인정한다 하더라도 합리적 선택(rational choice)의 관점에서는 죄수의 딜레마 혹은 집단행동의 딜레마를 극복하기 위한 제도나 상호주의의 보장, 사회적 자본의 축적을 통해 정부가 부재한다 하더라도 자발적 협조를 이끌어 낼 수 있는 것이다.

강 평

1. 이 문제는 홉스의 정치사상을 바탕으로 정부가 없는 상태에서도 어떻게 협력이 가능한지를 합리적 선택이론 관점을 통해 묻고 있다. 전반적으로 답안은 문제의 핵심에 맞게 제시되었다고 생각한다. 그럼에도 아래의 몇 가지 내용이 보충된다면 보다 논리적 연결성에 도움이 될 것으로 생각된다.

2. 홉스의 자연상태를 설명함에 있어 인간관에 대해 언급하고 있다. 이는 홉스의 자연상태를 설명함에 있어 핵심적 요소 중 하나인 인간관이라는 점에서 적절한 언급이라고 생각된다. 그런데 홉스의 인간관에서 중요한 점은 인간이 갖고 있는 이기심, 자기보존, 상대방에 대한 불신이라는 측면과 더불어 자신의 생명보존을 위해 스스로 자신의 문제를 합리적으로 해결하고자 하는 이성을 갖고 이에 따라 자유롭게 행동할 수 있는 자연권을 갖고 있는 존재라는 점 또한 분명하게 언급할 필요가 있다. 이는 무엇보다 이후 사회계약을 맺게 되는 원인과도 밀접하게 연관되는 것으로 논리적 연결성을 위해서도 필요하다고 생각된다.

3. 정부의 존재 이유와 역할과 관련해 정부의 구성 그리고 정부의 역할로 구분하여 서술하고 있는데 제시된 문제 그리고 답안의 내용에 좀 더 부합하는 표현은 정부의 존재 이유가 좀 더 타당하다고 생각된다.

4. 자연권과 자연법을 통해 정부의 구성을 설명하고 있다. 그런데 홉스에게 있어 자연권과 자연법이 어떤 의미인지 그리고 왜 홉스는 자연권 보다 자연법을 강조했는지에 대한 설명이 필요하다고 생각된다. 자연상태에서 무제한적으로 사용되던 자연권의 행사에 제한을 가한다는 측면에서 자연법이 갖는 의미를 보다 명확하게 제시할 필요가 있다. 이는 또한 답안에서 언급한 사회계약을 파기하지 못하게 하는 강력한 권력의 필요와 연결된다는 측면에서 보다 논리적인 서술이 될 수 있다고 생각된다.

5. 정부의 구성과 관련해 홉스의 인간관을 통해 설명한다면 보다 그 의미가 명확하게 제시될 수 있을 것으로 보인다. 즉 이기심과 자기보존이라는 본성을 갖고 있지만 합리적으로 문제를 해결하고자 하는 인간이 과연 다른 사람도 나와 같은 생각을 하는가에 대한 불신의 문제를 언급할 필요가 있다. 이는 무엇보다 사회계약을 위반했을 시 처벌에 대한 두려움 또는 계약의 이행에 대한 보상을 약속할 수 있는 강력한 존재의 필요성과 연결되기 때문이다. 더불어 정부의 역할 또한 이 논의로부터 도출한다면 보다 논리적인 연결성을 갖춘 답안이 될 것으로 보인다.

6. 제도적 접근을 설명하면서 제도에 대한 개념적 설명이 필요하다고 생각된다. 또한 이를 통해 특히 공식적·비공식적 제도가 갖는 의미를 제시한다면 보다 명확한 의미 전달이 될 것으로 보인다. 또한 오스트롬의 논의를 통해 정부의 개입 없이도 자율규칙이라는 제도를 만들고 운영할 수 있다는 논의를 제시한다면 보다 내용있는 답안이 될 것으로 보인다.

7. 악세로드의 상호주의를 설명함에 있어 일차적으로 협조적인 전략을 취하지만 상대방이 배신을 할 경우 그에 맞추어 비협조적 전략을 취한다는 표현으로 제시한다면 답안의 내용의 의미가 보다 명확하게 표현될 것으로 보인다.

| 제2문 | 민주정치에서 투표행위(투표 / 기권 및 후보선택)는 개인으로서의 유권자가 정부의 정책결정에 영향을 줄 수 있는 중요한 참여행위이다. 현대 한국정치에서 유권자의 투표행태에 영향을 미치는 요인들을 들고, 유권자 개인의 특성, 정당 및 후보자, 선거제도, 사회경제적 배경 등을 포함하여 여러 측면에서 논하시오. (25점)

답안작성

박 0 0 / 2006년도 행정고시 일반행정직 합격

Ⅰ. 서

근대국가의 성립 이후 대의제 민주주의가 보편적으로 확립된 이래 유권자의 투표는 대표성과 책임성을 담보하는 가장 핵심적인 기제로서 작동해 왔다. 1987년 민주주의 이행(transition) 이후 현대 한국정치에 있어서도 대통령 직선제 선출 등 투표는 다수 지배(rule of majority)로서의 민주주의에 참여할 수 있는 가장 주요한 통로였다. 그러나 정당의 대표성 약화와 대의제의 피로(fatigue), 형해화에 따른 정치적 무관심의 증대 등은 주요 선거에서 지속적인 투표율 저하의 문제를 노정하고 있다. 또한 최근의 지방선거 결과 등에서 볼 수 있듯이 지역주의가 과잉 대표되고 사회경제적 균열(cleavage)은 정치사회에 반영되지 못하는 문제가 여전히 지속되고 있는 바, 투표에 영향을 미치는 유권자 개인, 정당, 선거제도, 사회경제적 배경에 입각하여 이를 분석해 보고자 한다.

Ⅱ. 투표의 중요성과 대표성의 위기

민주주의는 시민의 참여를 전제로 하며, 현대 대의제 민주주의는 시민의 참여와 정당에 의한 대표를 핵심으로 한다. 이를 통해 민주주의는 다양한 갈등과 이익을 정치적으로 표출하고, 대표하여 대안을 조직함으로써 시민의 정치참여의 기반을 넓히고 정치적 효능감(efficacy)을 증대시킴과 동시에 정치체제의 안정을 기하려는 체제이다. 이러한 측면에서 투표율의 하락은 대의제 민주주의 위기의 한 현상으로 정책 및 입법과정의 정당성 문제, 즉 대표성의 위기를 야기한다. 또한 투표과정에서 특정 균열이 과잉 대표되는 등의 문제 역시 국민의사의 왜곡, 정치적 무력감의 증대와 불신을 야기하게 한다.

Ⅲ. 투표에 영향을 미치는 요인

1. 유권자 개인의 특성

최근 투표율의 저하현상은 정치적 무관심에 비롯되는 바가 크다고 할 것이다. D. Riesman 등 전통적인 견해에 의하면 정치적 무관심은 정치에 대한 인식과 참여에의 태도가 모두 결여된 것을 의미하나, 현대적 의미에서는 정치에 대한 지식과 인식을 지니고 있음에도 소극적 태도를 지니는 것을 의미한다. 보다 구체적으로 H. Lasswell은 이를 탈정치적(depolitical)-무정치적(apolitical)-반정치적(antipolitical)태도로 분류하기도 한다.

우리나라의 경우 그동안 높은 제도화의 관문(S. Lipset&S. Rokkan)에 따른 정치적 효능감의 저하와 기존 정치영역의 부패, 그리고 교착(gridlock)상태에 대한 환멸이 정치주체가 현실을 변화시킬 수 있다는 가변성의 기대를 박탈함으로써 탈정치적(depolitical) 태도를 야기했다고 할 수 있을 것이다. 즉, A. Hirschman에 따른다면 저항(voice)할 수 있는 정치적 반대의 채널이 억압됨으로써 유권자는 민주적 경쟁 시장에서 이탈(exit)하게 되는 것이다. 그러나 시장에서 소비자의 이탈은 공급자인 기업에게 소비자의 선호에 적응하도록 만드는 자기조정의 효과를 갖지만, 선거시장에서 유권자의 이탈은 정당이라는 정치기업에 변화를 강제하는 효과가 약하다는 측면에서 심각한 문제가 발생한다.

또한, R. Inglehart의 '제5의 균열'로서의 탈물질적 가치관의 등장은 최근 젊은 세대의 급격한 투표율 저하를 상징하고 있다. 즉, 탈산업화의 진전에 따른 이슈영역의 다양화로 하위정치(low politics) 혹은 생활정치, 정체성의 정치 등이 상대적으로 중시되면서 무정치적(apolitical) 태도가 확산되고 있는 것이다. 이와 더불어 거대화, 복잡화, 전문화 되는 사회환경의 변화가 정치적인 것 보다는 소비적인 것에 몰두하는 '1차원적 인간(Marcuse)'을 양산하는 것 역시 이러한 경향의 주요 원인이라 할 것이다.

2. 정당 요인

한국정치에 있어 정치적 대표체계로서의 정당정치와 사회적 조건 간의 극심한 불일치는 정당정치의 폐쇄성과 독점성을 심화시키고 후원-수혜자주의를 만연시켰다. 이에 따라 사회적 균열(cleavage)은 정치사회에서 대표되지 못하고 보수 독점적 구도 하에서 시민사회와 괴리된 채 권력경쟁만을 지속해 왔다. 즉, 기존 정당들은 지속적으로 사회에 존재하는 이념적 대립이 정당체계로 침투하는 것을 저지하면서 정당정치를 독점하고 지역균열을 사회적 수준으로 하향 부과해 온 것이다.

또한 사당주의적 특성 하에서 제도화의 수준은 극히 낮아 적응성과 복잡성의 결여 속에 새로운 요구와 변화에 대응하지 못하고 사회체계와 유리되면서 정당이 시민사회와 국가 간의 전동벨트로서의 기능을 제대로 수행해내지 못한 것이다. 즉, 우리나라의 경우 정당일체감 모형(미시간 모형)은 빈번한 정당의 이동성으로 찾기 어려우며 오히려 지역성에 의해 결정되는 측면이 큰 것이다.

3. 선거제도

정치적 지지를 의석으로 전환시키는 공식으로서의 선거제도는 제도화의 관문으로 작용하여 정부구성과 정당체계의 대표성과 안정성에 중요한 영향을 끼친다. 우리나라의 경우 2004년 이전까지 국회의

원 선거에서 소선거구 다수대표제를 실시함으로써 높은 제도화의 관문에 따라 산업사회 가장 주요한 사회경제적 균열인 '계급' 균열이 대표되지 못하고 거대 정당들이 '과잉'대표되는 문제가 발생하였다. 이에 따라 유권자들은 사표방지의 심리적 효과로 인해 승리가능성이 있는 정당을 선택하게 되는 악순환이 지속되었던 것이다.

지난 총선에 도입된 정당명부식 비례대표제 즉, 1인 2투표제(병행제: parallel system)는 다수제 방식과 비례대표제 방식을 병렬적으로 혼합하여 헌정 사상 최초로 민주노동당이 원내 진입하는 결과를 낳았다. 병행제의 경우 다수제 방식의 효과가 상당함에도 불구하고 이러한 결과가 나타났다는 것은 최근 투표율 저하 문제를 완화시킬 수 있는 가능성을 보여준다. 즉, 현재 18%정도에 불과한 비례대표의 비율을 보다 상승시켜 제도화의 관문을 보다 낮춤으로써 대표성과 정치적 효능감을 증대를 통한 정치적 관심의 유도가 가능해지는 것이다.

4. 사회경제적 배경

투표에 대한 사회경제적 배경은 주로 계급, 종교 등 사회적 균열(cleavage)이 장기적이고 안정적으로 투표행태 혹은 일체감(praty identification)을 형성하는가의 문제로 귀결된다. 즉, 서유럽 국가의 유권자 투표 행태분석에 유용한 계급투표모형(class voting)이 이에 해당하는 것이다. 사회 안의 자본-노동의 대립구조를 중심으로 계급 간의 균열구조가 결빙(freezing)되었던 서유럽에 반해 우리나라에서는 권위주의 산업화 과정에서 계급균열이 편향성의 동원 하에서 억압되었으며 소득수준과 연령, 학력 등의 지표로 간주해 볼 수 있는 균열구조가 특정 정당에 대한 일체감과 지지로 연결된다고 보기 어렵다. 한국 정당의 낮은 대표성과 제도화 수준, 그리고 체계화의 미성숙성이 주된 요인으로 작동하면서 오히려 지역주의를 과잉대표하고 있는 것이다.

이는 V. O. Key의 지적대로 민주주의의 핵심인 불확실성의 제도화를 어렵게 하고 정책정당의 출현을 어렵게 하며 엘리트 충원의 폐쇄성에 따른 정치사회화의 기능 저하 문제 등을 노정하여 정치적 무관심을 확대 재생산하는 악순환을 결과한다.

Ⅳ. 결

투표의 문제는 대의제 민주주의 하에서 결국 정치사회와 시민사회를 연결하는 대표성의 위기 문제로 연결되며, 이는 대의제의 핵심적 장치인 정당의 문제로 귀결된다. 따라서 정당의 사회체계의 하위체계로서의 역할 강화를 통해 투표율 저하를 방지하고 정치적 효능감을 증진시켜야 한다. 이를 위해 정당의 제도화 수준을 향상시키기 위해 정책전문성을 강화시킴과 동시에 상향식 공천이나 국민 참여 경선제 등을 통한 정당 내부의 민주화가 요구된다. 또한 전체 유권자의 절반 정도에 해당하는 젊은 유권자들의 참여 욕구를 반영하는 정치와 정당체계를 모색해야 할 것이다. 이 과정에서 대표성의 증진을 위한 비례대표제의 비중 증대 등 선거제도의 개혁 역시 이루어져야 한다.

| 강 평 |

1. 이 문제는 대의민주주의에서 투표의 의미와 중요성에 대해서는 이론의 여지가 없다. 따라서 이러한 투표에 영향을 미치는 다양한 논의를 바탕으로 현대 한국정치에서 유권자들의 투표형태에 대해 묻고 있는 질문이다. 답안은 기본적으로 이러한 문제 의도에 맞게 논리적으로 구성되어 있다고 생각된다. 그럼에도 몇 가지 내용이 첨가될 필요가 있다고 생각된다.

2. 답안에서는 투표의 중요성과 대표성의 위기를 설명하고 있다. 문제의 핵심은 투표형태에 영향을 미치는 요인들에 대한 것이다. 따라서 대표성의 위기에 대한 언급을 할 수 있지만 투표의 의미, 중요성에 보다 초점을 둘 필요가 있다. 이러한 측면에서 답안에 제시된 내용과 함께 투표는 시민들이 대표기구를 구성, 통제함으로서 민주주의를 실현하는 가장 중요한 수단이라는 점 또한 명확하게 제시할 필요가 있다. 또한 이러한 이유로 유권자의 투표형태 분석이 민주주의를 위해 필요하다는 점을 강조할 수 있다고 생각된다.

3. 유권자 개인의 특성을 서술함에 있어 일반적으로 정치학에서 언급되는 개인의 문화적 속성, 유권자 개인이 가지는 정당일체감에 대한 논의도 함께 서술될 필요가 있다. 즉 알몬드와 버바(Almond and Verba)의 분류에 의한 향리형, 신민형 정치문화를 지니고 있는 사람 또는 참여형 정치문화를 지니고 있는 사람에 대해 언급과 같은 정치문화에 대한 논의도 함께 제시될 필요가 있다. 또한 유권자의 지지정당과 자신이 얼마나 일치하는지 느끼는 정당일체감에 대한 논의도 제시될 필요가 있다.

4. 정당요인과 더불어 문제에 맞게 후보자에 대한 언급도 함께 할 필요가 있다. 또한 답안에 제시된 내용과 함께 유권자들의 선호에 맞는 정당 및 후보자의 존재 여부 또한 의미 있는 내용으로 제시될 필요가 있다. 이는 무엇보다 다양한 유권자들이 자신의 이념, 이익을 대표할 수 있는 후보가 존재한다면 유권자들의 투표에 영향을 미치기 때문이다.

5. 선거제도와 관련해 유권자들이 투표에 참여함으로써 선거결과에 미치는 영향이 클수록 투표에 참여할 유인이 크다는 합리적 선택 모형을 언급하면서 선거제도에 의한 투표행태를 제시한다면 보다 의미 있는 답안이 될 것으로 보인다.

6. 사회경제적 배경을 서술함에 있어 정치학에서 일반적으로 언급되는 유권자의 경제적 지위, 교육 등 사회경제적 배경, 거주지, 종교 등에 대한 부분도 함께 언급할 필요가 있다. 예를 들

어 경제적 지위가 높거나, 교육 수준이 높은 경우 기본적으로 정치에 관심이 많고 투표율이 증가하기 때문이다.

7. 투표행태에 영향을 미치는 요소를 제시함에 있어 정치학에서 일반적으로 언급되는 이론적 측면을 언급한 뒤 한국사회에 비교하면서 답안을 서술한다면 전반적으로 보다 논리적인 연결성을 갖게 될 것으로 보인다.

민족주의는 서구에서 전세계로 확대된 이념으로 각국의 국내정치 및 현대국제정
치에서 큰 의미를 갖는다. 2006년 독일 월드컵 등을 계기로 민족주의에 대한 관심
과 우려가 동시에 고조되고 있다. 민족주의의 순기능과 역기능을 열거하여 논하
시오. (25점)

<table>
<tr><td>

Ⅰ. 서

Ⅱ. 민족주의(nationalism)의 성립과 확산

Ⅲ. 민족주의의 순기능
　1. 내부적 통합의 달성
　2. 심리적 기능
　3. 문화적 다양성의 원천

</td><td>

Ⅳ. 민족주의의 역기능
　1. 국가주의 / 전체주의의 등장 가능성
　2. 분쟁의 발생
　3. 사회적 획일성

Ⅴ. 결 : 열린 민족주의를 지향하며

</td></tr>
</table>

답안작성

박ㅇㅇ / 2006년도 행정고시 일반행정직 합격

Ⅰ. 서

최근 월드컵 응원의 양상을 살펴보면 민족주의가 극적으로 분출되고 있다고 할 수 있다. 이것이 국가
를 최우선하는 국수적이고 전체주의적 민족주의로 전락할 것인가 혹은 국내적 통합과 더불어 자유와 관
용에 기반한 개방적이고 열린 민족주의로 작동하고 더 나아가 통일을 위한 민족공동체의 구성 원리로서
의 '시민적 민족주의'로 승화할 수 있을 것인가 하는 상반된 시각이 존재한다. 서구에서의 민족주의가 국
가형성(state-building)과 산업화 라는 근대화 과정에서 발생한 근대화의 담론 혹은 언술체계라고 할
때, 서구와는 달리 정치적 단위와 민족적 단위가 일치된 역사적 국가(historical state)로서의 고도의 연
속성을 지닌 한국적 특수성을 고려하여 민족주의의 발전적 전망을 제시해 볼 필요성이 있다.

Ⅱ. 민족주의(nationalism)의 성립과 확산

서구에서의 민족주의는 근대화의 두 축이라고 할 수 있는 자본주의 산업화와 민족국가의 흥기 및 제
도화의 과정에 따른 '사회적 동원화'와 밀접히 연관되어 있다. 서구의 민족주의 발생과정에 대한 논의는
각각 Hans Kohn 등의 전통주의(원초주의) 이론과 '만들어진 전통'(invented tradition) 혹은 '상상의
공동체'(imagined community)로서의 E. Gellner, E. Hobsbawm 등의 구성주의 이론으로 대표된다.
이들에 따르면 서구 절대주의 왕정이 상비군 체제와 국가관료제를 정비하고 국가주도의 강력한 중상
주의 정책을 펴나가는 과정에서 지방분권적 능력을 보다 중앙집권적 방식으로 동원하기 위해서 민족공
동체를 형성해 나가기 시작한 것이다. 이러한 측면에서 E. Gellner는 민족주의를 '정치적 단위와 민족적

단위를 일치시키려는 운동, 원리, 이념'으로 개념화 하였다.

영국, 프랑스 등에서 시민적 자유와 산업화 발전이 결부되어 민족국가의 형성이 이루어지면서 민족주의가 대두된 이래, 상대적으로 낙후되어 있던 독일 등 후발 산업국가에서는 과거의 역사적 영광과 신화에 기대는 '낭만주의'적 측면이 권위주의적이고 군국주의적인 '배타적 민족주의'의 형태로 발현되고 2차 세계대전 이후 제3세계 식민 국가들에서는 '저항적 민족주의'가 나타나는 등 다양한 흐름을 보여 왔다. 이는 결국 민족주의가 정형화된 특성을 지니는 것이 아니라 각국의 국내 정치적 상황 하에서의 대응을 위한 양식으로서 다른 이념이나 가치체계와 결부되어 기능하고 있음을 보여주는 것이다.

III. 민족주의의 순기능

1. 내부적 통합의 달성

인종, 계급, 성별 등 다양한 요인으로 심각한 갈등과 교착을 경험하고 있는 공동체를 동일한 단위로 결속시켜 줌으로써, 사회적 합의(consensus)의 도출과 역량의 집중을 통한 사회 전반의 응집력 강화가 가능해진다.

2. 심리적 기능

민족주의는 소속감과 정체성(identity), 과거와 미래에 대한 의식, 문화적 표현의 적절한 형태가 무엇이어야 하는지에 대한 의식을 제공한다. 이는 구성원의 자부심 증대와 사회적 관계의 형성을 용이하게 한다. 모든 사람은 이를 필요로 하며 그것들이 없다면 혼돈과 절망이 나타날 수 있다고 할 때 민족주의는 그러한 필요에 답하고 있는 것이다.

3. 문화적 다양성의 원천

근대 이후 민족주의의 폭발적 성장은 문화·예술 전반에 있어 공동체의 다양성과 창조성을 가능케 하였다. 최근 세계화의 진전 속에서 다문화주의의 확립과 큰 공동체에 살고 있는 개별 민족 집단이 보여주는 문화적 표현의 성장은 개별 민족 뿐만 아니라 인류 전체에 다양성을 담보해주고 있다.

IV. 민족주의의 역기능

1. 국가주의 / 전체주의의 등장 가능성

민족주의에 경도되어 획일적인 기준이 공동체 전반에 만연한다면 민주주의의 다원성을 저해하고 전체주의가 나타날 가능성이 있다. 독재정권이 등장하여 민족주의와 안보논리를 이용하여 자신의 권력유지를 정당화하는 형식을 취할 수도 있다. 또한, 다수집단은 다수에 속하지 않는 것으로 간주되는 사람들을 억압·추방하거나 극단적인 경우 말살시키는 방법으로 민족주의를 이용할 수도 있다. 특히, 우리나라의 경우 식민지 '과대 성장국가'와 권위주의 산업화 과정의 유산으로서의 '강한 국가성'이 국가주의로 변질될 가능성이 상존하는 것이다.

2. 분쟁의 발생

민족주의의 강화는 내부적 통합을 가능케 하지만, 역으로 타자를 차별화하고 타자와의 대결을 야기하게 된다. 탈냉전이후 세계화의 과정에서 지속적으로 나타나고 있는 국지적 영토 분쟁, 분리독립 운동과 탄압, 인종문제 등의 소수적 파편화의 양상과 통합 지향의 대민족주의 등은 민족주의가 지니는 배타성과 폭력성을 드러내고 있는 것이다.

3. 사회적 획일성

사회 전반에 중요한 갈등이나 의제들에 대한 관심이 '민족'에 대한 최우선시로 인해 퇴색되거나 상실되고, 민족의 필요가 자유, 평등의 이념과 개인의 모든 권리를 초월하는 동시에 '계급' 등 민족적 통합을 저해하는 문제들이 편향성의 동원 속에 비결정(non-decision)의 영역에 남게 될 수 있다.

V. 결 : 열린 민족주의를 지향하며

민족주의는 살펴본 대로 우리나라는 민족국가와 관련하여 통일을 통한 민족공동체의 구성 과정에서 민주적 시민 민족주의를 채택하는 근대화의 과제와 동시에 세계화와 정보화의 진전 속에서 민족국가의 위상을 재정립하고 탈근대화를 추구해야 하는 '이중의 과제'에 직면하고 있다. 따라서 단일의 종족성(ethnic)에 근거한 감정적 접근 보다는 민주공화국으로서의 시민적 조건과 보다 포괄적이고 개방적인 사회적 연대를 기반으로 한 열린 민족주의가 추구되어야 할 것이다.

┤ 강 평 ├

1. 이 문제는 민족주의의 순기능과 역기능에 대한 질문이다. 답안의 내용은 문제에 맞게 논리적으로 구성되어 있다. 답안의 논리적 연결성을 위해 아래의 내용들을 제안하고자 한다.

2. 민족주의의 일반적 특징을 보다 명확하게 제시한다면 이후 민족주의의 순기능과 역기능을 설명함에 있어 논리적 연결성에 도움이 될 것으로 보인다. 답안에 제시된 Geller의 정치적 단위와 민족적 단위를 일치시키려는 운동, 원리, 이념이 결국은 개인이 아닌 민족이 국가의 가장 중요한 단위이며 민족의 이익을 우선시하는 가치·태도라는 의미를 명확히 할 필요가 있다. 이는 또한 민족의 성립에 있어 절대주의 왕정이 중앙집권적 방식으로 동원하기 위한 수단이었다는 측면과도 연결되기 때문에 의미 있는 내용이라고 생각된다. 따라서 민족주의의 일반적 특징을 민족주의의 성립과 함께 답안에 제시할 수도 있을 것이다.

3. 『II』 민족주의의 성립과 확산에서 다양한 형태의 민족주의를 제시하고 있다. 이러한 논의에 덧붙여 민족주의가 다양한 방식으로 전개되어 순기능 또는 역기능을 보여주었다는 측면을 강조하면 보다 논리적인 연결이 될 수 있을 것으로 보인다.

4. 민족주의의 순기능 중 심리적 기능에 대한 언급은 앞에서 제시한 내부적 통합의 달성과 중첩되는 측면이 있다. 따라서 에릭 홉스봄이 언급한 것처럼 민족주의가 국가형성, 산업화를 위한 근대화를 정서적 열망의 확산이라는 측면에 보다 초점을 두고 설명할수도 있을 것으로 보인다.

5. 앞에서도 언급했지만 민족주의의 특징을 제시한 뒤 이 특징들이 순기능과 역기능에 어떻게 연결되는지를 보다 구체적으로 제시한다면, 답안의 논리적 연결성과 내용이 보다 풍부해질 것으로 보인다.

2006년도 입법고등고시 기출문제와 어드바이스 및 답안구성 예

| 제1문 (40점) |

민주화 이후 한국의 정치상황을 고려하면서, 대의민주주의의 문제점을 대표성 (representativeness), 반응성(responsiveness), 책임성(accountability)의 세 차원에서 논하시오.

Advice

1. 우선 대의민주주의의 개념과 특징을 간단하게 서술해야 한다. 이후, 민주화 이후 사회적 요구가 다양해지고, 세계화, 탈물질, 탈이념화가 등장하였으며, 국민의 정치참여 욕구 및 정치에 대한 요구가 증가함에 따라 대표성, 반응성, 책임성이 더욱 요구된다는 점을 인지하고 답안을 서술한다면 좋을 것이다.

2. 앞서 서술한 대의민주주의의 특징을 중심으로 대표성, 반응성, 책임성 각각의 관점에서 대의민주주의의 문제점을 서술한다. 각각의 관점이 무엇인지 개념을 미리 정의해주는 것도 좋다. 대표성 차원에서는 소수 의견 대표 부족, 투표의 여러 한계들(선거방식에 따라 대표가 변화, 사표방지심리, 투표의 역설 등), 대의제에 따른 '위임과 재량' 문제(재량권 남용, 위임의 범위)가 있다. 반응성 차원에서 통제의 부족, 환경변화 대응 능력 부족(세계화, 탈물질화에 있어서 배타적 문제 해결 불가능), 위임의 모호성에 따른 책임 전가 등의 문제가 있다. 책임성의 경우 주인-대리인 문제, 책임 추궁의 어려움(회고적 투표)이 있다. 각각의 일반론적인 서술에 한국의 사례를 녹여내면 된다.

답안구성 예

I. 서 론

II. 대의민주주의의 의의

III. 민주화 이후 한국의 정치상황
   1. 지역주의와 이념정치의 등장
   2. 세계화, 탈물질화

IV. 민주화 이후 한국 대의민주주의의 문제점: 세 가지 차원에서
   1. 대표성
   2. 반응성
   3. 책임성

V. 결 론

1. 여성의 정치참여 중대 필요성에 대한 여성계의 요구에 따라 선출직 공직에 여성 후보들의 비율을 규정하는 여성할당제가 실시되고 있다. 여성할당제에 대한 찬반양론을 검토, 평가하시오. (30점)

Advice

1. 여성할당제는 기존의 성차별로 인해 발생한 불이익을 해소하기 위한 '적극적 시정조치'의 일환 이다. 이에 대한 개념, 도입배경 및 실시 현황을 구체적으로 서술한 후, 찬성론과 반대론의 의견을 서술하면 된다. 대개 양자는 공통된 기준에 대해 서로 다른 근거를 제시하고 있다. '대표성' 차원에서 찬성론의 경우, 현실적인 대표선출에 있어서 사회성비를 반영할 수 있다는 점에서 대표성 증진에 기여한다고 본다.

2. 반대론의 경우, 인위적인 대표선정은 오히려 대표성을 훼손한다고 본다. '평등주의'관점에서, 찬성론은 기존의 구조적 불평등을 해소할 수 있다고 본다. 반면 반대론은 자유주의적 정의관에 따를 때 절차적 평등이 아닌 결과적 평등까지 보장하는 것은 정의에 부합하지 않으며, 남성 정치인들에 대한 역차별이 된다고 본다.

3. 또한, 과거의 불평등을 야기한 기성 정치인들이 아닌 현대의 정치인들에게 불이익이 간다는 점에서도 불공평하다고 본다. 이 외에 각각 찬성론은 공직의 여성 진출비율이 높아지면 사회 전체적으로 여성 진출비율이 증가할 것이라는 '긍정적 외부효과'를 근거로 하며, 반대론은 낮은 전문성을 근거로 한다.

┌─ **답안구성 예** ──────────────────────

    Ⅰ. 서 론   Ⅳ. 여성할당제 반대론

    Ⅱ. 여성할당제의 의의   Ⅴ. 결 론

    Ⅲ. 여성할당제 찬성론

2. 동북아시아 지역 국제체계의 안정성을 구조, 상호작용(과정) 및 단위(국가)의 측면에서 논하시오. (30점)

Advice

1. 동북아시아에는 러시아, 중국, 한국, 북한, 일본뿐만 아니라 미국까지 포함된다는 것을 잊지 않아야 한다. 각각의 차원에 따라 다양한 국제정치 이론을 활용하여 동북아시아의 안정성을 평가해야한다. 구조차원에서 동북아시아는 미국이라는 패권국을 고려할 때 '일극 우위의 다극체제'로 안정적이라고 설명할 수 있다. 최근 중국의 부상으로 세력전이이론의 관점에서 불안정하다고 볼 수도 있다.

2. 상호작용 측면은 코헤인(R. Keohane)과 나이(J. Nye)의 상호의존론을 활용할 수 있다. 경제적 상호의존의 증대와 지역제도들의 증대(ASEAN+3, 동북아 국가들 간 FTA추진 및 MEGA-FTA; TPP, RCEP)는 '복합적 상호의존'을 증대시켜 '긍정적 안보 외부효과'를 가져온다. 상호주의 규범의 증대 역시 동북아시아의 안정성을 강화시켜준다.

3. 국가차원은 민주평화론 입장에서 볼 때 북한 및 중국, 러시아의 존재로 인해 안정성이 낮다고 볼수 있다. 신고전적 현실주의자인 스웰러(R. Schweller)의 의견에 따라 국가이익이 현상유지가 아닌 '현상 타파'일 수도 있다. 미국과 한국은 현상유지, 중국과 러시아, 북한을 현상타파 국가로 볼수 있기 때문에 동북아시아의 안정성은 낮아진다.

4. 일본 역시 현상유지를 지지한다고 볼 수도 있으나, 최근 자위권 문제 등 '보통국가론'을 주장하면서 현상타파로 갈 수 있는 여지가 존재한다. 특히 미국과 중국의 이해가 충돌하는 과정에서 불안정성이 심화되고 있다.

답안구성 예

Ⅰ. 서 론

Ⅱ. 동북아시아 지역체계의 구조와 안정성

Ⅲ. 동북아시아 지역체계의 상호작용과 안정성

Ⅳ. 동북아시아 지역체계의 단위와 안정성

Ⅴ. 결 론

| 제1문 | 국가와 시장의 관계에 대해서는 다양한 이론이 존재한다. 아래 그림은 국가가 시장에 개입하는 유형을 '시장의 자기조절(self-regulation) 정도'와 '국가의 시장개입 정도'의 관계를 기준으로 단순화시킨 것이다. (총 50점, 선택 총 25점)

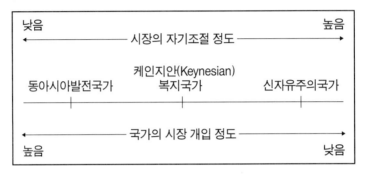

(1) 세 가지 유형 중 동아시아 발전국가와 케인지안 복지국가를 위에서 제시한 두 기준을 중심으로 비교하시오. (20점)

(2) 위 세 가지 유형에 근거해 한국의 국가－시장관계의 구체적 변화를 설명하고, 그것이 한국 민주주의의 공고화(democratic consolidation)에 지니는 함의를 논하시오. (30점)

Ⅰ. 서 론

Ⅱ. 동아시아발전국가와케인지안 복지국가의 비교
  1. 주요 특징의 검토
    (1) 발전국가의 국가와 시장관계
    (2) 복지국가의 국가와 시장관계
  2. 역사적 전개와 신자유주의로의 수렴

Ⅲ. 한국에서의 국가－시장관계의 변화
  1. 해방이후 강력한 국가의 등장
  2. 국가에 의한 권위주의적 산업화

3. 민주화와 발전국가의 위기
4. 민주화 이후의 국가와 시장의 관계

Ⅳ. 국가 － 시장관계의 변화와 민주주의 공고화
  1. 민주주의 공고화
  2. 국가 － 시장관계의 변화가 민주주의 공고화에 미치는 영향
    (1) 발전주의국가의 유산이 민주주의에 미치는 영향
    (2) 시장의 힘의 증대로 인한 영향

Ⅴ. 결 론

Ⅰ. 서 론

최근 세계화 과정 속에서 전면화 되고 있는 신자유주의적 흐름은 시장중심적 패러다임에 입각하여 국가의 역할과 기능에 있어서도 변화를 꾀하고 있다. 국가의 시장개입을 축소한다는 측면에서는 이전의 자유주의 국가와 유사하지만 한편으로 노동력의 유연화와 같은 부분에서는 강력한 국가를 추구한다는 측면에서는 자유방임적 국가형태와는 다른 부분이 존재한다고 하겠다.

문제는 이러한 신자유주의의 흐름이 발전국가나 복지국가의 전통을 가져왔던 동아시아나 서구유럽의 양쪽에서 추진되는 과정 속에서 각각의 부작용이 나오고 있다는 것이다. 특히 민주주의의 측면에서 보았을 때는 의사결정과정의 민주적 정당성의 문제나 빈부차이의 심화로 인한 정치적 안정성의 퇴보라는 측면이 문제되어진다. 한국의 경우 이제 막 민주주의의 이행을 마친 상태이고 사회복지 시스템도 구축되는 과정에 있는 상태라는 점에서 신자유주의라는 도전이 주는 과제는 매우 버거운 것임에 틀림이 없다. 어떠한 국가와 시장간의 관계를 디자인 할 것인가가 한국의 민주주의의 미래를 결정한다고 보아도 과언이 아닐 것이다. 이하에서는 국가와 시장간의 관계를 중심으로 국가들의 특성에 대해 논하고 한국에서의 민주주의 공고화의 문제와의 관련성을 검토해보기로 하겠다.

Ⅱ. 동아시아발전국가와케인지안 복지국가의 비교

1. 주요 특징의 검토

(1) 발전국가의 국가와 시장관계

찰머스 존슨(C. Johnson)은 일본의 관료제를 중심으로 연구하여 국가중심적 발전모델로서 발전국가 (developmental state)의 개념을 제시하였다. 발전국가모델은 경제를 주도하고 시장을 창출하며 사회에 대해 자율성을 가지는 경제관료체제에 주목한다. 동아시아 발전국가의 경제시스템은 시장의 자기조절정도가 매우 낮으며 시장에 대한 국가의 계획과 주도적 역할에 의해 자원배분이 이루어지게 된다. 경제의 성장과 안정은 시장에서의 경쟁과 가격시스템에 의해 이루어지는 것이 아니라 경제엘리트들의 계획에 기초한 강력한 국가개입에 의해 추구되어진다.

(2) 복지국가의 국가와 시장관계

시장의 자기조절 측면에 있어서 케인지안 복지국가는 시장 자체만으로는 자원의 최적할당이나 지속적인 완전고용상태를 가져오지 않지만 잘 규제될 경우 최적상태를 가져올 수 있다고 본다. 즉 기본적으로는 시장메커니즘에 기반하고 있으나 시장실패의 영역에 있어서는 적극적 역할을 하며 재정정책 통화정책 등을 통한 가격안정화와 시장활성화를 꾀한다. 국가는 반독점법의 제정을 통한 개입이나 조세강화와 복지정책을 통한 개입을 통해 시장의 부작용을 치유한다는 측면에서는 자유주의적 국가들에 비해서는 강력한 시장개입원칙을 가지고 있으나 기본적으로는 국가개입을 통해 시장경제의 법칙을 유지시키는 것을 중시한다는 측면에서는 발전국가에 비해 국가개입의 수준은 낮다고 할 수 있다.

2. 역사적 전개와 신자유주의로의 수렴

폴라니에 의하면, 호혜성 원리에 의해 작동하는 전자본주의 사회의 시장은 사회(공동체)적 관계 유지의 매개고리 역할을 하였으나 자본주의 사회에서는 시장은 사회와 공동체에서부터 이탈하여 자기조정적 시장(self-adjusting market)으로 변전된다. 자유경쟁이념이 전면화된 19세기의 고삐 풀린 자본주의는 20세기 초반에 이르러 대공황과 계급갈등에 직면하게 되고 폴라니가 시장에 대한 사회의 반격이라고 이야기 했던 사회주의, 뉴딜정책과 같은 국가정책, 파시즘 등의 결과를 양산하게 된다. 서구 선진국가들의 경우에는 케인즈적 유효수요정책과 복지정책의 결합을 통해 시장의 실패를 극복하려 하였고 일본이나 동아시아 국가들은 앞서 발전국가모델이라고 일컬었던 국가주도형 경제시스템을 채택하게 된다. 그러나 1970년대 중반이후의 세계경제의 장기적 불황과 1980년대 현실사회주의의 몰락을 전후해서 자본주의의 역사는 다시 반전된다. 선진국의 경우에는 레이거노믹스나 대처리즘과 같은 신자유주의적 구조조정이 이루어지게 되고 제3세계 국가들도 발전의 위기를 겪으면서 국제기구들의 강제하에서 신자유주의적 개편이 본격적으로 이루어지기 시작했다. 한국의 경우에도 과거 발전국가식의 국가개입은 1997년 금융위기와 IMF체제를 겪으면서 급격히 신자유주의적 구조조정으로 전환하고 있는 상황이다. 이러한 일련의 변화들은 세계 모든 국가들이 신자유주의적 국가로 수렴하고 있는 것으로 보여지고 있다. 이하에서는 구체적으로 한국에서의 국가와 시장과의 관계변화를 살펴보도록 하겠다.

Ⅲ. 한국에서의 국가 - 시장관계의 변화
1. 해방이후 강력한 국가의 등장

한국의 경우에 해방이후 새로이 등장한 사회세력은 냉전체제와 반공주의에 의해 탈동원화의 과정을 겪게되고 식민통치기의 발달된 국가기구가 해방이후에도 지배적인 역할을 하게 된다. 한국에서의 국가가 H. Alavi의 과대성장국가로서의 성격을 보유하게 된 것으로 설명할 수 있으며 이후에는 강력한 국가가 시장과 시민사회를 압도하는 결과를 야기하게 된다.

2. 국가에 의한 권위주의적 산업화

산업화 과정에 있어서도 한국에서의 시장은 이전의 시장적 요소가 발전하고 변화하여 형성된 것이 아니라 국가에 의한 권위주의적 산업화 과정에서 창출되고 발전하였다. 군사정권의 등장과 동시에 이루어진 산업화 과정은 경제적 빈곤문제의 해결을 원했던 다수국민의 지지를 받으면서 강력한 발전국가체제를 확립하는데 기초가 된다.

3. 민주화와 발전국가의 위기

1970년대는 서구선진국의 경우에는 계급갈등의 치유를 위해 복지국가로의 전환이 이루어진후 재정부담과 불황으로 인한 복지국가의 위기가 등장하는 시기였으나 한국의 경우에는 점차 민주화에 대한 요구가 등장하고 성장에 대한 분배의 문제가 등장하기 시작하면서 이를 유신체제와 같은 보다 강력한 국가의 형성을 통해 극복하고자 하는 시도가 나타난 시기였다. 한국의 발전국가체제는 80년대 민주화과정을 통해 일부 해체되기 시작한다. 그러나 권위주의적 산업화가 남긴 재벌경제체제나 노동의 배제로 인한 여러 문제들은 이후 민주주의의 공고화과정에 제약요소로 작용하게 된다.

4. 민주화 이후의 국가와 시장의 관계

1996년의 금융위기를 기존 발전국가체제에 의한 경제성장의 한계 또는 그 유산이 남긴 부작용으로 보는 견해가 존재하는 것처럼 이후 한국에서의 경제체제는 기업과 시장의 발언력이 커지면서 국가에 대한 시장의 자율성이 급격히 증가한다. 이는 서구의 복지국가가 재분배정책의 비효율성이 공격받으면서 신자유주의국가로 변모하는 것과는 다른 측면에서 발전국가가 신자유주의적 국가로 전환하는 과정이라고 할 수 있다. 김대중정부의 경우 권위주의적 산업화가 배태한 비민주적 잔재의 청산, 복지의 증진과 같은 민주주의의 발전이라는 과제와 세계화되어가는 경제환경에서의 시장경제발전이라는 두가지 과제를 가지고 있었고 이를 '민주적 시장경제' '민주주의와 시장경제의 병행발전'이라는 화두로 제시한 바 있었다. 그러나 결론적으로 김대중정부의 목표는 그리 성공적으로 달성되지 못한 것으로 보인다.

Ⅳ. 국가 - 시장관계의 변화와 민주주의 공고화

1. 민주주의 공고화

한국에서의 민주주의 공고화를 논하기 위해서는 쉐보르스키의 견해처럼 민주적경쟁이 '우리 동네에서 할 수 있는 유일한 게임'(the only game in town)이 되는 것으로 정의하는 최소주의적 정의의 입장과 단순한 선거 경쟁의 제도화를 넘어서 정치, 사회, 문화 영역에서 엘리트와 대중이 공히 민주적 절차와 규범을 안정화, 내면화, 습관화, 정당화하는 과정으로 정의하는 최대주의적 정의의 입장이라는 양측면을 고려해야 한다. 그러나 한국의 경우 일정정도 절차적 민주화가 정착되었다고 생각되므로 이하에서는 주로 민주주의 체제의 질적개선이라는 측면에서 국가와 시장간의 관계변화가 민주주의 공고화에 미치는 영향을 논하기로 하겠다.

2. 국가 - 시장관계의 변화가 민주주의 공고화에 미치는 영향

(1) 발전주의국가의 유산이 민주주의에 미치는 영향

발전국가전략은 점차 쇠퇴하고 있는 상황이긴 하나 그것이 남긴 성장중심주의와 노동의 배제라는 문제는 정치사회와 시민사회의 발전에 질곡으로 작용하고 있다. 효율지상주의적인 기술관료적 경영주의와 군사주의의 결합에 의한 고도성장전략에 익숙해져있는 사회경제적 환경으로 인하여 갈등의 조정과 통합능력의 증진이 필요한 민주주의의 공고화는 지체되고 있다. 또한 노동의 배제문제는 산업사회의 중심 갈등축인 노동과 자본의 갈등의 문제를 제도적으로 해결할 수 있는 여지를 감소시킴으로서 정치체제의 안정성을 저하시키는 원인이 되고 있다. 군사정권의 등장으로 인한 잦은 헌정의 중단과 조숙한 민주주의 혹은 외삽된 민주주의 체제의 도입으로 인한 헌정주의의 미확립이라는 문제도 국민들이 민주주의적 가치를 내면화, 습관화하는데 저해되는 요인으로 작용하고 있다.

(2) 시장의 힘의 증대로 인한 영향

한편으로 신자유주의국가로의 재편과정에서도 몇가지 문제가 나타나는바 가장 큰 문제는 정치적 정당성의 문제와 자원배분의 불평등의 강화 문제이다. 국가보다는 시장의 힘이 커지는 상황에서 중요한 의사결정이나 갈등의 조정 통합이 일정한 대표성을 지닌 정치제도와 체계에 의해 행해지는 것이 아니라 IMF 구제금융과정에서 보듯 정치적 대표성이 없는 집단과 기구에 의해 공동체의 운명이 결정되는 상황이 많아진다는 것이다. 또한 정치적 대표체계는 선거와 같이 국민들에 대한 일정한 책임을 지는 구조를 가지고 있으나 시장에 의한 의사결정과정은 책임성을 확보하기 힘들다는 문제를 가지고 있다. 자원배분의 불평등 문제 역시 시장의 힘이 강화되면서 점차 증폭되고 있는바 중산층이 붕괴되고 빈부격차가 증가하는 경우 정치적 안정성이 약화되고 민주주의 이외의 대안이 등장할 가능성이 증가한다는 측면에서 민주주의 체제의 위협으로 인식해야 할 것이다.

신자유주의 국가는 계급갈등의 조정측면에서는 강력한 힘을 발휘한다는 측면에서는 절차적 민주주의를 유지시키는데는 유능할 수 있으나 민주주의의 가치를 내면화 습관화 시키는 민주주의의 질적개선에는 미흡한 점이 많다. 더구나 한국의 경우 시민사회발전이 지체되어 있고 시장의 특성 또한 건전한 자본주의 이상을 구현해 왔다기 보다는 권위주의적 산업화과정에서의 왜곡된 재벌체제에 의해 운영되어왔다는 것을 고려해 볼 때 재벌에 의해 좌우되는 시장의 힘이 강조되어 가는 지금의 상황은 민주주의 공고화에 장애물이 되고 있다는 판단도 가능하다.

V. 결 론

한국의 경우 외환위기 이전까지는 발전국가 전략을 채택하여 왔으나 외환위기 이후 신자유주의 국가로 변모하고 있다. 이러한 신자유주의 국가전략은 민주주의의 질적개선이 필요한 한국의 민주주의와 대립되는 측면이 보다 강하다고 판단된다. 특히 서구국가들에 비해 발전국가의 유산이 민주주의 공고화의 발목을 잡고있는 상황에서 국가를 압도하는 시장의 등장은 이전의 문제와 결합하여 민주주의의 발전을 더욱 어렵게 하고 있다.

따라서 민주주의 공고화의 실현을 위하여 신자유주의 국가 전략에 대한 전반적인 제고가 필요하다고 하겠다. 비록 세계화 과정에서의 압력은 거부하기 힘들지만 전세계적으로 일반화 되어가는 국가와 시장 관계의 획일적 대입보다는 한국적 특수성에 걸맞는 국가와 시장과의 관계형성이 구체적으로 고민 되어야 할 것이다.

1. 제1문은 정치학의 정치경제학 분야 문제로 국가와 시장의 관계에 대한 논의를 중심으로 한 국 사회에서 국가와 시장 관계의 변화가 민주주의 공고화와 어떠한 관계가 있는지를 묻고 있 다. 제시된 답안의 내용과 관련해 몇 가지가 보충될 필요가 있다고 생각된다.

2. 국가와 시장의 관계를 설명함에 있어 그 기준은 시장의 자기조절 그리고 국가의 시장개입 정도에 두고 있다. 따라서 동아시아 발전국가, 케인지안 복지국가 그리고 신자유주의를 비교 함에 있어 그 초점은 이 기준에 있다. 답안의 내용은 명확하게 이 기준에 맞게 제시되어 있다. 그럼에도 보다 구체적으로 이 기준을 중심으로 답안의 목차가 제시되었다면 보다 문제의 의 도에 맞지 않을까 생각된다. 이러한 차원에서 답안에서 제시된 발전국가, 복지국가로 구분하 는 방법보다는 시장의 자기조절 측면 그리고 국가의 시장개입 정도로 구분하는 방법을 통해 보다 명확하게 양자의 차이를 일목요연하게 보여줄 수 있을 것 같다.

3. 각 유형이 등장하게 되는 시대적 배경에 대한 설명과 함께 유형의 기준이 되는 시장의 자기 조절, 국가의 시장개입에 대한 개념적 설명을 제시했다면 보다 논리적이며 분명한 비교가 되 었을 것으로 보인다. 이러한 차원에서 발전국가 모델을 설명함에 있어 전쟁 또는 식민통치 등으로 인해 시장질서 자체의 (재)정립의 필요성 그리고 1930년대 경제공황으로 시장에 대 한 신뢰가 붕괴함에 따라 그 대안으로 케인지안 모델이 등장하게 되었음을 제시할 필요가 있 다. 또한 이러한 차원에서 국가의 개입 그리고 시장의 자기조절 개념을 설명할 필요가 있다.

4. 케인지안 복지국가 모델을 설명함에 있어 그 내용적 타당성에도 불구하고 핵심적 개념인 유효 수요 개념을 제시할 필요가 있다. 물론 답안에서 '역사의 전개와 신자유주의로의 수렴'에서 유 효수요 표현이 있지만 '복지국가의 국가와 시장관계'에서 유효수요 개념을 보다 명확하게 제시 할 필요가 있다.

5. 답안의 목차와 관련해『II. 2.』역사적 전개와 신자유주의로의 수렴 부분의 내용은 오히려 한 국의 국가-시장관계의 구체적 변화를 설명하는 내용과 연결시키는 것이 제시된 문제에 맞지 않을까 생각된다. 또한 그 내용상 중복되는 부분이 있기 때문에 보다 논리적이면서도 간결한 답안을 위해서는 이 방법이 좋지 않을까 생각된다.

6. 한국에서의 국가-시장관계의 변화를 설명함에 있어 발전경로를 보다 명확하게 구분할 필요 가 있다. 예를 들어 ① 민주화 이전 그리고 민주화 이후 또는 ② 발전국가 모델에서 신자유주

의 모델 이 두 가지 중 하나로 구분을 하고 답안을 제시했다면 한국의 변화를 보다 명확하게 제시할 수 있고 또 이후 민주주의 공고화와 논리적 연결성이 보다 잘 표현될 수 있을 것으로 보인다.

7. 민주주의 공고화를 설명하면서 최소주의적·최대주의적 정의를 제시하였다. 그러면서 한국에서는 절차적 민주화가 정착되었기 때문에 민주주의 체제의 질적 개선이라는 측면에서 국가와 시장 관계변화가 민주주의 공공화에 미치는 영향을 논하겠다고 밝히고 있다. 그런데 기본적으로 민주주의 공고화는 민주주의로 전환이 이루어진 이후 민주주의 안정, 지속성을 의미한다. 따라서 개념적 설명을 제시한 뒤 답안에서 제시한 민주주의 체제의 질적 개선이라는 것이 의미하는 점을 보다 명확하게 밝히는 것이 논리적 연결성을 위해 필요하다고 생각된다.

8. 문제는 한국에서 국가-시장관계의 변화가 민주주의 공고화에 미치는 함의를 묻고 있다. 따라서 민주주의 공고화와 관련해 1987년 민주화 이후에 초점을 맞추고 있음을 보다 명확히 제시할 필요가 있다. 이러한 차원에서 발전주의 국가의 유산이 1987년 이후에도 유지되고 있었음을 근거를 중심으로 제시할 필요가 있다. 또한 한국에서 신자유주의 모델로 재편되는 계기가 무엇인지를 제시할 필요가 있다. 더불어 이러한 논의를 바탕으로 앞에서 언급한 민주주의 체제의 질적 개선과 구체적으로 연결시켜야 보다 논리적인 답안이 될 것으로 생각된다. 예를 들어 민주주의 체제의 질적 개선과 관련해 경제적 불평등 문제, 대의제 민주주의와 관련된 내용을 제시하고 신자유주의가 이러한 민주주의 체제 질적 개선에 미치는 영향을 답안에서 제시된 내용으로 제시할 필요가 있다.

| 제2문 | 최근 동북아 지역에서는 과거사, 영토문제, 유엔 안전보장이사회 상임이사국 확대 관련 문제 등을 둘러싼 한·중·일 3국간 갈등이 첨예하게 나타나고 있다. 이들 3국 간 갈등의 배경적 요인을 설명하고, 그 해결방안을 현실주의(realism) 관점에서 논하시오. (30점, 선택 15점)

답안작성

신 ○ ○ / 2005년도 행정고시 일반행정직 합격

Ⅰ. 서

　냉전이 끝난 이후에도 동북아에는 냉전의 유산이 강하게 남아있는 지역이다. 또한 동북아는 다양한 문화와 정치체제가 혼재되어 있고 세계적 군사대국이 몰려 있는 지역이라는 점 그리고 다양한 갈등요인으로 인한 분쟁의 가능성이 가장 큰 곳이라는 점에서 특수성을 가진다. 최근에는 북핵문제로 인하여 각각의 이해관계가 얽히면서 더욱 복잡한 양상을 지닌다. 이하에서는 한중일 간의 관계를 중심으로 이들 간의 갈등요인과 해결방안을 현실주의 관점에서 논의하겠다.

Ⅱ. 동북아 지역의 갈등의 내용과 배경
1. 동북아 지역의 갈등 내용

　과거사 문제의 경우에는 일본의 과거 군국주의 지배에 대한 미화가 문제되고 있다. 한일간에는 군대 위안부 문제와 중일간에는 난징 대학살에 대한 왜곡문제가 존재한다. 한편으로는 일본의 자학사관 비판과 '새역모'의 교과서 왜곡문제가 문제되고 있고 한중 간에도 고구려사를 자국사의 일부로 인식하려는 중국의 이른바 '동북공정'문제가 함께 존재한다. 영토문제는 한일간에는 독도문제, 중일간에는 중국해의 중국과 일본 사이에 존재하는 조어도(센카쿠 열도)를 둘러싼 중일간의 분쟁문제가 언급될 수 있다. 유엔 안보리 상임이사국 확대 관련 문제는 안보리 상임이사국 진출을 노리는 일본과 과거사에 대한 명확한 반성이 없는 한 일본의 상임이사국 진출을 반대하는 한국과 중국의 의견이 대립되는 문제이다.

2. 동북아 지역갈등의 원인

　3국간의 갈등문제는 단순히 3국간의 관계뿐 아니라 냉전체제 이후의 세계체제 변화와 더불어 고민해야 하는 문제라고 할 수 있다. 이러한 갈등이 최근에 부각되어 대두되는 배경에는 냉전체제 해체이후 동북아의 질서 재편의 문제가 있으며 더군다나 동북아지역의 빠른 경제성장으로 인한 세력관계의 변화는 이러한 갈등을 증폭시키는 원인이 되고 있다.

동북아 질서 재편의 구체적인 내용으로는 미소의 세력균형의 해체와 다극화의 진행을 지적할 수 있다. 미국의 상대적 영향력 약화, 일본의 군사대국화, 중국의 경제성장 등은 다극화의 촉진 요소가 되었으며 특히 '중국위협론'과 같은 문제는 동북아지역에 냉전이후의 다른 방식의 세력균형의 필요성을 제기하게 되었다.

정치적으로는 미소 세력균형은 붕괴되었음에도 불구하고 냉전의 영향이 존재하는 문제가 있는데 한국과 일본은 미국을 매개로 군사적인 동맹관계를 유지하고 있고 미국은 잠재적 경쟁자로 중국을 인식하여 주변국의 반대에도 불구하고 일본의 군사대국화 경향을 용인함으로써 중국을 고립시키려는 의도를 비추고 있다. 한편으로 중국은 이러한 경향에 대해 군비경쟁을 감수하면서 대응하려는 동북아 패권추구의 모습을 보이고 있다.

경제적 차원에서는 중국의 성장으로 인한 중국에 대한 일본의 견제의도와 더불어 한국이나 일본 모두 중국의 성장을 자국의 성장으로 연결시키려는 이해를 가지고 있다. 역사 문화적 차원의 경우에는 한 중 일의 경우 문화적 인종적으로 다른 전통을 가지고 있고 공동체적 경험이 부재하다는 문제가 존재한다. 또한 최근의 일본의 군국주의 팽창과정에서의 식민지 지배와 영토 침탈은 3국간의 신뢰나 민족감정에 있어서 부정적인 영향을 끼치고 있다.

Ⅲ. 현실주의 관점에서 3국간 갈등의 해결

1. 현실주의 관점

3국간의 갈등은 다양한 시각으로 바라볼 수 있다. 자유주의적 개념에 의하는 경우에는 다자적 협력기구나 제도의 형성이 문제해결의 한 방향이 될 수 있고 한편으로 구성주의적 개념에 의하는 경우 3국간의 인식의 변화가 중요한 것이 될 수 있다. 현실주의적 해결방안을 찾기 위해서는 먼저 현실주의가 3국간의 갈등을 어떻게 바라보는가의 문제가 해결되어야 한다. 현실주의는 모겐소가 국제정치를 '국가이익의 관점에서 정의된 권력의 투쟁'으로 정의한 것처럼 국제정치는 국가이익에 의해 좌우된다고 할 수 있다. 국제사회를 무정부적으로 보는 현실주의는 국가는 자국의 이익을 추구하므로 협력이 불가능하다고 본다. 평화는 세력균형(BOP)에 의해 달성되는바 동북아의 갈등은 결국 세력균형이 무너짐으로 야기된 결과이다.

2. 3국간의 갈등의 해결

현실주의의 입장에서 보았을 때 세력균형을 회복하는 것이 동북아에서의 갈등의 해결방법이 된다. 세력균형의 방법에는 여러 가지가 있는데 가장 기본이 되는 것이 세력이 약한 측이 군비증강을 하거나 상호간 군비축소를 하는 것이다. 그러나 군비증강의 경우에는 군비경쟁을 야기하고 갈등을 더욱 증폭시킬 수 있다는 우려가 존재하기 때문에 군사대국화를 추구하고 있는 중국과 일본간의 군비축소를 통한 일정한 세력균형의 추구는 동북아체제의 안정화방법 중 하나로 제기될 수 있다.

또한 동맹을 통한 세력균형도 가장 자주 이용되는 세력균형의 방법이다. 냉전체제의 세력균형도 한미일간의 군사동맹과 공산세력간의 동맹체제의 대립에 의해 유지되어 왔다고 할 수 있다. 동맹에는 균형(balancing)과 편승(bandwagon)전략이 존재하는 바 점차 미일간의 동맹관계가 강화되고 있는 상황에서 한국과 미국과의 동맹의 문제가 되고 있는 것은 한국이 어떠한 전략을 통해 국가안보를 보장받으려 할 것인지의 선택과 관련되어 있다고 할 것이다.

Ⅳ. 결: 한국의 선택

현실주의적 입장에서 보았을 때 동북아의 갈등의 해결은 세력균형을 통한 평화의 유지이고 한국은 '더 강한 힘'을 보유함으로서 자신의 생존을 스스로 보장받거나 동맹관계를 통해 국가의 안보를 지키는 것이 문제가 된다고 하겠다. 그러나 스나이더의 견해처럼 동맹은 버려지기(abandonment)와 끌려들어가기(entrapment)의 위험이 있다. 이라크전의 파병은 전형적이 끌려들어가기의 문제라고 할 수도 있다. 따라서 한미동맹의 강화와 같은 수단에만 전적으로 의존하는 것은 문제가 있다고 할 수 있다.

또한 북핵문제와 같은 한반도 평화에 심각한 위협이 되는 문제와 같은 경우에는 현실주의의 관점에서도 다자적 접근을 하는 것이 필요하다고 볼 수도 있다. 다자적 질서의 형성은 현실주의적 관점에서 볼 때 세계패권국인 미국과 지역패권국인 중국과 일본의 의도에 따라 크게 좌우될 것으로 볼 수 있으나 각국의 이해가 북핵문제의 평화적 해결을 원하는 것으로 모여지는 경우에는 무력수단이 아닌 협력과 대화를 통해 해결가능하다는 측면을 인식해야 할 것이다.

| 강 평 |

1. 제2문은 동북아 지역에서 나타나고 있는 갈등의 양상을 제시하고, 이 갈등의 배경적 요인에 대한 설명을 바탕으로 현실주의적 관점에서 해결방안을 제시하는 것이 문제로 기본적으로 국제정치 이론 중 현실주의로 설명할 필요가 있다. 답안은 이러한 문제에 맞게 서술되어 있다고 생각된다. 그럼에도 몇 가지 보충되어야 할 부분이 있다고 생각된다.

2. 동북아 지역갈등의 원인을 정치적·경제적·문화적 차원에서 언급하면서 세계체제의 변화와 관련해 제시하고 있는 부분은 타당하다. 그러나 이를 보다 이론 특히 현실주의적 관점에서 설명한다면 세력전이론을 중심으로 답안을 제시했다면 보다 의미 있는 내용이며 논리적 연결성에 부합된다고 생각된다. 이러한 차원에서 답안에 동북아지역의 빠른 경제성장으로 인한 세력관계의 변화를 언급하고 있지만 이 부분을 세력전이론이라는 이론적 관점에 입각해 보다 구체적으로 서술할 필요가 있다고 생각된다.

3. 동북아의 갈등과 관련해 미국의 존재를 보다 구체적으로 제시할 필요가 있다. 갈등의 양상은 한국·중국·일본 간에 나타나고 있지만 이 요인과 관련해 미국의 이해를 간과할 수 없기 때문이다. 또한 미국의 이해를 제시함으로써 갈등의 배경을 현실주의적 관점에서 보다 명확하게 제시할 수 있으며, 이후 해결방안 또한 현실주의적 관점에서 제시할 수 있기 때문에 논리적 연결성을 위해서도 필요한 내용이다.

4. 답안에는 한스 모겐소(Hans Morgenthau)의 고전적 현실주의 그리고 구조적 현실주의에 대해 간단하게 언급하면서 협력이 불가능하다고 언급한 후 세력균형이 붕괴됨으로써 동북아 갈등의 야기되었다고 언급하고 있다. 이러한 언급의 논리적 연결성을 위해서는 현실주의에 대한 보다 다양한 논의들이 제시될 필요가 있다. 즉 현실주의 관점에서 기본적으로 협력이 불가능하다고 언급했기 때문에 그럼에도 협력이 가능하다는 세력균형을 보다 구체적으로 제기할 필요가 있다. 이러한 차원에서 왈츠가 제기한 세력균형이 불가피한 이유를 구체적으로 제시할 필요가 있다.

5. 3국간의 갈등 해결을 제시하면서 세력균형을 제시하고는 있다. 그러나 이론적 측면을 강조하기 위해서는 위협균형론, 편승동맹론 등을 보다 구체적으로 설명할 필요가 있다. 특히 어떠한 경우 편승동맹론 또는 위협균형론이 적실성을 갖는지에 대한 언급이 필요한데 이는 무엇보다 이후 해결방안과 직접적으로 연결되기 때문이다.

| 제3문 | 정치과정에서 시민단체들의 정치참여를 '정당정치'에 대한 대안으로 보는 시각이 있다. 한국 시민단체들의 구체적인 정치참여 사례들을 들고, 시민사회 운동이 정당정치의 대안으로 기능할 수 있는가를 대의민주주의와 참여민주주의의 관점에서 논하시오. (20점, 선택 10점)

I. 서 론   IV. 시민사회운동과 정당정치

II. 정당정치와 대의민주주의의 문제점   V. 결 론

III. 대의민주주의와 참여민주주의

답안작성   신 O O / 2005년도 행정고시 일반행정직 합격

I. 서 론

2000년의 총선시민연대의 정치참여는 정치환경에 새로운 패러다임이 도래하였음을 보여주었다. 기존 정당들이 지역중심의 보수독점적 구조를 잔존시키고 있음을 경고하면서 총선이라는 대표체계구성의 계기점에 개입함으로써 시민사회운동의 강력한 영향력을 확인시켜주었다. 이후로도 종종 시민단체에 의한 정치참여가 존재하였고 최근에는 정당정치의 한계를 제시하면서 시민사회가 직접 정치에 참여하여 정당정치에 대안으로 작용해야 한다는 주장도 등장하고 있다. 이를 논하기 위해 먼저 정당정치의 문제를 제시하고 시민사회운동의 가능성을 논하도록 하겠다.

II. 정당정치와 대의민주주의의 문제점

근대 민주주의는 대의제의 틀안에서 형성되고 발전되었다. 그러나 현대에 와서는 대의제가 민주주의의 다양한 문제점이 드러나고 있는바, 첫 번째로는 대표의 실패라는 문제이다. 민주적으로 선출된 대표가 주민의 완벽한 대리인으로 행동하지 않고 사익을 추구할 가능성이 존재하는 것이다. 두 번째는 정치적 분업과 공동선의 개념이 사라지고 있다는 문제가 있다. 정치적 분업에 의해 시민들은 정치적 소외감과 냉소주의에 빠져들게 되고 선호집합적 민주주의로 인해서 심의를 통한 공공선의 추구과정이 생략되게 된다. 또한 대의제하에서는 다수의 독재와 소수파의 배제문제나 이익집단이 특수이익을 추구할 가능성이 높아지는 문제가 있다. 또한 대의제의 가장 중요한 제도로서의 정당의 경우에는 대의제의 피로현상과 더불어 포괄정당이나 선거전문가정당, 카르텔정당의 형태로 변화하면서 갈등의 표출과 통합이라는 정당의 기능을 제대로 수행하지 못하고 있다.

Ⅲ. 대의민주주의와 참여민주주의

대의민주주의의 한계극복으로서 참여민주주의적 요소의 도입이 논의되고 있다. 대의민주주의는 기본적으로 시민사회내 각 계층계급의 이익이 정당이나 의회와 같은 정치사회의 대표체계를 통해 반영이 되고 정치사회내에서 경쟁이 이루어지는 정치과정을 상정한다. 그러나 참여민주주의의 경우에는 이러한 대표체계의 무능력함에 대한 비판속에서 직접 시민사회의 개인이나 집단이 평등하고 자율적인 행위자로 행동하면서 대화와 논쟁을 통해 공동체의 의사결정을 하게 된다.

Ⅳ. 시민사회운동과 정당정치

시민사회운동 또는 참여민주주의적 대안이 직접 정당정치를 대체할 수 있다고 주장하는 흐름도 존재하나 현재 한국의 현실에서는 시민사회운동이 정당을 대체하기 보다는 보완적 역할을 수행하는 것이 타당하다고 보여진다.

그 이유는 참여민주주의가 가지고 있는 일반적인 한계로서 적당한 규모, 간단한 쟁점, 평등수준, 시민의 덕성과 같은 기본적인 조건이 충족되지 않은 상태에서의 참여민주주의는 혼란을 가중 시킬수 있다는 점이다. 특히 한국의 경우에는 시민사회가 공공선 추구라는 가치를 지향하면서 민주적 가치를 내면화시키고 있다고 보기는 힘든 상황이고 전문화 되어가는 공동체의 과제들에 대한 대안을 제시할 수 있을만한 능력을 가지고 있다고 보기도 힘들다.

Ⅴ. 결 론

한국의 경우에는 정당정치의 수준이 아직 당내 민주화라든지 사회적 균열의 반영이라든지 하는 기본적 역할도 하지 못하는 단계에 와있다. 물론 미흡한 시민사회운동이 미흡한 정당정치를 대체할 수도 있다고 볼 수도 있고 장기적 비젼으로는 가능할 수도 있으나 현 단계에서는 시민사회 운동이 대의제의 대안으로서 직접 의사결정의 주체가 되기에는 충족해야할 전제조건이 많다고 할 것이다. 시민사회운동은 먼저 정치사회에 적극적으로 개입하여 정당정치를 보다 민주적으로 변화시키고 정부를 감시하는 기능을 강화함으로써 대의제의 책임성을 증대시키는 방식으로 활동하는 것이 바람직하다고 하겠다.

| 강 평 |

1. 제3문은 정당정치의 문제로 인한 대의제민주주의의 한계와 이의 대안으로 시민사회 운동과 같은 참여민주주의에 대해 묻고 있다. 답안의 적절성에도 불구하고 몇 가지 내용이 보충되어야 할 필요가 있다.

2. 답안에 있어 무엇보다 대의민주주의에서 정당의 역할에 대해 보다 구체적으로 제시할 필요가 있다. 이러한 차원에서 샤츠슈나이더(E. Schattschneider)의 정당없는 현대 민주주의는 상상할 수 없다는 논의를 언급하고 그 의미를 제시할 필요가 있다. 이를 통해 현재 대의제민주주의와 정당정치의 문제가 무엇인지를 보다 명확히 제시할 수 있을 것으로 보인다.

3. 시민단체들의 구체적인 정치참여 사례를 제시하라고 되어 있는데 답안에 이에 대한 언급이 없다. 이는 무엇보다 시민사회 운동이 정당정치의 대안으로 기능할 수 있는지를 설명하기 위해서 필요한 것으로 이후 논리적 연결성을 위해서도 무엇보다 필요하다.

4. 대의민주주의와 참여민주주의 관점에서 시민사회운동이 정당정치의 대안으로 기능할 수 있는지를 묻고 있기 때문에 시민사회 운동과 참여민주주의에 대한 논의를 언급할 필요가 있다. 이는 무엇보다 앞에서 언급했듯이 시민사회 운동의 사례를 통해서 시민운동, 참여민주주의의 개념을 설명하면서 제시될 수 있을 것으로 보인다. 또한 대의민주주의 관점 그리고 참여민주주의 관점에서 시민사회 운동이 정당정치의 대안으로 제시될 수 있는지 여부를 보다 분명하게 밝힐 필요가 있다. 답안에서는 대의민주주의와 참여민주주의 그리고 시민사회 운동과 정당정치로 설명하고 있는데 이보다는 대의민주주의 관점에서 시민운동이 갖는 정당정치 대안으로서의 가능성 여부 그리고 참여민주주의 관점에서 시민운동이 갖는 정당정치 대안으로서의 가능성 여부를 언급하는 것이 보다 분명하고 논리적인 서술이 될 것으로 보인다. 이러한 언급에 있어 정당성, 책임성의 문제에 기반해 정당을 통한 대의민주주의의 긍정성과 한계 그리고 시민운동을 중심으로 한 참여민주주의가 갖는 정당성과 책임성의 한계 등을 함께 제시한다면 보다 의미 있는 답안이 될 것으로 보인다.

2005년도 입법고등고시 기출문제와 어드바이스 및 답안구성 예

| 제1문 (40문) |

자유주의와 민주주의는 상호 의존적 연관성을 지니고 있으면서 동시에 긴장관계에 있을 수 있다. 자유주의와 민주주의는 어떤 측면에서 상호 긍정적 연관성을 지니며, 또한 어떤 측면에서 상호 긴장관계에 있을 수 있는지를 논하라.

Advice

1. 먼저 자유주의와 민주주의의 의의를 명확하게 서술해야 한다. 자유주의는 합리성을 전제로 한 개인의 선택을 존중한다. 개인의 합리적 선택이 모이면 사회적으로 바람직한 결과가 도출될 것으로 판단한다. 민주주의의 경우, 링컨의 게티즈버그 연설에 따르면 '국민의, 국민을 위한, 국민에 의한' 정치를 의미한다. 즉, 주권은 국민으로부터 나오며, 공권력은 국민 전체를 위해 사용되어야 하고, 국민의 참여를 통해 보완되는 정치를 의미한다. 이때 국민들은 동등한 정치적 권리를 가지고 동등한 존엄으로 인정받아야 한다.

2. 이러한 특징들을 기반으로 자유주의와 민주주의의 긍정적 연관성과 긴장 관계를 서술한다. 자유주의는 개인의 선택을 존중한다는 차원에서 민주주의에서 국민 개인들의 정치적 참여와 선택을 존중한다. 자유주의의 법치주의와 헌정주의는 민주주의 정부운영에 예측 가능성을 구현하며 정부 신뢰를 가져온다. 자유주의의 다원성 역시 민주주의의 발전을 가져온다. 민주주의는 인민의 자기지배를 통한 적극적 자유를 보장한다. 민주적 결정방식은 자유주의의 사회적 선택을 가능하게 한다. 민주주의 과정을 거치면서 개인의 지나친 이기심이 방지될 수 있으며, 정부가 밀(J.S.Mill)이 제시한 '해악 원칙'(harmful principle)을 공권력을 통해 감시·실현할 수 있도록 돕는다.

3. 반대로 자유주의의 지나친 개인 강조는 남에게 피해만 끼치지 않으면 어떠한 사회적 의무도 강요할 수 없다는 점에서 민주주의의 평등·공동체 정신을 저해시킬 수 있다. 민주주의 역시 지나친 평등 추구 과정에서 자유주의의 가치 중립성을 훼손할 수 있다.

답안구성 예

ⅠI. 서 론

ⅡI. 자유주의와 민주주의의 의의

Ⅲ. 자유주의와 민주주의의 긍정적 연관성
  1. 자유주의의 민주주의 강화
  2. 민주주의의 자유주의 강화

Ⅳ. 자유주의와 민주주의의 긴장 관계
  1. 자유주의의 민주주의 저해
  2. 민주주의의 자유주의 저해

Ⅴ. 결 론

| 제2문 (60점) |

1. 민주주의의 다수결주의 모델과 협의주의적(비례대표적)모델은 민주주의 이상을 어떻게 제도적으로 구현하려고 하는지를 대비시켜 설명하고 각각의 장단점을 비교하라. (25점)

Advice

1. 다수결주의는 민주주의를 단순히 '다수의 지배'로 본다. 다원적 사회를 전제로 수의 논리, 힘의 논리를 통한 사회적 결정을 추구한다. 가치충돌에 대해 다수결을 통해 해결할 경우 본질적인 문제해결이 어려워 갈등이 잠복될 뿐이며 사회적 강자와 약자가 점차 구분된다. 반면 협의주의는 합의를 통한 사회적 결정을 추구한다. 비례대표제를 통해 다양한 사회적 갈등을 제도 내로 끌어들이고, 대연정을 통해 최소한의 대표권을 부여하며, 최종적인 거부권을 부여함으로써 소수자들이 가치를 지켜낼 수 있도록 한다.

2. 다수결은 단순하고 명시적이며 결정비용이 적다는 장점을 가진다. 하지만, 다양한 갈등을 담을 수 없고, 갈등이 잠복·확대될 수 있다. 사회균열을 제대로 반영하기 어렵고, 소수자에 대한 배려가 어렵다.

3. 협의주의의 경우 다양한 사회적 요구를 반영하고, 소수를 보호한다는 점에서 민주주의의 목표를 잘 구현해낸다. 그러나, 정책결정 과정이 지연되고 합의비용이 증가하는 점에서 비효율적이다. 또한 합의점을 찾기 어려운 경우가 존재하며, 갈등을 방치할 수 있다.

| 답안구성 예 |

Ⅰ. 서 론	Ⅲ. 다수결주의의 장단점
Ⅱ. 다수결주의와 협의주의적 모델의 민주주의관	Ⅳ. 협의주의적 모델의 장단점
	Ⅴ. 결 론

2. 국제질서는 끊임없이 변화되는 측면이 있다. 세계질서의 하부 구조로서 동북아 국제질서는 9·11사태 이후 어떻게 변화되고 있는가? 이 변화는 동북아의 안정화에 기여할 것인가? 본인이 생각하기에 동북아 평화를 위한 최선을 방책은? (35점)

Advice

1. 9·11 테러 이후 미국은 '대테러전쟁'을 선포하였다. 이는 첫째, 이라크 전쟁과 같은 미국의 일방주의로 나타나 全 세계적인 반감을 일으켰으며, 동북아 국가들 역시 미국에 대한 반감을 드러내기 시작했다. 둘째, 미국의 전략적 우선순위를 동북아가 아닌 중동으로 변경하게 되었다. 이에 따라 동북아시아에서 미국의 역할을 '일본'이 도맡게 되었고, 이에 일본의 군사력 증강이 나타나 중국과의 갈등이 나타났다. 셋째, 미국의 대테러전쟁은 막대한 군비지출로 이어져 미국 경제력을 약화시켰다. 이는 중국의 경제성장과 함께 세력교체 우려를 가져온다.

2. 미국에 대한 全 세계적인 반감은 동북아에서 미국의 안정자 역할을 약화시키고, 일본의 강화를 가져오며 동북아의 불안정을 가져온다. 세력전이이론에 따르면 중국의 성장과 미국의 경제력 약화는 동북아의 불안정으로 이어진다. 중국과 러시아의 협력을 통한 미국 견제, 북핵문제 역시 동북아의 불안정을 가져온다.

3. 동북아 평화를 위한 최선의 방책은 개인의 정치관과 국제정치 이해에 따라 다르게 나타날 수 있다. 대한민국의 조정자 역할을 강조하는 '한반도 운전자론'을 따를 수 있겠으나 현실적으로 어려운 점들이 존재한다. 반면, 미국의 역할을 대신하는 '일본'을 견제하고, 대신 한국이 미국과의 우호관계를 강화하고 지금의 일본과 같은 역할을 하여, 동북아 안정자 역할을 대신해야 한다는 주장도 할 수 있을 것이다. 동북아 내의 현상유지 국가 간 동맹을 통해 현상유지를 강화하는 것도 하나의 방법일 것이며, 다자제도의 활용을 통해 북핵문제를 해결하고 동북아시아 다자안보체제로 전환하는 것도 유의미할 것이다.

답안구성 예

Ⅰ. 서 론

Ⅱ. 9·11 사태 이후 동북아 국제질서의 변화
1. 미국의 일방주의에 대한 동북아 국가들의 반감
2. 미국의 중동우선주의
3. 대테러 전쟁비용으로 인한 미국 경제력 약화

Ⅲ. 동북아시아의 변화가 안전성에 미치는 영향
1. 미국의 안정자 역할 약화와 일본의 부상
2. 중국성장과 체제 전환 가능성
3. 중국과 러시아의 협력 및 북핵문제

Ⅳ. 동북아 평화를 위한 방책
1. 한반도 운전자론
2. 동북아 안정자로서의 한국
3. 현상유지국가 동맹협의체 및 다자안보대화

Ⅴ. 결 론

정치학 기출문제 - 답안과 강평 -

초 판 발 행	2020년 11월 18일
전면개정판 발행	2021년 12월 20일
전면개정판 발행	2022년 10월 17일
전면개정판 발행	2023년 09월 25일

편 저 자	**고시계사 편집국**
발 행 인	**정 상 훈**
디 자 인	**신 아 름**
발 행 처	**고시계사**

서울특별시 관악구 봉천로 472
코업레지던스 B1층 102호 고시계사

대 표 817-2400   팩 스 817-8998
考試界·고시계사·미디어북 817-0419
www.gosi-law.com
E-mail : goshigye@gmail.com

파본은 바꿔드립니다. 본서의 무단복제행위를 금합니다.

정가 24,000원   ISBN 978-89-5822-633-8   93340

법치주의의 길잡이 70년 月刊 **考試界**